湛江市哲学社会科学委托项目
岭南师范学院粤西濒危文化研究协同创新中心系列成果

法国租借地广州湾学术译丛

王钦峰　余伟民　主编

广州湾租借地

法国在东亚的殖民困境

下卷

（法）安托万·瓦尼亚尔　著

郭丽娜　王钦峰　译

暨南大學出版社
JINAN UNIVERSITY PRESS

中国·广州

广东省版权局著作权合同登记号：图字 19 - 2016 - 234 号

图书在版编目（CIP）数据

广州湾租借地：法国在东亚的殖民困境．下卷／（法）安托万·瓦尼亚尔（Antoine Vannière）著；郭丽娜，王钦峰译．—广州：暨南大学出版社，2016.11
（法国租借地广州湾学术译丛／王钦峰，余伟民主编）
书名原文：Le territoire à bail de Guangzhouwan—Une impasse de la colonisation française en Asie orientale（1898 - 1946）
ISBN 978 - 7 - 5668 - 1967 - 3

Ⅰ.①广… Ⅱ.①安… ②郭… ③王… Ⅲ.①中法关系—租借地—地方史—研究—湛江 Ⅳ.①D829.12②K296.51

中国版本图书馆 CIP 数据核字（2016）第 250047 号

广州湾租借地：法国在东亚的殖民困境（下卷）
GUANGZHOUWAN ZUJIEDI：FAGUO ZAI DONGYA DE ZHIMIN KUNJING（XIAJUAN）
著　者：（法）安托万·瓦尼亚尔　译　者：郭丽娜　王钦峰

……………………………………………………………………

出 版 人：徐义雄
策划编辑：杜小陆　刘　晶
责任编辑：陈绪泉
责任校对：邓丽藤　刘雨婷
责任印制：汤慧君　周一丹

出版发行：暨南大学出版社（510630）
电　　话：总编室（8620）85221601
营销部（8620）85225284　85228291　85228292（邮购）
传　　真：（8620）85221583（办公室）　85223774（营销部）
网　　址：http：//www.jnupress.com　http：//press.jnu.edu.cn
排　　版：广州良弓广告有限公司
印　　刷：深圳市新联美术印刷有限公司
开　　本：787mm×960mm　1/16
印　　张：27.25
字　　数：408 千
版　　次：2016 年 11 月第 1 版
印　　次：2016 年 11 月第 1 次
定　　价：128.00 元

总序一

位于雷州半岛的湛江是座美丽的海滨城市，从19世纪末至20世纪中期，她被称作“广州湾”，是法国的租借地，经历了被法国人统治近半个世纪的特殊岁月。湛江人士十分重视家乡的历史演变，通过发掘、研究中文档案、文献，撰写回忆录，以及采访知情老人等途径，先后出版了不少著作，对正确展现这段历史做过大量的工作。然而，直到21世纪初期，湛江相关人士和中国各地的历史研究者仍极少利用有关广州湾租借地的法文史料，不了解法国方面究竟保留了多少相关档案，也不了解当年的法国殖民者直至现今的法国学者对该租借地做了怎样的记叙，因而对该租借地的认知仍是不完整的。

中国学者在很长时期内未能接触广州湾租借地的法文史料，事出有因。在中国内地的很多图书馆中，迄今未收藏任何关于该租借地的法文书籍。1945年，法国人在撤离广州湾时也未留下其档案，因而湛江市档案馆中几乎没有租借地时期的档案，特别是法文档案。以往，能够查阅法文著作、档案的中国学者为数甚少，又缺乏到法国去实地调查的必要经费，而法国的档案馆是在广州湾租借地回归中国很多年后才开放其收藏的相关档案。可以想见，并非以往的中国学者不重视法文史料，而是那时不具备必要的条件。

2009年，受法国人文科学院基金会邀请，并经法国著名的中国史专家安克强教授等人帮助，笔者和一位通晓法文的助手前往法国巴黎、南特、埃克斯等地，在那里的档案馆、图书馆查阅了一批有关广州湾租借地的法文档案，找到了数种相关著作，其中不少史实特别是大量的数据为中国学者所未知，因而笔者认为有将它们介绍给湛江和中国各地研究者的必要。由于收藏在这些档案馆中的相关档案数量众多，内容庞杂，如果要将它们译成中文，不仅首先要进行通读，还涉及归类、取舍、摘编、整合等众多问题，需要精通法文的专家耗费大功夫才能蒇事，其间耗费的时日和经费难以估量，最终成果的质量也不易预料。鉴于此种情况，将相关的法文著作特别是已经利用了大量原始档案的法文著作译成中文，应是将法文史料和法方观点推介给中国学者的捷径，可收到事半功倍之效。

余伟民先生于2009年就任湛江市社会科学界联合会主席后，十分重视对广州湾租借地历史的研究。湛江市社科联先后支持多个研究该租借地的课题，由岭南师范学院王钦峰教授负责的“法国租借地广州湾学术译丛”便系其中的重大课题。这一学术译丛分为7册，全部译自法文，其法文原文大多曾公开出版，出版的时间始自1900年，最晚至2013年，其中有书籍、文章和官方公文等。由于一个多世纪以来法国人研究该租借地的书籍数量不多，这套译丛已经囊括了其中重要的书籍，并包含了部分已经出版的政府公文。

在这些著作中，巴黎第七大学博士安托万·瓦尼亚尔完成于2004年的博士论文《广州湾租借地：法国在东亚的殖民困境》是极其重要的一种。这篇长达数百页的论文指明了该租借地法文档案的收藏地点，其中收藏政府档案的有法国海军部和外交部、南特外交档案中心、埃克斯海外档案中心以及越南国家档案馆第一档案中心等处，收藏私家档案的有法国农业信贷银行历史档案部、巴黎外方传教会（MEP）等处。该论文还详细开列了相关档案的卷宗号码，便于读者按图索骥。同时，该论文充分利用了这些档案，又参考了其他的法文研究成果，较为详细地记载了广州湾租借地的历史，并反映了法国学者对该租借地的认识。

在其他法文书籍中，由法属印度支那总督府主编的《广州湾租借地》值得关注。这本小册子出版于1906年，其用途之一是在当年举办的马赛殖民博览会上介绍这一刚被法国占据的区域。该书从历史、地理、气候、物产、居民、风俗、文化、农业、工业、渔业、商业等方面载录了广州湾的情况，并留下了气温、降水等不少以往中国方志未载录的数据，成了第一种较为全面地介绍这一新行政区域的著作。

这套译丛的第五册至第七册大多出自法属印度支那总督府、法国殖民地部等机构历年来有关广州湾租借地基本状况、预算管理等方面的官方报告。其中，给印度支那联邦高级委员会的有关该租借地基本状况的年度报告，自1910年起，至1929年为止，共有20份。这些报告包括政治、行政、财政、经济和社会状况等部分，记录了当地各年度的概况，尤其是行政管理、司法、警察、土著卫队、监狱、财政预算和支出、土地登记管理、公共工程建设、商业活动、教育、公共卫生及救助等各方面的具体情况。其中不少事件在中文史料中尚无记载，有关收入、开支、贸易、人口、教育、刑事和民事案件等的众多数据也是中国学者以往所未见的。这批政府档案提供了很多富有研究价值的原始资料。

显然，在阅读这套译丛后，我们可获得大量的法文史料，能较为全面地认识广州湾租借地的历史，了解法国人研究该租借地的主要成果以及他们的观点，并获知相关法文档案的收藏地点及其卷宗号码。这一译丛确有较高的学术价值。

由于收入译丛的著作、公文等出自不同时期、不同作者之手，因此，他们的立场、观点各不相同。有些著作的观点尽管我们未必完全赞同，但其确实是在尽力还原广州湾租借地的历史真相。例如《白雅特城》等书的作者依据史料，揭露了法国殖民者残杀当地中国居民的暴行。也有的著作鼓吹殖民主义观点，为法国当年的侵略行径辩解。例如，出版于1931年的《法国在广州湾》一书，其作者系一名法国殖民军队的军官，他宣扬殖民主义是“行泛爱众之高尚义举”。为此书作序的广州湾租借地行政长官又宣称对方给予该租借地“最无私”的“帮助”，而将中国人民提前收回该租借地的要求说成排斥此种“帮助”的“民族主义”，对法国人“慷慨无私之心”做“不公正的指责”。此类观点的荒谬显而易见，读者不难分辨。

同时，值得指出的是，这些法文著作、公文等的另一个短板是较少甚至完全没有参考中文史料。造成此种格局的原因是多方面的，重要原因之一是这些法国的作者不通中文，未能查阅和利用中文史料，故未能在其著述中反映中国方面的观点。因此，在阅读其中部分内容，诸如法国人占据广州湾租借地的经过等章节之时，我们需要同时查阅当时中国官方的记载以及当地人民如何抗击法军侵略等中文史料，这样才能对这些事件有一个更全面、更精确的认识。

翻译这些法文资料，不是一件容易的工作。首先，当时法国人在记载广州湾的中文地名时系用法文字母来注音的。根据这些字母，除了赤坎、麻斜等重要的地点外，要正确地译出一些较小地方的中文地名并非易事。相关的中国人名也是如此。一些重要人物的姓名不难译出，而其他人名的翻译则颇有难度。其次，只有对广州湾的历史背景有所了解，才能使译文有较高质量。如与法国人订立《广州湾租借地条约》的中方代表苏元春系广西提督，法文中并无对应的官衔，因而按照法文直译，便会译成"大元帅"之类。根据已经完成的部分译稿，可知参加译丛工作的各位翻译都投入了很多时间和精力，做出了很多贡献。特别是翻译《广州湾租借地：法国在东亚的殖民困境》的郭丽娜教授不仅精通法文，而且了解法国人在广东活动的历史背景，并在翻译过程中与原稿作者反复探讨，她的译文不仅文字流畅，内容也相当精准。

直到21世纪初期，因未能掌握法文史料，较之对威海卫租借地等其他列强在华租借地的研究，中国学者对广州湾租借地的研究相对滞后。近几年来，随着对该租借地法文史料的收集、利用增多，特别是此次颇具规模的"法国租借地广州湾学术译丛"的出版，使得对该租借地的研究大有后来居上之势。这一学术译丛的出版，对于推进广州湾租借地的研究，以及推进外国在华租借地史、中法关系史等多方面的研究，都将有十分积极的意义。

费成康

2015年8月31日于上海

总序二

本丛书的策划要追溯至2012年夏天。这年7月，由全国法国文学研究会联合湛江师范学院（今岭南师范学院）在湛江海滨宾馆举办了“中法文学与文化关系暨卢梭诞辰300周年学术研讨会”。这次会议除设置了法国文学传统议题外，还首次将中法文化关系、近代中国法租界和广州湾列为议题，开创了法国文学研究会学术会议议题设置的先例。会上，广西民族大学杨令飞教授、中山大学郭丽娜教授关于广州湾的文章给我们留下了深刻印象。这次会议还吸引了全国一大批著名学者参加，会毕，我们特邀与会者参观了广州湾总公使署、广州湾警察署和维多尔天主教堂等广州湾遗址。

我们清楚地记得，这次会议后，前中国比较文学学会副会长、北京大学教授孟华被广州湾的历史深深吸引，她特地挤出时间造访赤坎的民主路，参观了那里的历史街区和广州湾商会会馆。当时全国法国文学研究会会长、中国社会科学院外国文学研究所吴岳添研究员，著名翻译家罗新璋研究员和史忠义研究员也随同我们赶到现场，此时孟华教授刚刚离开。三位专家的到来让会馆守护人庞春燕女士喜出望外，她细心备下笔墨纸砚，邀请三位专家留下墨宝。三位专家合作署名，轮流写下十个大字——“昔日广州湾，今日湛江城”，赠予广州湾商会会馆。《湛江日报》记者陈凯杰闻讯赶来，就广州湾资源利用和湛江法兰西风情街区建设问题向吴岳添会长做了一个多小时的采访。当他们离开时，庞春燕女士拿出一沓法语书稿送给我们，并呼吁我们对这份文献进行译介。这次经历让我们深深感到，湛江市译自法语的广州湾资料是如此匮乏，以至于在法国人撤离此地半个多世纪之后，人们对于这段历史依然非常陌生，这种情况干扰了湛江市知识分子和普通市民对于湛江市前半部分的历史即广州湾历史的了解与认知，同时也激发了人们对于这段历史的强烈的认知欲望。在湛江文化环境的影响，同时在吴岳添会长的敦促下，我们觉得有必要把这本偶遇的广州湾著作——博南格上尉的《法国在广州湾》的翻译纳入到湛江市的文化建设规划中来。在随后的数月之内，在新获得的200万字法文版广州湾历史文献资源的基础上，我们将这项文化建设规划落实到广州湾学术档案文献的译介工程中。

在湛江市乃至全国范围内，关于广州湾租借地的学术研究成果，以及由法语译入的广州湾历史文献（包括已出版的学术论著和官方档案文献）均较为缺乏，这是事实。准确地说，从广州湾光复至2015年年底，国内并没有出现任何系统的广州湾研究著作（不含资料汇编），而相关法语资料的译介在国内也几乎是一片空白。在这段时间里，广州湾的历史重构、资源应用和研究工作大约经历了三个阶段，而法语译入资料的有无与多寡，则在实际上决定了广州湾学术研究和资源利用的水平与视野，同时也决定了不同历史阶段广州湾历史重构、资源利用和学术研究的特征。我们不妨追溯一下这个过程。

广州湾资源挖掘利用与研究的第一个阶段为20世纪50年代至70年代，该阶段的实质和特色在于寻求历史记忆的恢复和进行初步的历史叙事。这个阶段的记忆恢复和历史叙事（如遂溪、湛江人民反法斗争史料等）以口述史为基本的呈现方式，以反帝反殖为思想脉络，以中华民族的创伤记忆为基本内容，这跟当时我国刚刚摆脱半殖民地历史的国家政治身份、那个时代的特殊意识形态及冷战的政治环境有较大关系。而在这一阶段，除个别调查文章有一定的学术性外，真正的广州湾学术研究几乎还未起步。同时，法语译入的资料在国内还仅仅局限于从法国外交部档案翻译而来的数十个书信片段。

第二个学术研究阶段为20世纪80年代至90年代。该阶段受益于改革开放和理性求实精神，进一步系统整理了抗法斗争史料，推出了系列科研成果，发表了一些长篇学术论文，从学术视角审视了广州湾在各方面的历史发展，内容涉及广州湾的政治经济和社会文化各领域，包括行政管理、军事、建筑业、纺织业、新闻教育、贩毒、娼妓、走私等（成果主要见于湛江市政协文史资料委员会编的《湛江文史》第九辑，1990年），涌现了苏宪章、阮应祺、刘佐泉、谭启浩等一批广州湾学者。而其局限性在于，所用研究资料仅限国内部分，缺乏来自法属印度支那总督府和广州湾公使署的官方文献，资料和观点的权威性不够，某些领域的研究难以走向深入；同时，正是由于法国殖民者所带走的权威资料无法成为可用的学术资源，导致一些研究领域无人涉足。在此阶段，法语译入广州湾资料在国内没有获得任何进展。

第三个阶段为21世纪初开启的广州湾资源利用和学术研究国际化的新阶段。在过去数十年里，广州湾资源除局部（如抗法斗争）被作为爱国主义教育资源之外，多数都处在沉寂与埋没之中，许多物态化的历史遗迹被遗忘，甚至被人为破坏，以致逐年减少。但最近十余年来，在全国进行文化建设和文化开发的大环境下，更多的社会人士和青年学者走进了这个研究领域。在湛江，老一代的广州湾学者如蔡进光、胡贤光、谭启滔、梁政海等仍奋发有为，笔耕不辍，致力于广州湾文化遗产资源的保护与研究。青年学者陈灵教授于数年前给霞山区提供了有关广州湾资源利用的建议报告，举行了数场广州湾图片展，发表了相关文章，对学术研究及政府利用广州湾历史资源都起到了重要的作用。2010年后，湛江师范学院龙鸣教授和景东升博士的法国之行及文化调研为湛江带来了一批来自法国的广州湾资料，他们二人对于这部分资料的整理，以及随后何杰等人围绕日军占领广州湾所做的资料发掘，标志着湛江市的广州湾研究获得了国际视野和新的学术语境。与此同时，湛江市外也陆续有刘利民、郭丽娜等学者投入到与广州湾相关的课题研究中来。不过，在目前情况下国内译自法语的广州湾文献仍然非常有限，如果仅仅满足于这种状况，那么我们的广州湾研究和历史书写也将同样陷入难以走向深入乃至同语反复的窘境。因此，对于国内的广州湾研究来说，本译丛的出版应有利于加快其走向国际化的进程，同时可促进广州湾资源在湛江市的完整开发和产业化应用，或为其提供第一手资源。

2012 年下半年以来，广州湾研究机构在湛江纷纷成立，这一趋势也有效推动了广州湾研究在湛江的发展，同时为本译丛的策划、编译和出版营造了良好的文化氛围。2012 年 7 月，湛江师范学院成立地方文化研究院，内设广州湾研究所、海上丝绸之路研究所等十余个研究分支机构。2013 年年初，湛江市广州湾研究会成立，促使湛江市的广州湾研究与学术活动得以有序和有力地开展。2014 年 7 月，岭南师范学院地方文化研究院与湛江市广州湾研究会在赤坎联合举办了首届“广州湾历史文化论坛”，会议提出应系统发掘、整理和研究广州湾文献，构建“广州湾学”。在这种吁求历史表现和文化重构的大背景下，在一种新的学术热情的感召下，“法国租借地广州湾学术译丛”的组织和译介工作得以顺利进行。至 2015 年年底，丛书译介与整理的初步工作已大致完成。

“法国租借地广州湾学术译丛”主要包括两大基本内容：一是广州湾学术研究成果，包括学术专著和学术文章；二是对广州湾研究至关重要的权威性原始文献，主要包括印度支那总督府及广州湾公使署官方档案文献。学术著作主要有：安托万·瓦尼亚尔的《广州湾租借地：法国在东亚的殖民困境》（未出版，作者直接授权）、伯特兰·马托的《白雅特城》（巴黎：弗朗索瓦·鲍林出版社 2013 年版，作者和出版社授权）、阿尔弗雷德·博南格的《法国在广州湾》（巴黎：贝尔热—勒夫劳出版社 1931 年版）、让—雅克·塔坦—古里耶的《法国在中国的殖民征服》（巴黎：手稿出版社 2012 年版）、查理·洛尔的《我们是否应该把广州湾还给中国》（河内：远东印刷厂 1928 年印刷）、印度支那总督府的《广州湾租借地》（河内—海防：L. 加洛瓦出版社 1906 年版）等。学术文章主要有夏维的《华南广州湾火山口湖（湖光岩）两个新鱼类的描述》（《法国动物学会通报》1935 年）、A. 肖沃的《1923 年广州湾经济状况》（《地理年鉴》1925 年第 34 卷）、莫里斯·利弗上校的《广州湾租借地简史（1889—1945）》（《印度支那记忆全国联合会公报》第25期）等。本丛书中，除了安托万·瓦尼亚尔和伯特兰·马托的著作仍以单行本出版外，其余著作篇幅较短，考虑合并出版。而目前我们搜集到的广州湾档案文献则可分为三类：第一类是广州湾各年度总体情况报告，第二类是广州湾各年度行政管理年鉴，第三类是广州湾各年度经济预算情况。其中，第一类一般为印度支那总督或租借地公使在年度会议上就殖民地的基本发展状况向印度支那联邦高级委员会所做的报告，本译丛主要译介了从1910年到1929年的广州湾租借地基本状况报告（其他资料暂缺失）。第二类一般为广州湾各年度的行政管理资料，包括人口统计、官员任命等基本数据或表格化信息，本丛书主要译介了从1900年到1932年的年鉴资料（其他资料暂缺失）。至于第三类，则主要选取了二十世纪二三十年代的预算管理文献进行译介（其他资料暂缺失或暂未译）。对于上述所涉及但暂时还未纳入本译丛内的官方档案文献，我们今后将予以陆续出版补齐，不留缺憾。

本丛书从策划到完成，历经四年多时间。由于涉及面广泛，再加上跨学科、跨语言作业，难度较大，因此这是一个较为艰难且富有挑战性的过程。广州湾学术文献及档案的译介是一项规模较大的工程，而对于湛江市的历史修复和我国租界史研究而言，它又是一项极为重要的文化学术工程，几乎可以说是进行历史研究和历史叙事的命脉。对于这样一项重要工程，如果缺少来自政府、单位、学界和社会民间任何一方的支持，想把它顺利完成都是不可想象和不太可能的，因此它可以说是各方协同作战取得的成果。

在此，我们首先要感谢湛江市政府、湛江市社会科学界联合会和岭南师范学院创新强校工程对于本丛书的大力支持。如果没有来自湛江市政府和岭南师范学院的资金支持，以及湛江市社会科学界联合会富有远见的课题立项，本译丛实际上是不可能存在的。其次要感谢来自全国学术界和法语界的各位学者同仁和朋友，他们分别是著名清史学者费成康研究员，四川大学宁虹教授，中山大学郭丽娜教授，广西民族大学杨令飞教授和杨宁老师、秦秋福老师，苏州大学陆洵副教授，华东师范大学解华副教授，北京城市学院李嘉懿副教授，湘潭大学杨维春博士，岭南师范学院成雯老师等，他们承担了本译丛多数文献的译介任务。费成康研究员关心本项目多年，他不仅为我们提供了本丛书最厚重的学术专著——安托万·瓦尼亚尔的博士论文《广州湾租借地：法国在东亚的殖民困境》的法语原著，并欣然为本丛书作序，而且多次来湛江参加我们举办的学术活动，对湛江学界不吝指教，堪称湛江学界的良师益友。安托万·瓦尼亚尔的博士论文固然让我们惊喜，但对于我们来说，如何译介、谁来翻译这部体大思精的学术著作的确是一个非常大的考验。然而非常难得的是，郭丽娜教授非常勇敢地把这部著作的翻译任务承担下来，以至于为了完成这一任务，她牺牲了身体健康。当然，每一位译者对我们的帮助都是慷慨无私的，值得我们感谢。另外，广东金融学院的陈灵教授，湛江市的广州湾学者何杰、谭启滔、陈华昆、胡贤光和梁政海等，也为本译丛提供了文章、图片资料、知识信息及其他各类帮助，在此一并表示感谢。

湛江市广州湾历史资源的研究、发掘与应用，是一项值得为之倾心注力的事业，需要更多学者的关心与参与，尤其需要湛江市政府、湛江市社会各界形成共识，做好广州湾文化品牌的顶层设计，加大投入、精心打造，把广州湾资源的保护、应用与开发落到实处。如果能把广州湾的文章做好，湛江市将会转型为一座在国内不可多得的具有近现代史迹特色的历史文化名城。

王钦峰　余伟民

2016 年 4 月 21 日于湛江

目 录

下 卷

第四部分 清盘时期（1928—1946）

第三部分　新前景和新偏移（1912—1928）

引　言

1912 年之后，印度支那重新对广州湾产生兴趣，不过这一过程是分阶段的。在最初几年里，总督府对租借地依然若即若离，但某种热情确确实实存在，完全不同于以前的冷淡和有所保留。一场运动悄然开始，比如进行大规模的行政改革，重新启动基础设施建设，改善鸦片商业化制度，等等。这场运动的主线是曲折的，具有探索性特征，时有延迟或后退，不易跟进，也难以识别。但不论如何，事实摆在眼前：总督府不再把租借地当作累赘。更加令人欣慰的是，印度支那发现了租借地的潜力，觉得租借地应该可以成为一张不容忽视的底牌。第一次世界大战的爆发没有阻止广州湾不断升值的趋势，只是使其前进的脚步稍微放缓而已。大战结束之后，租借地立刻在 1922—1928 年间迎来了一个小黄金时代。而就在此时，意外之事发生了，终结了租借地的商业和财政腾飞期。

对外贸易统计数据显示，从 1912 年至 1928 年，广州湾经历了一段真正的经济增长时期，行政当局、欧洲殖民者和很大一部分当地人似乎都从中受益。这是自法国到达该地区之后，法国人和中国人第一次感受到某种共同利益而表现得亲近，尽管双方依然很羞涩。双方的第一次靠拢很快达成了一种所谓的政治默契，虽然法中各自的义务和权利不见得能清晰地表达出来——这也是不大可能的——但是双方前所未有地心照不宣，并各尽其职。这一局面是法国施政的结果吗？只能说是部分吧，因为这一局面的出现得益于天时、地利和人和。不过有一样事实是明确的：法国人和部分租借地中国乡绅都想努力维持这种局面，都明白竭诚合作才有繁荣。于是我们假定，法中竭诚合作，法国人负责政策指导和承担部分财政责任，地方乡绅则推动经济发展。那么在第三部分，我们将努力解构这种利益汇合的机制，并探索其动力。

另外，1928 年广州湾经济出现回落的史实也令我们反思，曾经带动租借地经济重焕活力的商业贸易结构到底存在什么问题？鸦片贸易的角色更是值得探讨。总督府在明知鸦片遭受到国际舆论千夫所指的情况下，到底出于何种目的促进和发展鸦片贸易呢？又以何种方式和在多大限度内经营这种贸易呢？[①] 总督府是否把广州湾“开发”——一个必须探讨其有效性的表达方式——建立在鸦片的合法和非法买卖之上呢？总督府难道不清楚这一策略会带来的不良后果吗？比如广州湾将进入国际社会的黑名单，当局要和中国展开新一轮海关谈判，广州湾的发展迟早会受到国际社会的谴责，等等。一切史实表明，总督府根本没有立足于长远，不是选择“开发”租借地，如沙罗在印度支那所鼓吹的那样，而是选择“利用”租借地来弥补不足或可能不足的财政收入。基于此，沙罗及其继任者领导下的总督府是将广州湾带向虚幻的繁荣，将租借地和帝国主义野心摆到了印度支那的财政祭台之上。

---

① Voir l'ouvrage de Philippe Le Failler, tiré de sa thèse, *Monopole et prohibition de l'opium en Indochine*, Paris, L'Harmattan, 2001, 400 p.

第八章　印度支那总督府重新垂青广州湾（1912—1922）

1911 年 11 月，沙罗出任印度支那总督。他是激进派的主要成员之一，务实能干，此次赴任肩负法兰西民族和激进派政府之重托，要重振印度支那殖民地之雄风，开发殖民地，拉近法国和土著的关系，进行行政改革。在这种情况下，广州湾即将走出保罗·鲍及其继任者自 1903 年以来采取不予理睬政策而造成的经济不振的阴影。当然，在沙罗的开发政策中，租借地要扮演的不是杜美之前为其预设好的角色。不论如何，此次重新垂青即使是试探性的，缺乏仔细规划，也还是说明了总督府对印度支那这处小附属地有了新的看法。

广州湾显然不是沙罗要优先考虑的问题，何况总督从未踏足过租借地。尽管如此，激进派新总督还是来得及时，结束了租借地一直处于被封杀的状态。改革行政和财政，重组鸦片贸易，重新启动公共工程，这诸多与前期完全两样的征兆，说明了河内总督府对租借地有了新态度。尤其是在那些年头，世界大战的乌云笼罩在欧洲上空，驻扎在印度支那的部分法国兵力被抽调回国，越南民族主义运动随之高涨，总督府更是有意在打击安南的民族解放运动中兼并广州湾。安南人在华南建立根据地，在广东与孙逸仙的支持者保持密切联系，所以租借地成了印度支那安全部门在华南地区的监控网点之一。

那么，从总督府的态度转变中我们是否看到殖民地和广州湾之间出现了一种新关系呢？这是否意味着广州湾在印度支那的政治和经济体系中有了新定位呢？第一次世界大战波及亚洲，年轻的中华民国内务不稳，这些确实都对印度支那总督府——希望今后能够在亚太地区呼风唤雨，当然是以宗主国的名义，亦是为了自身的利益——的外交和殖民策略调整产生了极大的影响。

在了解沙罗的开发政策和亚洲各方力量发生消长的情况之后，我们还将论及1921年法国代表团在华盛顿会议上提出的一项令人吃惊的提议——将广州湾归还中国。这是某个个人的主意呢，还是法国代表团的集体意见，抑或是法国政府的决议？解决这一问题的关键在于考虑各方对于回归所持立场的多样性，而不能仅停留于这项表里不一的提议本身。

一、沙罗：开发和利用广州湾（1912—1919）

沙罗的到来是法属印度支那史上的一次毫无争议的转折。此人在20世纪10年代是总督府政策的推手，然后在20世纪20年代的绝大部分时间内左右着法国的殖民政策。他意图推行一种新的管治策略：在经济上，重新启动被长期搁置的设备和投资计划；在政治上，鼓吹团结越南人民或越南精英。达尼埃尔·埃梅里和皮埃尔·布罗歇曾经指出，20世纪20年代法国存在效率低下和体制僵化问题，[①] 但我们不能因此否定沙罗改革方案的创造性。相反，沙罗改革的基础及其总体特征非常值得探讨。那么这场改革“仅仅是”对越南民主主义高涨产生的危机做出回应呢，还是具有深层含义，体现了法国殖民政策的新构思呢？我们认为，分析改革的直接和间接效果以及广州湾两任领导人的管理方式有助于解决以上问题。

---

① D. Hémery et P. Brocheux, *Indochine, la colonisation ambiguë, 1858 - 1954*, Paris, La Découverte, 1995, p. 99.

（一）沙罗到印度支那赴任的背景和理由

1911 年 6 月，卡约（Caillaux）新政府任命自 1902 年以来担任奥德省众议员的激进社会主义者阿尔贝尔·沙罗为印度支那总督，接替克洛布克维斯基。政府的这一选择具有方向标意义，所以在展开进一步论述之前，我们还是先考察一下沙罗赴任的原因和背景。

1911 年 2 月 27 日，阿里斯提德·白里安（Aristide Briand）由于在执行反圣会制度法时过于手软而遭到攻击，不得不请求法列尔总统（Fallières）解散内阁。随后，吉伦特省激进参议员莫尼斯（Monis）重新组阁，引进了几位重量级人物，尤其是几位反克列蒙梭（Clémenceau）和白里安的反教会强硬派，如财政部长卡约、殖民地部部长梅西米（Messimy）和海军部长德尔卡塞（Delcassé）。[①] 1911 年 5 月 21 日，莫尼斯在出席一次航空技术会议时遇上车祸，受了重伤，不得不在几天后辞职。于是卡约主持内阁，12 位激进党人组成新一届政府。第三共和国的政治体制就是这样，同一批人在不同岗位甚至相同的岗位上轮岗。卡约掌管内务部，德尔卡塞仍留在海军部，塞尔夫（Selve）进入外交部，而梅西米转到作战部。至于殖民地部，政府首脑本来考虑启用沙罗，可是经过一番权衡之后，还是选择了阿尔贝尔·勒布伦（Albert Lebrun），沙罗被任命为印度支那总督。最后，新内阁还有一位成员凡·沃勒诺万（Van Vollenhoven），他是勒布伦部长的办公室主任，将于 1914 年接替沙罗出任印度支那总督。[②]

政府为何最终选择奥德省众议员呢？阿伽德·拉尔谢（Agathe Larcher）对沙罗的第一个任期（1911—1914）进行研究之后指出，激进党头面人物希望彻底更新印度支那领导层。尤其是曾短暂在莫尼斯内阁担任过殖民地部部长的梅西米，他是前一年度殖民地财政报告的汇报人，公开反对过克洛布克维斯基，指责克洛布克维斯基没有执行本土化

---

① D. Lejeune, *La France de la Belle Epoque, 1896 - 1914*, Paris, A. Colin, Coll. Cursus, 1997, p. 160 sq.

② P. Morlat, *op. cit.*, p. 118.

政策，这是对保罗·贝尔（Paul Bert）团队的隔山打虎（因为克洛布克维斯基是保罗·贝尔的女婿，1886年4月随他到达安南—东京）。事实上，自1908年春安南暴动之后，政府和国民议会都非常关注印度支那的动向。1908年6月，殖民地部部长米列—拉克瓦（Milliès – Lacroix）任命一个研究委员会，对印度支那事件及其本质进行定性。委员会最后对“权力过度集中，税负过重和司法不当”提出质疑。① 在这种情况下，新总督克洛布克维斯基走马上任。

1909年初，众议院对总督府的镇压行为是否过于血腥和殖民运动是否存在滥权进行了辩论。根据皮埃尔·布罗歇和达尼埃尔·埃梅里的研究，1909年4月9日，众议院按罗纳省社会党人和人权协会主席弗兰西斯·德·布雷松塞（Francis de Pressensé）的提议，表决了一项推动“土著参与公共事务咨询”的议事日程。② 与此同时，印度支那总督的反垄断战，特别是反对拉乌尔·德伯（Raoul Debaux）总公司的酒类垄断也在印度支那和法国的报刊上引起了一场激烈的笔战。1909年7月，克列蒙梭政府倒台，克洛布克维斯基的靠山米列—拉克瓦被迫离职，殖民地部迎来了新领导人特鲁约（Trouillot）。克洛布克维斯基被召回巴黎述职，其对手阿尔贝尔·比克奇（Albert Picquié）接替他施政。1910年6月，克洛布克维斯基返回印度支那，但诸事不顺，地位进一步被削弱。总之，宗主国和印度支那行政当局之间沟通不畅顺，后者经常被指责漠视议会的建议。那么，选择一位站在议会多数派一边的人物去管理印度支那是大势所趋，他便是阿尔贝尔·沙罗。

沙罗肩负双重任务来到河内：一方面是按1907年南希大会（参见第四章）通过的激进党殖民纲领来开发殖民地；另一方面是进行一系列改革，包括行政改革，裁减冗余人员和表达“法国—安南合作”政治意愿的本土化改革。当然，这一有待完善的计划率先在印度支那殖民地施行。1921年，沙罗凭借在印度支那的实战经验成为殖民地部部长，

---

① Ch. Fourniau et Trinh Van Thao, *Le contact colonial franco-vietnamien; le premier demi-siècle (1858 – 1911)*, Aix-en-Provence, Publication de l'Université d'Aix, 1999, p. 234.

② D. Hémery et P. Brocheux, *op. cit.*, p. 291.

将在此基础上规划出更加宏大的法国殖民革新篇章。他把自己的想法付诸文笔，写成一本名为《法国殖民地的开发》（1923 年出版）的鸿篇巨著。①

沙罗上任之后，立即根据 1911 年 10 月 20 日的一系列组织法令开展重要改革。根据法令，总督拥有更大的治安和行政权力，除了法官之外，沙罗有权任命印度支那公共服务部门的所有职位。本书无意研究沙罗的改革，故而只是简单概述其框架，借以带出与广州湾相关的内容，并说明广州湾的改革不论如何都属于印度支那改革的一部分。

1912 年底，2 亿法郎的杜美借贷基金全部告罄。可是沙罗此时仍需要大量资金来实施新计划。于是 12 月，他在东方汇理银行的协助下，以三种专卖（鸦片、盐和酒）的收入、海关收入和总财政储备金作为抵押，发行一项 9 000 万法郎的贷款。② 有了这笔贷款，沙罗可以继续推进前一年已经启动的公路计划，改善老挝、越南高原地区和外界的联系，也可以用现代化设备装备印度支那港口和开展其他计划。与此同时，人事改革也大刀阔斧地进行。沙罗打算重新整顿行政队伍，令行政队伍的组成更加符合地方发展的需要，同时打破之前杜美改革中出现的权力过分集中的格局，推行预算经济。③

1912 年 6 月，民政部门的视察员编制被取消，其职责改由一等民政官来负责。接着，沙罗重组印度支那各省，减少 17 个省份，裁减冗员，节省开支。总督对结果感到满意，不过他认为推行本土化政策才是重中之重。他解释道："您看我在努力做好两件事：司法和教育。此两项改革是本土化政策的两大平台。"④ 为此，沙罗进行了一系列司法改革，在坚决镇压革命者的同时，力求更好地保障越南人的权利。1912

---

① A. Sarraut, *La mise en valeur des colonies françaises*, Paris, Payot, 1923, 560 p.

② 印度支那总财政自 1897 年创立之后经常处于盈余状态，到了 1922 年仍然如此。1913 年，总财政储备金达到 1 450 万皮阿斯特（按官方汇率，相当于约 3 600 万法郎）。这笔储备金对于殖民地的贷款融资起到十分重要的作用。Voir D. Hémery et P. Brocheux, *op. cit.*, p. 98.

③ 据众议员梅丹（Métin）估计，1911 年，"印度支那每年应支付的欧洲公务员薪酬超过 3 500 万，占财政收入的 25%"。Cité par D. Hémery et P. Brocheux, *op. cit.*, p. 85.

④ Cité par P. Bezançon, *Une colonisation éducatrice ? L'expérience indochinoise, 1860 – 1945*, Paris, L'Harmattan, 2002, p. 126.

年 12 月，政府通过《安南刑法修正案》，确定宗主国的刑法体系适用于土著居民。此法案最初只适用于交趾支那，后来很快普及到印度支那所有地区，体现了总督府团结土著民众的善意。[①] 1913 年 5 月，共和国总统颁布法令，确认 1912 年 2 月 24 日总督府令，首次允许土著提出上诉。

教育是联合政策的第二大重要阵地，但是沙罗在总督第二个任期快结束前才对法国—土著教育体系进行了一番具有真知灼见的改革。实际上，教育的重组从 1915 年就开始，当时取消了东京三年一次的会考制度。不过第一次世界大战影响到了总督府的改革步伐。1917 年 12 月 21 日，《公共教育总法规》（以下简称《总法规》）出台，才掀起了教育改革的大浪潮。《总法规》确定了法式教育和法国—土著教育的组织形式和目标，后者以"为广大本土民众提供智力和道德培训为己任"[②]。与前两任总督不同的是，沙罗大力倡导招收越南学生，为他们打开获取知识的大门，在教育上不再局限于职业培训。沙罗认为，与其培养智力平庸、能力有限和不能使用的人员，不如培养能够认识到自己在殖民运动中的责任的高学历者。1919 年 4 月 27 日，他在河内发表了著名的文庙演讲：

> 我保证：只要这个民族尽其所能，我将为她提供接受任何知识领域的教育的一切途径；只要她愿意，我决不阻止她的思想进入任何领域遨游；只要她有能力接受知识的熏陶，我决不向她关上任何一所学堂的大门。[③]

在此我们不想谈论此番改革的两面性，因为上述引文已透露出这一

---

① P. Morlat, *Les affaires politiques de l'Indochine* (*1895 – 1923*), Paris, L'Harmattan, 1995, pp. 126 – 127.

② 摘自沙罗为《总法规》撰写的前言, cité par P. Bezançon, *op. cit.*, p. 121. Nous renvoyons à son ouvrage, tiré de sa thèse, pour l'ensemble des questions scolaires, et en particulier aux pp. 117 – 130 pour les points étudiés ici.

③ Cité par P. Bezançon, *op. cit.*, p. 128.

点：越南人的文化水平成了隐性的限制条件，这使总督的演讲大打折扣。此外，雇佣印度支那本地公务员要比雇佣欧洲人便宜得多，提拔地方精英应该有利于预算经济的推广。但是这种利益算计丝毫无助于实现政治昌明，无论如何也不是现代化应有的特点。

（二）开发殖民地的前提条件

那么我们能否因此说总督府已胸有成竹，有了一份“开发计划”？恐怕还不能，理由有两点。首先，当代人在谈论法国殖民事业时爱使用“开发”一词，该词的真正含义到底是什么？这是第一点，后文在研究20年代租借地的社会经济发展时将做深入探讨。其次，不论对于沙罗还是对于殖民党的乌合之众而言，开发规划的问题尚未理论化。“开发”一说在20世纪初刚果租借委员会成立时早已提出，但当其时，这只是一个毫无意义的咒语，任何殖民者都不愿意冒险诠释其内涵。实际上，该词被一些大公司用来掩盖殖民剥削的实质。①

“开发”殖民地的主题在第一次世界大战正酣时才进入法国的政治话语之中，当时宗主国指望殖民地提供战略物资。法国商业联盟负责人约瑟夫·夏约在1917年写道：“法兰西在战争期间方知她有殖民地。”②这一说法很快成了殖民党的口号。殖民党人认为，团结法国人和殖民帝国的时机到了。确实，殖民地对于战争是有贡献的，但其作用远远没有殖民党所鼓吹的那么玄乎。据吉尔伯特·梅尼埃（Gilbert Meynier）估计，从1915—1918年，帝国的两大重量级殖民地阿尔及利亚和印度支那分别为宗主国提供了9.63亿和1.84亿法郎的资金，而所有殖民地总共提供了大约15亿法郎。此外，殖民地仅为国防贷款做出了2.7%的贡献，比例也很低。相反，人力资助相对重要，但不同的殖民地出力不

---

① Voir E. Rabut, *Le mythe parisien de la mise en valeur des colonies africaines à l'aube du XXe siècle: la commission des concessions, 1898 - 1912*, Cambridge, Cambridge University Press, 1979. Cité par J. -D. Giacometti, *La question de l'autonomie de l'Indochine et les milieux coloniaux français, 1915 - 1928*, thèse, Université de Provence, Aix-en-Provence, 1997, p. 44.

② Cité par Ch. -R. Ageron, « Les colonies devant l'opinion publique française, 1919 - 1939 », in *Revue Française d'Histoire d'Outre-Mer*, n° 286, 1er trim. 1990, p. 33.

同，征兵的次数也不同。根据最可靠的估算，在大战期间，如果不算上30万“殖民劳工”，所有殖民地共为宗主国提供了大约60万兵力，相当于法国参战人数的7%至8%。[①] 从这一点上看，印度支那无疑是最默默无闻的殖民地，而据我们所知，印度支那联邦在大战中也没有什么大建树。

尽管如此，当第一次世界大战正酣时，宗主国负责人已经酝酿好依赖殖民帝国来加速法国崛起的计划，即开发殖民地。1917年7月，在殖民联盟成员（特别是约瑟夫·夏约和埃德蒙·杜·维维叶·德·斯特里勒）的积极推动下，“马吉诺殖民大会”在乌蒂诺大街的主持下召开，确定了开发殖民地的目标。贾科梅提对此做过详细研究，[②] 本书不再赘述，仅补充指出，与会者提出在意志主义开发的框架中维持战后统制经济，即不考虑产品的相对成本，把殖民地产品运往宗主国，在宗主国对外贸易中增加殖民地产品的进口份额。与会者既不关心宗主国的实际需要，也不考虑把殖民地作为法国产品的市场。这一源自自给自足模式的思维方式扼要地诠释了殖民者的所谓开发。因此，一旦遇上国际市场原材料价格下跌，殖民地产品就完全失去竞争力。殖民党的思维方式没有产生任何具体效果，却有助于我们思考开发政策的实质。就这样，在1920—1924年间，殖民党制订了若干计划，其中的沙罗计划形成于1921—1923年。

上文回顾了沙罗到河内赴任的理由和殖民党提出的开发主题，对分析广州湾重新获得印度支那的青睐至为重要。这些因素是1912—1920年间租借地发展的大背景。下文将探讨白雅特当局在总督府的指导下，施政是否与殖民地党提出的大框架相吻合。

（三）不容置疑的关怀，但政策混乱，充满功利主义色彩

通过分析总督府的一系列决策，我们可以看出印度支那确实重新关

① G. Meynier, J. Thobie, *Histoire de la France coloniale; l'apogée: 1871 - 1931*, tome 2, Paris, A. Colin, Coll. Agora, pp. 382 - 385.

② J. -D. Giacometti, *op. cit.*, pp. 45 - 46.

注广州湾，不过其关注的程度不宜过分夸大，只是和1912年前完全冷漠的态度相比，确实有所改善。当下研究的困难在于租借地的各项改革没有呈现出一条清晰的主线。总督府只是提出了一系列有倾向性的建议，或采取了若干措施，表达出一种对广州湾廉价市场比以往更感兴趣的新态度。我们千万不能被政府的某些具体行为或地方经济的发展蒙蔽了双眼。在繁荣的背后，隐藏的是一种榨取租借地资金的利用策略，而非开发的决心。

1. 经济复兴策略的表象

1912年1月8日，沙罗政府任命殖民学校毕业生、工作经历辉煌的加斯东·卡亚尔为租借地领导人，这是总督府转变态度的明确信号。卡亚尔是第一位有资格胜任此职的人物，尽管后来遭到指控，最后被判无罪，但他赴任时还是满怀热诚，决心和前任的懒政划清界限。此外，他的上任刚好赶上总督府决定进行一系列财政和经济调整的时期，广州湾的税收体制将彻底改变，因此他更是渴望有一番作为。

1911年10月20日四项组织法中的一项于1912年1月1日生效，租借地地区预算变成印度支那总预算的附属预算。上文已讨论过这项措施及其意义（参见第四章），在此不再赘述。除了此项改革之外，总督府还做出其他决议，增加广州湾的财政收入。新的看点是不再实施专营制——总公使谢斯杰曾指出这一制度造成腐败和不利于生产。1912年1月8日，沙罗发布政令，[①] 规定对进出广州湾的所有商品课以统计税，另外在租借地范围内，向所有经商、从事工业或其他职业的亚洲人发放营业执照。[②] 于是在总督府的支持下，广州湾当局向租借地的各种商业活动课税，这将成为政府的主要收入来源。这种预征税制还有望逐步取代专营制。结果表明上述措施效果明显，1912年以后，政府收入明显

---

① *JOIC*，1912.

② 此两项税收，加上家禽出口税（1913年设立，1915年废止），为地方政府带来了巨额收入。1911年，总税额达到6 212皮阿斯特，1912年为23 579皮阿斯特，1913年为55 683皮阿斯特。

增加，如图 8－1 所示：

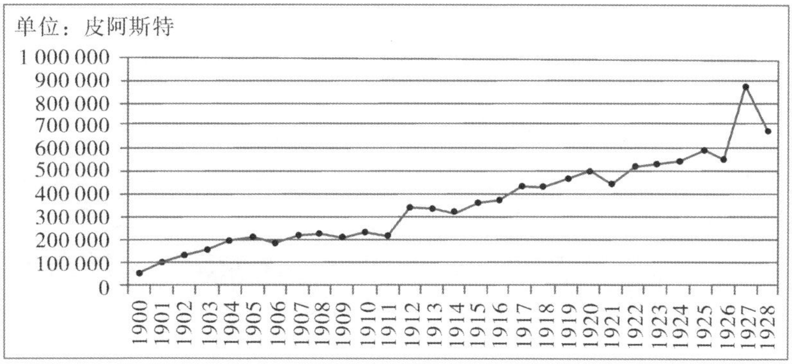

图 8－1　广州湾财政收入变化情况示意图（1900—1928）

（来源：根据广州湾各年度预算表绘制，海外档案中心，印度支那总督府档案和法国国家图书馆馆藏资料）

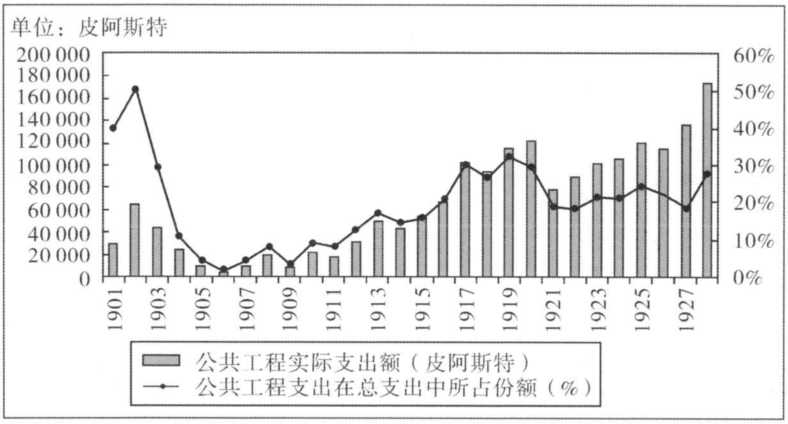

图 8－2　广州湾公共工程开支情况示意图（1901—1928）

（来源：根据广州湾各年度预算表绘制，海外档案中心，印度支那总督府档案和法国国家图书馆馆藏资料）

需要指出的是，新机制在充裕广州湾政府库房的同时，也直接加重了中国民众的税收负担，彻底违背了杜美的不加税承诺。

随着租借地财政的宽裕，政府考虑恢复投资。自 1912 年起，有利于经济发展的支出明显增长，其中增长率最高的是公共工程支出，这是最符合实际需要和最能增强未来投资信心的支出之一，反映出总督府一改杜美离开后对广州湾的冷漠态度。图8－2表明，不仅广州湾财政实际支出的总额增加，而且公共工程在总支出中所占的比例也不断上升，都超过10%。这说明了地方政府的政策选择与沙罗在印度支那采取的行动是同步的。

在各种经济投入的支出中，公路设施建设（尤其是连接白雅特和赤坎的公路以及通达租借地外围的延长线）、白雅特城新街道的开通以及广州湾各大城镇的市场建设和改造等都可圈可点。此外，经过1903—1908年第一次建立试点之后，政府在1912年新开了一处农业观察站，还在1914年6月开始了租借地地籍的编写工作。[①] 后一项工作早就该做了，因为有助于探索一种更好的土地管理模式，也有利于增加直接税收。

为了活跃广州湾的经济活动，也为了向商人转嫁部分财政支出，地方当局于1916年5月21日颁布政令，将租借地经济中心赤坎城升格为自治市。[②] 此后，赤坎由一名欧洲公务员，即第一区的公使兼任市长，在市政委员会的协助下管理城市。市政委员会有12名成员，均是中国人，由政府任命，任期3年。赤坎可以独立预算，收入来自当地的税收和专营；此外，也自行承担城市修缮工程的费用。就这样，行政当局在不打算放弃控制权的情况下迈出了联合政治的腼腆一步。次年，即1917年，赤坎自由商会成立，其成员全部是中国人，而且完全不受法国当局控制，[③] 这相当于正式承认赤坎中国商人拥有一定的自治权。另外，当局于1914年2月27日决定废止灾难性的专营制，决定由海关和专卖局来开发和销售食盐，[④] 还果断召回盐商恢复生产，暂时放宽入市标准，恢复生产和自由买卖。效果立竿见影。

---

① Rapport annuel sur la situation du Territoire, août 1915, CAOM, GGI, 64510.

② Rapport annuel sur la situation du Territoire, 1920, CAOM, GGI, 64527.

③ 广州湾从未存在过法国商会，甚至连法中商会也没有。

④ Dépêche de l'administrateur en chef au gouverneur général, le 13/10/1914, CAOM, FM, Indo, NF 769.

总之，从以上一揽子措施可以得出三个结论：首先，广州湾地方政府比以往任何时候都更加积极主动地介入租借地的经济生活，尤其是通过改善基础设施来实现商贸发展；其次，商人从中获得的好处明显要比其他经济主体（如农民、渔民和手工业者）多；最后，印度支那总督府重新对广州湾的税收感兴趣。这一态度与总督府渴望减少给租借地的补贴和今后把租借地的年度财政盈余直接收归总预算储备金——如在把租借地预算变为附属预算时所期望的那样——的想法是分不开的。

1908 年克洛布克维斯基主政时延续鲍总督的政策，公开封杀广州湾的做法终于结束了，可是我们能否据此推断，总督府已经“大彻大悟”，决定发展广州湾呢？显然还没走到这一步，下文将做出进一步澄清。同样，我们也不能从已出台政策中感受到一种重新确定广州湾的政治和经济地位的真正开发意图。相反，对财政预算进行更细致的历时分析却从另一个侧面有力地证实总督府的这场改革具有明显的利己本质。

2. 总督府对广州湾的财政剥削

如上文分析，政府在公共工程上的投入自 1912 年起逐年增加。首先，这种情况不只存在于广州湾，印度支那联邦除了老挝之外，其他地区都有类似情形。但是，如果具体分析投入的实际数额，就会发现广州湾公共工程支出的增加幅度要远比其他地区低。比如在 1911—1912 年间，柬埔寨的公共工程支出增加了 3.4 倍，交趾支那和东京增加了 2.9 倍，安南是 2.4 倍，[①] 而广州湾只有 1.7 倍，而且这一升幅是总督府犹犹豫豫，思前想后，考虑到有些年份投入不足，必须追加投入之后才取得的。因此，我们质疑总督府是否真心开发租借地。

其次，总督府真金白银地投入，更新租借地的经济体系一说也值得质疑。总督府对广州湾的年度财政补贴自 1908 年起逐年减少，从 1908 年

---

① 根据 1930 年河内远东印刷厂为参加 1931 年巴黎国际殖民博览会而印制的《印度支那各地预算及其储备金》宣传手册中提供的数据计算而来。

的113 000皮阿斯特减少到1912年的41 107皮阿斯特，再到1913年的38 669皮阿斯特。不但如此，这些数据还没有反映真相，因为自1912年1月1日起，租借地预算已成为总财政的附属预算，如有盈余，将由总财政收回（如表8－1所示[①]）：

表8－1　1912—1913年广州湾财政决算表（单位：皮阿斯特）

年份	实际收入	实际支出	盈余	总财政补贴	实际补贴（根据盈余推算）
1912	341 010	245 318	95 692	41 107	－54 585
1913	335 545	287 703	47 842	38 669	－9 173

（来源：印度支那总预算管理账户，海外档案中心，海外档案藏书楼）

结论不言自明：租借地不再依赖印度支那的财政资助，甚至有所回报。当然，收入非常微薄，甚至不足以补偿总财政直接拨付的某些“主权维持费”，如军饷。尽管如此，广州湾已不再是印度支那的负累，绝对不是了。

这一倾向在1914年2月鸦片贸易的专卖制取代专营制之后更加明显。沙罗亲自主导——因为他对租借地鸦片贸易在地方财政中作用甚微的状况大为诧异——的翻天覆地变化顺应了好几层需要，下章将做进一步讨论。不过这样做的好处之一是将巨额的鸦片收入通过海关和专卖局转入印度支那财政收入的账面上。为了弥补广州湾财政的巨大损失，总督府承诺大幅度增加给租借地的补贴，可这也是羊毛出在羊身上。1920年，总督府旧伎重施，这一次在自己毫发无损的情况下，把前一年为广州湾带来25 000皮阿斯特收入的统计税占为己有。因此自1914年至20年代中期，租借地能够支配的财政资源大幅度减少（如图8－3所示）。

---

① 我们只能分析1912和1913两个年度。因为鸦片原是专营，税收收归广州湾财政局。1914年之后，鸦片改为专卖，收益归于海关和专卖局，因此印度支那大幅度增加对广州湾财政的补贴，作为回报。

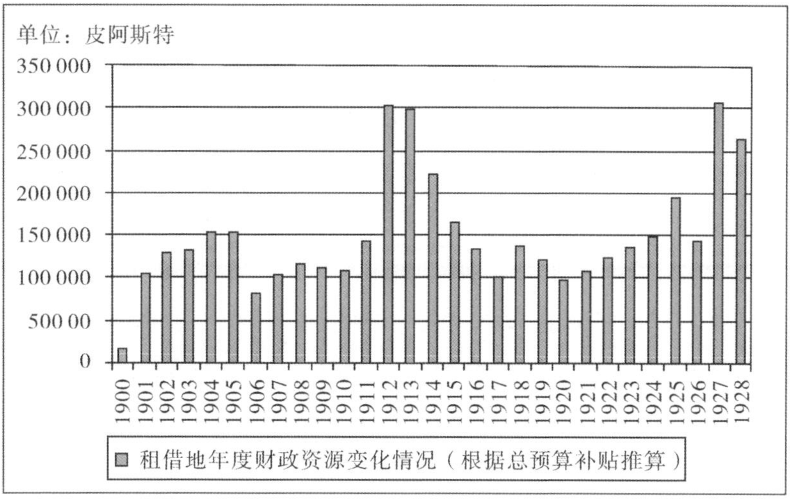

图 8-3　广州湾地方财政资源状况示意图（1900—1928）

（来源：根据广州湾各年度预算表绘制，海外档案中心，印度支那总督府档案和法国国家图书馆馆藏资料）

从其他方面看，有利于农业活动和地税管理现代化的措施也好景不长。农业观察站在三年后，即 1914 年停止实验，此后未再重开。地籍登记则以失败收场。英国人进入九龙仅四年，就完成了地籍登记工作，收集了所有业主信息，前后花费了 40 万皮阿斯特，而印度支那总督府竟然只派出一名工作能力有限的测量员，支出大约 4 000 皮阿斯特。这样的地籍登记工作真的令人无言以对。结果一年后，广州湾共 962 个村庄仅登记了 2 个（包括白雅特在内）。1915 年 8 月，总公使卡尔尼埃嘲弄道："此事超出人类所能预期！"① 1917 年底，地籍登记工作最终不了了之，广州湾因此失去了一项必不可少的管理手段。

所以说，沙罗政策绝非真正的开发策略，简单地说，不是经济发展策略，而是一种财政掠夺，将租借地的收入据为己有，只留下维持

① Rapport de Garnier sur la situation du Territoire, août 1914 - août 1915, CAOM, GGI, 64510.

基本生存的资金。地方当局不是傻瓜，也能清楚觉察到这一点，因此和总督府之间时有龃龉。地方的野心和河内的贪婪互不相让，矛盾不时爆发，针对法国或印度支那在广州湾行动的批评越来越多。在早些时候，总公使偶尔还会惋惜某个倡议没有启动，或对总督府的消极被动感到遗憾，而今行政报告却充满总结式分析和抱怨。1915 年 8 月，卡亚尔的继任者卡尔尼埃强调“法国占领广州湾 17 年后，毫无建树”，原因之一是“资金投入不足”。[①] 为了证实自己的判断，他把广州湾和胶州湾做了比较。他解释道，德国人每年在胶州湾投入 1 500 万 ~2 500 万法郎，据他估计，到 1914 年 8 月止，累计资产达到 5 亿法郎，即大约 2.08 亿皮阿斯特，而：

> 印度支那 15 年来在租借地的总投入微不足道，仅为 147 万皮阿斯特，其中只有 40 万皮阿斯特用在公共工程上。如果产出的多寡取决于投入的多少，那么我们交不出好的成绩单也就不足为奇了。

次年，卡尔尼埃再次表明态度，要求马上“全面检讨印度支那总督府在占领租借地时仓促确立的基本组织设想”[②]。1917 年 3 月，殖民地视察员勒·孔德（Le Conte）视察了卡尔尼埃总公使的工作后，也简明扼要地总结道：“最终要清晰规划，好好弄清楚我们到底要往哪走，要干什么。”[③]

那么在总督府对广州湾有所关注而又态度暧昧的这段时期中，我们能够吸取到什么教训呢？首先，不论是在租借地，还是在印度支那和宗主国，谁也不能够制订出一份真正的广州湾开发计划，而仅仅是把租借地当成摇钱树。从此角度看，本来可能在广州湾启动的从殖民行动向经济帝国主义转变的设想仍然没能实现。总督府标榜支持进出

---

① Rapport de Garnier, *ibid.*

② Rapport de Garnier sur la situation du Territoire, août 1915 – août 1916, CAOM, GGI, 64513.

③ Rapport de l'inspecteur des Colonies Le Conte, le 21/03/1917, CAOM, GGI, 56458.

口贸易，给予地方商会一定的自主权，可是此举的目的似乎不是要促进对外贸易，而是要增加财政收入。经济发展策略最终沦为庸俗短视的财政掠夺伎俩。可见在越来越多国家相互开放贸易之时，法国殖民运动却仍然故步自封，画地为牢。

其次，为了融资，印度支那需要丰厚的储备金，尤其是在战时。通过回收租借地的年度盈余，或控制鸦片贸易收入，把广州湾当作总财政的“摇钱树”，这确实是一种轻而易举的解决储备金的方法。所以说，总督府不是要搞开发，而是把租借地当成另一处储备金来源。

然而，随着越南民主主义运动的高涨和中国内政出现混乱，尤其是华南各省的动乱，总督府很快又对广州湾另打主意，这次是站在政治角度上。

二、华南哨所

（一）印度支那有险情？

1. 1911 年的中国和印度支那局势

1911 年 11 月，新总督抵达西贡时，辛亥革命正如火如荼。[①] 5 月份，北京决定将南方的铁路收归国有，抵押给西方财团，以换取贷款。此举加速了湖南、湖北、广东和四川等省的起义步伐。9 月，四川率先举事，地方名流情绪不安，新军士官有意共和，学生希望改革。1911 年 10 月 10 日，湖北省武昌新军的起义密谋泄露，辛亥革命的第一枪随即打响。数天后，湖北新军占领武昌城，宣布湖北省独立，实行共和。10 月，海南岛也落入起义者手中。在两个月内，中部和南部各省相继举事，11 月，胡汉民在广州成立革命政府。清政府赶紧提出宪政，任命袁世凯为总理大臣，但为时已晚，历史的进程已无

① Sur ces événements et leur déroulement, voir N. Wang, *L'Asie orientale du milieu du XIXe siècle à nos jours*, Paris, A. Colin, 1993, pp. 133 – 135; M. -C. Bergère, L. Bianco et J. Domes, *La Chine au XXe siècle*, tome 1, Paris, Fayard, 1989, pp. 114 – 117; M. -C. Bergère, *Sun Yat-sen*, Paris, Fayard, 1994, pp. 223 – 240.

法扭转。12月21日，孙逸仙从美国回到香港，29日被聚集在南京的各省议员推举为共和国临时大总统。

革命的热情或直接或间接通过宣传影响到印度支那。1905年2月流亡日本的越南民族运动主要领导者之一潘佩珠（1867—1940）① 早和日本泛亚洲主义论者、孙逸仙的同盟会和中国的立宪运动成员过往密切。他也得到阮朝开国之君嘉隆皇帝的后裔畿外侯阮疆柢的支持，于1906年成立越南维新会②。此外，他鼓励"东渡"，为国家革新培养年青一代。1909年，日本应法国的请求驱逐了潘佩珠，潘佩珠随后到达广州，短暂复兴过维新会。1912年6月，他在中国共和派的支持下组织越南光复会，支部遍布华南、东京、安南甚至暹罗。③ 因此，即使中国方面立刻表态不再支持安南叛乱者，总督府还是担心越南民族主义者与中国共和派继续勾结。这并非空穴来风。沙罗完全能够感觉到中国内政动乱对印度支那所产生的影响。阿伽德·拉尔谢在一篇研究殖民改革和法国—安南合作关系的文章中引用过沙罗致殖民地部部长报告的一段文字。总督不无忧虑：

> 自任职以来，我不得不面对云南革命带来的种种危机。一场风暴随时可能席卷我们的领地……我们必须采取预防措施，首先努力减缓我们的保护国可能受到的冲击，这正是总督府在政治和行政领域推进改革的目的和结果……④

---

① 潘佩珠，越南近代爱国志士，越南民族解放运动的领袖，近代启蒙思想的先驱者，资产阶级民族民主主义革命家。——译注

② 越南维新会（Duy Tan），1904年由越南资产阶级民族民主主义革命家潘佩珠在流亡海外期间成立的政治团体，其宗旨是恢复越南主权，建立君主立宪国，1912年因受到中国辛亥革命的影响于广州改组为越南光复会。此团体成员曾先后潜回越南发动武装起义，试图推翻法国殖民政权，但因行动仓促和装备落后而遭遇失败。——译注

③ Voir D. Hémery et P. Brocheux, *op. cit.*, pp. 286 - 290.

④ Rapport de Sarraut au ministre des Colonies, le 5/05/1913, CAOM, FM, Indo, NF 605, cité par A. Larcher, « La voie étroite des réformes coloniales et la collaboration franco-annamite, 1917 - 1928 », *Revue Française d'Histoire d'Outre-Mer*, n° 309, 4e trimestre 1995, p. 408.

在沙罗这位魔术师的蛊惑下，法国—安南合作政策自 1911 年起成为殖民话语中响应最热烈的议题之一，可其推行的部分原因竟然是为了回应中国革命的现状和越南民族主义运动的高涨。正如埃梅里和布罗歇所说，“这是要巩固殖民运动和越南资产阶级的联盟，”给 1911 年初获得特赦的潘周桢①所代表的改良民族主义打开了一扇大门。总督府也希望借此有效地打击潘佩珠所代表的反殖民主义和极端民族主义者。② 不过，合作政策沦为时局的应急措施，这应该是错误的。合作政策的所有主题统称沙罗主义，我们无意在此探讨其含糊性和局限性，③ 仅指出，沙罗在战后仍进一步推进法国—安南合作，强调开发计划。他相信印度支那军队在大战中对法国的援助唤起了宗主国对其保护者的善意。在广州湾，合作政策自 1922 年起在教育和本土行政层面初显端倪，带来新的举措。

2. 总督府的回应

沙罗明白，当务之急是实施殖民改良主义。让长期囿于行会主义和保守主义的法国行政部门重振雄风，才能实施殖民改良主义。他也坚信，只有更好地了解土著问题，集中处理情报和镇压印度支那革命分子，才能令殖民体系改头换面。在这种思想的指导下，他着手改组成立于 1908 年安南暴动之时的政策处。政策处当时接受保罗·布朗夏尔·德·拉布罗斯公使（Paul Blanchard de la Brosse）的领导，负责在印度支那各地行政部门和驻华各领事馆之间互通有无，地位非常重要，但没有实权，不能采取行动。于是 1912 年，沙罗将政策处改组为“政治和土著事务处”，部门权力随之大为扩大，任务是“集中处理所有情报，

---

① 潘周桢（1872—1926），号西湖，是越南近代民主民权思想的倡导者，维新运动的领袖。——译注

② D. Hémery et P. Brocheux，*op. cit.*，p. 292. 此外，拉尔谢对沙罗的策略及其宣传方式、越南民族主义者的不同派别及政治态度做过详细分析。（A. Larcher，« La voie étroite des réformes coloniales et la collaboration franco-annamite，1917 – 1928 »，*op. cit.*，pp. 387 – 419.）

③ On en trouvera une bonne analyse chez D. Hémery，« En Indochine française，réformisme colonial et nationalisme vietnamien au XXe siècle. Le Sarrautisme et ses avatars »，*Etudes indochinoises III*，n° 25，IHPOM，Université de Provence，1993，pp. 109 – 134.

和各地行政首领建立永久性联系，与驻外领馆保持经常性合作，协助各地行政首脑和驻外领事建立长效的情报网络……”[①] 此外，该部门还按照东京地方事务和治安管理处的模式，对东亚特别是中国的印度支那移民进行长期监控。儒勒·博斯克（Jules Bosc）是这一举足轻重的殖民政府部门的领导人，他曾担任过土著事务管理处负责人和东京高级驻扎官办公室主任。在他的领导下，保罗·布朗夏尔·德·拉布罗斯负责政治事务，让·普祖鲁斯基（Jean Przyluski）负责土著事务。后来的事实证明，这次重组十分有效地打击了印度支那革命分子的活动。

越南爱国将领老提探（原名黄花探）立刻丧命。[②] 提探在1885—1896年越南反对法国殖民主义和拥护被罢黜的咸宜帝的“勤王运动”失败之后，[③] 仍领导人民与法国殖民者进行斗争。他在1897年投降殖民政府，但仍是殖民秩序的一个潜在威胁，官方的线人称他和中国活动分子保持联系。他最终被锁定在河内以北大约50公里处的安势县，1913年被儒勒·博斯克派出的卧底特务暗杀。[④]

但是越南民族主义运动仍然蓬勃发展。1913年4月，潘佩珠策划多起暗杀和起义，使总督府感觉到有必要进一步加强在印度支那和中国的情报工作。于是1915年5月，总督鲁姆（Roume）将“政治和土著事务处”改组为“政治事务和公共安全处”。1917年2月，沙罗重返河内，开始第二个总督任期。他将印度支那所有警察部门归到公共安全处统一指挥，并将公共安全处和情报服务中心合二为一，成立“情报中心和公共安全部门”（简称SCRSG），负责人是他的女婿让布罗上尉（Jeanbrau）。由此可见，警察和政治情报部门的合并和服务的逐步完善

---

① P. Morlat, *Les affaires politiques de l'Indochine* (*1895 - 1923*), Paris, L'Harmattan, 1995, p. 132. 该书还详细介绍了此次行政重组的细节和各部门高官的生平。

② 黄花探（Hoàng Hoa Thám, 1857—1913），原名张文探，又称提探（提督黄花探简称），1885—1913年安世农民起义领袖，杰出的越南抗法民族英雄。——译注

③ 咸宜帝，即阮福明（Nguyễn Phúc Minh, 1871—1943），为阮朝第8任皇帝，年号咸宜，因此亦称咸宜帝，1884年至1885年间在位。——译注

④ P. Morlat, *op. cit.*, p. 133, et Ch. Fourniau, *Vietnam*, *Domination coloniale et résistance nationale*, *1858 - 1914*, Paris, Les Indes savantes, 2002, p. 779 sq.；本章关于“勤王运动”的内容也参考了该书。

都服从于加强殖民国家强制力机器的需要。这样一来，如埃梅里和布罗歇所言，殖民国家“首先成为警察国家”①。警察机构的重组充分说明了印度支那政治负责人面对殖民地内部变化时，危机感越来越强。

也正是这种危机感促使沙罗在第一任期内就致力于搜集情报和监控流亡华南的安南革命分子。确实，华南地区拥有革命传统，早已成为抗法的宣传中心，威胁到殖民地的安全。1912 年 2 月，孙逸仙辞去临时大总统，让位于没落帝国的强权人物、北洋新军的创始人袁世凯。作为回报，袁世凯承诺宣布共和，维护国家统一。然而，北洋军队的实权人物和南方共和派面和心不和，孙逸仙提出迁都南京，遭到袁世凯的拒绝，此后双方更是互相猜疑。数月后，矛盾激化，袁世凯将孙逸仙闲置。于是宋教仁成为共和运动的新领导人，他在 1912 年 8 月成立国民党（前身为孙逸仙的同盟会），准备和袁世凯合作，参与议会选举，实行共和。1912 年 12 月，宋教仁在国民议会选举中胜出，成为反对党领袖，但 1913 年 3 月遭到袁世凯的暗杀，随后袁世凯实行独裁统治，强化警察机器，镇压国民党。北方与作为国民党根据地的南方决裂。1913 年 7 月，袁世凯解除加入国民党的江西、安徽和广东等省督军的职务，引起了二次革命。于是江西、安徽和广东等省宣布独立，中国重新陷入军阀混战。不久南京陷落，9 月，袁世凯成功镇压叛乱，当选总统，任期 5 年，而孙逸仙、黄兴（短命的南京孙逸仙内阁的前总理）和其他革命党人不得不流亡日本，1913 年 11 月，国民党成为非法政党。②

对这段多事之秋和多灾多难的中国议会历程进行回顾，似乎可以看到一道沟壑将中国一分为二：一边是“面向草原的北中国，是霸权和集权的帝国意识的象征和避难所”；另一边是“面向大海的南中国，充满变革的力量”。③ 后者是致力于现代化事业的反对党代表；前者是合法权力的代表。不过这种图表式的划分在当代争议颇大，历史学家认为，

---

① D. Hémery et P. Brocheux, *op. cit.*, p. 109.

② Pour plus de précisions sur cette période, nous renvoyons à M. -C. Bergère, L. Bianco et J. Domes, *La Chine au XXe siècle. D'une révolution à l'autre*, *1895 – 1949*, tome 2, Paris, Fayard, 1989, pp. 117 – 121, et à M. -C. Bergère, *Sun Yat-sen*, Paris, Fayard, 1994, pp. 240 – 278.

③ M. -C. Bergère, *Sun Yat-sen*, *ibid.*, p. 271.

这是外国人眼中的中国，与实际情况相差甚远。在南北之间，包括法国在内的列强倾向于支持北方，倒不是因为北方具有合法性——这对于列强而言是无关紧要的细节，而是因为孙逸仙提出的经济和税收措施可能会损害他们的在华利益。相反，袁世凯识时务地与列强媾和，提出借款，寻求列强的支持，改组行政框架。1913 年 4 月 26 日，大总统违背 1912 年临时宪法的规定，在未获得国民党占大多数的议会同意的情况下，私自和国际财团（六大在华外国银行）签订了 2 500 万英镑的贷款合同。玛丽—克莱尔·贝尔热尔（Marie – Claire Bergère）认为，列强支持袁世凯是后者取得胜利的主要原因之一。那么以广东为首的南方各省普遍敌视外国势力也就可以理解了。

此外，同盟会元老之间突然出现意见分歧，也令广东的局势更加复杂。孙逸仙和黄兴为了团结国家和实现国内和平而接受国民党的纲领；而胡汉民自 1911 年起出任广东省督军，并得到军队支持，他却因忠实于同盟会及其纲领，不信任袁世凯而拒绝加盟。总督府十分担心安南叛乱分子会趁广东局势混乱而浑水摸鱼，藏匿于广东继续组织抗法运动。如上文所述，这一担心不无道理，华南各地法国领事均很快证实，中国的激进共和势力和越南革命者之间联系密切。

（二）广州湾与监督、镇压行动

1. 印度支那在华南建立监控网络

1912 年 1 月 16 日，潘佩珠在东京的代号为“Am-Vô”的联络人在河内被捕，越南维新会的对外联络网络暴露。[①] 不过当时总督府尚未有任何手段对革命者进行有效监控。同年第二季度初，沙罗与政治和土著事务处决定以法国驻华领馆为网点，建立一张庞大的情报网络，弥补监控方面的薄弱环节。沙罗命令政治和土著事务处管理土著事务的新负责人让·普祖鲁斯基研究方案的实施：

---

① P. Morlat, *op. cit.*, p. 135.

另外，我决定任命一位谙熟安南语言和习俗且能流利讲英语的政治和土著事务处官员赴香港、广州和北海拜会各领事，向我们的海外代表阐明利用工作之便为法属印度支那情报机构罗织情报的利害，让总督府能够掌握流亡中国或香港的安南人的一举一动。[①]

普祖鲁斯基先后于1912年4月和7月两次赴华，最终说服各位领事参与印度支那政治事务处领导的监视网络，并接受印度支那提出的组织模式。外交官们原先打算动用大量的人力物力，建立庞大的监控体系，但总督府主张用“软”模式，精心挑选几位印度支那内线，打入革命党领导人身边做卧底。7月份，普祖鲁斯基成功地在香港潘佩珠的身边安插了代号为“BN”的线人，该卧底后来为总督府提供了不少非常重要的信息。[②] 正因为有此人的存在，一张有限度却目标明确的间谍网建立起来了，并得到广州、香港、北海、海口和上海等地领事的支持。其中两位领事很快成为骨干，分别是广州的伯威和1912年12月返回香港的联伯尔。他们根据线人提供的线索向印度支那反馈信息，使总督府对潘佩珠和阮疆柢的活动以及革命组织的建立等情况了如指掌，成功地挫败了革命党1913年4月准备发动东京起义的密谋和一系列暗杀计划。

2. 广州湾在监控网络中的地位

在印度支那总督府建立华南监控网络的最初几年里，广州湾的地位完全无足轻重，总公使甚至对政治和土著事务处密访各领事的情况一无所知。显然，普祖鲁斯基认为租借地十分安全，安南叛乱分子是不会到那里安营扎寨的。可是自1912年底起，“BN”线人开始告知联伯尔领事，不少澳门和广州湾的中国人可能参与安南革命分子的事业。

比如孙逸仙的长兄孙眉。他定居于澳门，表面看似相当温顺，孙逸

① Rapport politique du 2e trimestre 1912 de Sarraut au ministre des Colonies, CAOM, Papiers Sarraut, PA 9, carton 2; cité par P. Morlat, *op. cit.*, p. 136.

② P. Morlat, *op. cit.*, pp. 140 – 145.

仙也一直以为他碌碌无为，其实，孙眉和两位朋友经常往返于澳门、香港和广州湾。[①] 中越混血儿潘志富（Phan Tri Phu，音译）的情况更加可疑，他在参与若干安南叛乱事件之前是海防市政府的秘书。12 月 31 日，“BN”密报，潘志富将离开香港赶赴广州湾，接受租借地中国居民的募捐。他以黄东茂（Huyên Diêp，又名 Hoang Tung Mâu，音译）的代理人身份进行活动，后者是潘佩珠的最亲密合作者之一，而且是越南光复会在华南的负责人。[②] 1913 年 2 月初，潘志富回到北海，中途在广州湾短暂停留，募得 1 000 皮阿斯特的捐款。

同年 7 月，联伯尔通知广州湾总公使，葡萄牙火轮“美洲人号”刚离开香港，驶往白雅特，船上有 30 名身揣 5 000 皮阿斯特的安南叛乱者。[③] 但是广州湾当局似乎没有采取任何行动拘捕捣乱分子，这可能是情报有误，也可能是当局根本没有把这当作一回事。

到了此时，越南叛乱分子和中国新政权似乎对偏安一隅的广州湾有一定的兴趣。1912 年第一季度政治报告指出，辛亥革命后广东行政组织混乱，租借地周边人心惶惶，不过这对租借地来说反倒利大于弊，“邻近地区中断的转口贸易涌向我们的租借地”[④]。

然而，第一次世界大战爆发之后，法国当局开始走出观望状态，原因有二：一是担心德国支持潘佩珠，制造地区性混乱；二是地方当局明显地感受到针对租借地的中国激进主义运动再次抬头。根据卡尔尼埃总公使的报告，1914—1915 年间，德国驻广州领事馆曾试图在广州湾制

---

① Document annexe à la dépêche du consul de France à Hong Kong au ministre des Affaires étrangères, le 6/01/1913, MAE, Corr. pol. et comm. (1897 - 1918), Indochine, NS 12, fol. 60 - 66.

② *Ibid.*, et annexe à la dépêche du consul de France à Hong Kong au ministre des Affaires étrangères, les 13/01/1913 et 10/02/1913, *ibid.*, fol. 68 - 72 et 83. Voir aussi, au sujet de ces personnages, P. Morlat, *Les affaires politiques de l'Indochine (1895 - 1923)*, Paris, L'Harmattan, 1995, pp. 202 - 203.

③ Télégramme de Liébert à l'administrateur en chef, le 9/07/1913, MAE, Corr. pol. et comm. (1897 - 1918), Indochine, NS 13, fol. 253.

④ Rapport politique de Kouang-Tchéou-Wan du 1er trim. 1912, ANVN, Centre n° 1, GGI, 9260.

造混乱，还企图在一名匪帮头目的帮助下策划土著治安队暴动。[①] 不过总公使的警告并未引起法国当局的注意，当局此时更加重视法国驻香港领事发来的信息，指广东革命者准备袭击广州湾。[②] 鉴于广东省政局变化，当局认为领事的警告非常严重。1914 年 8 月，袁世凯的支持者——云南籍将军龙济光成功攻占广州，赶走孙逸仙的亲信陈炯明，在大部分广东官民的反对声中成为广东总督。由于法国公开支持龙济光，所以国民党势力极可能怂恿匪帮和广州湾法国政府针锋相对。另外，经过 1913—1915 年的冷淡期之后，中国革命者和安南叛乱分子的关系有升温的迹象。1915 年 8 月，加斯东·联伯尔通知总督，阮疆柢可能正和澳门的中国激进分子——与影响力颇大的广西籍国民党人黄明堂有关联——进行协商，准备对法国租借地发动袭击。[③]

战鼓催人，广州湾才受到重视。鸦片贸易飞速发展，招致海盗活动频频，此外广东政局也令租借地局势岌岌可危。宗主国和印度支那不约而同地想到租借地可能会发生社会动乱，亟须建立一张当地情报网，收集盗匪和敌对帮派的信息，以便未雨绸缪。于是 1915 年第三季度，白雅特安全局[④]成立，负责人是在当地任职 10 多年，十分了解地方情况和能说多种方言的治安视察员莱奥纳多。[⑤]

安全局成立不久，就取得骄人的成绩，成功地挫败了当地海盗和越南革命者的几起危险密谋活动。1915 年底，安全局搜查坡头区黄彰恪村（Wong-Tsouk-Nhi）海盗头目陈振彪（Shang Hing - Piou，音译）的住所，搜出了炸弹和其他爆炸物，还有一张任命他为“越南帝国第三军总司令”的证书和一些安南革命政府寄来的银票。陈振彪逃脱安全局的追捕，藏匿在广州，成功地躲过广州湾当局的引渡，还与德国代理人和

---

① Rapport sur la situation de Kouang-Tchéou-Wan, août 1914 - août 1915, CAOM, GGI, 64510.

② Télégramme du consul de France à Hong Kong au gouverneur général, le 26/11/1914 et le 29/11/1914, MAE, Corr. pol. et comm. (1897 - 1918), Indo, NS 15, fol. 293 - 294.

③ Dépêche du consul de France à Hong Kong au gouverneur général, le 27/08/1915, MAE, Corr. pol. et comm. (1897 - 1918), Indo, NS 16, fol. 59 - 66.

④ 白雅特安全局（service de sûreté），为印度支那情报局在白雅特的分支机构。——译注

⑤ Rapport politique de Kouang-Tchéou-Wan, 1er trim. 1916, CAOM, FM, Indo, NF 199.

安南叛乱分子接头，继续策划反法活动。[①] 陈振彪只是一名被收买的盗贼头目呢，还是某些中国组织和越南民族主义者的盟友呢？相关资料不多，我们难以推断。但不论如何，陈振彪是此后几年内广州湾盗匪的典型形象。两广军阀混战时期，这些土匪效力于不同派系的军阀，以求得到经济资助和庇护。

此后，总公使开始在报告中事无巨细地罗列广东省的政治事件，对租借地之外表现出了前所未有的关注。不过，报告和信件中的信息相当混乱，多处前后矛盾，难以为历史学家所用，我们也怀疑这在当时能否为总督府决策提供帮助……但不论如何，这一转变明确传达出如下信息：法国当局已转变态度，拓宽视野，不再把广州湾和中国其他地区割裂开来。

租借地就这样重新被纳入华南监控机制之中，承担起监督中国内政发展，防止尚不稳定的年轻共和国惊扰殖民地的任务。

3. 广州湾和安南叛乱者的引渡工作

引渡在华落网的安南叛乱分子是一个十分棘手的问题。在广州湾成为华南前哨之前，总督府根本未想过利用租借地来解决引渡问题。1912—1914 年间，广东掌握在袁世凯总统的反对者国民党手中，有利于越南革命党的活动。帕特里斯·莫尔拉指出，如果领事引用 1836 年 5 月 28 日和 1852 年 7 月 8 日上谕中的领事裁判权，应该能够获得中方的帮助，[②] 但各位领事都没有这样做。此外，罪犯只有触犯公法才可以进行引渡，总督府不能根据线人提供的信息提出引渡要求。再者，当下的问题与香港的一样，1876 年 8 月 14 日，法国和英国签订了引渡协议，明确规定提出引渡的国家必须提交其侨民涉及犯罪或触犯公法的直接证

---

① Rapport politique de Kouang-Tchéou-Wan, août 1915 – août 1916, CAOM, GGI, 64513, et lettre de Conty, ministre de France à Pékin, au ministre des Affaires étrangères, le 3/12/1915, MAE, Corr. pol. et comm. (1897 – 1918), Indo, NS 216, fol. 304. 孔蒂指出，陈振彪原籍广州湾，他是中国人，所以法国当局根本无法提出引渡要求，中方也没有任何理由答应法国。

② P. Morlat, *Les affaires politiques de l'Indochine* (*1895 – 1923*), Paris, L'Harmattan, 1995, pp. 152 – 154.

据，才能提出引渡要求。最后，根据安南法律，被引渡者不能在特别法庭和地方法庭受审。种种限制束缚住了总督府的手脚，使总督府难以阻止损害法国利益的叛乱活动。

为了解决难题，1913 年 5 月，让·普祖鲁斯基和香港领事联伯尔想出了一个高招，派人到英国殖民地逮捕越南革命者，然后组织“乔装打扮的引渡”，即把革命者带到法国的领地，如东京或广州湾，然后假装在那里逮捕他们。两位高官都知道英国人不甚支持革命运动，会协助法方的行动。5 月 29 日，联伯尔通知政治和土著事务处处长儒勒·博斯克，英殖民地当局打算接受这种部门间的合作：

我私底下保证，叛乱分子如在香港落网，将被带上我方开往海防的邮政火轮。当时机来临，我会通知您派出民事警察——千万莫穿制服也莫表明身份——去逮捕他们。香港当局将“装作不知道”被驱逐者的命运。[①]

不过这样的移花接木是非法的，如果事件暴露，国际舆论必定哗然，特别是当时巴黎拒绝向英国引渡印度逃犯，而伦敦正提出抗议。[②]因此只能在殖民当局之间达成简单临时协议，不能让政府高层获悉内情。1913 年 7 月 22 日，第一批 6 名越南革命者在香港遭到驱逐，被带上马尔蒂公司开往东京的“香港号”火轮。该船将在白雅特停靠，“在我们的司法水域由安全处视察员完成逮捕任务”[③]。我们不知道这一机制实施了多久，也不知道有多少越南革命者就这样在广州湾被捕，但有一件事是肯定的：1915 年 1 月 14 日，这一机制仍然生效，因为 1914 年 12 月 14 日在香港被捕的越南光复会主要领导人之一梁立南（Luong Lap

① Lettre de Liébert à la direction des Affaires politiques, le 29/05/1913, MAE, Corr. pol. et comm. (1897－1918), Indochine, NS 12, cité par P. Morlat, *op. cit.*, p. 158.

② Lettre de Liébert au gouverneur général, le 22/07/1913, MAE, Corr. pol. et comm. (1897－1918), Indo, NS 13, fol. 281－282.

③ *Ibid.*

Nam，音译）在白雅特落网。[1]

法英殖民当局在这种交易中得到什么好处呢？从英国人的角度看，这样可以向越南革命者发出明确信号，表明港英当局不愿意看到他们把香港发展成为越南民族主义运动的后方基地。对于法国人而言，第一个好处当然是绕过难以实施且可能效果不佳的引渡方案，不过为什么选择在广州湾而不是当革命分子抵达东京时直接在印度支那土地上逮捕他们呢？理由有两个。第一个很容易理解：必须把逮捕工作演得逼真。一般而言，叛乱分子是不会搭乘正常的海上航线离开香港去海防的，但如果从广州湾出发，就十分正常了，所以在广州湾逮捕他们更加合理。第二个理由是在白雅特秘密逮捕不会引起法国司法部门的怀疑，暴露港英殖民地和印度支那当局之间的秘密协议。就这样，印度支那安全部门通过非法手段暗中防止革命分子漏网。1914 年 8 月 6 日，总统普恩加莱（Poincaré）在宗主国宣布戒严，29 日，凡·沃勒诺万总督也宣布印度支那戒严，安全部门才停止行动。[2] 戒严令把维持治安和秩序的权力从民政部门手中完全转移到军队手中。此后，越南革命者可以被直接转送军事法庭，不得上诉。出于民族感情，宗主国和印度支那政府都不得不开历史的倒车，直到 1916 年 8 月 16 日，殖民地才废止戒严令。不过在这两年间，行政当局已重拳打击了越南的民族主义运动。

总之，总督府（尤其是政治和土著事务处）在策划打击越南叛乱分子时，更多地把广州湾当作执行计划和搜集信息的参与者，而不是主导者。1915 年底，白雅特安全处设立之后，使用人体测量和体貌特征记录等方法收集情报，布下天罗地网，潘佩珠的支持者更不打算在租借地停留，广州湾在搜集越南叛乱分子情报方面的地位也就有所下降，不

---

① Lettre secrète de Liébert à la direction des Affaires politiques et indigènes, le 13/01/1915, MAE, Corr. pol. et comm. (1897 – 1918), Indo, NS 15, fol. 320. 梁立南，真名梁玉权（Luong Ngoc Nguyen），1885 年生于河内，是越南革命领袖梁玉瑾（Luong Ngoc Can，音译，人称越南秋瑾）之子。他和当时不少越南人一样，在 1906 年离开东京前往日本学医，1910 年获得中国政府资助，先后到广州和北京陆军军官学校见习，1912 年起在越南光复会执行委员会负责军务，辗转华南募捐和招聘越南抗法运动志愿者。Cf. P. Morlat, *op. cit.*, p. 199.

② P. Morlat, *La répression coloniale au Vietnam, 1908 – 1940*, Paris, L'Harmattan, 1990, pp. 34 – 36.

过租借地在对华监控网络中发挥着重要作用。1918 年之后，中国南北矛盾加深，广州湾时而作为后方根据地，时而作为聚会地点和宣传基地，在各省情报网络中大展拳脚。下文还将讨论广州湾盗匪的情况，他们的政治倾向不同，暗中支持不同政党在中国政治舞台上争权夺利，从而使广州湾卷入中国内务的纷争之中。不过这一点只涉及租借地的内部政治稳定，与印度支那的安危关系不大。我们甚至觉得，在一定程度上，正是因为广州湾内忧外患不断，宗主国（特别是外交部）才把租借地当作法国在东亚政策的绊脚石，而不是一枚好棋子。

第一次世界大战结束后，殖民地终于迎来整理和反思战时殖民工作的时候。印度支那毫发无损地走出战争，潘佩珠领导的革命运动遭到公共安全部门的重创。潘佩珠本人在广州被龙济光监禁或软禁了几年（1914 年 1 月—1917 年 2 月），之后向改良派靠拢，1922 年之后接受沙罗提出的法越合作建议。在 1919 年 4 月 27 日的著名河内文庙演讲中，总督不正是鼓吹通过“印度支那宪章”重新分配权力，扩大本地居民的参政权吗？不过，促使潘佩珠向法国当局妥协还有另外一个因素：日本日益强大，侵华野心日趋明显。1919 年 4 月，日本在凡尔赛和平会议上攫取德国人在山东的权益。这使越南民族主义者十分担心，他们意识到只有法、英势力在该地区的存在才能遏制住日本的狼子野心，所以决定调整斗争策略。①

1919 年 5 月，沙罗离开印度支那，为莫里斯·龙（Maurice Long）留下了一片风轻云淡的印度支那时局（期间从 5 月至 12 月，蒙吉约曾短暂代理过总督）。然而，列强之间的关系出现了新变数，尤其是法国和印度支那越来越关注的太平洋地区的格局与前大为不同。广州湾作为一片被边缘化的法属地和租借地将再次被抛到国际舆论的风口浪尖之上。

---

① Cf. A. Larcher, « La voie étroite des réformes coloniales et la collaboration franco-annamite, 1917 – 1928 », *op. cit.*, p. 407.

三、广州湾的去留问题：华盛顿会议（1921—1922）

“一战”期间，西方外交人员和殖民人士均认为，“远东地区”的概念将被“太平洋地区”的新概念所取代，因为后者更加符合新的地区局势。所有强国不论是老牌的还是新生的，如本身就在太平洋地区的美国、中国和日本，又如通过殖民关系间接出现的英国和法国，都想在此占有一席之地。地理概念的更新使政要们不得不重新深刻思考印度支那和宗主国的关系，加强在亚太地区的殖民和各法属领土之间的联系成为当务之急。这不仅涉及印度支那的经济开发问题，也涉及如何在因列强虎视眈眈而充满变数的太平洋地区保护法国殖民利益问题。

在中国，军阀混战，国家四分五裂，社会逐渐陷入无政府状态。日本伺机而动，支持地方军阀，企图获取经济或领土回报，扩大自己在中国的影响。为了缓和大洋两岸的竞争气氛，重建秩序，美国建议列强召开“太平洋会议”，即华盛顿会议。1921 年 11 月 12 日至 1922 年 2 月 6 日，9 个国家出席大会。12 月 3 日会议一开始，法国竟出人意表地提出将广州湾归还中国的建议。

要理解这一在当时颇为令人费解的行为及其背后所隐藏的法国亚太战略意图，必须先回顾一下太平洋和东亚的地缘政治形势，以及殖民地和宗主国政府的印度支那开发计划。

（一）太平洋地区问题和印度支那的开发计划

1. 遏制日本的野心

第一次世界大战削弱了欧洲列强的实力，也令亚太地区国家异军突起，成为国际关系的新主角。日本更是以强国姿态出现，参与竞争，其侵华的帝国主义野心暴露无遗，令其他国家坐立不安。自 1905 年对俄战争胜利之后，日本成功地将势力扩大到亚洲大陆的重要区域。1905 年 9 月，日俄《朴茨茅斯条约》签订，俄国向日本转让在辽东半岛的权益，包括亚瑟港和大连，承认日本对朝鲜的主权；1907 年，法俄

“承认”日本在满洲地区的势力范围；1910 年 8 月，日本直接吞并朝鲜；最后 1911 年，英日盟约续签，条约延长十年，保证日本在亚洲的利益。

1914 年“一战”爆发。这为日本趁欧洲列强无暇东顾，中国国内军阀混战，无力一致对外之机，打击德国在山东的利益，进一步扩大在华和东亚的势力范围创造了条件。1914 年 8 月 23 日，日本单方面毁约，对德宣战，出兵占领胶州湾，还进一步控制了太平洋上的德属马绍尔和卡罗琳等岛屿。最后，在英法的怂恿下，日本军队在 1918 年 4 月登陆海参崴，并以援助 5 万名捷克军队为借口迅速占领东西伯利亚。[①]

同时，日本向北京施压，在 1915 年 5 月以最后通牒的方式向袁世凯政府提出“二十一条”。经多方协商后，袁世凯被迫接受部分内容，日本东京对中国的控制力得到进一步增强。不过日本野心勃勃，欲壑难填。为了让中国和列强盟友承认其征服成果，1917 年 11 月，日本和美国达成《蓝辛—石井协定》，并于 1917 年向北京的“朋友”军阀段祺瑞提供西原借款，加强亲日皖系的军力。

在中国代表列席的巴黎和会上，[②] 日本还获得了德属密克罗尼西亚群岛的托管权，并全盘接收德国在山东的权益（1919 年 4 月 30 日）。中国代表当场离席抗议，拒绝在和约上签字。此次北京公开表达对列强对华政策不满的行动在中国掀起了波澜壮阔的“五四运动”。北京学生率先上街游行，抗议政府在和会上的屈辱外交。这原本只是一场中国民族主义者反抗日本帝国主义的运动，但随后南方大部分地区爆发罢工和示威，许多知识分子更是提出摈弃造成中国落后挨打的传统文化，对西方文化表现出狂热。“五四源自一个民族的生命意志力，在民族主义政党国民党和中国共产党中都能找到其合法继承人。”[③]

显然，在 1920—1921 年对太平洋地区的局势做出结论性的判断为

---

① Cf. N. Wang, *op. cit.*, p. 112.

② 中国因 1917 年 8 月对德宣战而得以出席会议。

③ L. Bianco, *Les origines de la révolution chinoise*, *1915 - 1949*, Paris, Gallimard, 1967, p. 87.

时尚早，但是日本加快在东亚的侵略步伐肯定给该地区的稳定，尤其是给动乱中的中国带来严重的威胁。何况日本与其他列强之间还存在纷争，比如与印度支那在贸易转口税上出现分歧，与美国和澳大利亚在日本移民问题上存在矛盾等，都令局势进一步复杂化。因此，参与华盛顿会议的西方列强希望通过制定新规则，保证中国领土的完整，并限制日本的野心。

2. 印度支那在亚太地区的角色

广州湾的回归问题与1918年后太平洋地区的地缘政治背景密不可分，当时法国不得不重新思考印度支那的开发及其在法兰西帝国中的地位问题。国民议会代表通过杂志和殖民压力集团展开辩论，都急切盼望实施发展政策，但政治负责人、殖民地高官和企业家等各方的意见又往往难以统一，争论的焦点是应否继续维持1917年7月马吉诺会议上提出的"自给自足优先"政策。马吉诺会议召开时法国正处于战时状态，殖民地被当作拯救法国经济的舞台之一，可是两三年后，事过境迁，国际环境大为不同，列强的实力对比和原材料价格都发生了变化，宗主国和殖民地的关系也到了该重新梳理的时候了。

太平洋问题和新危机的出现影响到政府对印度支那前途的思考。让·多米尼克·贾科梅提在题为"印度支那自治问题"的博士论文中对此做了深刻的分析，并揭示了印度支那开发计划的各种方式。① 在战争期间，印度支那殖民地已证明自己可以脱离宗主国而生存，完全无须再依赖于后者，相反，周边的经济环境倒是与其生存息息相关，周边国家特别是中国对印度支那的贸易量越来越大。此外，反倒是法国因为有印度支那的存在才能跻身于太平洋列强的行列，所以宗主国对印度支那格外看重。1918年年中，激进社会党议员、内阁殖民集团成员、殖民学校前教授和英国殖民地问题专家阿尔贝尔·梅当（Albert Métin）到

---

① J. -D. Giacometti, *La question de l'autonomie de l'Indochine et les milieux coloniaux français, 1915 - 1928*, thèse (non publiée), Université de Provence, 1997. 该书第一部分"印度支那自治框架"对本书的启发尤其大。

澳大利亚考察，调查了大不列颠自治领和法国殖民地的关系。这位印度支那经济事务署副署长在考察报告中一再强调，在太平洋地区打入印度支那殖民地这一楔子，和在殖民地与宗主国之间保持骨肉联系，这两个问题是密不可分的：

（印度支那）和澳大利亚、美国或其他国家的直接关系问题，结盟与否，影响到她和宗主国的未来关系。这两方面都应该同时加以考虑。①

那么关键问题如下：如何兼顾两种前景？首先是可能兼顾吗？宗主国生产者鼓吹自给自足优先政策，把殖民地当作廉价原材料市场（尽管这已不合时宜），给印度支那套上了沉重的枷锁，令印度支那不能更好地和亚洲伙伴发展经济贸易。那么，如果法国有心让殖民地繁荣富庶，就应该促进殖民地和太平洋地区国家的贸易往来；而这意味着要适应新时局，重新调整关税体制，换言之，要建立关税自治制度，切断殖民地和宗主国的关税同源关系。当然，印度支那殖民界和总督府高官极力鼓吹第二种观点。在上述提及的报告中，印度支那经济发展署副主管不再转弯抹角：

……法国显然乐意看到印度支那繁荣发展……如果印度支那只能通过加强和周边国家的联系（当然有损她和法国的贸易往来），才可以达至繁荣的话，那要毫不犹豫地把感情因素放在第二位。②

这一态度和1923年沙罗在《法国殖民地的开发》中提出的观点不谋而合。其实沙罗的主题并无太多新意，他书中提出的观点只不过是1921年4月12日议会答辩方案（当时他担任殖民地部部长）的修改版

---

① Cité par J. -D. Giacometti, *op. cit.*, p. 20.

② *Ibid.*, p. 19.

而已。[①] 贾科梅提分析过相关档案，指出部长的方案是想促进印度支那（并连带其他殖民地）的经济自治，而不是要进一步整合印度支那和殖民帝国的关系。因此，当部分知名人物，如1917年殖民大会前委员、殖民联邦的重量级人物杜·维维叶·德·斯特里勒（Du Vivier de Streel）在宗主国大唱以国家积极支持为基础的意志主义式殖民地开发论调，并鼓吹打造一支完全具有法国—殖民地关系特色的殖民舰队时，沙罗却竭力主张建设一支属于印度支那自己的舰队，改善西贡、海防、沱瀼和广州湾的港口设施。[②] 后者的目标是清晰的：促进和加强印度支那对周边亚太自然经济体（而非宗主国）的贸易开放。[③] 这一计划完全得到印度支那当局和殖民地企业家的支持，在宗主国却遭到拒绝任何改革的顽固势力的强烈抵制。最后总结一下，20世纪20年代初，由沙罗主政的殖民地部（1920年1月至1924年3月）确实有意让印度支那实现经济自治，融入太平洋地区的经济大环境之中。那么印度支那此时是否打算放弃具有潜质的广州湾，即使后者目前还一文不值？

政客们比我们更加深思熟虑，有着更大胆的政治谋略。关于这一点，贾科梅提的研究再次为我们揭开谜团。事实上，法国的策略转变基于两层考虑：一是意识到“一战”后太平洋地区将在国际事务中扮演重要角色；二是意识到只要能够做到，就要尽量发挥法国在该地区的影响力。而第二点考虑取决于印度支那的能力和共和国在太平洋上其他属地，如新喀里多尼亚、新赫布里底和塔希提的实际情况。[④] 正如1921年

---

① 贾科梅提还详细分析了1920年5月26日，即一年前，沙罗在议会殖民委员会上提出的方案。Cf. *op. cit.*，p. 54，note 199.

② A. Sarraut，*La mise en valeur des colonies françaises*，Paris，Payot，1923，p. 588.

③ 除了马格里布国家之外，印度支那在法兰西殖民帝国中的地位相当特殊。1907—1945年间（除了1922、1930和1931年之外），印度支那在亚太地区的贸易顺差极大。此外，印度支那和东亚的贸易量也大大超出她和宗主国的贸易量，其贸易顺差对法国的进出口贸易平衡起到了重要作用。Cf. D. Hémery et P. Brocheux，*Indochine*，*la colonisation ambiguë*，*1858 - 1954*，Paris，La Découverte，1995，pp. 166 - 173.

④ 新喀里多尼亚（Nouvelle - Calédonie），位于南回归线附近，1853年沦为法国殖民地，后与塔希提岛合并。塔希提（Tahiti），又译大溪地，是南太平洋中部法属波利尼西亚向风群岛中的最大岛屿。新赫布里底（Nouvelles Hébrides），西南太平洋瓦努阿图共和国的旧称，1906年沦为英法共管殖民地。——译注

11 月 15 日莫里斯·龙在印度支那政府内阁会议上所说：

> 印度支那不是殖民地，而是一个拥有 2 000 万居民的帝国，她在亚洲不孤立，应该关心周边邻居……
>
> 印度支那，而且只有印度支那才能给法兰西在所有涉及太平洋地区和中国前途的会议上带来发言的机会……
>
> 正是印度支那在远东给法国政治带来的巨大支持，使阿尔贝尔·沙罗先生——我有幸在离开巴黎前与他会晤，并达成一致看法——决定在华盛顿会议上与白里安先生同进退。①

龙和沙罗不谋而合：如果要让印度支那充分发挥自身在太平洋地区的优势，就必须彻底摆脱帝国一体化政策。这也是法国驻日本东京大使高乐待（Paul Claudel）② 的看法，他讲出了部分意识到太平洋地区地缘政治局势变化的法国外交官们的看法：

> 印度支那今后应该在远东和太平洋地区充当一种能够与英国自治领相媲美的角色。然而时至今日，她不仅被外国人，而且被宗主国的部分人，甚至是近邻，所孤立、忽略和遗忘。③

高乐待将印度支那与英国自治领做比较的意图是明确的，他由此假定殖民地已经在帝国体系中获得了一种更大的政治自主权。从这一点上看，这种观点是世纪交替时期保罗·杜美政策的延续，是保罗·杜美政策适应战后国际环境的现代版本。因为保罗·杜美本人也以殖民地的利益绝对不可与法国的利益同日而语为理由，鼓吹让印度支那拥有更大的自主权，发挥更大的作用。反过来，巴黎对印度支那要求独立的批评则

---

① Cité par Ch. Denard (Lt Cl.), *Au service de l'Indochine. L'œuvre de Maurice Long, 1919 - 1923*, Paris, Larose, 1931, p. 215 sq.

② 高乐待（1868—1955），又译保罗·克洛岱尔，法国著名象征派诗人、剧作家和外交官，曾任法国驻上海、汉口、福州、天津等地领事。——译注

③ Cité dans *La revue du Pacifique*, n° 1, 1922.

可以诠释为对这种政治导向的抗议。远离宗主国、与周边国家关系特殊、国际环境复杂化都为印度支那提出自治诉求提供了有利条件。总之，从杜美到沙罗，再从沙罗到龙，似乎都贯穿着一条属于印度支那殖民地的行动主线，有待历史学家们进一步研究。

1922 年之后，在莫里斯·龙的亲信、1919—1931 年间任殖民地预算案报告人的激进派众议员莱昂·阿尔尚博（Léon Archimbaud）的推动下，印度支那自治的争论更加热烈和深入进行。阿尔尚博利用在 1922 年华盛顿会议之际创办的《太平洋杂志》宣传自己的观点。他深信法国必须依靠印度支那在太平洋地区打开更加广阔的局面，所以大力倡导革新殖民政治模式。在杂志的第 7 期，他沿用高乐待和莫里斯·龙的观点，鼓吹把印度支那变成“宗主国第二”（高乐待语），将新喀里多尼亚和太平洋法属岛屿从行政上并入印度支那。这一观点在法国特别是外交部的高官中间引起了一定反响。外交部甚至考虑成立“印度支那高级委员会”，为“宗主国第二”概念提供一种具体的行政形式。印度支那自治计划基本定型，1924 年 5 月，支持者催促沙罗早做决定。然而到了 1924 年 12 月，事情出现了变数，达拉迪埃（Daladier）空降殖民地部，给印度支那自治计划画上了句号。①

那么印度支那自治方案怎么可能不会影响到广州湾和印度支那之间的关系呢？从某种角度看，自 1900 年起，印度支那就以“宗主国第二”——小型而已——自居，操控租借地的命运。这一点在 20 世纪 20 年代初期总督府振兴广州湾经济时表现得更加明显，但是印度支那竟然在太平洋会议上附和宗主国，同意归还租借地，这确实令人大跌眼镜。

---

① Ces analyses sont tirées de J. -D. Giacometti, *op. cit.*, pp. 22 – 25.

图 8－4　白雅特城的公使署大楼（1920 年?）

（来源：东方汇理银行档案，DSE 9 系列，1924 年白雅特支行管理层信函）

（二）华盛顿会议和法国提议归还广州湾

1921 年 11 月 12 日，美国邀请 9 个国家派出代表出席华盛顿会议，研究战后太平洋地区的新局势，试图缓和日益沉重的地区氛围。除了东道主国之外，出席会议的还有比利时、法国、英国、意大利、荷兰、葡萄牙、日本和中国。美国政府列出冗长的会议内容，主要围绕三大主题：裁军、维持中国领土完整，以及西伯利亚和太平洋岛屿的前途。但美国没有设定讨论的次序，所以与会各国没有头绪，不知道该按什么顺序进行讨论。华盛顿的外交招数确实棋高一着，从表面上看，组织者把自由讨论的机会留给与会者，而事实上，这有效地防止了与会者事前通气，准备反对提案，打断讨论，整个会议进程因而完全掌握在华盛顿手中。

美国知道辩论可能非常激烈，更担心作为会议焦点的日本将不惜一切代价维护自己的既得利益。美国代表团团长、大会主持人查尔斯·爱德华·休斯（Charles Edward Hughes）直到最后一分钟才公布会议日程，希望借此阻止列强代表拉帮结派，结成利益集团。这一威尔逊式的策略应该说有效地保证了大会的顺利进行。

代表法国参加此次大会的是四位重量级人物，他们都是全权代表，分别是外交部部长和自1921年1月起兼任内阁总理的阿里斯提德·白里安①、殖民地部部长阿尔贝尔·沙罗、年轻的法国驻国际联盟公使勒内·维维安尼（René Viviani）和法国驻华盛顿大使儒勒·儒斯朗（Jules Jusserand）。白里安事务繁忙，极少露面，所以主导谈判的是沙罗和维维安尼：前者在国内名气极大，自1920年起担任殖民地部部长，曾两度出任印度支那总督；后者在国际联盟中身居要职，在大战期间两次出任内阁总理。

除了此四位部长级人物之外，法国代表团还包括好几位协助谈判或参加分组讨论的顾问②，分别是外交部秘书长、白里安的副手菲利普·贝尔特罗（Philippe Berthelot），纽约法美事务清算办公室主任、全权公使卡泽纳夫（Cazenave）——他被任命为法国代表团秘书长，还有外交部亚洲司司长卡梅雷（Kammerer）、北京代办雷热（Léger）和大使会议秘书马西格里（Massigli）等。最后，沙罗还亲自挑选了三位同行专家，分别是国家顾问和殖民地部政策处负责长杜歇纳（Duchêne）、印度支那殖民地的统使和沙罗总督办公厅主任杜泽（Touzet），还有印度支那高级驻扎官和印度支那驻巴黎经济代理处负责人阿尔贝尔·卡尔尼埃（Albert Garnier）。卡尔尼埃曾在1915年5月至1917年7月担任过广州湾总公使，后来被派回宗主国创办和领导印度支那经济代理处。他的出现暗示着法国准备提出归还租借地的提议，这非常值得我们注意。

① 白里安身兼二职并不出奇，这种情况在第三共和国历史上非常普遍。不过白里安在德国赔款问题上不能获得多数支持，不得不在1922年1月12日辞职，被强硬派亨利·普恩加莱所取代。Cf. J. -J. Becker et S. Berstein, *Victoire et frustration, 1914 – 1929*, Paris, Points Seuil, 1990, p. 214.

② D'après le *Petit Journal*, n° du 16/10/1921, CAOM, FM, Aff. pol. 32.

1. 1921 年 12 月 3 日的议程

华盛顿会议的内容不在本书的研究范围，本章仅试图解释法国为何提议归还广州湾。不过我们注意到法国对日本的态度深感不安。中国是印度支那的第一贸易伙伴，与印度支那唇齿相依，日本在华扩张政策必将损害印度支那的利益。因此巴黎希望在会议上遏制日本的野心，这意味着不仅要保证太平洋地区的整体安全（日本和美国进行军事对峙的阴霾笼罩在所有人的心头①），而且要使法国殖民地免受日本帝国主义的经济和军事侵略。法国方面还担心，日本可能向印度支那提出经济补偿，或要求其他列强一起退出中国，作为谈判日本撤退议题的交换条件。因此届时的较量将十分激烈，何况美国对会议日程三缄其口，法国更是难以提前制定出整体谈判策略。

12 月 1 日，中国代表团在由美国培养出来的外交队伍（中国驻华盛顿大使施肇基、中国驻伦敦大使顾维钧和前司法总长王宠惠）的带领下，向与会各国派发了一份关于租借地的文件。② 中国代表团首先回顾了列强在华租借地的历史，指出列强必须对侵华事实负责，要求“取消租借地，在近期终止租约”。文件并没有专门针对法国，也没有针对俄罗斯和德国这两个没有被邀出席会议的国家，更没有针对被指控通过攫取山东侵略“中立的中国”的日本。

12 月 3 日，太平洋和远东委员会第 12 场会议召开，专门讨论中国租借地问题。一番简短的介绍之后，大会主席休斯邀请中国代表团发言。顾维钧抛出前天派发的文件作为讨论的文本，维维安尼迅速发言，表示法国正准备“认真考虑”中方的诉求，言下之意是要归还广州湾。他还向其他代表派发如下“书面宣言”：

---

① 《太平洋杂志》1922 年刊上充斥着大量谈及这一问题的文章。

② Document distribué par la délégation chinoise le 1er décembre 1921 sur les territoires à bail, CAOM, FM, Aff. pol. 33, « textes et projets de loi faisant suite aux traités de Washington des 13 décembre 1921 et 6 février 1922 ».

法国代表团认真考虑了1921年12月1日中国代表团提出的要求之后，宣布共和国政府准备与各强国集体归还在华租借地；并同意：一旦该原则获得通过，而且所有私权能够得到保护，归还的条件和期限将由中国政府和相关国家的政府各自协商。①

看来法国代表团想在中国代表团没有专门针对其利益的情况下先发制人。可是一直以来，法国在殖民领域以随波逐流和小心谨慎见称，为何这次如此大胆和主动呢？如此特殊和慷慨的奉还行为背后到底隐藏着什么样的深谋远虑呢？答案隐藏在1921年11月1日“拉法耶特号”上的一次预备会议记录中。下列引文有助于揭开谜团：

为了兼顾原则和事实，我们可以建议相关列强放弃已成为各自囊中之物的势力范围，而不是划分新的势力范围。这样就可以在日本毫无觉察的情况下强迫其放弃山东。日本只能和其他国家一样行动，别无选择。②

看来法国代表准备放弃广州湾，以此要挟日本代表承诺放弃山东。在一片归还的呼声中，日本代表自然不会意识到法国人的险恶用心，一时间将不知道该如何是好。另外，日本也不会因此和法国结下梁子，不能提出有损法国利益的补偿要求。但是此举获得成功的前提是所有列强必须行动一致，所以维维安尼提出“集体归还”原则。

法国自以为棋高一着，但很快就一败涂地。日本代表团团长埴原接过维维安尼的话，回应说日本不仅准备归还在巴黎和会上获得的胶州权益，而且已经着手和中国谈判，中间人正是美国的休斯和英国的贝尔福！因此，山东问题将另行商议。

---

① Procès-verbal de la douzième séance de la Commission du Pacifique et de l'Extrême-Orient, le 3/12/1921, CAOM, FM, Aff. pol. 36.

② Discussion de préparation à bord du *La Fayette*, le 1/11/1921, CAOM, FM, Aff. pol. 32, « Programme de la conférence; questions concernant la Chine et l'Indochine ».

法国事前对英、美、日之间的勾当一无所知，计划一下子鸡飞蛋打，还搬起石头砸了自己的脚。至于关东亚瑟港和大连问题，日本明确拒绝分开讨论：一是因为65 000名日本人已经在关东定居，涉及巨大的经济和工业利益；二是关东是满洲的一部分，不打算归还“没有别的原因，是因为该地区和日本唇齿相依，与日本的经济生活和国家安全有着莫大的关系”。日本还引用《蓝辛—石井协定》，表明华盛顿已经承认日本在中国某部分领土上的权利。[①] 这样一来，美国就不得不站到日本的一边。

贝尔福领导的英国代表团则坚持租借地九龙和威海卫应该区别对待。九龙对于香港——全球金融中心——的安全必不可少。如果大会成员国最终通过维护中国领土完整的决议，并接受门户开放原则，那英国准备归还威海卫。这样不会对英国造成多大的损失，因为英国人从未经营过威海卫，如果日本因此而放弃胶州，那英国在山东不再存在威胁，威海卫更是可有可无。

总之，法国人自投罗网，进退两难。休斯立刻抓住时机，建议法国人和英国人通过关于两处租借地的共同声明。老奸巨猾的贝尔福马上表示同意，孤立法国代表团。维维安尼只能笨拙地脱身，回应称鉴于英、日的答复，法国需重新考虑情况。接着，他令人刊登法国的声明文本，试图借助舆论力量挽回法国在各国外交官面前失去的威信。顾维钧十分感激维维安尼的大度，事件暂告一个段落。

1922年2月2日，施肇基催促法国解决广州湾问题。但沙罗坚持只有列强同时归还所有租借地，法国才会考虑广州湾问题，言下之意是包括英国的九龙。最后，归还租借地问题在华盛顿会议上不了了之，除了确认日本退回胶州湾和英国同意在十年后归还威海卫之外，没有达成其他协议。

---

① 《蓝辛—石井协定》有如下条文：“美国政府和日本政府承认，领土的邻近令国家间产生某种特殊的关系。因此，美国政府承认日本在华，尤其是在已占领的邻近日本的领土上享有特殊利益。”

2. 分析和解读法国的态度

据我们所知，史学界至今仍未对太平洋会议[①]做过深入的研究。除了莱昂·阿尔尚博在华盛顿会议召开次年（1923 年）发表了《华盛顿会议》一书之外，只有两部历史学著作提及过维维安尼的声明，一部是约翰·埃·德雷福尔（John E. Dreifort）的专著（1992 年），分析了1919—1945 年法国在远东的政策；另一部是本书多次引用的贾科梅提的博士论文。[②] 由于问题尚未彻底明朗，所以我们有必要简单扼要地介绍一下以上作者的分析。

上文已介绍过莱昂·阿尔尚博。他热衷于太平洋地区事务，鼓吹印度支那自治，非常了解印度支那在太平洋地区的重要性。阿尔尚博认为，维维安尼是广州湾归还策略的唯一决策人，他应该是打算“制造争议，浑水摸鱼”，“希望好好教训一下英国佬”。可是在听完英国颠和日本的回应之后，他却笨拙地缩回头，“挂起免战牌，结果令人惋惜”[③]。众议员阿尔尚博最终把法国的行为归结为一次没有引起严重后果的不幸外交失误，归因于公使对辩论形势缺乏预见。此外，他认为维维安尼打击英国的意图肯定是没有错的，[④] 错在对国际形势的变化欠缺考虑。我们要顺便指出，在“拉法耶特号”的预备会议上，我们找不到任何关于英国租借地问题的记录……

德雷福尔是专业历史学家，能够查阅大量英美原文资料和外交部档案。他注意到外交部的档案极少提及法国的态度。他认为维维安尼的声

---

① 太平洋会议是一种通称，系指从 20 世纪 20 年代到 40 年代由与太平洋事务有关的国家参加的以解决远东问题为议题的一系列国际会议。——译注

② L. Archimbaud, *La conférence de Washington, 12 novembre 1921 – 6 février 1922*, Paris, Payot, 1923, pp. 178 – 185; John E. Dreifort, *Myopic Grandeur. The Ambivalence of French Policy Toward the Far-East, 1919 – 1945*, Kent-London, Kent State University Press, 1992, 330 p., pp. 33 – 39; J. -D. Giacometti, *op. cit.*, pp. 27 – 31.

③ L. Archimbaud, *op. cit.*, p. 182 et 184.

④ 1921 年 12 月初，法国一直被德国赔款和安全（指将莱茵兰地区从德国分割出来）问题所困扰。英国在赔款问题上一直与巴黎较劲，小动作不断，意图迫使白里安政府让步。Cf. J. -J. Becker et S. Berstein, *Victoire et frustration, 1914 – 1929*, Paris, Points Seuil, 1990, pp. 212 – 213.

明只不过是一种“空中画饼的慷慨”（该说法来自贾科梅提），没有实际风险，因为可以预料到其他列强都会拒绝法国的提议。德雷福尔还指出，法国政府内部对于此次归还并没有达成一致看法。在这一点上，我们完全赞同德雷福尔的观点，当中国三番两次提出归还租借地时，代表团肯定要征求政府的意见，但是代表团似乎没有这样做，我们查阅了外交部和殖民地部的档案，都没有发现任何蛛丝马迹，能够证明代表团在华盛顿会议期间向上级部门咨询过归还广州湾的意见，不仅如此，法国政府是在事后才表明反对。

尽管如此，我们还是觉得维维安尼的慷慨不是一时心血来潮。归还广州湾的建议确实是法国代表团成员自 12 月 1 日以来，为谈判做最坏打算而商议出来的结果。这一点我们将在下文做进一步论述。

最后，贾科梅提基于上面两位作者的分析，提出另一种解读。他建议“把法国提出归还租借地的建议与阿尔贝尔·沙罗和包括奥托·康（Otto Khan）在内的美国金融家的接触联系起来”思考问题。[①] 确实，当时法国正经历财政困难，殖民地部部长有意吸引美资到印度支那。要达到此目的需要极力讨好美国，比如支持美国的在华外交政策和门户开放政策，而归还广州湾正是出于此意。

我们认为这一说法完全站得住脚，能够解释为什么维维安尼坚持要把 1921 年 12 月 3 日会议的声明见之于报。此外，法国还指望美国维护太平洋地区的安全，尤其是遏制日本的野心。巴黎没有财力建造一支舰队和一支足够强大的军队，来保护法国在亚洲的属地免受日本的侵略，所以向美国靠拢也是自然不过的事情。

尽管如此，贾科梅提仍未能彻底解决问题。不可否认，法国人刻意讨好美国，维维安尼领导下的代表团准备归还广州湾，来换取日本撤出山东。预备会议的记录直接证明了这一点。为了达到目的，法国代表还明确制订了归还方案：

---

① Cf. J. -D. Giacometti, *op. cit.*, p. 58 (de la version originale). 奥托·康是美国商人，也是 1921 年在纽约成立的法美殖民研究委员会的主席。该委员会专门研究法国殖民地的投资策略。

法国采取这样的策略，可能会失去对广州湾的租借权，但是预计可以根据情况，提出要求，强化法国在临近东京的华南各省以及海南岛的特权。①

上文我们已经看到，日本早已洞察西方列强的意图，想好对策，化解法国的策略。

不过进一步阅读了上述文件之后，我们认为法国代表团还有另一层目的，但一直秘而不宣。代表团意图拉拢临近印度支那的华南各省，如果华南保持中立，那既可形成一条防御日本入侵印度支那的中间地带，又便于殖民地进行经济渗透。殖民地部的华盛顿会议档案中有一份来自政策处的记录（可能出自顾问杜歇纳之手），清楚地反映了这一点：

基于法国的利益，我们认为最好还是放弃广州湾租借地，专注我们能够在云南、广西和广东获得的好处，甚至是海南的间接权益。广州湾对我们价值不大……相反，邻近东京的华南各省却一直是我们的桥头堡，即使不是，起码也是我们的市场和防卫地带。②

因此，通过支持中国的诉求来培养法中友谊是十分必要的。当其时，法国的建议打开了法中友好之门，顾维钧向维维安尼表达了谢意，似乎也领会到法国的善意。我们的观点有两个证据支持。首先，法国代表团让维维安尼提出法国的建议，而不是沙罗。按道理，沙罗比维维安尼更有资格阐述法国的看法，但是沙罗了解广州湾对于印度支那的价值，在他一直鼓吹加强殖民地的经济和政治实力之际，他是不可能理性地支持归还方案的。因此，为了让法国的提议更加可信，沙罗必须回避，而他和广州湾前总公使卡尔尼埃在场，能反过来为法国的提议增添

---

① Discussion de préparation à bord du *La Fayette*, le 1/11/1921, CAOM, FM, Aff. pol. 32, dossier « Programme de la conférence. Questions concernant la Chine et l'Indochine ».

② Note de la direction politique sur l'intégrité territoriale et l'intégrité administrative de la Chine (sd), *Ibid.*

可信度，这一点无须说得太白。其次，安德烈·杜博斯克（André Duboscq）在1921年9月15日的《法兰西信使报》上发表过一篇文章，题为“面向远东问题的法中关系”，该文长达10页，作者引用大量材料，圈点了东亚国际关系形势，最后提出如下建议：

但是我们一定要保住印度支那，它和云南相邻，我们过去一直忽视云南的存在，任凭英美经济势力进行渗透……然而我们旁边需要一位中国朋友，向我们展示热情，这种热情在必要时意味着一种保护。①

这份文件保存于法国代表团的准备卷宗里，被多次阅读和加注，显得十分陈旧，说明了它在法国顾问们心目中的重要地位。

因此，法国的策略不是要谈判广州湾问题，而是直截了当地把租借地当作交换条件，要求中国保证印度支那北部和东部边境的安全。接下来几天，中国代表团心照不宣，向法国保证华南各省将维持原状，给法国吃下定心丸。最后，1922年2月6日，与会各国签订协议，保证尊重中国的主权、领土和行政权的完整。② 法国对结果感到满意，但也不清楚这一结果中哪一部分是得益于归还领土的提议。

总之，除了保留或开发等看法之外，法国处理租借地问题的方式总是囿于一种“利用”殖民地的惯性思维。正如贾科梅提所指出的，把租借地转让，甚至卖给第三国等想法“归根结底是要给宗主国带来一笔收入”③。在1945年广州湾真正回归中国时，法国也做过类似讨论。

言归正传。殖民地部并非真心实意支持租借地回归，法国代表团提出归还广州湾的建议后，总督府立刻有了明显的政策倾斜。1921—1922年之后，不论是出于日后交换的考虑而进行增值，还是出于向宗主国显示管治能力，总之总督府确实以前所未有的决心再次投入租借地的建

① A. Duboscq,« Les relations sino-françaises en face de la question d'Extrême-Orient », in *Le Mercure de France*, 15/09/1921, pp. 657–667, CAOM, FM, Aff. pol. 32. 对该文献做进一步分析是十分有意思的，特别是空白处的注释提供了大量信息，有助于了解法国的意图。

② *Journal Officiel de la République française*, 26/08/1925, CAOM, FM, Aff. pol. 33.

③ J.-D. Giacometti, *op. cit.*, p. 67.

设。遗憾的是，这次又是意志主义挂帅，总督府根本没有认真考虑过再次投资的性质……

反过来，外交部倒是支持广州湾回归。外交部在一封没有寄出的信（无日期，可能写于1922年2月）中向殖民地部部长沙罗指出，法国租借地的特殊地位不符合当代国际法规。信中写道，租借体制“有违日趋成熟的国际关系处理原则”[①]。这一观点正是外交部的立场，如果广州湾的回归能够改善法中关系，外交部随时准备好行动。写信人还认为，要取得预期外交效果，法国需抢在列强之前提出归还动议，不要等到中国政府要求才采取行动：

> 如果我们第一个同意归还，那么接受归还的原则比领土内在的价值更加重要。这有助于改善对华关系，此外也有利于解决印度支那的边界治安。

这封信还提到主动归还广州湾的另一好处。西方列强当时正考虑免除义和团运动后北京对西方各国赔款的剩余部分，然而外交部指出，法国财政部认为“法国的情况不允许放弃赔款余额”。与其他列强的大度相比，巴黎倒成了小人，所以同意广州湾回归的另一好处是：

> 归还广州湾有助于消弭我们拒绝效仿盟友们的慷慨而带来的不良后果。[②]

但是河内和殖民地部在广州湾问题上与外交部的立场不同。

---

① Minute d'une lettre du ministre des Affaires étrangères au ministère des Colonies (non envoyée, sd), MAE, DAPC, Chine, E 30, fol. 26 – 27.

② *Idem.*

结　语

在1912年至1922年十年间，印度支那总督府对广州湾的态度发生了根本性转变。租借地在若干年前曾是河内的累赘，如今突然成了香饽饽。即便如此，转变的实质仍然十分含糊和模棱两可，总督府根本没有对广州湾的自身价值和发展潜质进行重估。正是由于不知道该如何开发租借地，沙罗及其团队才简单粗暴地仅仅从财政层面对广州湾进行掠夺，从政治层面对广州湾进行利用。赋予广州湾“新命运”（使用此词显然言过其实）的前提，本来应该是加强对租借地的实地考察，制定出符合地方需要的发展政策，而不是在殖民或帝国主义层面上见风使舵。印度支那不能再深居简出，与世隔绝，而是要重新融入一个由中国主导的更加广阔的地缘政治空间，把一些在当时看来似乎是属于内部的问题解决好。就算如此，我们也千万别弄错：迫使殖民负责人考虑进行新互动的原因，既不是印度支那迫切需要走向世界，也不是世界迫切需要“走进”印度支那，而是法国外交部。

宗主国外交部咄咄逼人，外交局势瞬息万变。河内面对这样的压力，不得不表达一下对广州湾的关心，这是一种被迫和不得已而非真诚和主动的关注。此外，中国内政的变化和越南革命者在广东建立军需基地的事实也使总督府不得不有所行动。但即使这种新态度是在沙罗一揽子计划（包括开发租借地和实施法国—土著合作政策）的大背景下勾画出来的，它还是可以通过具体规划，把口号付诸行动，体现实际意义。向亚洲国家打开广州湾的大门，而不是闭门谢客，让租借地只与印度支那朝夕相对，开发租借地的计划还是可能行得通的。从此角度上看，我们认为华盛顿会议提供了一个不可多得甚至是最后的机会，让总督府彻底反思，展示出一种法国在东亚的全新的精神面貌。当然，租借地并不是法国东亚政策的全部，但起码是标志性事件。接下来要看河内是否具备必要的能力，制订出一套完整的意志主义行动计划，继续在风云突变的国际大环境中灵活应变。

世事难料，法国代表团的一项归还提议竟令一处长期以来因规划失当和认识不足而受到忽视的地区得到开发，起码从表面上看是这样的……

第九章　20年代印度支那和广州湾的关系：错失的约会

“一战”期间，总督府不得不放慢甚至搁置广州湾改革方案，那么在和平时期，阿尔贝尔·沙罗（1919年5月返回法国，未再踏足印度支那）倡导的发展计划总该重新启动了吧。法国代表团在华盛顿会议上提出的建议改变了广州湾发展行动的政治背景，河内在管理广州湾时不得不考虑宗主国的整体策略和国际环境。此外，即使巴黎最后拒绝归还广州湾，中国政府今后还会旧事重提。在国际联盟和大不列颠攻击租借地的鸦片贸易体制之际，这些新情况的出现使总督府比以前任何时候都更加关注租借地的管理工作，或者说，起码要做做样子。

之所以这样说，是因为总督府的投资性质和程度值得探讨。总督府彻底反思过法国在广州湾的政策吗，还是仅仅简单地重复沙罗的设想呢？此外，20世纪20年代租借地出现了毋庸置疑的经济繁荣，这是“开发”政策的必然结果呢，还是得益于一种有利的时局，从而成功地暂时掩饰了总督府经济政策在深层次上的含糊意图呢？

在法国本土——即其政治决策人、压力集团和公共舆论——似乎在“最大的法兰西”框架下重建其殖民帝国之际，广州湾的发展问题却从一开始就跌宕起伏，足以折射出总督府所实施策略的性质，其恰当性受到质疑。毫无疑问，租借地不是整个法国殖民运动的典型，但是它为今人提出的疑问——抑或没有提出过——都为我们理解法国当时在东亚的殖民打算和思考其局限性提供了机会。我们仍然认为，广州湾不是一处真正意义上的殖民地，始终不存在所谓的独立问题。首先，不论法国人的态度如何，中国政府已经提醒过列强，租借地肯定是要按期甚至提前回归的；其次，既然广州湾一直是中国的，独立对于广州湾来说就毫无意义。那么与租借地相关的争论和印度支那或其他命运基本不确定的殖民地所涉及的问题又不完全相同。

一、启动联合政治

（一）沙罗推动联合

1914 年 3 月，沙罗在交趾支那众议员弗朗索瓦・德朗克勒（François Deloncle）主持的工商业委员会上声明：

> （联合）政治由来已久，并非由我首创。我甚至庆幸没有制定出一项专属于我个人的政策。我只是沿着前人早已走开的道路前进。①

总督盛赞前人的丰功伟绩，起码从表面上看，他不愿意独揽联合政治的功劳。此举并不矫情。沙罗通过标榜政策的连续性，为自己的行动寻找历史依据，为政策的顺利实施寻找必要的政治合法性。呼唤意识形态连续体是法国殖民的惯用伎俩。行政当局企图通过“一砖一瓦构建起法国—安南合作的官方殖民传统体系”（尽管是假象），来对缺失的“永恒过去”进行弥补。②

在历史上，率先鼓吹法国殖民联合理论的是 1905 年的殖民地部部长克莱蒙代勒（Clémentel）。他声称联合政治有助于终结长期以来关于

---

① Cité par A. Larcher, « La voie étroite des réformes coloniales et la collaboration franco-annamite, 1917 – 1928 », *Revue Française d'Histoire d'Outre-Mer*, n° 309, 4e trimestre 1995, p. 392. Le discours intégral est repris dans l'article « Réminiscence », in *Tribune indigène*, 31/07/1919.

② A. Larcher, *Ibid.*, p. 392.

殖民者和被殖民者之间是同化还是合作关系的争议。[①]

同化主义理论的灵感来自罗马模式，该理论在 19 世纪末非常流行，具有逻辑性强和推理严密的优点，但过于理想化，无法实现。此外，同化主义理论体系以普世主义概念为核心，受到古斯塔夫 · 勒邦（Gustave Le Bon，1889 年和 1910 年两次）和莱奥普尔 · 德 · 索绪尔（Léopold de Saussure，1899 年）等医生，以及医学系前教授、1891—1895 年印度支那总督拉内桑的猛烈抨击。[②]

联合主义理论的提出则恰逢现实主义胜利之时。其内涵所指不是民族的“融合”，也不是“改造被保护者们的精神构造”（索绪尔语）的乌托邦式欲望，而只是尊重“种族”多样性，“把这些人群和我们的命运及利益联系起来”（保罗 · 贝尔，1886）的有耐心的愿望。[③] 不过还必须给这一概念充实内容，免其沦为空谈。基于此，沙罗以知识分子的信念，从现实主义角度出发给联合政治注入一种无可比拟的动力。正如阿兰 · 吕西奥所说，联合的政治导向确实“最能捍卫法国的利益。在政治上最安全……在经济上代价最小……从人口上看，是唯一可行的做法（相对于 1918 年之后劳动力凋零的法国而言）”[④]。

在殖民地史上，沙罗曾两次临危受命，被派往印度支那。第一次是 1911 年，当时中国爆发辛亥革命；第二次在 1916 年，印度支那的部分军队被突然抽调回欧洲。在这种情况下，寻求政治联合似乎成了解药，可以用来消除威胁殖民地安全的危险。那么，联合政治到底是应对突如其来的变故的权宜之计呢，还是一种通过在印度支那滴入民主的药剂来

① On lira les quelques bonnes pages sur cette question chez A. Ruscio, *Le credo de l'homme blanc*, Paris, Ed. Complexe, 1995, pp. 96 – 107.

② G. Le Bon, *La psychologie politique et la défense sociale*, Paris, Flammarion, 1910, 379 p., qui reprend les idées présentées lors d'une communication au congrès colonial de 1889; L. de Saussure, *Psychologie de la colonisation française dans ses rapports avec les sociétés indigènes*, Paris, Félix Alcan, 1899, 312 p.; J. -L. de Lanessan, *Principes de colonisation*, Paris, Félix Alcan, 1897, 283 p. On trouve une bonne évocation de l'ouvrage de Saussure dans le livre, devenu un classique, de Raoul Girardet, *L'idée coloniale en France*, Paris, La Table Ronde, 1972, pp. 229 – 231.

③ Cité par A. Ruscio, *op. cit.*, p. 103.

④ A. Ruscio, *Ibid.*, p. 105.

慢慢改变殖民政治进程的真心实意的计划呢？时至今日，学界对此仍有争论，因为巧合的是，就在总督离开印度支那的前几周，“沙罗式改良主义”达到了高潮。1919 年 4 月 27 日，沙罗发表了著名的文庙演讲，打动了印度支那舆论的心。他呼吁制定“一部宪章，一部属于印度支那的宪法”，保证增加被殖民者选举人团的人数，保障他们行使权力，同时也保证当选者在殖民政府中享有发言权。可是沙罗一离开，茶凉了，菜也黄了。最后，只有交趾支那在 1922 年 6 月进行了选举改革。[①]

尽管如此，沙罗的继任者，不论是激进党人莫里斯·龙（1920—1922）还是社会党人亚历山大·瓦莱纳（Alexandre Varenne，1925—1928），都表示愿意继续走法国—安南合作之路，特别是 1920—1924 年，沙罗在巴黎主管殖民地部事务时，他们的意向更加明确。不过由于财力不济，宗主国的国家意志不坚，也由于越南尚未形成一个适合作为合作者的资产阶级阶层，总督府的政策始终难如沙罗所愿，瓦莱纳的实验失败，愿望落空，失望而归。

不论如何，20 世纪 20 年代初还是充满希望的，联合政治的工场内人心沸腾。改革围绕三个主题进行，首先是改组行政机构，为新增的土著代表留出一席之地，不过并没有打算赋予他们和欧洲公务员同等的地位；其次是大力改革土著司法，保证越南人在诉讼中得到更公平的对待；最后是创造机会，让可能和殖民当局合作的越南精英能脱颖而出。为此，总督府打算改革教育，为当地群众能够接受教育提供更多机会。在教育改革问题上，当时行政当局内部存在两种意见：要么“纵向”提升大学教学结构，培养人文精英；要么以职业教育为基础，采取“横向”组织方式，培养一个工程师阶层。政府对此犹豫不决。这两种教育模式背后各隐藏着什么政治算盘，相信大家都心知肚明。

总之，以上是我们考察“沙罗主义”在广州湾兑现的背景。或许

---

① 当时交趾支那成年人口为 720 000 人，改革之后，殖民地管理委员会的土著选民团成员从 2 000 人增加到 20 000 人，在 28 名当选的代表里面，越南代表的人数从 6 人增加到 10 人。不论如何，印度支那是法国殖民地中唯一有土著代表当选殖民地管理委员会委员的殖民地。Cf. D. Hémery et P. Brocheux, *op. cit.*, p. 292.

有人会提出异议，说 20 世纪 20 年代之后，沙罗已经离开河内，广州湾的事务与他何干。大家可别忘了，当时管理租借地的总公使克劳泰默是沙罗亲自任命的，而布朗夏尔 · 德 · 拉布罗斯是沙罗亲自栽培的。他们和沙罗看法一致，直接用行动诠释沙罗的思想。此外，自 1915 年起，到白雅特赴任的官员从才干上看都比前几任强，这是总督府发出投资租借地的信号。不论是阿尔贝尔 · 卡尔尼埃、菲利克斯 · 克劳泰默、保罗 · 格斯奈勒（Paul Quesnel）还是布朗夏尔 · 德 · 拉布罗斯，他们都接受过扎实的高等教育，并且具有在印度支那长期实地工作的经验。此外，他们和殖民高层关系密切。[①]

（二）广州湾联合政治的形式主义倾向及其局限

沙罗的亲信在广州湾进行改革前，先对当地行政管理存在的不足进行评估。作为改革的特征之一，此次改革的步骤和前一次明显不同。租借地负责人完全意识到，他们不是要修正或改善现有机制，而是“要对印度支那总督府接管租借地时仓促建立起来的整套租借体系进行全面反思”[②]。这是一项需要耐心的重建工程，既涉及当地的行政管理，也涉及教育层面的问题，须经过多番摸索、实践和失败，才有可能取得成功。但是，即使改革的主导原则已经清晰地提出来，即鼓励中国人更多地参与租借地管理工作，当局的执行模式还是十分含糊，概言之，有待改进。尤其是涉及如下问题时，当局的态度更是暧昧，令人玩味：和中国人联合是为了更加平等地和他们合作，还是为了更好地控制他们呢？当局打算和哪些社会阶层接触呢？最后，当局是否为他们预留好一席之地呢？如果是，他们将从事哪些岗位？具有什么权力？这些问题都极其重要，但是殖民高层似乎从未考虑过。

---

① 卡尔尼埃、克劳泰默和保罗 · 格斯奈勒三人在被任命为广州湾总公使之前，总督府曾特意派遣他们到西贡下属的华人城市堤岸担任过一段时间的市长。布朗夏尔 · 德 · 拉布罗斯则担任过河内政治事务处处长，1913 年成为中国移民司法问题专家，并且参加过印度支那鸦片工作委员会的工作，十分熟悉印度支那的鸦片体制。

② Rapport sur la situation du Territoire de Kouang-Tchéou-Wan par A. Garnier, août 1915 - août 1916, CAOM, GGI, 64513.

1. 行政框架的重组和地方精英的晋升

1915年5月，总公使卡尔尼埃抵达白雅特已有数月，对基层华人组织的不作为情况有了比较细致的了解。当月，他向河内提交了首份行政报告，对前任的工作，特别是基层组织方面颇有微词。基层华人组织架构大致是根据1900年1月27日政令确立的，后来在1911年7月4日进行过重组。卡尔尼埃指出，基层组织的设置与实际需要严重错位，完全流于形式。租借地分乡而治（卡尔尼埃在报告中说分成3个乡，他可能是弄错了），分别由总公使任命的公局（乡绅委员会）进行管理。卡尔尼埃认为，这种基层部门“只是一种失真的组织形式，一种或出于政治需要，或出于经济需要的纯粹行政构思，丝毫不切合实际生活的需要……”①相反，乡村作为中国社会的真正组织细胞，却完全被忽视。此外，卡尔尼埃还观察到，乡村通过向公局指定“一名没有实权的苦力式人物”作为代表，来小心谨慎地保留自身的独立性；公局成员的行为根本不受任何文件的约束，其任命和酬劳没有任何明确规定。最后的结论是：如果当局想“保证各村庄有效地参与行政和治安管理”的话，就必须彻底改组基层华人组织。

1915年底，卡尔尼埃开始推行乡民社区管理新模式的试点改革。位于第一区南部的太平镇71个乡村都各自成立村委会，“由最富有和最有影响力的居民组成”，委员比例按居民人数多寡确定。村委会主任一般由族长担任，成员均获得政府颁发的委任状。村委会每月都开例会，传达上级政策，讨论村务，并做相关记录；此外还负责人口登记，为建立地方户籍制度做准备。总之，这些村委会共计172名成员，分别来自71个相关村落。② 另外，公局继续存在，专门负责案件一审工作。

几年后，新的组织方式推广到其他行政区：1918年，推广到坡头，

---

① Rapport sur la situation du Territoire de Kouang-Tchéou-Wan, août 1914 - août 1915, CAOM, GGI, 64510. 1911年7月4日的改革取消了公局的市政管理预算，将其收归殖民政府管理，从而剥夺了租借地的管理自主权。

② Rapport politique de Kouang-Tchéou-Wan, 1er trim. 1916, CAOM, FM, Indo, NF 199; et rapport sur la situation du Territoire de Kouang-Tchéou-Wan, août 1915-août 1916, CAOM, GGI, 64513. 我们认为，根据档案提供的数字，每个村委会平均2.5名成员，人数未免少了点！

1922 年，推广到东海和硇洲两岛。只有赤坎和白雅特仍维持原状，其中原因不得而知。[①] 由此看来，改革还是有一定成效的。

然而 1923 年，总公使格斯奈勒却对改革另有一番相当负面的评价。[②] 在大部分乡村，在职的村委须负责指定下届代表，因为“没有人想干”。每月的例会经常不开，即使偶尔开开，村委们也“无话可谈，所以登记本上也没有留下什么记录”。在坡头区，“商人、乡绅和文人不愿出任此职……结果担任村委的是一些没有文化的农民”。最后，卡尔尼埃倡导的改革本来是要适应地方情况，提高地方管理的效率，可是到头来还是遭遇与公局制度一样的困境。所以说，问题不是出在制度上，也不是制度水土不服；而是中国人明白，所谓的机构改革只不过是加强控制，让他们更适应殖民体系而已，并不是真正的联合，所以他们才顽固地逃避法国人强加的义务。归根结底，村委会不过是一个传达行政当局命令的行政次级组织而已，仅仅是殖民主义的门面，在其背后，一切如故，乡村和相关社会群体继续对殖民当局积极渗透的企图冷眼相待。

图 9-1　白雅特城的霞飞元帅大道（无日期）

（来源：印度支那总督府底片，巴黎第 9 区殖民艺术馆印制）

---

① Rapport de l'administrateur en chef Quesnel au gouverneur général, le 12/05/1923, CAOM, GGI, 65852.

② *Idem*.

诚然，改革留意到了中国社会的宗族因素，这比以前有了一定的进步，但改革仍未触动村委会和殖民当局之间的“准臣属式”关系。卡尔尼埃打着联合政治的旗号进行机构重组，实际上是确立了一种利用村委会来为殖民当局服务的形式。

对此，我们可将广州湾和东京做一比较。东京在1921年8月12日成立家族委员会，和广州湾一样进行了组织改革，尽管存在某些不同，但是“村民组织挫败了法国殖民渗透的努力”①。同样的改革，同样令人失望的结果。按埃梅里和布罗歇的说法是“藩篱丝毫未损”。因此，不论是在广州湾还是在东京，行政当局从未成功地控制过乡村生活。

不管如何，殖民当局还是继续努力探索和租借地华人精英联合的方式。只是殖民当局迷信安南—东京模式，认为印度支那模式可以嫁接到广州湾，并有助于租借地向殖民地其他地方靠拢，所以这方面的探索仍然继续进行。1922年7月，总公使布朗夏尔・德・拉布罗斯建议总督在白雅特成立“土著咨询委员会”，理由是：

> 省委员会在印度支那联邦几乎所有地区都存在，且多少有些时日了。
>
> 自我们占领广州湾之后，当地居民已多少表示归附法国。此时似乎应该在广州湾成立一个土著咨询委员会，赋予其与柬埔寨、安南和东京等省委员会一样的职能。广州湾的特殊地位不应该令我们却步，相反，这是一个联合华人施政的附加理由。
>
> 尤其是该委员会的成立可让那些爱批评税负过重的中国报刊闭嘴。②

但是代理总督鲍杜安觉得布朗夏尔・德・拉布罗斯的想法过于大胆，坚决反对。这也说明了总督府的保守主义态度和联合政策是相互矛

---

① D. Hémery et P. Brocheux, *op. cit.*, pp. 101 – 104.

② Lettre de Blanchard de la Brosse au gouverneur général, le 19/07/1922, CAOM, GGI, 65337. 引文提到的报业是指广州报业，而不是雷州地区的。

盾的。鲍杜安的理由是：[1]

（1）租借地的财政基本上靠总财政的扶持（这样说是不对的），其社会和经济支出皆由印度支那纳税人支付，却向华籍当选人进行咨询，这样的做法从法理上是讲不通的。

（2）纳税人选举团制度可能和当地的民主风俗不同，因为在中华民国，所有识字的成年人都享有选举权。

（3）在广州湾回归问题成为中国报界关注的焦点之时，不能让当地舆论出声。

他补充说："我的看法是我们的权力机关应该维持原状，继续运作，直至租借地回归中国。"在鲍杜安看来，按照华盛顿会议的既定方向，广州湾法—中合作不能再进一步深入，租借地可能提前回归，当局不应该冒任何政治风险，改革必须搁置。可是回归的日期尚未确定，法中谈判遥遥无期。由此我们可以看出，维维安尼在华盛顿会议上的提议是多么的模棱两可，广州湾隶属于总督府的做法是多么的暧昧。这竟然可以成为一个主要借口，直截了当地打断租借地一切殖民关系的变化。

但是档案又显示，1922年9月6日，鲍杜安通知布朗夏尔·德·拉布罗斯，说刚刚签署了政令，同意成立广州湾土著咨询委员会。鲍杜安的态度为何会发生180度的大转变呢？可能是在此期间，他得悉沙罗有意推荐白雅特的负责人出任殖民地部办公室副主任。[2] 尽管鲍杜安有所迟疑，但是布朗夏尔·德·拉布罗斯和沙罗站在同一条战线上的事实还是有利于推进广州湾的行政改革。不过也存在另一种可能，即7月19—22日鲍杜安访问广州湾期间，被布朗夏尔·德·拉布罗斯说服了：

我对此行印象深刻，租借地不是外界一贯认为的那般一无是处，它

---

① Lettre du gouverneur général p. i. Baudoin à l'administrateur en chef, (sd), *ibid*

② 9月4日，布朗夏尔·德·拉布罗斯的确给鲍杜安写过信，告知他沙罗在7月10日推荐了他。Cf. télégramme de Blanchard de la Brosse à Baudoin, le 4/09/1922, CAOM, GGI, 65337.

可以成为法国面向华南的一处不可忽视的宣传据点。[①]

1922 年 9 月 22 日，《印度支那公报》刊登了组建土著咨询委员会的政令（参见附录六）。成员的职责和安南、东京的省委员会完全一样：对涉及社会和经济利益的财政开支，或公共工程建设和维修项目进行提案，不过委员会不能干涉政治领域的任何事务，每年在总公使或副公使的主持下召开一次会议。

但是当地群众对这个被视若广州湾联合政治基石的委员会不买账。1923 年 1 月 11 日的候选人选举闹剧充分反映了这一点。行政当局不得不延迟到 3 月 11 日和 4 月 8 日，在有候选人的情况下才开展咨询活动![②] 此外，总公使也承认"必须经常凭经验修改选举名单"，才能保证有足够的参选人![③] 新咨询委员会代表的不稳定极大地限制了当局和租借地社会精英的合作范围。乡绅不习惯于殖民当局的咨询，他们经常误中当局打着求助旗号进行诓骗的圈套，所以迟迟不愿和法国当局合作，而当局也不会给他们预留足够大的话语空间。单凭新委员会只具有咨询功能这一点，就可以说明殖民者不愿意与任何人分享权力。

2. 土著司法改革

司法是沙罗的土著政策中除了教育之外的第二个平台。沙罗的司法改革之风终于吹到广州湾，其强劲之势我们大可感觉得到。广州湾土著司法制度是根据 1911 年 7 月 4 日政令确立的，后又得到 1912 年 9 月 27 日政令的补充，[④] 但仍然不适合租借地的需要，受多方诟病。法国当局派员考察了几次。1919 年，河内总检察长提醒总督留意白雅特混合法庭存在的问题。按照政府令的精神，白雅特混合法庭原先的职责是接受

---

① Rapport de Baudoin au ministère des Colonies, le 9/08/1922, CAOM, FM, Indo, NF 3461. 鲍杜安是法国占领广州湾之后第三位莅临租借地视察的总督。此外，鲍杜安在报告中对"宣传据点"做了非常明确的解释。

② Lettre de l'administrateur en chef au gouverneur général, le 13/01/1923, *ibid.*

③ Lettre de l'administrateur en chef au gouverneur général, le 12/04/1923, *ibid.*

④ 参见第六章后半部分。

上诉，但现在慢慢转变成租借地唯一一家负责一审和终审的法庭，接受所有诉讼案件，原因是中国居民不愿接受公局的调解，认为混合法庭办案更快，而且相对公正，所以养成了到混合法庭申诉的习惯。[①] 结果，混合法庭案件累积过多，影响办案质量和司法公正，不过并未导致司法瘫痪。

三年后，当布朗夏尔·德·拉布罗斯意识到问题的严重性时，他已准备离职，难以在短时间内扭转局面：

在广州湾，司法体系仍停留在占领初期的基础阶段，未能在司法体制改革方面适应盗匪减少的现实状况，也不能适应日益进步的中国。[②]

布朗夏尔·德·拉布罗斯不仅看到了租借地内部司法体系的弱点和裹足不前的状况，还留意到了中国司法的进步。改革当然是为了维护法国的声誉和自尊，或许还有更深一层的意思，即希望与周边地区的司法精神接轨：中华民国使用新法律，相比之下，租借地现有的法律已经难以与时俱进了。于是布朗夏尔·德·拉布罗斯建议租借地适用中华民国的法律。至于司法机构，其主要弊端在于混合法庭和复核委员会一直存在如下问题：公务员轮岗速度过快，导致混合法庭缺少稳定的司法官员；而复核委员会负担太大，从1919年到1922年间，重审案件共502件，其中472件属于刑事案件，即年平均办案125件，[③] 此外，成员处境尴尬，办案过程中如果和混合庭主席意见相左，在广州湾这样的弹丸之地，其风险可想而知。

因此，布朗夏尔·德·拉布罗斯草拟了一个方案，对当时存在的体制问题作了两项修改。首先，他建议任命常驻白雅特的全权治安法官为

---

① Lettre du procureur général au gouverneur général, le 11/09/1919, CAOM, GGI, 56490.

② Rapport de l'administrateur en chef à la direction des Affaires judiciaires, le 30/09/1922, CAOM, GGI, 65852.

③ Rapport de l'administrateur en chef Quesnel au gouverneur général, le 12/05/1923, CAOM, GGI, 65852.

混合庭主席，[①] 换言之，让一名专职法官担任此职。这种创新同时解决了行政权和司法权需要分离的问题。其次，他建议取消复核委员会，把混合庭接受上诉的权力收归河内上诉法院，进行异地重审，解决棘手的利益冲突问题。

布朗夏尔·德·拉布罗斯离职后，格斯奈勒接手改革计划。1923年5月，他全盘接受布朗夏尔·德·拉布罗斯的建议。不过一个月后，他又发现了一个前任尚未察觉的问题：适用1912年12月31日中华民国的刑法和把上诉案件转交河内上诉法院土著法庭重审可能会给某些律师干预广州湾刑事诉讼留下间隙。这是总公使不能接受的。于是他建议先维持原状，"再另辟蹊径"[②]。

一年后，即1924年3月13日，格斯奈勒向土著咨询委员会做了咨询，后者建议任命一位当地法官接手公局下辖的法庭，保留租借地的上诉庭，并适用中华民国的新法律。[③] 格斯奈勒立刻感受到这一方案的好处。首先，这改变了行政当局认为乡绅委员会在司法方面无能的看法；其次，律师问题也得到解决。只要被告是中国人，新的华人立法团体就会向他提供帮助。那么只需在司法机构重组政令中，要求律师不得在法籍法官面前使用母语进行抗诉就好。

租借地司法改革最终在土著咨询委员会的倡议下于1925年3月5日通过，这是联合政治的初期成果之一，[④] 其基础是公局和行政官员之间达成妥协。根据新政令，租借地只有一处一审法庭，地点在白雅特，主持的华人法官由总公使任命，负责民事和轻罪刑事案件的审判。混合庭则由一名法国公务员主持，还有两名华人陪审员，负责民事案件的重审和重大刑事案件的初审，其审判结果须经白雅特复核委员会审核之后才能执行，而复核委员会的成员是三名法国公务员（分别是总公使、赤坎公使和白雅特治安官）和两名华人法官。

① 由于租借地在职工作人员存在大量渎职行为，1915年10月9日总督府颁布法令，设立白雅特全权治安官。Cf. CAOM，GGI，17952.

② Quesnel au directeur des Affaires judiciaires，le 19/06/1923，CAOM，GGI，65852.

③ Rapport de Quesnel au gouverneur général，le 4/04/1924，CAOM，GGI，65852.

④ Arrêté du 5/03/1925，CAOM，GGI，65852.

和先前的组织方式相比，变化似乎不大。但实际上，新制度触及了好几处敏感问题：首先，华人法官今后可以出现在司法机器的所有部门，包括复核委员会，这是一个可喜的进步；其次，如果说公局失去了部分特权的话，那受益的不是殖民公务员，而是华人法官；最后，法国当局在租借地适用中华民国的法律，似乎意味着当局承认广州湾是中国的一部分。于是自 1900 年法国占领广州湾以来，租借地属性不清的状况终于部分地得到澄清。

3. 土著教育改革

在所有涉及联合政治的政策中，土著教育政策无疑是成果最为突出的一项。必须承认法国当局此前一直忽视教育事业，所以联合政治启动后，教育领域大有可为。1916 年，广州湾只有四所法中学校，分别位于白雅特、赤坎、淡水和坡头，学生人数仅 280 人。卡尔尼埃总公使说过，“实施占领 15 年后……成果惨淡”，“教育事业有待改头换面”。[①]

可是三年后，情况依旧，变化不大，可能与国际形势不佳有关。学生人数虽有明显增加（1919 年有学生 329 人，1920 年 396 人），但教育政策和教育方式仍然落后：“课堂乱哄哄，学生单调地背诵汉字；至于法语课，老师没有教案，也不引导。”[②] 租借地教育的凋零，已到了令法国当局大为光火的地步。从道德层面上看，法国的声誉已受到或即将受到损害。公务员们没有忘记殖民信念所隐含的教化信条，或最起码，他们还相信殖民教化是善举，值得为此付出。但是在实践中，教育政策碰了一鼻子灰。当局多少付出了努力——尽管不是十分投入——但始终无法在租借地培养出一个通晓法语的华人阶层，为殖民管治充当中介。

因此教育改革迫在眉睫，但需要彻底明确学校的方向和培养目标。殖民高层总算醒悟，广州湾法中学校萧条的原因不在于教育方法不行，也不在于缺乏财政支持，而在于教育政策的理念，一言以蔽之，其最终目标不清晰。不过决策层一直迟疑不决：租借地是发展法式教育（或法　中教育）呢，还是适用中国其他地区通行的教育模式呢？这样的思

① Rapport sur la situation du Territoire, août 1915 - août 1916, CAOM, GGI, 64513.

② Rapport de Krautheimer sur la situation du Territoire, 1920, CAOM, GGI, 64527.

考确实过于大胆，其进退不前只因如下顾虑：既然广州湾回归的日期尚未确定，那法国应该不是临时占领租借地吧。围绕教育意义展开的讨论更能说明殖民主义的真实面目比大家平时粗浅认识到的要复杂得多。这一复杂性从具有先知灼见和非凡人格魅力的布朗夏尔·德·拉布罗斯在租借地唤起的法中教育改革争论中足以窥见一斑。

1922 年 5 月 31 日，布朗夏尔·德·拉布罗斯决定走出观望状态，联合地方人士思考教育问题。他成立一个专门委员会，负责制定广州湾教育大纲。专门委员会由华人乡绅组成，一名公共教育署总视察员列席旁听。[①] 此举已经说明了总公使对上述争论的态度。专门委员会声称，教育的目标是为孩子们今后到河内、香港或广州的大学校学习做准备，学校原则上模仿中国的现代化教育模式，学生将参加中国的官方考试。最后，专门委员会还同意开设汉语课程。

委员会的要求完全和布朗夏尔·德·拉布罗斯的设想一致。一个月后，总公使在报告中写道：

> 广州湾的教育体制至今未能适应土著居民的需要，其根本原因在于我们以前没有考虑到租借地的面积只有中国一个县那么大，而且位于广东省内，土著即使接受我们的管理，但仍未失去中国国籍。
>
> ……如果只提供有限的教辅人员，那我们的教育任务只能蒙羞。
>
> 学校将把法语设为必修课，让有志在行政部门一展雄心的年轻才俊脱颖而出。
>
> 如果能够培养出既通晓法语，又懂得汉字的学生，那我们的问题就彻底解决了。[②]

我们认为，这是法国占领广州湾以来最明智和最有远见的看法。此举不但走出了此前的狭隘殖民思维，而且充分考虑到了殖民技术和地缘政治、文化环境的密切联系。基于这一崭新的理念，1922 年 9 月 21 日，总督府颁布政令，对广州湾的土著教育进行全面改革。表 9－1 提供了

---

① Rapport sur la situation du Territoire，août 1921 – août 1922，CAOM，GGI，64535.

② Rapport sur la situation du Territoire，août 1921 – août 1922，CAOM，GGI，64535.

1922—1939 年租借地公立学校的概貌。

此后，租借地的教育分三大部分，接受行政当局的监督，分别是：法国教育部分（仅位于白雅特），专门服务于欧洲公务员子弟；根据印度支那教学大纲和教育模式施教的法国—土著混合教育部分（包括一个专门为土著治安队子弟开设的法国—安南班）；[①] 以及一个按照中国官方教学模式办学的中国教育部分（用粤语教学）。白雅特和赤坎成为租借地的两大主要教育基地，每个城市都开办系统的初级教育课程，甚至还举办了汉语高级班。另外先后有 6～8 所“华语”学校在其他地方创办或继续举办，专门服务中国孩童。此类学校名义上是由行政当局监督，其实从选址到教员招聘等方方面面都由中国地方当局负责，不过教员的薪酬则由租借地财政支付。最后，白雅特的“阿尔贝尔·沙罗学校”[②]，1922 年招生，提供 45 个免费宿位。

除了公共教育之外，一些获得乡绅望族或富商资助的私立中国学校也提供免费教育，形成了一个特殊的教育网络，扎根于整个租借地。1924 年，此类学校共计 432 所，招收 5 645 名学生（几乎都是男性）。[③] 不过据法国当局称，此类私塾的教育水平低下，质量欠佳。

尽管如此，由殖民当局监控下的新教育体制开出各色各样的课程，吸引了相当部分居民。1922 年，有 493 名学生登记入学，此后人数逐年增加，1939 年达到 1 409 名。不过这一增长——尽管相当有限——的背后掩盖了法国—中国教学部分（特别是赤坎学校）生源不足的事实。相反，纯中式教学却吸引了越来越多的学生（参见表 9－1）。之所以会出现这种一边倒的报读情况，可能是因为华人家庭觉得法国当局不能为接受法式教育的年轻人提供充足的就业渠道。另外，到河内深造意味着移民，这在当时难以为大部分中国人所接受。反过来，接受中式教育可以到高州、广州甚至香港深造，在本土开始职业生涯。不论背后的动机如何，这一情况始终反映出地方民众不甚认同法国占领者的存在。

---

① 法国—土著混合教学班也招收部分中国孩子。这些小孩的父母可能对联合政治，即中国人和法国人的平等合作关系抱有一丝希望，才把孩子送到法国—土著混合教学班。这部分教育为基础知识扎实的学生提供到河内深造的机会。

② 即湛江文献中所说的安碧莎罗学校。——译注

③ Rapport sur les statistiques de 1924，CAOM，GGI，41859.

表 9－1　广州湾的学校教学情况表（1922—1939）①

教学类型	所在城市	课程设置	教员人数	学生人数
法国教育部分→宗主国教学计划	白雅特（沙罗学校）	1 个初级阶段班（包括幼儿课程，预备课程，初级和中级课程）	1 名法国女教员	3 至 9 名法国学生
法国—安南混合教育部分→印度支那教学计划（安南—东京）	白雅特（沙罗学校）	1 至 2 个初级阶段班（包括幼儿课程，预备课程，初级课程）：男女分班	2 名安南助教	22 至 60 名安南学生
法国—中国混合教育部分→印度支那教学计划	白雅特（沙罗学校）	3 个初级阶段班（包括预备课程，初级课程和中级课程）	2 名教师和 1 华人辅导员 1 名华人教师	81 至 129 名中国和安南学生（人数较稳定）
	赤坎（男校）1938 年关闭学校	1 个高级阶段班 3 个班（包括预备课程，初级课程和中—高级课程）	2 名华人辅导员和 1 名华人教师（兼校长）	166 至 11 名（有下降趋势）

① Les données proviennent de plusieurs documents d'archives，parmi lesquels les plus importants sont cotés CAOM，GGI，64367 et 64570，et CAOM，Bib AOM，50463.

（续上表）

教学类型	所在城市	课程设置	教员人数	学生人数
中国教育部分→中国教学计划	白雅特（沙罗学校）	若干个第一阶段低年级班（小学）；若干个第二阶段低年级班（高学）：男女兼招	4名华人男辅导员和2名华人女辅导员，还有1名负责法语教学的督导员	80至523名中国学生（稳步上升）
		1个第一阶段高年级班（小童）根据1924年9月18日政令，法语为唯一授课语言	5名有高级文凭的华人教员	126至409名中国学生（稳步上升）
	赤坎女校，后改为混合学校	课程设置同上	2名男辅导员，3名女辅导员和2名有高级文凭的教员	134至465名中国学生（人数先增加，后减少）
	华语学校：铺仔、太平、坡头、东山、淡水、那简（Noc-Kan，今东简）和水流沟（Shuilaogao，后两所1925年关闭），新墟（1932年办校）	只有第一、二阶段低年级课程班，东山、淡水和太平从1928年起开设初级阶段高年级班	每校有1到多名华人辅导员，人数按年份有所不同	

于是布朗夏尔·德·拉布罗斯在1925年第二次任期开始时，对教育部门的困难——且不说困境——再次做了仔细诊断。他注意到先前的改革喜忧参半，地方当局和总督府不支持在当地建立一所大学或任何形式的高等教育机构——像德国人在胶州一样——对此他深感遗憾。他个人认为，创办高校不仅能够培养当地学生，而且可以吸引周边地区的生源，否则：

> 初中部的校长们不了解广州湾的情况，在法国—土著教育的办学过程中生搬硬套印度支那法国—安南学校的那一套。①

由此可见，印度支那模式再次成了某些思想僵化的公务员的托词，土著教育改革撕开了法国在租借地政策的真实面目，暴露出其基本矛盾，即普罗大众自然而然地从租借地和中国其他地区之间的紧密联系角度来思考问题，而殖民当局的大部分公务员却沿用返祖式思维，把租借地的发展导向印度支那那边，好像租借地是印度支那不可分割的部分似的。这一只有极个别领导人如布朗夏尔·德·拉布罗斯才意识到的深层误解，无疑是法国在广州湾行动失败的主要原因之一。

暂且抛开布朗夏尔·德·拉布罗斯的卓越政治能力不谈，就“联合政策”本身而言，这是一种在印度支那出炉的政策，如今生搬硬套到中国人居住的租借地上，其恰当性就非常值得质疑。联合政策的基础是殖民事实，从时局层面看，这是总督府对越南民族主义运动高涨妥协的结果；从实施方式上看，政策隐含有浓厚的长时期殖民深意。然而，广州湾并不具备这两个特征，所以“联合”的原则根本就不能移植到租借地上。无疑，布朗夏尔·德·拉布罗斯抱怨“直接管理的思想在此令人恼火”是有他的道理的，② 在租借地上生搬硬套以印度支那情况为基础而构思出来的法国—土著合作政治是愚蠢之举。但是在一个属于印度支那民政服务体系、完全充满殖民意识的地方行政部门工作，布朗夏尔·

---

① Rapport politique du 4^{e} trimestre 1925，CAOM，GGI，64369.

② *Idem.*

德·拉布罗斯除了屈服之外还能做什么呢？可见印度支那殖民地在政治上远未臻于成熟，不能做到在尊重租借地的特殊性之余，对租借地进行有效管理。

（三）传教活动的加强

当地方当局开始面向租借地民众的时候，天主教会也在 20 世纪 20 年代初期进行了同样的改革，同样取得了小小的进步。在 1917 年之前，罗凌神父指导下的白雅特本堂教区只为欧洲人服务，任何教会资料都没有提及广州湾华人基督徒社区的情况，传教士每年寄送给总会的报告也对此三缄其口。从 1908 年至 1916 年间，传教士们甚至提都不愿意提及租借地。

但是 1916 年之后，情况发生了变化。4 月，华南传教区域重新调整，广东一分为二：东部托付给了汕头主教实茂芳（Mgr Rayssac），西部则归广州主教光若翰（Mgr de Guébriant）管理。光若翰在 1917 年 2 月履职,[①] 他很快意识到在一个地域广阔、社会动乱的大省，西部教区必须再进行划分。因此 1921 年 3 月他离开广州时拆分了西部教区，分别建立了粤西（北海）和海南代牧区，委托俄永垂主教管理。一开始，俄永垂主教出于安全考虑，也为了接近海南，选择进驻广州湾。1925 年 1 月，白雅特成为主教府。[②] 不过不久之后，俄永垂主教为了撇清教会的精神权力和法国当局的世俗权力之间的关系,[③] 把住所迁到北海，面向华人传教。此外他也认为，广州湾远离辖区内的其他传教中心，不能接近信众，离开才是明智之举。不论如何，他在白雅特的短暂停留多少反映出教会对租借地民众的态度有所转变。

不过主教的出现还不能说明一切。1917 年，谢兰神父接替罗凌神

---

① SMEP，Comptes-rendus 1917，pp. 64 –68. 光若翰 1860 年生于巴黎，自 1910 年起在建昌担任代牧主教。他只在广州待了四年。1921 年 3 月，他当选巴黎外方传教会总会长，返回巴黎，次年成为教宗助理，1935 年 3 月卒于巴黎。（参见巴黎外方传教会网站的传教士生平）

② 代牧区总称是“北海—海南代牧区”。

③ Lettre de Mgr Gauthier au Supérieur général des Missions Etrangères，le 18/01/1925，SMEP，Courrier，Gauthier，A 2105.

父到广州湾传教，[①] 他更有活力，更愿意接近民众，广州湾教会才出现新的变化。1918 年，光若翰主教评价道："在广州湾，谢兰先生默默地缔造出一个重要的福音中心。"[②]

1922 年的传教报告指出，由于邻近各省治安不好，大量中国人涌入租借地。谢兰在"教堂附近修建了一些茅屋，收留难民，形成了一个小小的天主教区，并起了一个'不寻常'的名字，叫斯蒂芬城"[③]。

白雅特本堂神父的辅理为华籍刘神父，他家住 Tépo（大埠?）。1924 年 9 月，第一名中国神父周万森（Vincent Tsiu，音译）在白雅特圣维多尔教堂晋铎。俄永垂主教写道："仪式庄严肃穆，周边的华人和法国人都过来观礼。"[④] 这应该是华人和法国人之间少有的几次"碰面"之一吧……

租借地的传教事业终于取得了进步，中国信徒人数增加，形成了广州湾基督教徒社区。不过我们仅能查获 1921—1922 年和 1924—1925 年间的教徒统计资料，如表 9－2 所示：

表 9－2　20 世纪 20 年代初广州湾天主教社区情况表

年份	谢兰神父	刘神父、周神父	总数
1921—1922	471 名教徒 11 名成人受洗 21 名儿童受洗	805 名教徒 1 名成人受洗 14 名儿童受洗	1 276 名教徒 12 名成人受洗 35 名儿童受洗
1924—1925	704 名教徒 61 名成人受洗 28 名儿童受洗	722 名教徒 42 名成人受洗 32 名儿童受洗	1 426 名教徒 103 名成人受洗 60 名儿童受洗

（来源：俄永垂主教信件，巴黎外方传教会，信件档案 A2105）

① 埃田·谢兰一直在广州湾传教到 1936 年，才由和为贵神父接手。和为贵神父一直留在广州湾，直到 1951 年被捕，并被驱逐出境。

② SMEP，Compte-rendu 1918，p. 51.

③ SMEP，Compte-rendu 1922，p. 84.

④ Lettre de Mgr Gauthier au Supérieur général，le 30/09/1924，SMEP，Courrier，Gauthier，A 2105.

表 9－2 涉及的时段显然太短，无助于得出有决定性意义的结论，不过教会的势力在租借地似乎有所增强（从受洗人数可以看出），法中关系也似乎有了明显改善。这些数据非常粗略，不过还是可以从另一侧面证实了地方管理的进步。在 20 世纪 10 年代和 20 年代交接之际，法国在广州湾的管理工作似乎启动了一场小小的革命。几位比前任更具有洞察力的总公使用新的眼光看待租借地，主教在白雅特的停留带来了新的传教风气，围绕着归还租借地的争论产生了一些谨慎但明显的效果，法国当局对在广州湾的殖民意图及其合理性进行了前所未有的思考。

二、开发租借地：目光短浅且无实际行动

广州湾联合政治的实施是对沙罗主义的积极响应。这不花印度支那财政的一分一毫，对于殖民当局而言，当然好处多多。可是开发的前提是公权部门要进行投资，这样一份不费公共财政一分一毫的计划显然不是一份真正的开发计划。所以我们不由得产生疑问：总督府在华盛顿会议前夕介入广州湾的建设工作，难道真的要振兴经济吗？向东亚开放广州湾是需要付出代价的，总督府做好准备了吗？从此角度看，对租借地经济发展情况进行整体分析有助于审视印度支那在东亚实施经济扩张政策——不仅仅是殖民政策——的部署及其实践能力。

（一）对“开发”概念的预先思考

“开发”一说究竟隐含何意？这是历史学家进行分析之前必须解决的基本问题，因为对于历史学家和殖民当局而言，他们的理解可能不尽相同。让—多米尼克・贾科梅提曾做过相关研究，① 在此我们只阐述开发的基本原则。

首先，“开发”一说被殖民者用来描述宗主国和领地之间应具备的关系形态。贾科梅提指出，“在 20 世纪 20 年代，‘殖民’一般自称开发；而 19 世纪 80—90 年代，‘殖民’的意义是征服为主”②。这些说法

① Cf. J. -D. Giacometti, *op. cit.*, pp. 64－66.

② *Ibid.*, p. 44.

不一定相互吻合，但中心思想都是从殖民地和宗主国的密切经济联系角度来思考和组织殖民地的发展。因此，“开发”几乎无一例外地从法国及其企业的利益出发“利用”殖民地。正如夏尔—罗伯特·阿热朗（Charles – Robert Ageron）在《法国舆论面前的殖民地》中所指出，由于法国战后在经济上哀鸿遍野，所以开发殖民地的提法在国内获得众多拥趸。以阿尔贝尔·沙罗为例，他写道：

> 这一想法，这一日益清晰的图景浮现在一种新的整体规划的构思当中：处于大陆的祖国和海外法国即使不能融为一体，起码也要团结一致，共同展示一个更加伟大的法兰西的真正实力，用 1 亿人而不仅仅是 4 000 万人的力量支撑起她的安全，用 20 倍于母国的面积哺育她的生命。①

接着，贾科梅提回顾了关于开发的争论。有殖民者认为开发是一个追溯式概念；有的则认为那是一个前景式概念。在第一种情况下，“开发”就是一张多少有些杂乱无章的清单，它无所不包，宗主国在殖民地的所有活动包括投资、建设和社会服务等，事无巨细，都罗列在里面。② 殖民运动的支持者认为此举有双重目标：一是向法国舆论展示国家的殖民实力；二是让被殖民者感受到他们对法兰西的亏欠。至于第二种情况，即殖民党成员和殖民地部部长鼓吹的“前景式开发”，指的是理性和意志主义式地支持公私投资的计划。在这种情况下，如果要继续开展计划，融资方面会出现比较大的问题，尤其是因为法国政府一贯拒绝给予贷款。③

---

① A. Sarraut, *La mise en valeur des colonies françaises*, 1923, p. 17, cité par Ch. -R. Ageron, « Les colonies devant l'opinion publique françaises, 1919 – 1939 », *Revue française d'histoire d'Outre-Mer*, n° 286, 1er trim. 1990, p. 37.

② 比如阿尔贝尔·梅邦（Albert Maybon）1928 年 11 月 27 日发表于《殖民快报》上的一篇关于印度支那对租借地进行开发的文章。

③ 例证是 1920 年，沙罗预计殖民地开发计划需要 1 亿 4 千万法郎，而财政部只拨给 1 千万。d'après Ch. -R. Ageron, *op. cit.*, p. 35.

总之不论是哪一种情况，关于“开发”的论题都是一种纯粹的政治争论，旨在向不知内情的公众和作为国家财政主人的国民议会“卖弄”殖民帝国的形象和实力。正因如此，从此时起，殖民地开始在宗主国设立经济代理，进行宣传。

以上思考有助于让我们和粉墨登场的殖民主义保持一定距离。我们所理解的“开发”是一种在公权的主导和私人企业的协助下，走向预定空间的潜在生产或贸易增长的理性和意志主义式的经济过程。如果按这一定义衡量的话，那相关部门必须拿出一份详细的经济发展计划，制定出具体的行动措施。换言之，有规划而无具体行动与把经济发展当作“开发”的门面进行研究一样苍白羸弱。其关键是分析不能局限于殖民话语的意识形态预设之中。考察 20 世纪 20 年代印度支那介入租借地经济发展的情况正需要站在这样的角度进行。

（二）广州湾的经济规划是什么？

“一战”结束后，在殖民联邦理念的推动下和法国殖民学院（成立于 1920 年）的倡导下，印度支那和其他殖民地埋头炮制大量开发计划，而此时广州湾和殖民帝国的其他不打眼角色一样被暂时遗忘。这是意料之中的事，因为几乎所有临时拼凑出来的计划都优先考虑人口普查情况和殖民地可能出口（特别是向宗主国出口）的产品数量，然后再以这些数据为基础进行设备工程的配置。可是租借地和法国没有任何商业联系，与印度支那及中国其他地区之间的贸易仅局限于一些附加值低的商品，主要是当地的手工特产，而且全部控制在华商手中，远远未能实现爪哇模式（这种模式类似于印度或扬子江下游的工业化模式）[①]，不能吸引印度支那殖民者进行投资。确切地说，当时广州湾的情况和东京刚被征服时那样，对宗主国没有任何可利用的价值。

---

① 所谓爪哇经济模式，是一种主要由资本主义大公司控制的殖民经济模式，以出口初级产品或半初级产品为主，能够收获巨大的收益。关于这种殖民模式在法国殖民世界的影响。Voir H. Wesseling, « Le modèle colonial hollandais dans la théorie coloniale française, 1880 – 1914 », in *RFHOM*, n° 231, 2e trim. 1976, pp. 223 – 255.

唯一能将广州湾和宗主国扯上联系的具体建议来自沙罗。他在1921年4月12日法案中提议改造白雅特港，但没有列出预算成本。话说回来，就算沙罗的建议非常有意思和有益，也不能算是一个发展计划。几年后，滨海夏朗德省众议员和国民议会殖民委员会副主席皮埃尔·泰亭哲（Pierre Taittinger）在1923年10月至1924年5月的《殖民年鉴》上连续刊登了9篇文章，严厉地批评印度支那总督府不作为，让租借地上长满荒草。相关内容在1924年6月的《观点报》上再现。[①]不过在这些恶毒的攻击背后，泰亭哲也没能给出可行的建议，他在结论中写道：

> 如果25年的经验得出了一种令人颓丧的结果，那应该是方法出错了。在宣判我们的努力和殖民态度死刑的时刻来临之前，赶紧亡羊补牢，尚不为晚。[②]

事实上，宗主国对租借地知之甚少，以至于没有人能够为租借地度身量做，制订出一个详细的发展计划，即使意识到问题，也就批评几句，仅此而已。

在我们查获的资料中，最有建设性的提议还是来自印度支那某些专栏记者或殖民官员。他们的建议虽然不尽完善，远远达不到一个整体规划的要求，但是相对有针对性，非常符合广州湾的实际情况。首先，1920年1月20日《殖民快报》上出现过一篇匿名文章，作者提醒政府在租借地修建铁路，打通白雅特和周边城市的交通，认为这是有利可图的。作者的看法肯定是明智的，但是在中国当时内政混乱的情况下是不太现实的。另外，1922年11月，《法属印度支那》杂志上也刊登了一

---

① 这些文章被裁剪下来，收藏在法国海外部经济代理处的《广州湾整体研究（1898—1946）》档案。CAOM，FM，Agefom，carton 167，dossier 18.

② P. Taittinger，« Le territoire de Kouang-Tchéou-Wan et son avenir économique：la pacification »，in *Annales coloniales*，20/05/1924，*ibid.*

篇匿名文章，[1] 提及广州湾的财政组织问题。作者抨击总督府不应该把租借地财政收归印度支那总财政，指出殖民地先给予租借地补贴，然后在年底收回盈余，这完全束缚住地方行政部门的手脚，十分荒唐。作者顺理成章地呼吁设立地方财政，承担与印度支那联邦其他地方财政部门一样的职责。财政问题确实是租借地面临的主要困难之一，但这一建议更像一项临时措施，而不像一份开发计划。

事实上，唯一像样的建议是布朗夏尔·德·拉布罗斯在 1926 年 1 月 25 日，即他返回白雅特一个多月后写过的一份长报告。[2] 在这份文件中，布朗夏尔·德·拉布罗斯指出他第一次出任总公使时，当地经济出现了腾飞，然后又毫无保留地分析了租借地开发存在的障碍。他写道："租借地的不幸，恰恰在于她隶属于印度支那。"后者从未真正承认过广州湾的价值，但是，"从人口和交易量看，（广州湾）超过或等同于留尼旺、马提尼克、瓜德罗普、圭亚那、新喀里多尼亚和大洋洲的法国属地"。

接着，拉布罗斯提出了一系列改革措施，改善土著行政、教育和卫生部门的运作状况。他特别提出要重新考虑广州湾和海防的海运关系，而"当务之急，是把附属财政转变为地方财政"。他解释道，最后一点是改革成败的关键。如果不能改变，那会出现另外两个问题：首先，只要当局打算卖掉部分地产来扩建白雅特或赤坎时，租借地就越卖越穷，因为收入充盈的是总财政，与地方无关；其次，财政不独立，广州湾没有储备金，那么重大工程的开展，如为两个大居民区调水，建设深水港口、码头、公路和排水道等，将无从谈起。

布朗夏尔·德·拉布罗斯的建议虽无新意，但胜在有心解决困扰广州湾经济发展的某些结构性症结。即便如此，这也不是一份真正意义上

---

① 这两篇文章都收录在法国海外部经济代理处的档案中，*ibid.*

② 布朗夏尔·德·拉布罗斯 1925 年 12 月返回广州湾，1926 年 12 月离开，此后未再涉足租借地。在此之前，即 1922 年 3 月至 12 月，他曾第一次以总公使的身份出现在白雅特。上文提到的报告存于 CAOM，GGI，64369。

的开发计划。政府对于地方工业化给予多少关注，或最起码对于当地工厂的现代化给予多少支持？准备进行的设备投入需要多少成本？这些布朗夏尔・德・拉布罗斯都没有提到，此外他也没有谈到是否应该支持广州湾与印度支那或中国各省发展经贸关系。至于租借地绝大多数人赖以生存的农业，他显然忘记了。总之，布朗夏尔・德・拉布罗斯的建设草图是有建设性的，但仍不足以勾画出一幅开发前景。

（三）瞻前顾后和纰漏百出的实践

不出所料，地方当局继续日复一日，当一天和尚撞一天钟。白雅特港口的建设是众望所归，连沙罗都将其纳入发展计划，但实际上没有具体行动，码头根本就没有扩建，只是对原有的护堤做了延长工程，在1925年达到300米。可即使如此，蒸汽船也无法在浅海靠岸。图9－2说明，在“二战”之前，广州湾的公共工程开支一直处于一种相对停滞状态。

从20世纪10年代末起，殖民当局似乎只对公路网的建设感兴趣。这项工作一直有序进行，公路建设最终覆盖整个租借地。1919年，租借地的公路仅89公里，其中41公里是碎石路，适合汽车行驶。到了1924年，公路长度达到120公里，1927年达到161公里，其中50公里为碎石路，8年内差不多翻了一倍。[①] 确实，租借地的车辆数（几乎清一色美国品牌）在1922—1928年间翻了6倍（从原来的18辆到现在的104辆），[②] 修路的要求十分迫切。此后，广州湾内部所有大城镇都有公路连接，包括白雅特、赤坎、坡头、铺仔和太平。1921年，白雅特和赤坎两个主要城市之间的公交服务正常化，大约有12班车投入营运。租借地内部的交通取得了毋庸置疑的发展，可是广州湾和周边中国城市的联系跟不上步伐。一走出租借地的地界，公路就变成坑坑洼洼的小

---

① Kouang-Tchéou-Wan, rapport au conseil de gouvernement pour 1919, IRSEA; et rapport sur la situation de Kouang-Tchéou-Wan, 1926－1927, CAOM, GGI, 64563.

② Kouang-Tchéou-Wan, rapport au conseil de gouvernement pour 1927, IRSEA.

道，车辆根本无法通行。只有连接赤坎和租借地以西 6 公里处的麻章的道路可以通车。这一特殊待遇还是布朗夏尔·德·拉布罗斯和遂溪县令——“一位头脑开明，善意的中国人”① ——谈判的结果。在修路的过程中，法方甚至派出一位安南技术人员协助中方。这可是特例，东边的吴川县令可没有西边的同事那样开明。

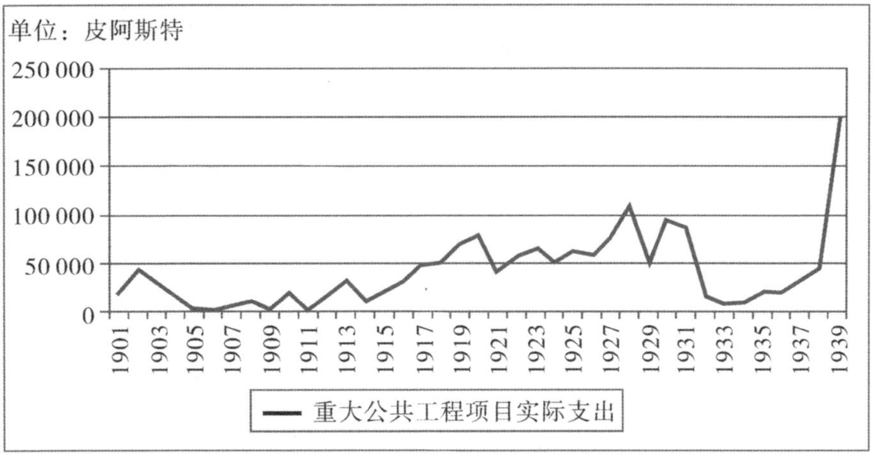

图 9-2　1901—1939 年广州湾重大工程项目支出情况示意图

（来源：根据海外档案中心和法国国家图书馆藏广州湾年度预算资料整理）

法国当局在试图冲出地域的限制时所面临的困境由此可见一斑。如果中国官员是善意的，那一切事情都好办，可是在中国索回租借地之时，并不是所有的地方官都愿意为法国提供方便。当地政局不稳，要寻求某人的支持或友谊，大多是徒劳之举。

① Rapport de Blanchard de la Brosse à la commission permanente du conseil de gouvernement, le 18/05/1922, CAOM, FM, Indo, NF 504, et Kouang-Tchéou-Wan, rapport au conseil de gouvernement pour 1923, IRSEA.

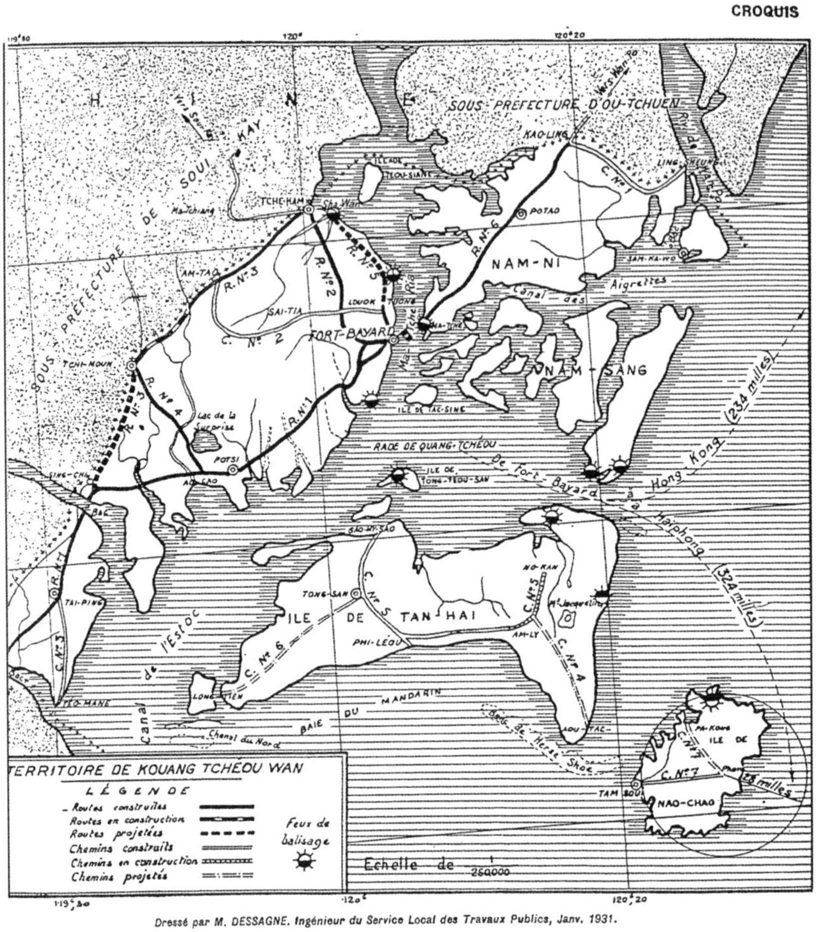

图 9－3　20 世纪 30 年代初的广州湾公路网

（来源：博南格：《广州湾租借地》，巴黎：贝尔热—勒夫劳出版社 1931 年版）

图9-4 白雅特城港口的栈桥码头（1920年）

（来源：东方汇理银行档案，DSE9系列，1924年白雅特支行管理层信函）

此外，中国内政变化迅速，北京要求索回广州湾，这也促使法国政府拒绝印度支那和非洲商业联盟（下文简称印非联盟）提出的修路要求。1923年1月3日，印非联盟曾去信外交部部长和内阁主席，希望获得一条从广州湾通往中国内地的铁路的修筑权，[①] 建议立刻修筑从白雅特到西边安铺的铁路段，长约80公里，同时往西南的雷州开发第二段铁轨。根据1899年11月16日的协议（参见附录四《法中互订广州湾租借地条约》第7款），北京确实同意法国开发第一段铁路。但今时已不同往日，事过境迁，印非联盟竟然不考虑这一实际情况！所以外交部亚洲司提醒印非联盟要三思而行，想想克拉雷—罗贝公司为什么放弃计划（这可追溯到1905—1909年，参见第三章）；此外外交部还警告说，

① UCIA au ministre des Affaires étrangères-président du Conseil (Poincaré), le 3/01/1923, MAE, Asie, E 347, dossier B, fol. 118.

租借地回归问题还未解决，“尚在研究之中”①。印非联盟则辩称，他们的计划与克拉雷—罗贝的完全无关，其目标是廉州，然后是南宁，这样更加合理。② 1924 年 2 月 6 日，工程师弗兰克（L. Francq）和贝尔（J. –M. Bel）也要求承包安铺段铁路，他们都是 1905 年 2 月克拉雷—罗贝倡导下成立的“广州湾港口和铁路筹建联合会”的前成员，自称有资格参与竞争“任何涉及广州湾开发的计划，包括铁路、城市照明和盐田开发等”③。一年后，两人和印非联盟达成协议，瓜分市场，共同提出承包白雅特—安铺线，为期 60 年（几乎到了租借期满），线路的建设将委托给法资公司，中方也可适当参与；此外，他们还要求政府考虑优先转让广州湾的其他工业建设项目。④

政府对如此狮子大开口的荒诞要求自然不予理睬。此外这些蹩脚的商人似乎也没有选对时机：法国驻华公使弗勒里奥（Fleuriau）早已通知巴黎，北京已不在上述地区行使权力，这一地区可能成为中国内部社会秩序最混乱的地方之一。⑤

这一令人难以置信的事件说明：殖民地的资本操作具有某种野蛮和贪婪的特性，总是企图利用旧协议中给法国保留的权利分得一杯羹。私人企业的本质就是如此：快速致富，不付出任何代价而垄断资源。难怪布朗夏尔·德·拉布罗斯抱怨，在广州湾，“法国公司不好好扮演自己的角色”⑥。租借地似乎更容易吸引此类面目可憎和缺乏信仰的投机客，甚至超过印度支那，堪称“淘金乐园”。

尽管如此，租借地还是能碰上一些严肃的投资者的，比如 1926 年 4 月承包白雅特和赤坎电力照明市场的法国有轨电车公司（Compagnie

---

① Minute de la direction Asie du ministère des Affaires étrangères à l'UCIA, le 30/04/1923, *ibid.*, fol. 140.

② UCIA au président du Conseil, le 17/05/1923, *ibid.*, fol. 141 – 144.

③ Francq et Bel au président du Conseil, le 6/02/1924, *ibid.*, fol. 150 – 153.

④ Vigne, administrateur UCIA, Francq et Bel au ministre des Colonies, le 28/01/1925, *ibid.*, fol. 167 – 170.

⑤ Fleuriau au ministre des Affaires étrangères, le 14/06/1924, *ibid.*, fol. 162.

⑥ Rapport politique 4e trimestre 1925, CAOM, GGI, 64369.

française de tramways)。[①] 不过电力工厂的建设有所延期。1929 年 10 月 22 日欧洲城市实现了电力照明，同年 10 月 31 日，租借地的家家户户都通上了电，大街小巷灯火通明，这间接提高了法国的声誉：

电力照明在租借地的居民中引起了轰动。在附近地区也一样，人人特地跑过来看新鲜，凑热闹。[②]

除此之外，农业领域也取得了前所未有的开发成就。1927 年 1 月，志满的 300 公顷土地转让给了夏尔 · 劳尔（未知以何条件和以何价格转让），他是政府前商业助理，传闻曾与地方当局有过多番纠纷，甚至走上司法程序。一年后，劳尔开垦了 40 公顷土地，其中 25 公顷用于种植稻米、甘薯和花生，同时还发展山羊饲养业。结果似乎相当令人振奋，然而 1930 年 9 月劳尔暴毙，他的企业无法善始善终。[③]

上述仅是特例。一般而言，法国或西方私人资金对租借地不理不睬，而租借地也没有尽力引进外资。要改变这一状况，除非修改制约广州湾发展的印度支那关税制度，并保证治安条件得到改善（1918—1924 年间，一场前所未有的海盗风潮肆虐当地）。所以说，华人才是当地的主要投资方，不过大部分人只对商业（特别是鸦片买卖）感兴趣，不太喜欢投资小工业，有一定财力的华人更是如此。

即便如此，小工业在租借地的数量还是相当可观的，尽管如法国当局所说，制作工艺落后。比如，赤坎以织造业为主，1931 年有 6 家工厂，其中一家雇用了 200 名女工，另一家大概雇用了 100 名。不过，赤坎的主要工业仍是鞭炮业（鞭炮在春节和其他节日销量很大），1931 年

---

① Lettre du ministère des Colonies au ministre des Affaires étrangères, le 5/11/1926, MAE, Asie, E 347, dossier B, fol. 193.

② Kouang-Tchéou-Wan, rapport politique d'octobre 1929, CAOM, GGI, 40528.

③ Kouang-Tchéou-Wan, rapports économiques du 1er semestre 1928 et du 1er semestre 1930, CAOM, GGI, 41859.

从业人员“超过10 000人”①。此外，还有榨油业、糖业和其他初级产品加工业。这些小工业从未获得过行政当局的支持，当局只是做做统计工作，然后任其自生自灭。

制盐业的衰落正是法国当局经济懒政的受害者。1914年2月，为了拯救濒临破产的盐业，广州湾当局不得不取消食盐生产和销售的专营制。1922年，总公使表扬盐业取得瞩目成就，特别是东海盐场，1921年仅20个盐田，1922年已达到85个，② 大部分生产走私到需求旺盛的中国内地。但好景不长，1927年，广东盐业转为官办，广东政府大力打击走私，广州湾盐业因此崩溃。③ 而广州湾当局任由情况恶化，想都没有想过要和中方谈判食盐进口条例。更糟糕的是，早在两年前，河内宁愿向吉布提伸手，解决印度支那食盐供应不足的问题，也不愿意用正眼瞧一下广州湾！④

总之，以上关于广州湾经济活动和政府介入状况的不完整描述说明了租借地欠缺一份真正的开发计划。租借地公共工程的建设是看菜吃饭，缺乏长远规划。经济发展缓慢的症结尽管得到多任总公使的承认和揭露，但始终没有解决。有些问题是需要总督府协助的，如将附属财政修改为地方财政；有些问题则需要宗主国出面，如制约租借地出口的广州湾和印度支那税收体制。这些问题肯定都不容易处理，但最根本的障碍不在于问题本身，而在于政府缺乏政治意愿。

从上述分析可以看出，总督府显然无意为广州湾的发展投入真金白银。总财政在1914年大幅度提高对租借地的补贴之后，20世纪20年代基本上保持在年均40万皮阿斯特左右的水平（参见附录九“1900—

---

① Rapport économique de Kouang-Tchéou-Wan，1er semestre 1931，CAOM，GGI，41859. 10 000人的数量似乎有些夸大，我们按原文抄录，但对其真实性有所保留。

② Rapport économique de Kouang-Tchéou-Wan，1922，Hanoi，Centre n°1，GGI，9270.

③ Rapport économique de Kouang-Tchéou-Wan，2e semestre 1927，CAOM，GGI，41859.

④ Rapport économique de Kouang-Tchéou-Wan，1925，CAOM，GGI，41859.

1942 年广州湾财政收支决算表"），[①] 未有新的增长。总督府之所以对广州湾缺乏兴趣，是因为：首先，中国想索回租借地，广州湾前途未卜；其次，20 世纪 20 年代广州湾经济确实经历过一段美好时光，令印度支那一下子觉得不必再履行财政扶持义务；最后，总督府更乐意利用租借地的商业活动，而不愿意发展租借地的工农业。从事商业不需要任何投入，还可带来可观的收入；而发展工农业需要投资，预期回报还不能确定。不用说，总督府当然努力发展广州湾商贸。

三、矛盾重重的商贸政策

法国占领广州湾之后，地方当局只关心商人，对其他从业人员特别是农民（除非涉及税收）几乎都爱理不理。行政报告中只字未提乡村世界，更没有做过全面调研，政府关心的似乎永远是城市及其发展、城市的干净程度和公路网建设的进展。从一开始，大家都心照不宣地承认，广州湾的财富完全依赖于对外贸易，即和中国其他地区的商贸往来。租借地应该成为一处类似于香港的"大卖场"，从自由关税体制的确立到同意赤坎享有一定的商贸和管理自治权，都表明了当局认为所有经济政策都要服务于这一目标，因此 1916 年赤坎才成为自治市，1917 年成立华人商会。广州湾的经济引擎是鸦片贸易，这是公开的秘密，起码地方政府和印度支那总督府都心知肚明。但官方对外仍需宣称，毒品只是起到推动作用，今后将被逐步禁止，扶持其他产业取而代之。

20 世纪初杜美规划的蓝图在一定程度上取得了成功，鸦片确实带来了巨额利润，完成资金积累，居民和其他商业都受益匪浅。但是这种发展模式的局限也显而易见。如何说服已经在鸦片进出口——不论是合法的还是走私的——里面牟取暴利的商人放弃一项利润如此诱人的商

---

① 1914 年租借地鸦片从专营变为专卖，收入将直接充盈印度支那库房，为了弥补地方财政的损失，总督府提高给租借地的补贴。至于 1927 年为何是补贴最高的年份，是因为总督府拨出一项金额为 148 270 皮阿斯特的特殊津贴，帮助地方政府购买一艘小艇，替换已经作废的旧艇。如果扣除这笔津贴，补贴额为 416 850 皮阿斯特，与往年大致相同。

业，而去经营另一项获利较少的商业呢？另一方面，总督府自 1914 年起从租借地毒品市场尝到甜头，在自身的财政需求不断增加的情况下，总督府难道能对如此重要的资源视而不见吗？正是这些内在矛盾的存在，使广州湾当局的商贸政策具有含糊暧昧的特点。

（一）商贸的实际增长情况

1. 关于统计方法的几点说明

分析广州湾的商业活动不是一件容易的事，除了要使用多种观察方法之外，在数据收集和结果分析上也须小心谨慎。

统计方面的困难是所有处理过印度支那和其他法国殖民地档案的历史学家都感到头痛的问题，我们也不例外。提取鸦片贸易数据更是难上加难，后文将做详述。现在先简单介绍一下对外贸易数据的统计情况。

首先，行政当局只以火轮船长填写的进出口报关单作为统计基础，从不核实报关文件的内容是否与船只装载的货物数量一致。此外，所有经陆路进出的大宗商品或经海路用帆船运输的商品都没有清点过，也没有受到监控，具体数量多少，谁也无法知晓。总之据当局估计，广州湾贸易的真正贸易实力应该是在官方统计数字的基础上增加 30% 至 50% 。这一完全靠经验判断的“修正”数据从未用常用的加价系数验证过，可信度不高。

1927 年有两次调查，结果都证明官方数据缺乏真实性。据赤坎商会统计，当年赤坎一城的进出口货物（通过各种运输方式）总计达 29 950 500广东银圆，相当于 23 600 000 印度支那皮阿斯特（兑换率为 1. 27)。然而，同年官方的统计数字是整个租借地的贸易量为 16 220 000皮阿斯特。[①] 假定广州湾其他城市（特别是两大岛）的贸易量也与赤坎相似，那么官方的数字即使通过修正，也与真实贸易量相差甚远。第二次调查是统计当年租借地各主要城市的不同运输工具的日均运输量，结果如下：

---

① Note de Krautheimer au ministre des Colonies, le 25/09/1928, CAOM, FM, Indo, NF 2838.

表 9－3　1927 年广州湾各种运输工具日均往返次数表①

运输工具	沙湾码头和赤坎运河	白雅特码头和麻斜渡口	白雅特至赤坎，通往遂溪的公路	白雅特通往雷州的公路	麻斜往坡头，通中国内地的公路
火轮	*	1			
帆船	65	264			
步行	590	537	503	420	371
牛	18	3	7	6	7
牲畜拉车			10	5	10
汽车			166	44	32

（来源：广州湾形势报告，1926—1927 年，海外档案中心，印度支那总督府档案，64794）

从表 9－3 可以看出，只根据火轮的往来情况来分析广州湾的对外贸易肯定是不足够的。事已至此，有总比无好，只能将就……

除了行政当局的数据有误之外，另外还有三个外在原因，也给我们的统计分析工作带来许多困难。首先是统计方通常不写或随意书写货币单位。这种情况如果出现在印度支那，问题尚不算大。但是在广州湾，印度支那皮阿斯特是结算货币，而中国银钱是日常流通货币。如果统计数字没有标出货币单位，那是非常令人头痛的。此外有一些统计是以香港元或法国法郎为单位的。只有对同一年份的不同组数据进行比较，才能剔除不确定因素，得到比较放心的数据，然后再去查找货币体系的汇兑平价（经常变动），了解地方当局采用的平价（因为当局不一定使用当年的平价②）。工作量之大，可想而知。

第二个困难更是令人感到无所适从，我们不清楚行政当局到底统计

① 档案的标题和内容不符，本表根据档案重新整理。* 表示没有。令人感到困惑的是，赤坎港口竟然没有火轮靠岸……

② 以 1919 年为例，有一些进出口数据是用法国法郎作为统计单位的，如果将其兑换成皮阿斯特，当时的汇兑平价应该是 1 皮阿斯特兑 2.5 法郎，但是官方当年的兑换价却高达 1 皮阿斯特兑 3 法郎。参见河内第一档案中心，印度支那总督府档，9667。

了什么，官方的商贸数字究竟有没有包括鸦片贸易量和货币流量。这一问题并非多余，因为统计表上标注有鸦片和货币总量两项，偶尔有些地方标明不计在内，但大部分情况是不明确的，没有统一说明。

最后，统计表格或错漏百出，或经过誊抄。有些地方明目张胆地做了涂改，那没有改动的地方呢，还能相信吗？在这种情况下，我们只能尽量求助于原始资料，即地方当局提供的经济报告，如果能够找到半年统计一次的商贸数据则更好，因为这些都是总公使撰写行政报告的基本材料。

以上说明无意吓走后来的研究者，只是提醒他们千万要注意。总之，必须打起十二分精神，认真对待，才能使绘制出来的图表比统计数据更有意义，更能反映贸易的发展情况。

2. 广州湾商业的黄金时代

虽然存在以上种种困难，但想绘制出 1913—1928 年广州湾的对外贸易统计图也并非不可能。通过系统整理和分类，我们还是能够筛选出某些以印度支那皮阿斯特作为统计单位且不包含鸦片和货币进出口量的数据，作为制图的依据。我们本来应该把单位换成通用货币，但在此对通货紧缩进行估算是十分复杂和冒险的。[①] 此外由于核实的数据既不包含鸦片交易额和货币总量，也不包含帆船运输或陆路交通的贸易量，所以也就没必要绘制出进口和出口曲线，并分析贸易平衡状况。因此本统计只是显示贸易的总体情况，望读者谅解。结果如图 9－5 所示。

---

① 就广州湾的情况，我们根本无法估算通货紧缩，因为没有任何关于租借地通货膨胀水平的信息。或许可以 1913 年为基准，绘制出皮阿斯特汇率的演变指数图，但是这样得到的信息对于了解广州湾贸易毫无意义。因为 1913—1920 年是我们能够获得统计数据的唯一时段，当时印度支那当局使用的是皮阿斯特对法郎的汇兑平价，而广州湾的贸易数据和印度支那的官方汇率没有任何关系。

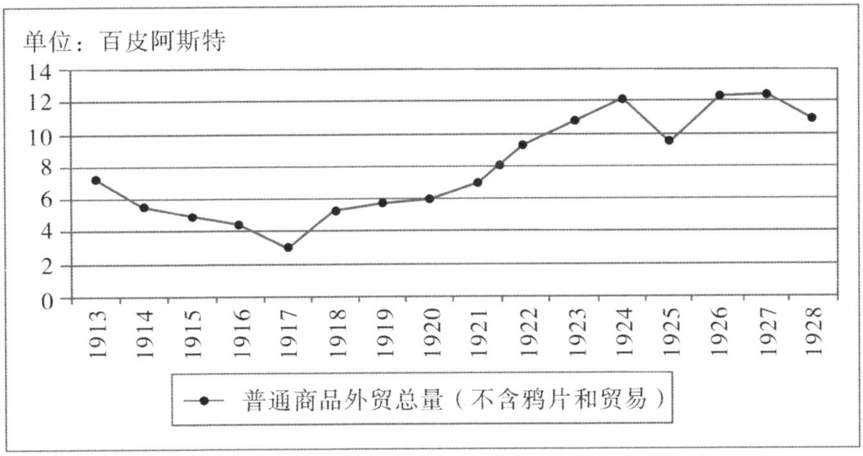

图 9－5　广州湾普通商品对外贸易总量变化示意图（1913—1928）

（来源：印度支那统计年鉴，1913—1922，以第 15 章为主，辅以海外档案中心印度支那总督府档案 41859 和法国国家图书馆 1933—1934 年广州湾行政、经济和财政报告绘制而成）

从图 9－5 可以看出，"一战"和华南的政治动乱确实对广州湾的对外贸易产生了巨大的影响。不过 1918 年以后，情况有所好转，对外贸易持续走强，直至 1927 年。中间只有 1925 年因广州和香港在夏天出现变故而有所放慢。①

"一战"结束后，抵达白雅特和赤坎的火轮频次再次增多（如图 9－6 所示），广州湾商业活动重新腾飞。另外，此后中国船只的往来频率比其他国家的（特别是法英）要高。

① 1925 年 6 月 20 日，国民党在广州发起总罢工，香港当局对中国实施了封锁。不久，法国人和英国人在沙面向示威人群开枪，局势恶化。6 月底，国民党号召抵制英货，发动香港总罢工。在这种情况下，广州湾与英国殖民地的转口贸易大受影响。除此之外，1925 年底至 1926 年初，陈铭枢将军的"共产党"军队在租借地附近活动，也影响到赤坎商品（除鸦片走私之外）的出口。Cf. Archives de la Banque de l'Indochine, DSE 9, Lettres 1925, lettres confidentielles.（作者此处有误解。陈铭枢是一名国民党将军，直至 1931 年"九·一八"事变后，他才逐渐由拥蒋变为反蒋，并同中国共产党保持一定程度的合作。北伐战争前，陈铭枢的部队里有共产党员，但不能因此把他的部队称为共产党部队。——译注）

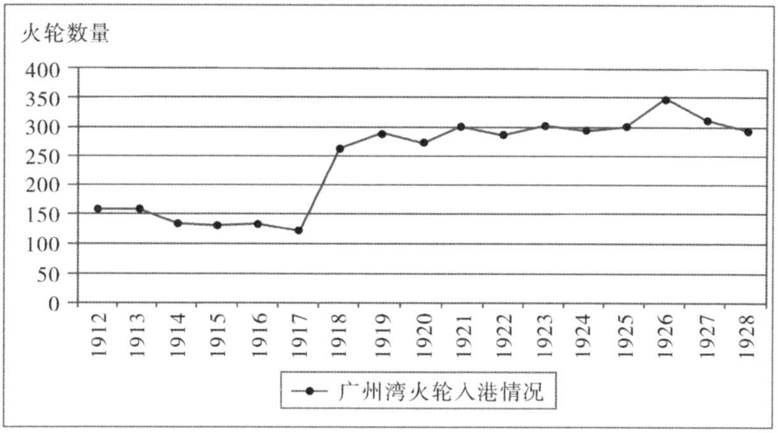

图9－6　广州湾火轮入港情况变化示意图（1912—1928）

（来源：根据海外档案中心印度支那总督府档案中的广州湾行政报告析出数据绘制而成）

从图9－6统计数据可以看出，20世纪20年代应当是广州湾的经济黄金时代（尽管盗匪仍然频频活动，直至1924年情况才有所改善）。

反常的是，中国军阀和立宪派对抗，广东社会动乱，这些竟然都没有对广州湾造成冲击。相反，大批中国富人逃到广州湾（主要是赤坎）避难。赤坎人口从1916年的5 528人激增到1921年的17 058人（同一时段，白雅特的人口也从1 827人增至6 590人）。[①] 人流量剧增当然有助于推高需求，形成新居民点，并改变两个城市的面貌。1920年，作为生活必需品的楼房占白雅特新建筑的30%，土地价格飞涨，从1922年的每平方米0.3皮阿斯特涨至1927年的3.5皮阿斯特；在麻斜附近，地价涨至每平方米10皮阿斯特，甚至20皮阿斯特。赤坎的情况如出一辙，特别是1924年以后。[②] 毫无疑问，租借地的经济、城市和社会结构发生变化，昭示着经济飞跃，这正是法国当局期待已久的结果。

---

① Cf. rapport sur la situation politique et administrative de Kouang-Tchéou-Wan, 1926－1927, CAOM, GGI, 64563; « résultats du recensement de mai 1921 », in rapport de Kouang-Tchéou-Wan au conseil de gouvernement, 1922, CAOM, GGI, 64535.

② Rapport sur la situation politique et administrative de Kouang-Tchéou-Wan, 1926－1927, CAOM, GGI, 64563.

（二）广州湾东方汇理银行支行开业

不过，在租借地的商业发展和人口增加的过程中，行政当局的角色似乎更像旁观者，而不是参与者。

广州湾和印度支那之间的贸易仍然维持在 1914 年前的低水平，租借地的主要贸易对象仍是广州和香港。表 9 –4 反映出这种极不平衡的贸易状况：

表 9 –4　中国和印度支那在广州湾对外贸易中所占份额表

年份	进口		出口	
	从海防	从广州—香港	往海防	往广州—香港
1913 年	4.3%	95.7%	0.2%	99.8%
1914 年	3.7%	96.3%	0.4%	99.6%
1920 年	14.7%	85.3%	1.9%	98.1%
1925 年	3.2%	96.8%	0.3%	99.7%
1928 年	2.0%	98.0%	0.3%	99.7%

（来源：数据来自海外档案中心印度支那总督府档案和法国国家图书馆馆藏广州湾经济报告）

造成贸易不平衡的原因有好几个，部分在前面已经提过：首先是货币问题，广州湾使用广东银圆而不是印度支那皮阿斯特；其次，租借地大部分商号的母公司设在香港、澳门或广州。另外，印度支那船运公司运费偏高，即使享受政府津贴，运费仍然高得惊人，失去竞争力。运费问题本来可以通过总督府的介入轻而易举地获得解决，总公使也曾多次申诉，但总督府迟迟没有动静。最后一个原因是法国的关税制度把广州湾排除在印度支那之外，当作外邦："来自（租借地）的商品进入印度支那时需课最高税额；甚至不能享受某些中国产品能够享受的优惠。”①

从以上分析可以得出双层假设。第一层是租借地继续和中国其他地区进行贸易，当地的中国商人不想和印度支那做生意，而印度支那的企业家对租借地也提不起兴趣，所以河内从未真心实意想过加强印度支那和广州湾的商业联系。对于此，唯一感到绝望的是那两三个在白雅特或赤坎落脚，却没有任何影响力和得不到贷款的欧洲殖民商人。总督府始终认为，利用中国人的商业影响要比向印度支那开放广州湾更有利可图。这也是总督府实施鸦片政策的主要原因之一。

从第一层假设可推出第二层：既然总督府无意开放租借地经济，那么银行也不宜要求到租借地设立支行。然而，飞速发展的商业活动积累了巨额资本，并使资金长期流向中国，这反过来可能吸引银行进驻。

1. 设立东方汇理银行白雅特支行的初步研究（1914）

1914 年 4 月，两名在香港的日本人布拉加（Braga）和富士（Fuji）向广州湾当局提出申请，要求在白雅特开设银行，享受 15 年的金融服务垄断权。② 这向当局敲响了警钟，当局以条件苛刻为由予以回绝。于是此二人在 11 月和 12 月再次提出申请，这回要求开设一家日本银行的支行，申请在广州湾投资海产品包装业。当局担心日本势力渗透入租借地，再次拒绝申请。印度支那财政控制署负责人和东方汇理银行行政监察官凯拉特里从这一事件中得出，“不论如何，必须抢在日本人之前颁布政令，宣布在广州湾开设东方汇理银行海防分行下辖的支行……”不过支行的具体业务并未明确。鉴于凯拉特里的双重身份，我们完全有理由相信东方汇理银行会介入租借地的金融活动，不过其真正意图不是要到白雅特开设支行，而是要阻止任何竞争机构涉足自家的一亩三分地。

几年后，在 1919—1921 年间，中裕实业银行（B. I. C. ）向东方汇

---

① Note de Krautheimer au ministre des Colonies, le 25/09/1928, CAOM, FM, Indo, NF 2838.

② Lettre du directeur du contrôle financier de l'Indochine aux ministères des Colonies et des Affaires étrangères, le 15/12/1914, Hanoi, Centre n°1, GGI, 3341.

理银行发起咄咄逼人的攻势，[①] 但东方汇理银行的负责人早已胸有成竹。“东方汇理银行对垄断法国在远东的金融服务信心十足，审慎而有效地与坚持不愿出售大部分股份的中裕实业银行作斗争，这是一种控制手段。”[②] 1921 年 6 月，东方汇理银行参与了中裕实业银行的破产清算。

不过租借地当局还是应总督凡·沃勒诺万的要求，着手研究银行问题。1915 年 5 月，总公使朗热列—贝勒居（Langellier - Bellevue）经过深入调查后，断定没有任何商业银行有兴趣进驻广州湾。[③] 印度支那和租借地的贸易联系太过薄弱，实在没有必要设立支行。此外，广州湾和中国的金融转口服务多涉及母公司和子公司的业务联系，根本不需要银行作为中介，法国银行则更不需要。如果非要开设支行，那只能把处理鸦片专卖资金作为业务，不过这样的话，朗热列—贝勒居认为，支行可能在当地或对印度支那的贸易中无法处理掉广东货币。

几个月后，即 1915 年底，日本驻里昂前总领事山武（Yamata）宣布有意在白雅特创办日本商业银行。[④] 这次申请和前几次有关吗？法国驻日本东京大使在转交申请书时没有说明。这再次令印度支那行政当局萌发在广州湾设立支行的念头，不过行政当局仍处于考虑阶段，日本的建议也很快被拒之门外。

2. 东方汇理银行白雅特支行的成立（1925）

到了 1924 年，租借地商业腾飞，印度支那总督府和东方汇理银行管理层再次考虑白雅特支行的设立问题。当时的情况和 1915 年相比已

---

① 中裕实业银行（Banque Industrielle de Chine）是一家中法合资银行，也是民国肇建以来首家中外合办银行，成立于 1913 年 7 月 1 日。其中国办事处设在上海，欧洲办事处设在巴黎。1921 年破产，总裁佩尔诺特（A. J. Pernotte）被判处三年监禁，总理阿里斯提德·白里安也因此事辞职。——译注

② N. Wang, *Emigration et politique. Les étudiants-ouvriers chinois en France, 1919 - 1925*, Paris, Les Indes Savantes, 2002, p. 194. On consultera surtout sur cette affaire, J. -N. Jeanneney, *L'argent caché. Milieux d'affaires et pouvoirs politiques dans la France du XXe siècle*, Paris, Fayard, 1981, pp. 131 - 191.

③ Administrateur en chef au gouverneur général, le 22/05/1915, *ibid.*

④ Ambassadeur de France à Tokyo à l'administrateur en chef, le 25/11/1915, CAOM, GGI, 43379.

大为不同：租借地的经济呈现前所未有的活跃，鸦片贸易于 1923 年达到巅峰，1918—1924 年间海盗猖獗，专卖局累积在白雅特的大量资金亟须用安全有效的途径转移到河内。在这种情况下，当局意识到必须赶紧在广州湾开设银行代办点，建立起租借地和殖民地的联系。[①] 1924 年 3 月，西贡分行副行长格勒纳（Grenard）到租借地调研，最终说服了银行董事会。[②] 此外，用印度支那皮阿斯特从专卖局购买鸦片的销售商也希望东方汇理银行提供货币自动兑换业务，好让他们提前支付中标的货物款项。[③] 因此，虽然租借地的市场在一开始是有限的，但始终存在对银行业务的需求。最后，银行董事会迫于法国政府的压力做出让步，1924 年 8 月 5 日，共和国总统杜美尔格签署法令，宣布设立白雅特支行。[④] 几个月后，比诺提被任命为支行负责人，支行于 1925 年 2 月 23 日开业。[⑤]

除了租借地公共财政账户资金的转移业务之外，银行的绝大部分业务是处理鸦片贸易资金。1925 年初银行开业时，租借地经济环境尚且向好，但是到了年中，广州和香港爆发动乱，影响到租借地的鸦片贸易，经济情况顿时逆转，银行全年的业务几乎停顿。1926 年，形势略有好转，但好景不长，1931 年之后，中国海关决定封杀广州湾，中断和广州湾的一切对外贸易。一言以蔽之，支行的设立教训惨痛，根本无助于提升租借地在投资者心目中的形象。

退一万步说，就算形势大好，银行的业务也不见得能够繁荣，因为设立支行的初衷是要排挤其他外国银行，而不是要发展地方贸易（鸦片

---

① 根据西贡东方汇理银行总监察员的信件，提出这一要求的是布朗夏尔·德·拉布罗斯。他在 1922 年 9 月 6 日的信件中提出在白雅特开设支行，in Lettre confidentielle de l'inspection générale，le 18/11/1937，Archives de la Banque de l'Indochine，DSE 9，Lettres 1935 – 1937.

② Lettre de Bignotti，directeur de l'agence de Fort-Bayard，à la direction de la Banque de l'Indochine à Hanoi，le 1/12/1924，Archives de la Banque de l'Indochine，DSE 9，lettres 1924.

③ Lettre spéciale n° 5 de l'agence de Fort-Bayard à la direction de Banque de l'Indochine à Paris，le 21/01/1925，Archives de la Banque de l'Indochine，DSE 9，lettres 1925.

④ Décret du 6/08/1924，CAOM，GGI，58277. Le décret a été promulgué en Indochine le 30/09/1924.

⑤ Voir M. Meuleau，*Des pionniers en Extrême-Orient. Histoire de la Banque de l'Indochine*，*1875 – 1975*，Paris，Fayard，1990，p. 302.

除外）。要改变现状，除非修改银行的某些章程，令其适应广州湾的特殊情况；此外，当局应给予银行支持，比如规范抵押制度。关于这一点，在此补充说明几句。

银行业务难以扩张首先是因为根据银行章程，支行不能接受中国辅币的存储业务。可是广州湾商人在平时的买卖中使用中国货币，从不使用印度支那皮阿斯特，所以银行无法吸收存款。此外，支行开设在白雅特，而不是在广州湾的经济中心赤坎。[①] 银行的存在是为了服务行政当局和专卖局，而非当地经济。

至于抵押制度，问题相当复杂，在实际操作中很难解决。原则上，当局禁止银行在广州湾从事债券抵押贷款业务。[②] 不过，任何法律都有漏洞。1932 年，某借款人就曾将一些财产所有权状抵押给银行。这样的操作在中国法律中是许可的，因为中国法律规定，只要债券所有者和持有者都是中国人，银行就可以进行抵押贷款。其实白雅特支行在实际操作中也可以钻这条法律空子，但如果出现坏账，银行的行为将无法得到法国法律的保护。那么只有以不动产作为抵押才能行得通，可是在广州湾，不动产抵押的程序非常烦琐和复杂，银行根本无法操作。因此，银行别无他法，在向零售商发放贷款时，只能把一箱箱鸦片作为抵押物。这样一来，银行变成了毒品存放仓库，还要保证毒品的安全。抵押制度的不合理也就制约了银行业务的进一步发展。

3. 广州湾不欢迎外国势力

银行事件充分反映出总督府对租借地经济发展问题的态度，开设银行不是要迎合地方商业飞速发展的需要（否则的话，白雅特支行早就该和香港银行或广州银行携手共进了），而是要防止外国势力以任何形式染指租借地。殖民地部在写给外交部的信中直言不讳："必须抢在外国

---

① Lettre du directeur de l'agence, le 10/07/1925, Archives de la Banque de l'Indochine, DSE 35, Rapports semestriels de Fort-Bayard.

② Lettre du directeur de l'agence, le 10/05/1932, Archives de la Banque de l'Indochine, DSE 9, Lettres 1929 – 1932.

企业之前保证我们在租借地的绝对商业优势。”①

印度支那高层的做法出于双重打算：第一，希望在租借地的前途明朗化之前保持对租借地的控制；第二，不给外来势力留下利用广州湾来指控印度支那的机会。河内深知，国际社会对鸦片贸易体制的多番指控并非空穴来风，凡是涉及租借地的问题还是保留点戒心为好。如果说我们一直以来只是隐约从总督府的政策中感觉到这份忧虑，那么一份可能无意中错放入行政档案的私人信件却直截了当地道出了其中的缘由。

我们找到了总公使格斯奈勒在1923年6月19日写给印度支那司法署负责人阿贝尔（Habert）的一份亲笔函，他直言不乐意见到外国势力出现在广州湾。② 在回应阿贝尔关于司法改革的询问之后，格斯奈勒一改婉转晦涩的笔调，直言不讳：

> 您我都知道租借地有何作用：如果律师和商人都可以来广州湾，那他们肯定要在此待上5至6天，等待香港“河内号”返航。这样会招惹是非，惹来真正的麻烦。
>
> 因此，希望那些多少爱打听长短的外国人尽量少来白雅特，这不仅仅是为了谢绝那些外来的身无分文者，诸如令人讨厌的海盗和小偷之类，而且是为了维护一种完全特殊的秩序。③

总公使一针见血地道出了殖民政府开放广州湾的顾虑和犹抱琵琶半遮面的鸦片贸易问题之间的微妙关系。广州湾的经济领域一直迟迟不予开放，这一问题十分令人费解，一直困扰着我们，如今真相大白，原来租借地不可能同时作为毒品天堂和一流的商贸中心而存在。总督府选择了最容易在短期内获利的前者，相比之下，英国人更加睿智，他们选择了需要更多投入但最后财源不断的后者……

---

① Lettre du ministre des Colonies au ministre des Affaires étrangères, le 28/05/1924, MAE, Corr. pol. et comm. (1918－1940), Asie, E 376, fol. 58.

② Lettre manuscrite de Quesnel, administrateur en chef, au directeur de l'administration judiciaire, le 19/06/1923, CAOM, GGI, 65852.

③ *Idem.*

结　语

因此说，殖民当局的商贸政策包含了两种相互矛盾的导向。要么优先发展正常的贸易，即合法买卖，让租借地融入亚太经济市场，那么租借地的开放不仅要面向中国，更要面向周边的大经济环境。在这种情况下，政府必须做的事情包括：吸引包括法、英、中、日等国在内的外资；和中国谈判，把租借地打造成真正的自由港；与一切走私行为作斗争，等等。但是如果做此选择，印度支那就要痛下决心，尽快舍弃鸦片这种在国际上（包括宗主国）千夫所指的贸易收益。要么优先考虑财政收入，维持高水平的毒品贸易。如此一来，要方便租借地在毒品贸易上上下其手，广州湾经济开放的大门必然要关闭。从上文的分析可以看出，总督府做了第二种选择，此举当然不是没有充分的理由，但更多是一种对财富贪婪的机械性反应。

由此可见，河内有选择性地执行沙罗主义，只实现其中符合殖民利益的部分：局部实现联合政治，牺牲经济领域（开发）的利益。总督府之所以敢如此歪曲沙罗计划，是因为沙罗计划只有放在印度支那联邦中才有意义，联邦内部潜在的独立问题使总督府不得不做出全面反应。相反，广州湾的情况有所不同，回归问题只与 1898 年的租借协议有关，与殖民政策的“质量”毫无关系。即使需要提前回归，也只与国际协议有关。因此对殖民时间长短的估算成了印度支那管理广州湾的决定性因素。

不过，大家切莫以为总督府或地方当局的政策缺乏连续性，对于在广州湾事务中发挥巨大作用的鸦片贸易问题，各级政府在政治和经济决策方面可谓费尽心思，前赴后继。这一体制的主要缺点——暂且抛开道德层面不谈——是将租借地的经济边缘化，且不说“非法化”。

第十章　误入歧途的广州湾鸦片贸易：专卖体制（1914—1928）

1914 年，总督府决定全面检讨广州湾的鸦片贸易模式，取消专营，委托印度支那海关和专卖局对租借地鸦片实行专卖。此后，鸦片不再是租借地的唯一经济支柱，不过仍然是主要经济支柱之一。在实施这一改革的同时，总督府还出台了最低限度的行政措施，根据相关法律调整鸦片贸易，使之符合宗主国和国际社会提出的要求，以确保政治上的安全。即便如此，规章制度也只不过是一道烟幕，用来掩盖印度支那当局在鸦片问题上玩弄两面派伎俩。

事实上，所有印度支那负责人——从沙罗到凡・沃勒诺万和瓦莱纳，再到巴斯杰（Pasquier）——在广州湾政治路线上一如既往，而鸦片贸易正是这一政治路线的"阴暗一面"。为什么这样说呢？首先是因为总督府对鸦片活动遮遮掩掩，上报给上级部门的信息往往经过修剪加工，数量远远低于实际进口量；其次，合法买卖是非法买卖——走私——的挡箭牌，印度支那即使百般狡辩，也不能掩盖假合法贸易之名进行非法走私的事实。

本章不仅要揭露广州湾鸦片走私的严重程度，而且要进一步思考开发政策在租借地的实施状况。如果说毒品是租借地经济的火车头，那它也必定是促成殖民当局和当地居民达成政治协议的酵母。从此角度看，总督府的施政确实有其连贯性，如果暂时抛开那些道貌岸然的道德说教的话。

接着，本章亦将考察总督府调整经济和政治管理方法的决心有多坚定。或许是满不在乎和傲慢，也或许是对国际关系变化的不了解，总之河内日益陷入了一种追求鸦片的商业利益与适应正在不断规范化的国际贸易环境的明显矛盾状态之中。总督府在广州湾实施的策略或许可以证明河内殖民思想的故步自封和越来越被正在不断发展的世界所边缘化的状况。从此意义上讲，总督府在关注内部政治危险——民族主义者和共产主义者的不满——之余，却对来自国际上的威胁，即美国和国联[①]对殖民体系及其衍生物提出的质疑视而不见。20 世纪 20 年代初，河内一方面希望调整殖民地在亚洲的地位，另一方面却继续以遁世和与正在形成的国际法格格不入的方式构思殖民地的发展。这莫非反映了总督府的自治诉求？这一问题值得进一步探讨。

一、研究方法的说明

研究任何地区（包括广州湾）的鸦片贸易问题都是一场冒险，困难无处不在，有些可以克服，有些却难以克服。我们接触的数据多经人手计算出来，存在错漏和含糊不清之处是在所难免的，而有些数据则是官方刻意制造出来的，意图摆出迷局，掩盖真相。于是数据自相矛盾，证词随意删减，道听途说，官方报告只报道官方信息，如此等等，一切如雾里观花，难辨真伪。有的档案文件甚至在返回宗主国途中（及时地？）遗失。[②]

即使如此，勾画出鸦片贸易的概貌、组织情况和数量等诸方面情况不是不可能的。只是这样的研究不能一锤定音，得出令人信服的结论。

---

① 国联即第一次世界大战后成立的国际组织——国际联盟（英语 League of Nations，法语 Société des Nations，缩写形式为 SDN）的简称，该组织致力于减少武器数量、平息国际纠纷、促进国际合作与贸易等，曾拥有 58 个成员国，“二战”后被联合国所取代。——译注

② 勒·法耶指出，标号为 27000 至 28375 号共 1 375 卷印度支那总督府卷宗遗失，其中不少涉及鸦片走私事件和治安问题。Cf. Ph. Le Failler, *op. cit.*, p. 373.

到目前为止，对印度支那的鸦片专卖问题做过专题研究的只有两位历史学家，分别是尚塔尔·德斯古尔—卡丹（Chantal Descours-Gatin）和菲利普·勒·法耶。前者在1987年研究了1840—1914年间鸦片在殖民地财政中的地位，[①]从而开创了鸦片问题研究的先河，不过作者没有对“一战”后鸦片的贸易情况做进一步探讨。几年前，菲利普·勒·法耶专门研究了印度支那总督府在1906—1940年国际反鸦片运动中的态度。[②]由于研究时段的关系，他的专著有若干章节涉及广州湾租借地，并提出了非常有洞察力的观点。总之这两部专著的作者都摒弃学界固有的成见，指出起码从鸦片贸易的角度看，广州湾绝对不是河内的一小块不起眼的领地，相反，总督府一直试图掩盖交易数据，雪藏租借地，混淆视听，便是最好的证据。这一发现意义非凡，启发学界进一步探讨租借地对印度支那财政所做出的贡献。

我们的研究工作主要存在两方面的困难：一是档案资料不全；二是数据失真。

首先从资料问题开始。可能是因为鸦片贸易属于不道德活动，需要适当保密，也可能是因为档案管理人员粗心大意，或更可能是因为资料的保存本身就有风险，总之我们查阅的文件总是有缺漏。按道理，广州湾生鸦片的年销售状况应该保存在海关和专卖局档案中，但是在埃克斯—普罗旺斯海外档案中心和越南国家档案馆第一档案中心都无法查获这一部分资料。另外，殖民地部档案有一个编号为FM NF 2937的新编制卷宗，封面标明内含一份关于20世纪30年代广州湾反鸦片走私的记录，可是里面竟然是空的！

为了弥补这部分缺漏，我们系统挖掘了总督府档案U44档，即“鸦片专卖：广州湾的特殊体制”系列，并阅读了租借地法国当局撰写

---

① Ch. Descours-Gatin, *Opium et finances coloniales: la formation de la régie générale de l'opium en Indochine (1860 - 1914)*, thèse d'histoire de 3e cycle, Paris VII, 1987, 532 p., publiée sous le titre *Quand l'opium finançait la colonisation en Indochine*, Paris, L'Harmattan, 1992, 292 p.

② Ph. Le Failler, *Le Mouvement international anti-opium et l'Indochine, 1906 - 1940*, thèse d'histoire, Aix-en-Provence, Université de Provence, 1993, 605 p., publiée sous le titre *Monopole et prohibition de l'opium en Indochine*, Paris, L'Harmattan, 2001, 400 p.

的所有政治、行政和商贸报告，进行碎片拼接，让档案“说话”，勾勒出广州湾鸦片贸易的大致情况。

其次是数据。档案中如出现数据，我们都谨慎地加以分析，并进行核对，但仍然难保不失真。原因是：

（1）各部门的统计和计算工作烦琐，加上誊抄过程中出现笔误，所以数据纰漏百出。此外，当局各级部门对会计文件缺乏兴趣，地方公务员对待工作漫不经心，也是造成无数错漏的原因之一。有些数据明显偏大，经过校对后可以修正。① 有些则是当局故意或无意少报，目的是欺骗巴黎，掩盖鸦片交易量过大的事实。比如，1931 年 1 月，总督罗宾（Robin）向殖民地部部长汇报说，广州湾只有 39 家熟鸦片零售商，其实准确数据是 69 家！②

（2）许多统计非常混乱和不明确，十分令人头痛，部分数据甚至不能使用，连统计部门自己也看不懂。仅以如下几例来说明问题的严重性：

——没有说明进口了什么鸦片：生的还是熟的？性质不同，价格自然不同。

——没有标注鸦片的来源。来源地不同，重量就不同，价格也不同，比如每箱贝拿勒斯③鸦片重 65.5 千克，云南鸦片则重 60.2 千克，而四川鸦片重 40.1 千克……

——很少标明货币单位，或写错单位：印度支那皮阿斯特、香港元还是广东银圆？含混不清。汇率平价波动巨大，以至于年均的概念经常失去意义。

——专卖局的收入是毛收入还是净收入？

---

① 比如，海外档案中心印度支那总督府档案 41859 中有一份“1913—1922 年进出口对照表”，上面写着 1923 年第一季度广州湾进口 698 箱鸦片，总额竟高达 15 324 000 皮阿斯特！为此我们查核了白雅特给河内的财政付款单据，认为合理的数据应该是 5 324 000 皮阿斯特。至于货币单位，经多番分析和研究，确认是印度支那皮阿斯特，而不是广东银圆。

② Câblogramme du gouvernement général au ministre des Colonies, le 6/01/1931, CAOM, GGI, 45596.

③ 贝拿勒斯，印度北方邦东南部城市，盛产鸦片，1957 年改名为瓦拉纳西，为印度教圣地和印度著名历史古城。——译注

我们一头雾水，难以估计当局的统计混乱到了何种程度，不过由于自开展研究以来就问题不断，所以我们早已有了心理准备。

（3）某些统计栏目故弄玄虚，欺骗外行，一般只有内行才能看出门道，有些甚至连内行也摸不着头脑。比如 1927 年 6 月，殖民地部部长质问总督府，1924—1925 年广州湾生鸦片消费量出现在哪份文件中。总督府试图浑水摸鱼，故意说是在“生鸦片，消费”一栏，但没有说明具体位置。实际上，告知只有租借地才销售生鸦片即可，因为印度支那只销售熟鸦片！[①]

总督府还偶尔隐瞒交易信息。1922 年 4 月，国联下属的鸦片咨询委员会（简称 CCO）的英国代表约翰·佐敦爵士（Sir John Jordan）惊讶地发现，印度支那提供的信息中竟然没有广州湾的相关统计数据……[②]

总之，要确定文件的可信程度，除了检查撰写人和收件人的人品之外，通常别无他法。如表 10－1 所示，一份报告撰写后层层上报，中间经过各级部门的多番篡改，断章取义，最后到达宗主国时可能已面目全非。

表 10－1　广州湾敏感信息上报示意表

广州湾	印度支那	宗主国	
地方当局 （管理、施政……）↘ …… 海关和专卖局 ↗ （销售和处罚）	总督府 →	殖民地部 →	众议院 外交部 国联，英国驻巴黎大使……
	——利用租借地 ——平衡总预算	——平衡财政 ——庇护印度支那	——维护法国的外交关系 ——人道和道德考虑
→ 不断扭曲真相的过程			

① Gouvernement général au ministère des Colonies, le 30/06/1927, CAOM, GGI, 45596.

② Rapport de Bourgois, représentant français à la CCO, avril 1922, MAE, Corr. pol. et comm. (1918 - 1940), Asie, E 123, fol. 176 - 183.

简而言之，在鸦片的贸易及走私中，一直贯穿着个人利益和政治赌注、谨慎的掩饰和恬不知耻的现实主义、个人的妥协和“国家理性”之间的博弈，极其错综复杂。

二、广州湾实施鸦片专卖

（一）更改体制的原因

1900—1913 年（含 1913 年），广州湾鸦片贸易在地方当局的监控下由某些中国或法国大公司以个人的名义进行承包（参见第五章）。总督府高层很快觉察到专营存在不少不足，比如租借地财政税收流失、养肥包税人、官司诉讼多多等，但似乎无法遏止。考虑到包税合同的期限将满和承包人对公权不断施加压力可能带来的负面影响，当局决定两害择其轻，维持原状。此外，在法国对租借地的管理尚未完全得到当地群众认可的情况下，当局也不可能一下子踢开华籍的中间人。因此，维持专营制在某种程度上是对地方事实做出的一种让步。

众所周知，鸦片专营哺育出广州湾的强大走私集团。租借地面积狭小，包税人无法依靠当地消费来获利，只能通过向中国其他地区走私鸦片来牟取暴利。到了 1911—1912 年，来自印度或香港的毒品仍源源不断地经过广州湾转口，穿过边界进入中国内地，而且走私的毒品基本上是印度鸦片，似乎帕特纳较多，贝拿勒斯较少。[①]

1. 东亚毒品市场的情况和禁烟大会

1906 年 9 月，清皇帝发布上谕，宣布在十年后取缔鸦片在中国的

---

① Rapport du consul de France à Hong Kong (Danjou) au gouverneur général, le 10/07/1911, MAE, Corr. pol. et comm. (1897 – 1918), Chine, NS 591, fol. 7 – 13. 孟加拉鸦片产自贝拿勒斯的加济布尔工厂和比哈尔邦的帕特纳工厂。丹茹不是鸦片专家，我们怀疑他把印度鸦片，如马尔瓦（Malwa）鸦片，错当成帕特纳鸦片。马尔瓦鸦片产自拉杰普塔纳（Rajpoutana）和印度中部，质量不如孟加拉鸦片，其产量和形状均不统一，难以有效监控，所以市场上多有假货，但其吗啡含量最高，比贝拿勒斯鸦片更符合中国人的口味。Voir Ph. Le Failler, *op. cit.*, pp. 23 – 26.

生产和销售。广州湾鸦片贸易随即进入一段混乱时期。出口完全成为非法，风险更大；但几年后，禁令也使走私的利润更加丰厚。[①] 从此走私数量增加，而合法买卖大幅度减少。

行政当局担心受到国际社会的责难，不得不进行干预，减少走私鸦片进入帝国的数量，但又必须顾及承包商的感受和自身的财政利益，所以一般雷声大雨点小，只做表面功夫，实际情况一概如旧。

不过禁烟上谕仍是一声警钟。1907 年 11—12 月，被总督鲍派遣到中国的总领事阿尔杜温警告印度支那说，禁烟运动有进一步扩大的趋势。他写道，法国殖民地迟早要跟随大流，这样做不仅仅出于作为“教化者角色”的需要，也出于人道需要：“在这种情况下，除了禁止鸦片，没有其他出路。”[②]

确实，中国的政治形势发展将对印度支那的鸦片垄断产生双重压力。首先，清政府认识到用毒害人民的方式来增加税收是不道德的，不会再容忍走私猖獗；其次，为表戒烟的决心，清政府也将终止向印度支那专卖局供应云南鸦片。阿尔杜温的结论十分正确，却为印度支那提出了难题。自从杜美改革以来，维持印度支那财政收支平衡的“三驾马车”分别是鸦片、酒和盐，三种产品都是专卖。1906 年，毒品收入占一般预算收入的 25%，而酒为 12%，盐为 11%。[③] 因此在短期内取消鸦片贸易似乎相当困难，长期的话还有可能，但必须忍痛断臂，寻找新的税收替代产品。在这种情况下，殖民当局决定避重就轻，选择维持原状。

但是各种国际禁烟会议紧锣密鼓，先后召开，不给总督府留下思考

---

① 禁令颁布初期似乎取得一定成效（尽管不如清政府预期那般显著），各地纷纷展开反鸦片运动，铲除罂粟苗。但是随着清政府倒台，国家组织混乱，共和派即使三令五申，继续禁烟，但鸦片种植仍然死灰复燃。Cf. rapport de George-Picot, ministre de France à Pékin au ministre des Affaires étrangères, le 28/12/1911, MAE, Corr. pol. et comm. (1897 - 1918), Chine, NS 591, fol. 214 - 215.

② Rapport de Ch. Hardouin à Paul Beau, le 15/12/1907, MAE, Corr. pol. et comm. (1897 - 1918), Chine, NS 586, fol. 129 - 168.

③ 根据“1906—1914 年专卖产品统计表”推算出来数据。该表是总督府为了回应 1910 年 6 月 13 日马利尤斯·穆戴提出的问题而提交的文件，CAOM, FM, Aff. pol., 2425, dossier 3.

的时间，并迫使总督府全面检讨广州湾的毒品贸易模式。

（1）上海禁烟大会（1909 年 2 月）

上文已经提到，在中国和美国的呼吁下，在东亚有殖民地的所有列强齐集上海，召开有史以来第一次国际禁烟大会（参见第五章），[①] 与会的还有波斯和奥匈等国。会议的目的不是要达成决议，而是提供一种自由讨论氛围，交换关于世界鸦片贸易的意见。法国代表团团长是上海总领事巨籁达（J. Ratard），副团长是海关和专卖局副局长考里伦（J. Cornillon）与印度支那农商管理署副署长白赉宜（H. Brenier）。他们的任务是在尽量保证印度支那的利益的同时，向中美表明法国将逐步限制鸦片的交易和消费的决心。不出所料，会议最后通过了一系列无约束性建议，主要涉及限制鸦片进口和各国联手反走私。尽管如此，巨籁达总领事面对中国指责租借地走私严重的指控时，仍然做了正面的回应：

> 关于广州湾，法国政府的包税合同将于 1911 年底到期，届时总督将在广州湾租借地实施类似于在中国**有效**执行的机制。法国代表团认为有责任在此恳请中国代表相信总督先生的坚定决心。[②]

积极的回应为法国在国际社会上树立了良好的形象，安抚了与会各国的情绪，但没有任何实质性承诺。此外，巨籁达在通报结尾小心翼翼地把法国的所有决定与中国禁烟政策的具体效果联系在一起，从而谨慎地质疑了帝国是否具备长期禁烟的能力。

不过印度支那的观望主义还是受到了东亚鸦片市场动荡的影响。英联邦通过印度殖民地而控制住东亚鸦片市场的主要供应命脉，但其新教群体不满鸦片贸易，发起强大的舆论攻势。在此压力下，英联邦很早就表态支持中国，进行禁烟。1908 年 1 月 1 日，英联邦政府决定每年减少

---

① Pour plus d'information sur cette conférence, on se reportera à Ph. Le Failler, *op. cit.*, pp. 151 – 157.

② Rapport de la délégation française sur les travaux de la Commission internationale de l'opium de Shanghai, le 3/03/1909, MAE, Corr. pol. et comm. (1897 – 1918), Chine, NS 588, fol. 77 – 135.

向中国出口10%的印度鸦片，承诺将在1917年全面禁止鸦片贸易，前提是到时中国能放弃种植和使用鸦片。1911年5月8日，中英签订协议，如果中国在1917年前停止鸦片生产，英国将加快禁止鸦片贸易的步伐。[①] 同时，英国将大幅度提高印度鸦片输入中国的税收，从每箱110两银提高到350两。最后，香港承诺只向中国出口"有证"印度鸦片，即持有印度政府标签的鸦片。这是有效控制鸦片泛滥的唯一办法。

图10-1 赤坎码头一景（1920年?）

（来源：东方汇理银行档案，DSE 9系列，1924年白雅特支行管理层信函）

不过，中国禁烟要取得实际成效，仍需其他列强的配合，后者要做出和英国一样的表态。法国外交部部长科卢比（Cruppi）意识到禁烟运动可能会比预期更加深入，担心法国会遭到孤立，所以表现积极：

① Exposé de Brenier sur l'état de la question de l'opium en Extrême-Orient, présenté à la 2e conférence de l'opium en juillet 1913,（sd, mais probablement janvier 1914）, CAOM, GGI, 41880.

中国政府确实努力完善体制，限制鸦片从印度支那或其他外国领地进口。如果我们不予以关注，走私分子可能会从我们的领地或广州湾租借地向中国走私大量的鸦片，从而成功规避中英达成的禁烟机制。[①]

总之印度支那别无选择，只能追随大流。1911 年 7 月 8 日，殖民地部部长勒布伦给总督发来电报：

为执行（5 月 8 日）协议，外交部要求严禁无证印度鸦片走私经东京和广州湾边境进口。请速通知海关，禁止无证印度鸦片从我方领土转口。[②]

随着国际禁烟会议的召开，租借地鸦片贸易的处境越来越艰难。

（2）海牙会议（1911 年 12 月）

上海禁烟会议之后，列强决定召开海牙大会，制定禁烟措施。[③] 1912 年 1 月 23 日，各方达成了一份象征性的外交协议。[④] 文本冠冕堂皇，但内容含糊不清，欠缺约束性。各国代表为了维护各自的国家利益，含糊其辞，承诺禁止向禁烟国出口生鸦片，限制在中国领土上的外国人租借地、“定居点”和租界吸食鸦片（条款三），逐步取缔熟鸦片的生产和使用（条款六）。最后，已经和中国缔约的国家必须禁止将生鸦片和熟鸦片走私到已成为列强在远东殖民地和租借地的中国领土（条款十五）。不过，法德代表都成功地引入附加条件，比如在禁烟措施上

---

① Minute du ministère des Affaires étrangères au ministère des Colonies, le 6/06/1911, MAE, Corr. pol. et comm. (1897 – 1918), Chine, NS 590, fol. 196 – 197.

② Exposé de Brenier sur l'état de la question de l'opium en Extrême-Orient, présenté à la 2e conférence de l'opium en juillet 1913, *ibid.*

③ Voir Ph. Le Failler, *op. cit.*, pp. 179 – 185.

④ Exposé de Brenier sur l'état de la question de l'opium en Extrême-Orient, présenté à la 2e conférence de l'opium en juillet 1913, *ibid.*

与中国“同权并行”等,[①] 限制了协议的执行进度。此外，根据国际惯例，海牙协议只有得到签约国的确认后才能实施，这又拖延了一定的时间。

不论如何，1911 年 7 月 8 日勒布伦的命令和海牙协议还是让印度支那及其财政产生了压力。那么印度支那能否顶风而上，背弃宗主国在国际社会面前许下的承诺呢？人们对此见仁见智。海关和专卖局倾向于以最低限度执行协议，基本维持现状。代理局长考里伦向沙罗解释道，他已命令下属执行 1886 年 4 月 25 日签署的法中协议，禁止从东京向中国出口鸦片。至于专卖局是否采取行动，他认为 1899 年 2 月 7 日的政令已经足够清晰，无须修改；换言之，印度支那根本无须采取任何行动，响应海牙决议。最后，关于广州湾，考里伦宣称无能为力，因为租借地的鸦片贸易当时不属于印度支那专卖局管辖：

> ……向海关人员传达（勒布伦）的电报和部长训令不一定能有效阻止无证生鸦片走私到广州湾，或中国的协议港。[②]

农商管理署署长、鸦片问题专家和海牙会议法国代表白赉宜获悉海关和专卖局的态度后，立刻表示强烈反对。他认为这样做不仅违背法国关于广州湾的承诺，有损法国的国际形象；而且会继续为无证鸦片通过广州湾流入中国大开绿灯，并因此造成严重的经济失误。

确实，印度支那是加尔各答无证鸦片的买家，“控制销路必然导致需求减少，然后价格下跌”[③]。所以印度生鸦片经过租借地流入中国的数量越少，印度支那就越有可能和印度供应商谈判，压低购买价格。顺便提醒一下，当时总督府还未从广州湾的鸦片贸易中获取任何利益。因

---

① 尤其是在第三和第四款中。“同权并行”（pari passu）是 19 世纪末 20 世纪初法国常用的外交辞令，在租借地和租界谈判中尤为常用，意思是西方列强的任何决定都和中国采取的实际措施一致，所以是一种保护条款。如果中国违背承诺或无法落实协议，其他签约国也可以自由裁决。

② Lettre de Cornillon au gouverneur général, le 24/04/1912, CAOM, GGI, 41880.

③ Lettre de Brenier au gouverneur général, le 2/05/1912, CAOM, GGI, 41880.

此白赉宜建议修改租借地鸦片体制，兑现法国的承诺。但是1912年3月13日，沙罗在白赉宜的信件上做了批示，表示支持考里伦的建议，不同意白赉宜的意见。总督再次冒着印度支那在国际舞台上越来越孤立的风险，决意拖延禁毒的时间……

1913年7月，海牙第二次禁烟会议召开。与会国从12个增加到24个，会议的主要目标是签署并执行1912年1月的协议，但遭到好几个国家的坚决抵制，最后大会不得不决定等到1914年第三次会议召开时才签署协议。可是不久"一战"爆发，葬送了美国和荷兰限制鸦片贸易的计划。

（3）国际社会禁烟对广州湾鸦片贸易体制的影响

第二次海牙会议召开前的几个月，沙罗利用中华民国陷入政治和社会动乱之机，以中国各地重新种植鸦片为遁词，拖延禁烟的时间。他告知殖民地部部长，鉴于中国的形势和中越边界走私的猖獗，印度支那无法执行1912年1月的协议。1913年7月2日，出席海牙会议的法国代表贝雷（P. Pelet）宣布，法国准备批准海牙决议，但是只代表宗主国和其他殖民地，不代表印度支那。①

1913年夏，总督府总算放下心头大石，但是印度支那鸦片体制显然也不可能长久持续下去，否则会惹恼宗主国（外交部早已怒火中烧）以及多次指控广州湾是走私鸦片中转站的伦敦和北京。自1911—1912年香港严禁走私之后，鸦片的走私方向发生了变化。香港虽然禁烟，但是当地对鸦片的需求并没有因此减少，于是法国租借地的不法商人将贝拿勒斯鸦片走私到香港，满足香港当地的需求，或再走私到中国、美国或澳大利亚。②

---

① Lettre de M. Pelet, ministre de France aux Pays-Bas, à Pichon, ministre des Affaires étrangères, le 13/07/1913, MAE, Corr. pol. et comm. (1897 - 1918), Chine, NS 593, fol. 194 - 195.

② 英国驻巴黎大使贝尔提（F. Bertie）在1914年2月14日写给杜美尔格的信中说："估计（广州湾）殖民地进口的生鸦片中有2/3以走私的方式原封不动地流入中国，另有大量经垄断承包商处理过的鸦片通过香港和澳门走私到美国。" D'après F. Bertie, ambassadeur de Grande-Bretagne à Paris, à Doumergue, le 14/02/1914, MAE, Corr. pol. et comm. (1897 - 1918), Chine, NS 594, fol. 23 - 26.

为了平息批评的声音，沙罗别无选择，他必须展示善意，在外国政府面前做一点足以引起注意的改革。广州湾再次成了抵押品。1913 年 10 月 9 日，香港政府宣布将自 1914 年 3 月 1 日起施行鸦片专卖,[①] 河内也适时效仿英国，宣布进行改革，在禁烟大会上站到英国的阵营，和中美抬杠。

那么为什么说实施专卖意味着朝控制鸦片贸易的方向前进一步呢？因为 19 世纪末，专卖被当作税收政策的一种理性工具。毒品出口市场的垄断为政府提供了通过价格政策（如限制销售价格）和进口配额来调节消费的工具。按逻辑推理，实施专卖也意味着会在一定时期内取消专卖，因为专卖的目标正是要减少相关商品的销售量，随着销量的递减，专卖也将逐步消失。这正是北京和伦敦期待河内传递出来的信息。

1913 年 12 月 29 日，沙罗决定在广州湾取消专营，实施专卖，法令于 1914 年 2 月生效。[②] 不出所料，政府高调指出此次改革将实施强制性措施：由政府控制鸦片贸易，通过维持高价来限制需求，只按内地所需鸦片量进口。[③] 但是这种纯粹属于政治层面的承诺多少有作秀的成分，何况沙罗深藏不露，没有透露他干涉广州湾鸦片贸易的真正动机。

2. 实施专卖：财政目的

1913 年 12 月，海关和专卖局局长基尔谢（Kircher）呈上了一份厚厚的关于租借地鸦片专营的备忘录。沙罗阅读后，对广州湾财政入不敷出的状况大为震惊。[④] 基尔谢在备忘录中指出，在过去两年中（1912 年和 1913 年），据他查实，租借地的鸦片包税收入应该达到 150 万皮阿斯

---

① Exposé de Brenier sur l'état de la question de l'opium en Extrême-Orient, présenté à la 2e conférence de l'opium en juillet 1913, (sd, mais probablement janvier 1914), CAOM, GGI, 41880.

② Rapport du gouverneur général p. i. au ministre des Colonies, le 25/02/1915, CAOM, GGI, 43054.

③ Lettre du ministère des Colonies au ministère des Affaires étrangères, le 4/05/1915, MAE, Corr. pol. et comm. (1897 - 1918), Chine, NS 594, fol. 148 - 149.

④ Rapport du gouverneur général p. i. au ministre des Colonies, le 25/02/1915, CAOM, GGI, 43054.

特，而租借地当局提供的数据是20.6万皮阿斯特，两者之间差额甚大。[①] 他写道，单凭这一点，就该改变体制，何况鸦片行情还在不断上涨。此外，他认为海关和专卖局完全有能力取代在鸦片贸易中只充当掮客，不发挥任何实际作用的华人谈判商。

基尔谢还提供了几组简单有效的数据：广州湾的贝拿勒斯生鸦片每箱进口价上涨到1 300皮阿斯特，按出口500箱，每箱出口价3 000皮阿斯特计，年出口净收入应该达到85万皮阿斯特，扣除代理商的人工成本、津贴和住宿等共计2.5万皮阿斯特的费用，当局每年应该有82.5万皮阿斯特的纯收入，相当于1913年专营制下广州湾财政收入的11倍！这组数据尽管存在漏洞，但最终说服了尚有所犹豫的沙罗。

基尔谢没有直接挑明的是，以后这部分收入将直接收归印度支那总财政，而不是归广州湾财政支配。实施鸦片专卖对殖民地财政有百利而无一害。

不过，河内可能要面临一定的政治风险。当局踢开华人中间商，直接参与广州湾的鸦片贸易，必然要承担贸易的所有责任，介入走私。这样一来，当局就不能再像以前一样，面对国际社会的指控时佯装不知，包庇走私。

因此总督府进退两难。不过制度改革带来的财政和政治收益足以平衡直接参与广州湾鸦片市场管理所产生的风险。

鉴于总督府是在国际禁毒运动和中英联合反鸦片走私行动的双重压力下最终决定改革制度，所以我们认为必须从两个层面分析新制度的意义。首先，对专卖局的运作进行研究，了解专卖局如何在贸易中与正在形成的国际协议接轨；透过专卖局在广州湾的一连串动作说明印度支那在国际司法和经济大环境变化中进退失据的表现。其次，了解公共权力垄断和走私体制之间的暧昧关系，分析它们是否如经济逻辑所说的那般，作为一种对立关系而存在，还是如许多观察者所言，互相勾结，作为一种合作关系而存在？

---

① Rapport du directeur des D. & R. à Sarraut, le ? /12/1913, CAOM, GGI, 43054.

（二）广州湾鸦片专卖的运作方式

1. 一种不完整的直接专卖

1914 年 2 月 27 日，香港鸦片改革实施两天后，新的鸦片贸易体制也在租借地生效。[①]

海关和专卖局接管广州湾生鸦片和熟鸦片的进口，规定今后生鸦片将以拍卖方式批发给有执照的零售商，而领取执照是免费的，只需预先支付 1 万皮阿斯特的押金（条款四和五）。专卖局在每月 1 日公布要转让的鸦片箱数和最低售价，当月 10 日进行拍卖（条款六）。至于熟鸦片，烟民可以到白雅特鸦片总库购买，那里有不同规格的盒装鸦片（从 5 克到 100 克不等），[②] 价格是每千克 140 皮阿斯特（条款八）。最后，政令还规定，禁止走私鸦片到租借地，违者将被追究刑事责任（条款九至十四）。

零售商从专卖局那里购得鸦片之后，可以自由处理，或批发给小零售商，或加工成烟土，在当地市场零售。因此，鸦片转手“在广州湾不受任何特殊规定制约，除治安条例之外”（条款七）。1914 年，25 名零售商从海关和专卖局领到执照，其中大部分是租借地的中国居民，另有 2 名居住在白雅特的法国殖民者。他们都获得了二级以上的营业执照（营业执照分成 11 个等级）。[③]

在探讨广州湾鸦片制度改革距宗主国和国际社会的期望有多少差距之前，我们必须先分析一下租借地专卖制度和印度支那模式的区别。

---

① 1914 年印度支那官报和海外档案中心印度支那总督府档案 43007 档中都保存有完整的政令文本。此外，海关和专卖局当天也介入租借地的酒类销售，但似乎未实行垄断。盐的销售则早已实施专卖（*cf. supra*）。

② 完全与印度支那一样。不过除了这些由政令规定的盒装鸦片之外，专卖局在 20 世纪 20 年代还出售 5 千克装的熟鸦片。Cf. Réponses au questionnaire de la commission d'enquête sur l'opium en Extrême-Orient（1929），MAE，SDN，1643，fol. 52 – 78.

③ 1903 年 12 月 10 日政令规定了营业执照等级。根据 1912 年 1 月 8 日总督令和 1913 年 1 月 7 日的补充政令，任何从事工商职业的亚洲人都必须缴纳营业税。根据税费高低，营业税分 11 个等级，最低级是第十级，一般税费是几个皮阿斯特；一级的税费约 150 皮阿斯特；特级是最高级，每年要交纳超过 200 皮阿斯特的税额。

印度支那联邦的其他五个地区基本上在 1904 年 1 月 1 日统一了鸦片贸易体制。[①] 专卖局垄断生鸦片销售，并早已从 1900 年 1 月起在西贡统一加工生鸦片。专卖局的代理商购得烟土后，按统一官方价格批发给零售商。零售商购得营业执照后，可以按当局规定的价格（一般高于专卖局售价的 10%）销售鸦片，也可以向法国当局提出申请，开设烟馆。

然而广州湾的情况不尽相同。首先，租借地没有官方烟厂，显然，当局不打算增加专卖的成本；其次，鸦片销售价格没有官方统一价，总仓库的鸦片通过竞拍形式进行转让，零售商可以根据需要开商店或烟馆；再次，鸦片执照完全免费，以鼓励个人投资开办烟厂；最后，官方没有采取任何措施，回收烟土制作过程中产生的废渣，任由毒性剧烈的残渣流向贫困人群。

由此看来，租借地的专卖制度极为自由，其监管程序只执行到流通层面以上，与直接专卖模式还存在一定距离。那么当局为什么要选择这样一种存在漏洞的专卖形式，而不是推行印度支那管理模式呢？1929 年 10 月，基尔谢的继任者、海关和专卖局新局长佩雷拉（Pereyra）如是说：

> 租借地不是一处我们的行政管理制度力所能及的领地……所以行事要尽量简单方便，能为当地人所理解和接受，不要引起麻烦和不快。[②]

看来是广州湾的族群和法律地位的特殊促使当局对鸦片专卖制度进行创新了。理由简短，不甚充分，但勉强站得住脚吧。总之，这再次说明：当涉及巨大财政利益时，当局会突然出尔反尔，把租借地当作中国的领土，不受印度支那模式的制约……

不过 1914 年 2 月 27 日政令对好几处关键问题闭口不谈，这不由得令

---

① 印度支那体制相当复杂，实际上没有完全统一，特别是在东京和北安南，如欲获得更多信息，请参考 Ch. Descours - Gatin，*Quand l'opium finançait la colonisation en Indochine*，Paris，L'Harmattan，1992，pp. 204 - 209.

② « Note sur la situation de l'Indochine au regard de la question de l'opium »，de Pereyra，directeur des D. & R. de l'Indochine，le 31/10/1929，MAE，SDN，1643，fol. 3 - 46.

人怀疑总督府执行国际协议的诚意。比如，若干条款只从专卖局的角度，即从进口的层面，界定走私并规定相关处罚措施；换言之，总督府不会禁止鸦片出口！可是禁止鸦片出口是1912年1月海牙会议的硬性规定，尽管各国还未签字执行。当外交部作为中间人转达了大不列颠的抗议时，殖民地部部长十分高明地委婉回复道："鸦片出口贸易从未在我们的租借地上获得正式批准，也从未组织过。"[1] 这是总督府第一次对正在形成的国际法进行歪曲，从而给人留下了一种政府鼓励鸦片走私的感觉。

此外，法令没有限定租借地鸦片进口的最高和最低箱数。法令第一条款只是要求专卖局"保证广州湾鸦片的供给"，暗示进口数量可以根据内地消费量而定。在实际操作中，进口量基本上稳定在原专营制下承包人的进口数量上，即每年500箱（略超过32吨），全部购自印度市场，而绝大部分被走私到中国内地。最后，法令没有明确列出停止鸦片贸易的日程表，这又违背了海牙协议的精神。

2. 在适应和维持现状间摇摆的专卖制

（1）河内：主张维持原状

1914年2月至1930年1月，租借地走过鸦片贸易专卖15个年头，贸易规则基本没有大的变动。但是"一战"后，国际社会的反鸦片运动一浪高过一浪。国联从美国和荷兰手中接过反毒品贸易的接力棒，不但动员所有成员国，而且联合直接牵涉毒品贸易的西方国家一起抵制毒品贸易。国联协议第二十三条赋予国联监管成员国执行1912年1月海牙协议的权力。[2] 1920年12月25日，在国联第一次大会召开之际，鸦片咨询委员会成立，专门负责搜集毒品交易资料，进行年度评估。

法国政府感到了压力，要求殖民地部督促河内遵守国际协议。其实，早在1916年7月12日，法国国会就通过了一项关于《有毒物质的进口、贸易、持有和使用》的严厉法案，但战争为殖民地拖延实施法案

---

① Lettre du ministre des Colonies aux ministres des Affaires étrangères, le 4/05/1915, MAE, Corr. pol. et comm. (1897 – 1918), Chine, NS 594, fol. 148 – 149.

② Nous renvoyons à Ph. Le Failler, *op. cit.*, p. 235 sq.

提供了机会。1916 年 12 月 27 日，法国总统普恩加莱签署法令，要求法案在印度支那实施，可是总督沙罗等到 1917 年 3 月 6 日才在殖民地颁布法案。在 1916 年 7 月 7 日的法案辩论过程中，以外交和殖民地委员会的报告人马利尤斯·穆戴为首的许多众议员明确要求印度支那在 10 年内取缔鸦片贸易体制。迫于压力，殖民地部部长杜美尔格只好要求总督执行法令和议会的决议，每年减少 1/10 的鸦片销售量，并寻找可替代的新税种，弥补财政收入。[①]

总督府顿觉左右为难，一边是对国际社会的承诺和宗主国的压力，另一边是国际冲突激化，财政开支大增，另外还要考虑与处于无政府状态的中国保持睦邻关系。为免财政陷入破产，总督府不得不装聋作哑，糊弄宗主国。[②] 以 1916 年为例，当年鸦片贸易量剧增，从 1915 年的 75 500千克增加到 136 000 千克，[③] 但总督府弄虚作假，在接下来几年间少报专卖局的交易量。纸终究包不住火。战争一结束，印度支那不得不重新面对国际社会的责难，正视其没有能力找到新的税收资源来替代鸦片的现实状况。当时已出任殖民地部部长的沙罗在 1920 年 11 月向外交部部长坦言：

确实，我认为此时在东亚属地取缔鸦片贸易是不合适、没用和危险的……实施如此极端的措施可能损害殖民地的财政收入，使其陷入万劫不复的境地。鸦片专卖局的一半收入上交总财政，在印度支那税收中的作用举足轻重。就目前的情况而言，我认为放弃这一资源无异于将远东殖民机构置于财政破产的境地。

……不过，只要中国还种植罂粟，即使监管再严格，鸦片这一体积

---

① Doumergue à Sarraut, le 3/12/1917, MAE, Corr. pol. et comm. (1897 - 1918), Chine, NS 594, fol. 227 - 130.

② Voir Ph. Le Failler, *op. cit.*, p. 259 sq.

③ 勒·法耶认为，战争期间，特别是自 1916 年起，印度支那鸦片贸易量剧增，原因是中国禁烟政策取得了预想不到的成果。中国内地鸦片种植量减少，价格上涨，吸引了价格低廉的印度烟土流入中国市场，此外，当时中国南方各省还是允许进口印度烟土的。不过1919—1920 年之后，情况出现了逆转。Cf. Ph. Le Failler, *op. cit.*, pp. 212 - 213.

小价格高的商品，仍然会大规模在海陆边境走私。[①]

沙罗认为除了考虑政治意义之外，还要面对现实。既然大家都继续和走私分子眉来眼去，那殖民地为何要为了正式加入国际社会的道义事业而牺牲财政平衡呢？这样只会令中国，确切地说，中国的鸦片生产省份从我们的财政预算的损失中受益，而对大众健康和公共秩序却于事无补。

至于寻找新税种，总督府认为加税肯定会引来社会的反对声音，十分危险，所以连想都未曾想过。何况在战争时期，宗主国为了支付巨额战争开销，已要求印度支那在原来每年上缴1 150万法郎的基础上，再增加5 000万法郎的捐税。印度支那民众的负担已经相当大，无法再增加税收。烟酒盐间接税的征收也已到达最高限度，不能再提高了。不过在这些理由的背后，还隐藏着一个原则性问题。沙罗在上述信件中提醒外交部部长说，殖民地的一切政策都服务于改善法国—安南合作关系，"印度支那鸦片的主要消费者是中国人，而不是安南人"[②]。这意味着实施禁烟措施和取缔鸦片税，不可避免的后果是减轻中国人——非我族类者——的税负，反过来增加安南纳税人的负担。这样的措施无异于政治自杀。所以在殖民地部部长的支持下，总督府宣布维持鸦片贸易体制的原状。

（2）租借地的规避策略

广州湾的鸦片贸易问题和印度支那并不完全一样。首先，租借地位于中国境内，邻近云南或广西等鸦片生产或转口大省，也邻近海南、广州、澳门和香港等鸦片消费中心。其次，殖民官员预设租借地的中国居

---

① Lettre de Sarraut, ministre des Colonies, au ministre des Affaires étrangères, le 10/11/1920, MAE, Corr. pol. et comm. (1918 - 1940), Asie, E 123, fol. 68 - 70.

② *Idem.* (ns).

民早已适应了鸦片。[①] 最后，1899 年 11 月的法中租约同意，如果中国船只进入东海和硇洲两大岛之间的广州湾水域，无须履行任何申报手续，也免接受任何检查（条款二）。鉴于以上理由和法国殖民公务员流动性大等若干原因，专卖局表面上声称严厉打击走私，但默认当地鸦片走私存在的事实，没有采取实际行动加以打击。

于是，总督府呼吁宗主国在禁烟政策上法外开恩。但是普恩加莱总统在 1916 年 12 月 27 日的法令中明确表态：同年 7 月 12 日法案适用于印度支那，包括广州湾租借地。其中第五款规定：

> 按第四款的条件逐步减少，直至完全取消广州湾租借地的生鸦片专卖箱数，并根据 1914 年 2 月 27 日政令规范租借地的鸦片买卖。[②]

乍看上去，法令将对广州湾的鸦片贸易产生致命打击，但事实上，只要用心体会，就会明白广州湾的鸦片贸易不仅不受影响，还可能重现生机。总统的法令暗含玄机：贸易递减的程度和取消贸易的日期都没有明确说明，具体由海关和专卖局自行决定。之前的 1914 年 2 月 27 日政令甚至没经调整就直接运用到租借地上。1921 年 10 月 18 日政令——取代 1914 年 2 月政令——也没有提出任何实质性的修正内容。[③]

不过，专卖局"上报"的销售量确实严重下跌，从 1914 年的 600 箱跌至 1917 年的 300 箱，以后一直维持在这一水平，直至 1919 年后才有所回升。殖民当局恰到好处地引用这几年为例，做做姿态，表明已经

---

① 1924 年，总督府的一位高官写道："此外科学证明，鸦片烟瘾对于欧洲人种是十分危险的，相反，对于黄色人种却不见得如此严重……这不由得令人思忖，毒品是否在一定程度上不对某些黄色人种产生生理影响"，extrait d'une « Note sur la consommation de l'opium et des stupéfiants en Indochine ».（sn，sd，mais probablement 1924），MAE，SDN，1608，fol. 213.

② Décret du 27/12/1916，in *Annales des Douanes et Régies de l'Indochine*，vol. 1915 – 1917，CAOM，Bibl. AOM，21784（ns）.

③ Le texte intégral se trouve dans une lettre du ministre des Colonies au ministre des Affaires étrangères，le 11/04/1928，MAE，Asie（1918 – 1940），E 62，fol. 88 – 90. 该政令只做了一处修正，授权专卖局撤销不按期缴纳营业税的零售商的执照。

在租借地实施了限购政策。1922 年代理总督鲍杜安也在报告中证实："1914 年出售 600 箱，1918—1919 年 300 箱，1922 上半年 200 箱。"①实际上，代理总督的数据还是有水分的，如图 10-2（根据官方数据绘制）所示。

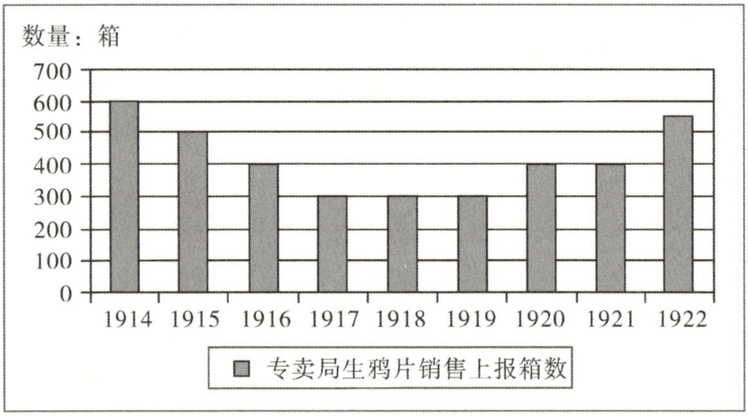

图 10-2　广州湾专卖局生鸦片销售情况示意图（1914—1922）

（来源：海关和专卖局局长记录，1929 年 10 月 31 日，外交部，国联，1643，第 30-36 页）

广州湾鸦片专卖曲线图和印度支那的并不相吻合，下文将对这一奇怪的现象进行解释，在此暂不做进一步说明。但是有一个事实是肯定的：1914—1919 年的交易量出现下降，总督府限制租借地的鸦片消费不是这一现象出现的唯一原因。鲍杜安在报告中提到，"走私无疑导致了专卖局销量的下降"，这反倒让人觉得印度支那财政才是事件的唯一真正受害者。不过真正值得玩味的是代理总督的结论：

……租借地逐步取缔鸦片贸易的问题来得不是时候。依我看，在鸦

① Rapport du gouverneur général p. i. au ministre des Colonies, 1922, CAOM, GGI, 43054. 显然，鲍杜安撰写报告时，还不清楚 1922 年全年的销售状况。但是根据一至五月份的销售量 200 箱计，而且根据以往年底鸦片销量会有所上升的经验来判断，1922 年的总销售量肯定会超过 400 箱。

片问题上，强行要租借地向我们能有效监控的联邦其他地区看齐，即使是勉强看齐，而丝毫不考虑广州湾固有的某些偶然因素，这从根本上就是错误的。[1]

所谓“偶然因素”，正是指租借地的族群状况，当然包括令印度支那十分头痛的强悍盗匪。此外，广州湾的司法和经济状况，以及边界的局限都使任何打击非法活动的企图无果而终。

因此在20世纪20年代，广州湾的鸦片贸易一直处于自由主义状态，当局对于宗主国的命令和各方的批评尽可能置若罔闻，充其量做点形式上的功夫，比如修改司法制度，1922年6月23日政令禁止广州湾出口毒品，装模作样地堵塞先前体制存在的漏洞，[2] 却没有采取任何实际行动。殖民当局胆大妄为、肆意纵容，才致使专卖局睥睨西方群雄，将法国对国际社会的承诺弃若敝屣。

1921年，当局将位于下龙湾南面吉婆岛的一家生鸦片零售店连同一处烟厂在不带任何附加条件的情况下让予广州湾的一家公司。这桩买卖表面上是要满足经常光临该地区的中国渔民的需要，实际上是要逃避国际社会的监控，将鸦片走私到中国。1922—1923年，云南鸦片偷偷经东京转口，事件令香港震怒，也使法国政府尴尬不已。[3] 此外，英国还不断抗议广州湾的鸦片体制，指控当局不但为印度鸦片走私到中国大开绿灯，而且对鸦片走私到早已签订限额进口协议的香港也是睁一只眼闭一只眼。河内对其他列强的抗议、国际协议和宗主国的承诺视若无物，这令巴黎越来越感到恼怒。可是只要沙罗仍然主政殖民地部，总督府就自觉有强大的靠山，可以高枕无忧。但沙罗的继任者法布里

---

① Idem. 代理总督用“租借地”一词来指广州湾，再次说明当局对广州湾的含糊态度。

② Lettre du ministre des Colonies au ministre des Affaires étrangères, le 11/04/1928, MAE, Asie (1918 - 1940), E 62, fol. 88 - 90.

③ Lettre de l'ambassadeur de Grande-Bretagne à Paris à Poincaré, ministre des Affaires étrangères et président du Conseil, le 19/03/1924, MAE, Asie (1918 - 1940), E 59, fol. 87 - 88. 该信函提及吉婆岛和云南两个事件。在一年内，云南有400吨鸦片以再出口的方式流入中国，而“只有”78吨从海防转口。

（Fabry）可没有那么宽容。1924 年 4 月，为了共和国的颜面，他命令河内“严格遵守法国在国际上的承诺，限制鸦片贸易……，”[①] 不过仍然没有显著效果。

最后真正迫使印度支那就范的是外来势力，一是国联，二是英国。1921 年以后，鸦片咨询委员会一直建议各国实施进口证明体制，向进口商颁发证明，授权进口鸦片，以此限制毒品的流量。此外，1925 年 2 月，日内瓦国际禁烟大会召开，尽管以失败收场（与会各国拉帮结派，美国和中国愤然提前离席），但仍然在 2 月 11 日达成了协议，按咨询委员会的提议，准备实施进口证明制度，并在 15 年后取缔鸦片贸易。同年 6 月 26 日，法国政府批准协议，1926 年 10 月 22 日协议在印度支那颁布。可是专卖局要等到两年后才停止在广州湾销售印度鸦片。到了 1929 年，总督府才姗姗出台新规定，执行部分国际协议。新制度于 1929 年 7 月 26 日制定，11 月 9 日得到共和国总统的签署，1930 年 1 月 6 日在印度支那正式颁布。次日，国联鸦片咨询委员会的国际调查委员会进驻广州湾，调查远东鸦片的贸易情况。

由此可见，海关和专卖局一直回避问题，最后迫于外来压力，才不得不转变态度。在 15 年间，广州湾违背国际协议，漠视宗主国的训令，成功地为印度支那的总财政立下汗马功劳。总督府的政策无疑是鼠目寸光的，却也符合其一直以来利用这片小小租借地牟利的不光彩原则。

（三）总财政赚个满钵

要理解总督府为何一直罔顾宗主国的命令，厚颜无耻地对大不列颠的指控充耳不闻，就需要考察广州湾鸦片专卖制到底为总财政带来了多少收益，在战略层面上为印度支那鸦片市场的拓展做了多大贡献。为使研究客观可信，下文只采用官方公布的买卖数据。

---

① Fabry, ministre des Colonies, au gouverneur général, le 14/04/1924, CAOM, GGI, 43054, cité par Ph. Le Failler, *op. cit.*, p. 268.

1. **从供应量方面进行研究**

从供应量和利润两个方面分别进行研究可以不考虑税率因素，能更客观地反映出专卖局在租借地的供应政策变化。按道理，税率和供应的关系是密切的，一般税率高则供应少，但在实际操作中是不是这样很难说，比如当局在鸦片转让价中抽取高税率，这倒并不一定说明当局要致力于遏制鸦片消费，而有可能是要维持专卖局的收入水平。

虽然相对于财政研究而言，租借地本地市场的鸦片供应量分析相对易做，但有一些问题还需事前交代清楚。这里的研究目的是评估租借地鸦片供应量在印度支那鸦片总供应量中的比重，并把广州湾和另一鸦片供应的重要参照市场——香港——的官方数据进行比较，要交代的问题主要涉及两方面：

首先是档案材料。租借地海关和专卖局的档案或在广州湾回归时就地销毁，或在运送回宗主国途中“在海上丢失”，无法觅回。所以我们只能从总督府提交给殖民地部的信息或河内提交给鸦片咨询委员会的文件中整理出数据。大体而言，这两个渠道提供的统计数据还是基本一致的，也和东方汇理银行白雅特支行经理自1925年起呈交上级的报告中所反映的数据基本吻合。因此，虽然只有官方数据，但这些官方数据也是相对可信的……

其次，在比较租借地和印度支那的鸦片销售量时，也有一处麻烦。在印度支那，专卖局只介入熟鸦片（经西贡加工厂加工）市场的运作；然而在广州湾，专卖局基本上负责供应生鸦片，而只向消费者或零售商出售少量烟土。因此要比较两种鸦片的供应情况，就必须把白雅特生鸦片的供应量转换成“对应的熟鸦片量”。由于专卖局在两个地区都出售同一质量的贝拿勒斯鸦片，所以转换上不存在太大问题。每箱贝拿勒斯生鸦片净重64.5千克，制成烟土后重量为原来的68%，[①] 这样就很容易计算出白雅特生鸦片的“熟鸦片对应量”，再加上白雅特鸦片总库直接出售的烟土，就可以得出广州湾鸦片的总供应量。

图10－3为广州湾专卖局上报的历年生鸦片供应箱数。专卖局在上报巴黎时通常以箱为计量单位，而不是用千克，可能是因为以箱为量不像用千克数那般扎眼。

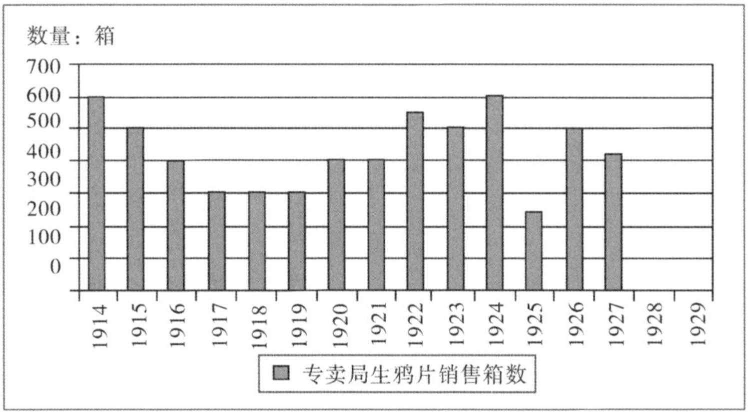

图10－3 广州湾专卖局生鸦片销售上报情况示意图（1914—1929）

（来源：总督报告，1922，海外档案中心，印度支那总督府档案，43054；对远东调查委员会问题的答复，1930，图7，外交部，国联，1643，第79－87页。1928—1929年没有任何销售记录）

广州湾鸦片买卖为什么会呈现出图10－3的趋势，我们难以解释，再说殖民当局也没有给出任何说明。可以看到，1914—1919年间，鸦片进口数量有所下降，似乎符合了专卖局限制鸦片贸易的主观愿望。我们的疑问是：在同一时期，中国禁烟运动高涨，中国鸦片产量下滑，这

---

① 白赉宜在一份《关于广州情况》的报告（1910年11月18日）中提供了不同产地鸦片的每箱重量（rapport de Brenier sur la « situation sur la place de Canton », le 18/11/1910, MAE, Corr. pol. et comm.（1897－1918），Chine，NS 589，fol. 203）。我们采用该报告的数据。不过，公使或专卖局的报告却说每箱贝拿勒斯鸦片的重量为“63千克左右”。

样一来，"边境"另一侧的鸦片需求量大增，① 毫无疑问，专卖局可以趁机增加供货量，轻而易举地将鸦片从广州湾倒卖到中国内地。在东京和安南，专卖局就这样干了。② 为什么专卖局偏偏在广州湾有所顾忌呢？我们估计，原因极可能是专卖局在鸦片价格谈判上和印度政府出现了龃龉，无法组织到充足的货源同时供应两地，所以选择支持殖民地，而不供应广州湾。此外，既然印度支那的鸦片买卖剧增，专卖局也就无须再吹涨广州湾的贸易行情。

相反，1920 年以后，情况出现逆转，原因是中国鸦片市场弛禁，单箱鸦片的价格下跌，总督府为了维持高收入，又增大了对租借地的鸦片供应量。1921 年，云南重新种植罂粟，不过印度鸦片在中国特别是香港的需求量仍然很大，而香港在 1919 年以后已经彻底停止向中国出口鸦片，并严格控制当地的鸦片供应量，这就为广州湾的非法出口打开了销路。1925 年因为国民党抵制港货，直接影响到广州湾鸦片经香港的走私活动，所以供应量又大跌。这一事例也可从另一方面证明上述推断。此外，租借地当局还提及，附近省份出现社会动乱，大批中国人涌入租借地，也增加了当地鸦片的消费量。这是有可能的。不过下文将看到，当局夸大人口数量，其实也是为了掩饰走私。最后，1928 年以后，专卖局为了堵住国际上关于鸦片走私指控的悠悠之口，突然停止印度生鸦片的销售，给总财政造成了无法弥补的损失，正如总视察员勒·孔德所言：

> 外界压力日重，当局措手不及，不得不停止销售鸦片，而且无法预先做好准备，减少财政损失。③

---

① 广西军阀陆荣廷自 1917 年起严禁两广地区的鸦片贸易。即使如此，印度支那仍通过东京边界将鸦片走私到两广地区。Voir M. -C. Bergère, *Sun Yat-sen*, Paris, Fayard, 1994, p. 311.

② Cf. Ph. Le Failler, *Quand l'opium finançait la colonisation en Indochine*, Paris, L'Harmattan, 1992, pp. 212 – 213.

③ Rapport de l'inspecteur général des Colonies Le Conte, 20/03/1930, CAOM, FM, Indo, NF 2480.

为了弥补损失，海关和专卖局遂增加对广州湾的供应。如此看来，广州湾的鸦片供应应该在印度支那总供应量中占有十分重要的比例了？那还用说，1922 年，广州湾的鸦片供应量就和交趾支那看齐，是东京的2.2 倍。图 10 –4 根据上文提及的材料统计出来，可大体反映广州湾鸦片供应量的一般情况。

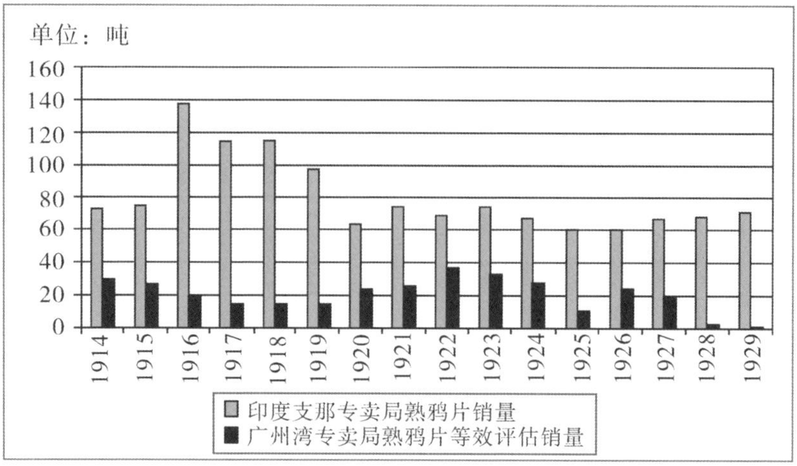

图 10 –4　印度支那和广州湾专卖局鸦片销量对照图（1914—1929）

（来源：印度支那部分数据来自勒·法耶：《国际反鸦片运动和印度支那，1906—1940》，埃克斯—普罗旺斯：普罗旺斯大学博士学位论文，1993 年，第 542 页。广州湾部分数据主要来自外交部档案，国联，1643 和海外档案中心印度支那总督府档案 43054）

从两组数据的比较可以看出，起码在 1922—1923 年以前，广州湾充当了印度支那鸦片市场的逆向风向标。“一战”期间，印度支那鸦片交易活跃，租借地鸦片的供应量则下跌，而 1920 年之后，租借地鸦片供应量出现攀升，此时正值总督府担心印度支那专卖局在殖民地的鸦片销售行情衰落，1920 年 10 月 18 日，龙总督在政府高级委员会上发出警告：“鸦片专卖收入将进入严重萎缩期。”[①] 实际上，预料中的财政收入

① Budget général de l'Indochine, exercice 1921, CAOM, FM, Indo, NF 505.

萎缩并没有在次年如期出现……然而 1922 年，广州湾市场在印度支那的买卖份额中上升至大约 53%。

专卖局在租借地的买卖历来不计入联邦 5 个地区的官方统计数据之中，《印度支那统计年鉴》基本上将广州湾的相关数据放在最后，与联邦其他 5 个地区分开处理。鉴于此，我们认为，租借地在印度支那鸦片市场的涨涨落落中充当了“调节器”的角色。

2. 从利润角度分析

从利润角度进行分析要比从供应量角度进行分析棘手得多，因为在确定每箱鸦片的价格时涉及太多因素。白雅特生鸦片的行情不仅取决于供求规律（如果涉及拍卖的话），还取决于走私量；[①] 而走私量本身也受到中国罂粟的年产量的影响，禁烟令严格执行时，罂粟收割量就少，禁令松弛的年份收割量则多，年年不同。最后，香港是租借地鸦片的主要销售市场，印度是印度支那专卖局的主要鸦片生产地和供货地，租借地的鸦片价格既受制于港英政府的政策，也受制于印度政府的政策。时局不同，就有不同的因素发挥关键性作用，对价格的波动产生决定性影响。

在了解了广州湾专卖局每箱生鸦片的年均销售价之后，计入总库销售的熟鸦片的收益，就可以计算出广州湾鸦片买卖的纯利润。在比较租借地鸦片专卖利润和印度支那专卖局的总利润时，还需要从总利润中扣除租借地的部分，因为财政收益的计算方式与印度支那不同，后者是不将广州湾鸦片销售量统计在内的；而在财政总报表中，专卖局或为了方便起见，或为了遮人耳目，将租借地的专卖利润计入“东京和北安南”地区的总收入之中，令人误以为租借地不存在专卖收入。经过处理之后，我们得出图10 -5 的情况。

---

① Nous renvoyons à une note « Statistiques afférentes à la note sur la situation de l'Indochine au regard de la question de l'opium », MAE, SDN, 1643, fol. 163.

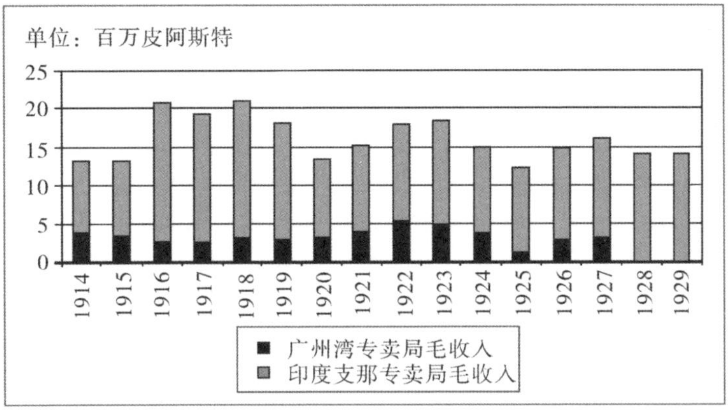

图 10－5　广州湾在印度支那鸦片专卖收入中所占份额示意图（1914—1929）

（来源：印度支那部分的数据来自勒·法耶：《国际反鸦片运动和印度支那，1906—1940》，埃克斯—普罗旺斯：普罗旺斯大学博士学位论文，1993 年，第 542 页。广州湾部分的数据主要来自海外档案中心，印度支那总督府档案）

如果不考虑 1925 年和 1928—1929 年这些非正常年份的话，① 广州湾官方鸦片买卖占印度支那鸦片总收入的比重一直徘徊于 13%（1916 年）至 30%（1914 年和 1922 年）之间。② 其比重之大，盈利之丰，足以让总督府失去改革的动力。而这还仅仅是上报的利润，真正的利润仍然是一个谜……

实施鸦片专卖之后，租借地就成了殖民地财政的“摇钱树”。海关和专卖局局长曾预计第一个财年（1914 年）销售 500 箱鸦片，获利 85 万皮阿斯特。实际上，当年专卖局向零售商建议购买 600 箱鸦片（按官方的说法，其中 100 箱是 1915 年的预售量），带来 350 万皮阿斯特的毛收入，净收入为 280 万皮阿斯特。加上烟土的销售，专卖局共获纯利润

① 1925 年受广州事件和香港经济封锁影响，鸦片销量下降。1928—1929 年，专卖局先暂停，后正式终止广州湾的印度生鸦片买卖。（广州事件是指 1925 年发生于广州的一系列政治事件。1925 年 7 月 1 日，广州国民政府正式成立，10 月 1 日，国民革命军举行东征，击败陈炯明残部，并计划北伐。——译注）

② 就纯收入而言，我们只能计算 1914 年和 1927 年的数据，以此说明广州湾的情况。根据勒·法耶在博士论文第 542 页提供的数据，1914 年广州湾鸦片纯收入占印度支那鸦片总收入的 27%，1927 年大约为 20%。

390万皮阿斯特，竟是预期的4.5倍！[①] 那么1915年凡·沃勒诺万有什么理由不认为沙罗的提议是“近年来最明智的提议之一”呢？何况这笔买卖不但大有油水，还不给当地的直接税带来任何负担。[②]

不过，要充分说明广州湾在印度支那财政中的地位，还需要对比一下鸦片收入和总财政每年拨付给租借地的补贴。专卖制的实施令毒品市场的盈利能够回馈印度支那总财政，所以总督府决定投桃报李，分阶段增加对广州湾的财政拨款，从1913年的3.9万皮阿斯特，增加到1917年的33万皮阿斯特，再到1920年的40万皮阿斯特——这一资助水平一直持续了近十年。如果要更彻底地说明问题，那还须减去租借地年底返回总财政的盈余额。这样一来，实际补贴额就远远低于官方所公布的数字［参见附录十“广州湾获印度支那预算补贴及年度财政盈余图（1900—1940）”］。所以说，相对于专卖局通过鸦片专卖在租借地获得的大量财政收入而言，总督府给租借地的补贴简直就是打发要饭的嗟来之食。布朗夏尔·德·拉布罗斯担任总公使时，曾揭露道：

> 广州湾只有向总财政奉献了所有资源之后才能获得补贴，其上缴的资源甚至十倍于得到的补贴。[③]

“一比十”确实是20世纪20年代总财政补贴和广州湾鸦片收入之间的平均比例。20世纪30年代还不止于此，不过绝对量没有那么大。但不论如何，1914—1927年是总督府和租借地的蜜月期。

鉴于租借地的巨大财税能力，我们难以相信总督府会彻底改革税收政策。广州湾毒品贸易这一“财脉”的挖掘正好撞上早期国际社会的反鸦片运动，巴黎和国际舆论均督促总督府反思鸦片专卖体制，寻找替代税种。然而，可替代税种不多，而且没有哪一个税种能够像鸦片这样

---

① Rapport du gouverneur général p. i. au ministre des Colonies, le 25/02/1915, CAOM, GGI, 43054. 为便于阅读，档案中的数据被圈了出来。

② *Idem.*

③ Rapport politique du 4ᵉ trimestre 1925, CAOM, GGI, 64369.

带来丰厚的油水，因此河内推三推四，尽量拖延落实禁烟这一确实难以接受的措施，似乎也是理所当然的。因此，印度支那的所有高官，包括后来主管殖民地部的沙罗，都竭力阻止租借地参与国际社会的道义事业。印度支那联邦的财政平衡和政治稳定无可争议地压倒一切。

至于租借地呢，不仅没有因此彻底衰败，反而活力四射。合法的鸦片贸易欣欣向荣，走私也在官方的庇护下空前活跃。在此之前，专营制让所有的经济成果都落入包税人一人手中，而现在的专卖制却让大批零售商受益，人人都想在这片人间天堂的阳光下争得一席之地。

三、合法的走私？

1923 年 7 月，毒品贸易的猛烈抨击者、社会党众议员马利尤斯·穆戴在写给殖民地部部长沙罗的一封信中说："我们未曾料到租借地竟然成为鸦片走私的中心，走私在当地多少得到容忍，而且一般披着岛屿（l'île，原文如此）的官方转让外衣。"① 穆戴目光犀利，一针见血，指出专卖局和走私集团狼狈为奸。两大集团本该势同水火，然而现在心照不宣，逐步勾搭成奸。要对这种具有创意的勾结进行分析确实不易，因为广州湾的走私现象不能从任何单一方向进行定义。在法国当局眼里，只有损害到垄断专卖利益的进口才属于走私；但如果从中国、英国或国际协议的角度看，从租借地出口的毒品都是走私。为了避免分析有失偏颇，下文将通过剖析租借地鸦片贸易的整体运作情况，来论证专卖和走私两者的关系。

（一）合法贸易和内部消费

根据专卖原则，专卖局应该是租借地鸦片的唯一供应者，换言之，应可满足内地的消费。因此销售量应当和地方消费量一致。殖民地部部长在写给外交部部长的信中说："（在广州湾），专卖局根据地方需要

---

① Lettre de M. Moutet au ministre des Colonies, le 20/07/1923. CAOM, FM, Aff. pol. 2420, dossier 3.

发货……"①

问题的关键就在于地方究竟需要多少鸦片。从严格意义上讲，要了解广州湾的消费水平，需要对烟民及其社会背景、消费程度和地理分布进行调查。如果说此类工作在空间广阔的印度支那是难以进行的，那么在广州湾这处狭小的属地则完全可以做到。但是当 1907 年西贡着手开展相关调研时，广州湾还毫无动静。②

另外，对鸦片消费者进行统计也可以清楚地了解吸食者的类型。瘾君子和偶尔吸食者、上瘾和不上瘾的区别确实不可小觑。前者对烟土的日需求量和后者不可同日而语，其用量之大足以混淆任何统计。我们查阅的所有档案都不曾使用过"瘾君子"一词，所以据此可以推断出广州湾没有鸦片上瘾者。另外，租借地从未出现过因上瘾而需要求医的个案，也没有关于瘾君子惹是生非，扰乱公共秩序的报告，这也从另一侧面证实此推断。不过，当局的反映属实吗？还是否认事实或者不关心这些问题呢？后一种可能性似乎更大。

印度支那当局一般以日均消费量 1/15 至 1/10 两银（购买 2.5 至 3.5 克鸦片），或常客日均消费一至二管烟为标准来计算一个地区的鸦片需求量。与其他地区相比，这一评估标准显得相当低。阿尔杜温没有对此标准做进一步解释，只承认 1907 年交趾支那华人烟民的年消费量为 2 千克。但是其他观察者不是这样看。《外国病理学协定》的作者克拉拉克（Clarac）和格拉勒（Grall）医生在 1913 年提出日消费量是 10 至 25 克的说法。③ 1924 年，有位印度支那鸦片消费记录的撰写者估计日消费量为 9 克，并坚称这一数字可信度较高。④ 最后，一位对 20 世纪 30 年代广州鸦片吸食者进行过研究的年轻学者指出，根据 1937 年成立的广州戒烟医院提供的数据，大部分病人每天的吸食量少于 5 克，数量

---

① Ministre des Colonies au ministre des Affaires étrangères, le 26/02/1923, MAE, SDN, 1644, fol. 209 - 224.

② Confiée au consul général Hardouin, on trouvera son rapport dans l'ouvrage de Paul Beau, *Situation de l'Indo-Chine, 1902 - 1907*, Saigon, 1908, pp. 201 - 228.

③ Cité par Ph. Le Failler, *op. cit.*, p. 220. 这一标准显然是参照了病理学的明显中毒状况而确定的。

④ « Note sur la consommation de l'opium et des stupéfiants en Indochine » (sn, sd, mais probablement 1924), MAE, SDN, 1608, fol. 209 - 264.

相当低。[①] 烟土日消费量的统计数字差距这么大，令人揣测印度支那可能存在多种类型的烟民。那么，广州湾只有一些“业余烟民”的说法可信吗？这与租借地吸食鸦片的一贯形象大相径庭，确实令人难以置信。相反，如果说当局坚称租借地的鸦片吸食量偏低，目的是要逃避责任，不用为吸毒者制订预防和康复计划，这恐怕要更加可信些。

但在当局提供的关于鸦片进口量的几乎如出一辙的说辞中，关键问题不在于此。既然专卖局是根据烟民的数量来向广州湾输入鸦片的，那么当局就罗织数据，来达到预想效果。1915 年，殖民地部部长如是说：租借地居民约 20 万人，还有大量无法统计的流动人口，烟民保守估计达到 2.1 万人，即每五名成年男性中有两名是吸烟的。[②] 这一比例的依据是什么呢？阿尔杜温曾指出，交趾支那的华人中有 20% 吸食鸦片；1908 年，香港的一项调查显示，吸毒者占 15 岁以上男性人口的约 13%。[③] 那么租借地估得 40% 的吸烟者岂不违反常理？何况鸦片消费是一种城市居民行为，在广州湾，鸦片的吸食程度肯定要比英国殖民地低得多。我们且接着看殖民地部部长的表演，他说租借地的烟民日均消费烟土 2.5 克。他简单计算一下，得出广州湾的鸦片需求量是每年 500 箱生鸦片。[④] 问题就出在这里：部长的推算是可逆的，如果当局想了解烟民的人数，大可用想要的鸦片进口量，反过来进行推算，顺理成章地得出广州湾至少有 2 万烟民的结论！

在这种有缺陷的推理中，两个变量均来自人口数据：一是常住人口总量；二是无法统计的流动人口数量。当局就是这样通过对统计数据含糊其辞和加以夸大来控制甚至增加鸦片的进口量。1922 年，鸦片进口

---

① D'après le « Rapport annuel de la clinique de désintoxication de Canton »(*Guangzhoushi jieyan yiyuan nianbao*), Canton, 1937, cité par Xavier Paules au cours d'une communication au colloque du réseau Asie, septembre 2003, Paris. 沙勿略·保罗（Xavier Paules）在 2005 年 4 月进行了博士学位论文答辩，内容涉及 20 世纪 30 年代广州鸦片烟民的状况。

② Ministre des Colonies au ministre des Affaires étrangères, le 22/03/1915, MAE, Corr. pol. et comm. (1897 – 1918), Chine, NS 594, fol. 148 – 149.

③ Note de Clementi, secrétaire du Conseil exécutif et législatif de Hong Kong, sur la question de l'opium, (vers 1908), MAE, Corr. pol. et comm. (1897 – 1918), Chine, NS 587, fol. 274 – 275.

④ 计算方法如下：[（21 000 烟民 $\times 2.5\times 10^{-3}$ 千克）/68%] ×365 天 =28 180 千克生鸦片。按每箱生鸦片重 64.5 千克计，即每年需要 437 箱，取整数得到 500 箱。其中 68% 代表生鸦片在处理过程中的折损率。

量大增，总督府写道，广州湾的人口在 1914 年至 1920 年间翻了四番，从 6 万人增至 20 万人，可是一项在 1914 年进行的统计表明当时租借地已有 180 700 居民。[①] 另外一个例子是 1926 年，外交部在一封写给大不列颠驻巴黎大使的信中说：

> 在需求估计中，会考虑到雷州半岛富裕阶层因广东省社会动乱而迁移的现象，**人口数字可能因此翻了三倍**，**或四倍**。[②]

确实，在那些年间，广东居民为了逃避动乱而涌入租借地。但是移民人数远远达不到官方所说的数量，实际上，中国商人增加了 1/3，而不是 3 倍！殖民当局玩弄数字游戏，欺上瞒下，向宗主国隐瞒走私。但上级一直了然于心，一份监察报告如是说：

> （如今，负责向广州湾提供鸦片的海关和专卖局似乎）尚难以在鸦片销售量上自圆其说。广州湾人烟稀少，生活贫困，由于地理位置原因，自然而然地成为走私越货的中心。**海关和专卖局一直把当地对鸦片的需求**和主要从事走私、向中国输入鸦片的**商人对鸦片的需求混为一谈**。我们不得不承认，专卖局的买卖主要是向走私犯供货，因为当地消费量极少。[③]

为了堵住舆论的悠悠之口，也由于中国难民的涌入为殖民当局提供了一个方便的托词，1923 年沙罗承认："外来人口不断增加。在这种情况下，即使对鸦片烟民的数量做粗略统计也是不大可能的，因为这样的统计冒着犯错的风险。"[④]

---

① Rapport du gouvernement général au ministre des Colonies, 1922, CAOM, GGI, 43054.

② Ministre des Affaires étrangères à l'ambassade de Grande - Bretagne à Paris, le 26/01/1926, MAE, Asie 1918 - 1940, E 61, fol. 99 - 102.

③ Lettre du ministre des Colonies au gouvernement général, le 6/08/1917, CAOM, GGI, 47455. Le courrier cite un extrait du rapport de l'inspecteur général des Colonies Pherivong, d'octobre 1916.

④ Lettre de Sarraut, ministre des Colonies, au ministre des Affaires étrangères, le 28/12/1923, MAE, Asie 1918 - 1940, E 61, fol. 27.

那么面对如此多的未知因素，我们还能估算出广州湾当地的鸦片消费量吗？并证实菲利旺关于当地需求量极少的说法吗？由于缺乏可信的官方调查，我们只能退而求其次，求助于私人说法。不幸的是，在专营时期，关于鸦片销售量的说法五花八门，不能相信；相反，实施专卖之后，鸦片销售执照的申请者没有任何实际利益可图，对地方销售状况议论极少。因此我们只找到了两份与专卖局的估计不一致的材料。第一份出自菲利旺之手，“据说”他在1916年10月到过广州湾，认为当地的需求顶多是每年30箱。[①] 第二份来自东方汇理银行白雅特支行经理比诺提，他在1928年称“每年充其量消费10箱”[②]。这两种说法和官方数据完全不同，相去甚远。

不过还需明确统计的对象。菲利旺和比诺提说的只是垄断专卖鸦片，即印度鸦片的销量，而不是当地中国居民的实际鸦片吸食量。专卖局负责人多次提及租借地居民几乎不吸食贝拿勒斯，他们喜欢云南鸦片。这当然是一个口味问题，也可能是个成本问题。印度鸦片比云南鸦片昂贵得多，为大部分烟民所不能及，在以贫困闻名的租借地更是如此。1928年，总公使李维（Rivet）写道：“烟土价格如此高昂，显然烟馆只能零售走私鸦片”，言下之意是中国鸦片走私到租借地，损害了垄断专卖的利益。[③] 因此，走私是双向的：一方面，印度高价鸦片通过专卖局流入租借地，然后走私到中国其他地区；另一方面，云南廉价鸦片从中国的其他省份走私进入广州湾。

总之，法国租借地肯定消费了不少鸦片，但无法统计其消费数字，不过通过专卖消费的量确实不多。所以当局一再标榜的专卖和内部消费一致原则形同虚设。海关和专卖局与总督府都心照不宣，这仅是冠冕堂皇的托词，关键是要保证专卖体制永远能够牟取暴利。20世纪20年代之后，当局的掩饰方法更加高明，提升到篡改官方统计数据阶段。

---

① « Faits constatés par la vérification et observations de l'inspecteur général Phérivong », le 21/10/19016, CAOM, GGI, 7601.

② Lettre confidentielle de Bignotti du 14/04/1928, Archives de la Banque de l'Indochine, DSE 9, Lettres 1928.

③ Rapport confidentiel de Rivet au gouverneur général, le 19/09/1928, CAOM, GGI, 43055.

（二）专卖局的进口和销售：一种症状性脱节

让我们先回顾一下广州湾鸦片专卖的供货基本原则：专卖局垄断鸦片进口，然后再将毒品分配给获得授权的零售商（1920 年有 69 人，其中 4 个是法国人），因此官方公布的销售量应该与进口鸦片箱数基本一致。为何说是基本一致，是因为白雅特还存在一个仓库，可能有一定的库存流入市场。一般认为白雅特仓库与西贡仓库的职能一样，不是用于长期囤积鸦片，以防市场匮缺之急需，而是暂时存放毒品，随时投入市场买卖。①

我们在总督府的档案卷宗中查获一份题为“1913—1933 年广州湾经济文件”的清单，连续记录了 1913—1923 年租借地的食品行情。②该清单详细地记录了租借地产品的进出口数量和价值，但是货币单位不明。我们对保留在河内的总督府文件进行补充研究后，认为该清单使用的货币应该是印度支那皮阿斯特，而不是广东货币。③ 此外，河内的文件也证实了清单数据的可信，当然里面存在一些计算和誊抄的错误。

这些清单按产品类型（如商品、牲畜）分类列表，页尾统计出鸦片的进出口数量（不过出口极少）和价值；也提及货币的流出量，其中有一部分与毒品购买款项一致。由于所有信息均来自货轮进出港的舱单，所以只涉及鸦片贸易中的“官方和合法”部分。不过鸦片和货币两种信息的同时出现还是有助于厘清统计数据之间的内在联系。④ 最后，我们整理了专卖局的鸦片进口数据和上报的销售数据，制作出下面两张图，其中图 10－6 表示数量，图 10－7 表示价值：

① 如上文所说，我们查阅的文件除了在 1929 年提到白雅特仓库之外，此后未再有所提及。由于租借地治安长期欠佳和专卖局缺乏保安人力，当局似乎不愿意冒险在白雅特存放大量鸦片。因此白雅特仓库在鸦片的进口和销售的脱钩关系中作用不大。

② « Etats comparatifs des importations-exportations，1913 – 1922（sic）»，CAOM，GGI，41859.

③ Les documents en question se trouvent à Hanoi，ANVN，Centre n° 1，GGI，9667，9668，9669 et 9670. 每份档案都包含一张贸易清单，用法国法郎作为统计单位。以当时的汇率（2.5 法郎兑 1 皮阿斯特，殖民当局采取整数，用 3 法郎兑 1 皮阿斯特）换算，得到的数值和广州湾经济文件中的数据一致。

④ 我们正是以此为基础纠正了一处错误。上述文件中提及 1923 年上半年，广州湾进口了 698 箱鸦片，金额达到 1 532.4 万皮阿斯特，这是完全不可能的。经过多方查对，我们认为金额应该是 532.4 万皮阿斯特。

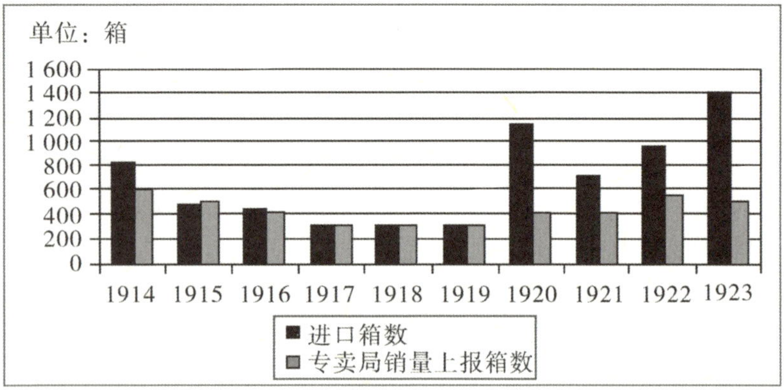

图 10－6　广州湾专卖局鸦片进口和销售箱数示意图（1914—1923）

（来源：根据海外档案中心收藏的各种政府文件整理）

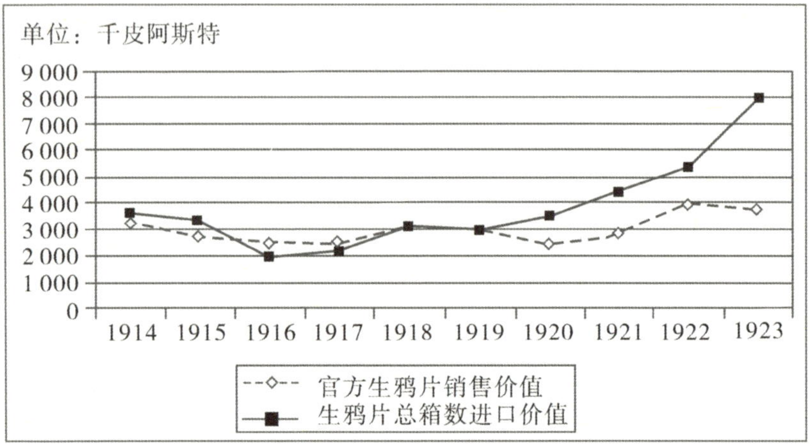

图 10－7　广州湾专卖局生鸦片进口和销售情况示意图（1914—1923）

（来源：根据海外档案中心收藏的各种政府文件整理①）

以上两张图清楚表明，1919 年以前，专卖鸦片的进口量和销售量是基本一致的。然而 1920 年之后，进口量剧增，而销售量却停留在 550

① 1918 年的数据不完整，所有文件都称广州湾只进口 150 箱鸦片，价值 20.25 万皮阿斯特。但是 1918 年的经济报告（ANVN，Centre n° 1，GGI，9266）显示当局忘记统计下半年进口的另外 150 箱。所以我们只好通过销售均价推算进口箱数，在原来的基础上翻了一番，然后重新计算出当年的进口价值。

箱的最高限度上。看来550箱就是内部消费量，所以难以突破。进口和销售两组数据严重脱节，没有别的解释，只能说明出现了一种在专卖局主导下的“国家走私”形式。毋庸置疑，专卖局先前已暗地里支持非法出口，现在又增添了另外一种新的违规操作：走私定额——由专卖局亲自操刀，披着合法的外衣。事实上，垄断买卖一贯的作风正是瞅准时机，充实腰包。

不过进口和销售之间的脱节还是暴露出所有问题。我们还能相信进口鸦片通过零售商网络直接在广州湾销售吗？肯定不能。1922年9月，广州湾零售商曾向总公使布朗夏尔·德·拉布罗斯请愿，要求专卖局将印度鸦片进口箱数从400箱追加到600箱。[①] 零售商们提出，租借地的人口增加了30%，原供应量不能满足当地消费的需要。两个月后，他们的请愿书转呈到殖民地部，沙罗部长同意河内增加租借地的鸦片进口箱数。更妙的是，巴黎竟让河内“自己做主，确定数量”[②]。法国是国际反鸦片运动的支持者，巴黎做出这样的授权确实令国际社会大吃一惊。不过总督府说没有打算超额（当然是精心计算后得出的额度）为广州湾提供鸦片。那么，假如这些进口鸦片不是要满足租借地的需要，也不是要充实库存，它们又会流向哪里呢？

最合情合理的解释是进口量和官方上报的销售量之间的差额用于补贴给下龙湾的吉婆岛。1920年底，该岛新开了一家鸦片零售店，恰好在此时，租借地的鸦片销售量和进口量就出现了严重脱节。另外，获得在吉婆岛修建烟厂和拓展鸦片市场的福成公司（Fu-Seng & Cie）法人正是法籍广州湾商人詹阿彪（Jean A Piou）。总督府认为，吉婆岛的鸦片如果是用来满足来往该岛的中国渔民的需要，那是没有任何问题的，只是詹阿彪的执照可以在5年内每年销售400箱鸦片（不知道以何条件获得该执照），这似乎多了些。[③] 1924年10月，殖民地部部长达拉迪埃

---

① Administrateur en chef au gouverneur général, le 23/09/1922, CAOM, GGI, 43052.

② Ministre des Colonies au gouverneur général, le 27/11/1922, *ibid.*

③ Lettre de l'ambassade de Grande – Bretagne à Paris à Poincaré, président du Conseil et ministre des Affaires étrangères, le 19/03/1924, MAE, Asie 1918 – 1940, E 59, fol. 87 – 88, et lettre de Daladier, ministre des Colonies, au président du Conseil, le 15/10/1924, *idem*, fol. 107 – 111.

（Daladier）宣布零售商无权出口鸦片，但没有制定有效的监管措施，所以吉婆岛的鸦片继续出口，要求零售商按400箱的限额出口更是难上加难。

我们完全有理由相信，零售商詹阿彪的存在是为了绕过国际和宗主国的规定以及广州湾的销售配额，将部分印度鸦片走私到中国，尤其是香港。港英政府实施限制政策之后，大不列颠殖民地的鸦片进口量大减（如表10－2所示），总督府如果不是想趁机大捞一笔，又何必委托一名租借地商人来垄断鸦片销售呢？其用心昭然若揭。

表10－2　香港鸦片垄断情况表（1918—1922）

年份	垄断体制下鸦片进口箱数	熟鸦片销售量（按千克计）
1918	450	24 155
1919	540	17 293
1920	180	11 116
1921	120	9 224
1922	150	13 984

此外，吉婆岛烟厂还留下另外两个悬而未决的问题。首先，多余的销售收入去了哪里？福成公司发往白雅特的货是否直接购自河内，向河内支付货款？这完全有可能，但相关档案遗失，我们无法证明这一非法交易的存在。此外，我们还注意到，1924年之后，广州湾鸦片贸易的相关数据完全遗失，鸦片进口量和货币流出量不再出现在商业统计清单之中，而是另作处理。换言之，一切有助于跟踪鸦片这一特殊产品的贸易情况的数据都与日常贸易数据分开处理，另在秘密报告中进行汇报，

而这些报告如今下落不明。① 这显然是人为的“清理”结果，其原因可能有二：第一可能是进口量达到了空前的程度（1923 年进口 1 390 箱），当局担心产生不良影响，刻意隐瞒；第二可能是鸦片垄断的强有力支持者沙罗离开殖民地部，鸦片贸易的强烈抵制者、左翼分子卡特勒（Cartel）于 1924 年 5 月主政，总督府不得不谨慎行事。但不论出于何种原因，专卖局的“合法”买卖背后隐藏着秘密，折射出“官方走私”这一更为高端的走私形式。

（三）专卖和走私狼狈为奸：一种毒品经济

行文至此，我们可以对广州湾鸦片贸易的整体机制下一个结论，并确认专卖局所代表的合法买卖和走私分子的非法买卖之间确实存在互补合作关系。他们不是水火不容，而是狼狈为奸，共同分享当地和整个地区的市场，并形成潜规则。

在广州湾，专卖局和通过专卖局来操控鸦片买卖的总督府无非要达到两个目的：首先，充盈一直对租借地虎视眈眈的殖民地库房，在必要时隐瞒宗主国和绕过国际社会间达成的协议，突破进口限额；其次，充当走私的保护伞，因为当局认为只有大量的走私活动才能保证广州湾经济的生存。于是殖民当局逐渐与零售网络勾搭，坐上同一条船。

1. 从容忍到积极配合

总督府在 1914 年实施鸦片进口专卖的同时，还制定了一整套措施，来保证地方鸦片零售商的活动。零售商们确实担心专卖制在租借地的确立会导致他们的生意破产。如果当局引入印度支那的直接专卖模式，由专卖局控制鸦片零售体制，那零售商肯定难以再从事走私。不过这样一来，地方公务员们小心翼翼维护的和谐局面势必受到破坏，危险宴生。

---

① 我们之所以知道秘密报告的存在，是因为官方报告中偶尔会慎重地提及秘密报告。但不知出于何因，秘密报告没有保存在档案里面，所以无从查找。不过知道秘密报告的存在是非常重要的，据此可以推断出 1924 年以后，专卖局仍然允许吉婆岛烟厂继续经营。该岛的鸦片贸易档案存于海外档案中心印度支那总督府档案的 27885 号宗卷中，但现在该宗卷内空。

因此，海关和专卖局最终采用间接的折中体制，保证零售商的生存。专卖局负责批发进口印度鸦片，广州湾的华商则加工处理和自由买卖鸦片，两者之间的关系不是“瓜分市场”，而是“分割商业链”，各尽其职。

不过垄断当局也知道，在这种情况下，还必须放手让零售商加工处理和销售“中国”鸦片，这是保证烟厂盈利的唯一方法，也是不受印度支那鸦片政策限制的唯一贸易活动。从此角度看，租借地的鸦片贸易还是存在一定的“瓜分市场”现象。要说明这一问题，只需对实施专卖前后当局对租借地鸦片走私的处罚力度做一比较即可。在专营时期，非法从事鸦片买卖会被判处入狱 2 个月到 3 年，并处以罚款和没收鸦片，然而 1914 年 2 月 27 日政令竟然将刑期缩减到 6 天至 2 个月！这一不寻常的处罚向中国居民释放出一个清晰的信号：可以走私。大家都心领神会了。当局方面却辩称，减轻刑罚是考虑到走私现象减少了。[①] 这样的说法似乎站不住脚，除非是指 1911—1912 年以后，向中国内地和香港走私贝拿勒斯鸦片的情况。如果是这样的话，那当局说得没错，印度鸦片确实没有再走私到广州湾。但云南鸦片呢？那可不归专卖局管了，专卖局只负责自己仓库内的存货。

另外，由于专卖局只负责印度鸦片的供货，所以出口也与其无关。1914 年 2 月政令根本没有提及鸦片的出口问题，1922 年 6 月 23 日，当局下令禁止鸦片出口，但没有采取特别行动、制定任何惩处措施。[②] 专卖局在鸦片出口上的失职已严重到了荒诞的地步，1915 年，总公使卡尔尼埃直言不讳：

> 总之，我不清楚学谈（陈学谈）是不是走私分子：有可能，因为赤坎的大商铺基本上是以走私鸦片为生，但是这种走私既不触犯条例，

---

① Rapport du gouverneur général p. i. au ministre des Colonies, le 25/02/1915, CAOM, GGI, 43054.

② D'après une remarque du directeur des Douanes et Régies dans un rapport au gouverneur général, le 28/06/1929, CAOM, GGI, 45249. 该报告出自基尔谢的继任者之手，对 1914 年 2 月和 1921 年 10 月两份政令的条文提出过严厉批评。

也不违法。是海关和专卖局在背后给了支持。[①]

或许正因如此，当局才对走私镇压不力。租借地专卖局只有一名法国公务员在几名工资待遇微薄的安南办事员协助下接收和监管鸦片，人手明显不足。港口巡察工作则由一名警察分局局长和三名华籍检查员（薪酬是每月 25 皮阿斯特）负责，他们要巡查所有火轮，单是旅客已足够他们忙了，根本无法检查货舱。到了 1930 年，总公使西尔维斯特（Silvestre）还指出，"海关和港口的服务仍然和以前一样不稳定和不充分"[②]。总之，走私艇只不在白雅特抛锚，而是到赤坎的沙湾港停靠。那里的监管同样薄弱：

自我赴任以来，大概 18 个月过去了，我们的警察和邻近中国当局的警察都没有对来往港口的船只进行过一次检查。[③]

缺乏监管，买卖自由和法律上的容许，都反映出当局为走私大开绿灯。

20 世纪 20 年代以后，当局对走私的态度从被动容忍转变为主动配合。这无疑是专卖局增加鸦片进口量带来的恶果。吉婆岛鸦片零售点的开设完全违背国际协议，东方汇理银行白雅特支行为零售商提供方便，发放贷款，让他们能够轻而易举地购得云南鸦片。不论从哪一方面看，行政当局和专卖局此时都竭尽全力，为非法贸易提供一条龙服务。

总而言之，垄断和走私两大集团似乎手拉手、肩并肩地合作，共同牟取暴利，当然他们之间偶尔也会出现矛盾，不过只要稍动点手脚，巧妙处理就能维持住各方之间的脆弱平衡。正因如此，零售商心甘情愿地

---

① Lettre de l'administrateur en chef au gouverneur général, le 30/7/1915, CAOM, GGI, 32854.

② Rapport de l'administrateur en chef au gouvernement général, le 22/03/1930, CAOM, GGI, 43054.

③ Dépêche de l'administrateur-maire de Chikan, Favey, à l'administrateur en chef, le 15/03/1922, CAOM, GGI, 40502.

购买垄断的鸦片，但绝对不会任人鱼肉，任由专卖局抬价。他们毫不犹豫地参与竞拍，毒品走私的目的地非常明确：香港、澳门或广州。那么他们是如何对竞拍机制施以影响呢？办法非常简单，就是钻本来就漏洞百出的体制的空子。专卖局会提前十天公布待售鸦片的箱数和拍卖底价，所以竞投者完全有足够的时间在拍卖开始前私下达成协议，瓜分份额。这一办法既有效又妥善，令海关和专卖局十分无奈。1929 年，局长感叹道："拍卖体制简直就是一个圈套，因为零售商们早就私下议好最高价格……在 14 年间，只出现过两次真正的拍卖。"① 1916 年，专卖局的定价高出中国市场的价格，零售商甚至集体抵制，导致当年的鸦片流拍，成功迫使专卖局降价。② 因此说，勾结并不排除协商，相反，勾结恰恰需要协商。

2. 鸦片：经济发展的矢量？

我们能否估计一下鸦片及相关产品在广州湾经济中的分量呢？这是"毒品经济"一说能否成立的关键问题，但由于无法确定走私的数量，加上缺乏相关数据，所以问题十分棘手。唯一的解决方法是尽量使用多种方法，从各个角度勾画出当年的经济状况，尽管这样的结果不一定和真实情况吻合。

第一种方法最直截了当，就是将专卖局进口的生鸦片总值和广州湾的进口总值做一比较。各类报告和档案中的相关统计数据足以支持计算，要注意的是这些数据不包括走私的云南鸦片，也不包括用帆船或从陆路运入租借地的鸦片。所以统计结果应该偏低于实际交易数额，但也相当接近。另外由于 1923 年之后专卖局的鸦片进口情况无法得知，所以图 10－8 仅显示 1914—1923 年的统计结果。

---

① Note préliminaire du 28/05/1929 au rapport du 29/06/1929 du directeur des Douanes et Régies au gouverneur général, CAOM, GGI, 45249.

② Lettre des commerçants patentés du Territoire à l'administrateur en chef, le 1/05/1916, CAOM, GGI, 43047. 原本专卖局建议鸦片售价为 7 250 皮阿斯特，最后以平均每箱 6 276 皮阿斯特的价格出售。

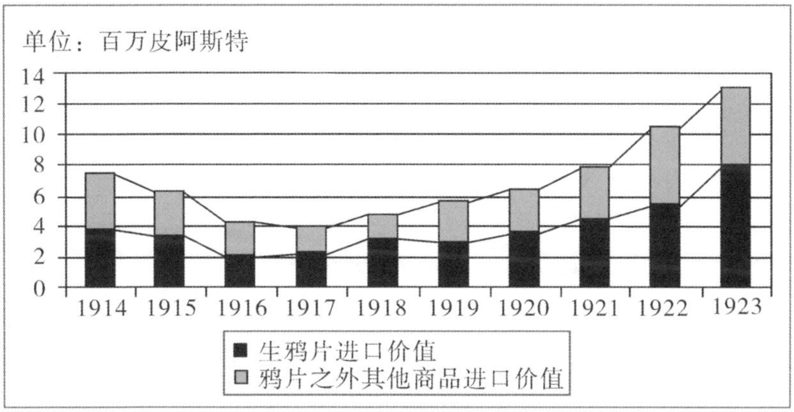

图 10 - 8　鸦片在广州湾进口中所占比重示意图（1914—1923）

（来源：根据外交部和海外档案中心印度支那总督府档案整理）

从图 10 - 8 可以看出，1914—1923 年间，鸦片占了广州湾官方申报的进口总价值的 1/2 到 2/3，这在一定程度上证实了毒品经济的存在。不过我们也注意到，正常贸易的增长速度快于毒品贸易的增长速度。虽然上面的图例只是展示了一段时间内的情况，不足以代表长期趋势，但这一发现仍然有助于洗刷鸦片带动租借地商贸发展的嫌疑，说不定经济腾飞是人口增长带来的结果呢。要证明这一观点，就需探讨一下租借地的正常商贸活动是否已经达到一定的活跃程度，足以舍弃鸦片这一令人尴尬的经济火车头。

不过面对猖獗的走私，这一种说法似乎又难以成立。广州湾的走私物品有一部分在当地消费掉，但究竟占多大比例呢？我们无从得知。另一部分则是转口，除了运输业受益之外，没有对其他产业产生过影响。1928 年总公使李维在写给总督巴斯杰的一份秘密报告中估计，根据“可靠情报”，云南和贵州每年向租借地周边地区输入 70 至 80 吨鸦片。[1] 鸦片以两种途径从广州湾转口。第一种是用骡子运输，穿过广西到达安铺、黄坡或麻章，再从那里装上帆船或火轮运往香港。第二种是从东京湾的东兴港出发，直接装上帆船，运往广州湾的硇洲和东海两岛

① Rapport de Rivet au gouverneur général, le 19/09/1928, CAOM, GGI, 43055.

之间的水域，然后装上开往香港的火轮。[①] 在大量的走私鸦片中，只有一部分会流入租借地内部，在赤坎和硇洲岛进行加工处理。

尽管如此，这部分鸦片仍足以养活租借地的四个烟厂（其中三个在赤坎，一个在白雅特，这些烟厂也在专卖局购买鸦片），和大约两百个隐藏在赤坎大街小巷的小烟馆（一般只有 1 至 15 个鸦片烟膏炉）。[②] 正如李维所说，“鸦片烟厂是租借地的工业支柱”[③]。20 世纪 20 年代赤坎特别繁荣兴旺，地价上扬，新区扩张，人口增长……不过我们还难以证实是鸦片贸易刺激了经济发展呢，还是地方经济的发展造就了鸦片贸易的兴旺。

第二种方法是研究租借地某些走私巨头的财产。鸦片贸易不论是合法的还是非法的，都为广州湾带来了巨大的财富，催生了一个成功的社会阶层。其中最成功而且最出名的例子毫无疑问是陈学谈。[④] 1910 年他还一无所有，或几乎一无所有，1914 年在当局的推荐下出任赤坎公局长，直到 1945 年广州湾回归，就其影响和财富来说，堪称租借地的“总督”（参见第十一章）。所有资料都把陈学谈描述成广州湾最富有和最有影响力的华人，他操纵白黑两道的一切贸易。由于他曾向东方汇理银行抵押了部分财产，获取贷款购买鸦片，所以我们能够在一定程度上了解他的财富状况。1932 年，他已富可敌国，在白雅特和赤坎共有 11 块土地（其中一块 19 000 平方米）和 19 栋楼房，总价值约 73 000 皮阿斯特。另一名商人霍子常（Kwok Tze - Sheung）抵押了 21 处房产，全部出租，总价值为 41 000 皮阿斯特。[⑤] 这还只是我们能够看到的不动产

---

① Rapport de l'administrateur en chef Silvestre au gouverneur général, le 22/03/1930, CAOM, FM, Aff. pol. 2420.

② Note préliminaire du directeur des D. & R. au gouverneur général, le 28/05/1929, CAOM, GGI, 45249. 殖民地在写给殖民地部的信函中一般提到租借地有 2 至 3 个大烟厂，并称中方辖区内的麻章有大约 200 个小烟馆。我们认为这一说法不完全准确，相反，海关和专卖局局长的记录可信度似乎更高。

③ Rapport de Rivet au gouverneur général, le 19/09/1928, CAOM, GGI, 43055.

④ 陈学谈在广州湾历史上举足轻重，下文将有一章内容专门探讨该人物。

⑤ Lettre spéciale du directeur de l'agence, le 16/02/1932, Archives de la Banque de l'Indochine, DSE 9, 1929 - 1932.

抵押。这两个事例也证明：投资房产和地皮已成为洗白毒资的合理手段……

不过，不动产投资并不利于提高以鸦片为核心的开发计划的效率。种种迹象显示，走私或合法的鸦片收入实际上没有投入工业或农业生产活动。商人出于声誉、盈利和安全等多方面考虑，更愿意将利润投资到不动产。因此，鸦片催生的是租赁经济，而不是法国当局所寄望的工农业发展。此外，殖民当局缺乏政治意识，无所作为，也是原因之一。只要将鸦片贸易的巨额资金量与基础工程和社会进步的薄弱状况做一比较，便可窥见一斑。

尽管如此，鸦片还是起到了联系两大社会集团代表的作用。在1914年之前，中国的经济寡头和代表殖民势力的公务员（别忘了还有进驻广州湾的法国殖民者）之间老死不相往来，现在他们通过鸦片结成了利益共同体。在地方当局的领导下，这一利益结合还进一步延续到政治领域。地方当局抓住鸦片贸易提供的机会，与正在形成的华人精英缔结起某种经验性的“殖民契约”。这一契约所带来的效益远比沙罗鼓吹的法中合作计划更加实惠，所以它迅速成了广州湾社会和政治框架的基石。但从法国的角度看，这样的法中合作完全基于腐化和妥协，与上海法租界如出一辙，从长远看实在是弊大于利……

第十一章　广州湾的黑帮和政治：上海模式（1914—1928）

从表面上看，广州湾和上海截然不同。前者地方狭小，经济欠发达，和周边地区没有形成有效的商贸关系，只有赤坎和白雅特在20世纪20年代在一定程度上摆脱过萎靡不振的状态。而在同一时期，上海这一江苏大商都已经发展成为中国第一现代化大都市，朝气蓬勃，充满活力，吸引了大量资金、船只和人才。然而，两地虽然差距巨大，但都存在殖民政治和黑帮社会勾结的现象。不论是在广州湾还是在上海，黑帮都盘踞社会和经济的中心，触角伸入社会的各个角落，甚至成功地渗透到政治生活当中，和地方行政当局的命运同起同落。在广州湾，这种情况更是明显。

20世纪20年代，上海法租界市政当局与专门从事敲诈、绑票、赌博和鸦片买卖的青帮大佬杜月笙过往密切。这段历史因历史学家布赖恩·G. 马丁（Brian G. Martin）的大量专题性研究而得以公之于世。[①]同一时期，广州湾也存在利益和制度勾结的情况，却无人关注。广州湾殖民当局像上海法租界市政当局一样，向操控毒品贸易和其他非法经济活动的华人输送利益，后者也投桃报李，协助殖民当局控制属地。因此广州湾的陈学谈正是上海的杜月笙。

---

① Brian G. Martin, *The Shanghai Green Gang. Politics and Organized Crime, 1919 – 1937*, University of California Press, Berkeley, Los Angeles, London, 1996, 314 p.

确实，租借地的黑帮及其与公权的勾结范围和程度都与上海不同，但并没有实质性区别，因为这两处由法国管理的地方具有本质上的相似，罪案和非法活动都十分猖獗。如果说有所不同，那也只是基础结构的不同而已，法中合作的机制以及行政当局和黑帮的相互渗透方式几乎如出一辙。当局以适应地方民情为由也好，以提高工作效率和面对政治现实为借口也好，都是意图为自己的行为偏离道德规范和共和原则进行开脱。在某些妥协意识压倒伦理原则的公务员看来，政治和经济效益是衡量一切的标准，所以施政者、司法者和黑帮的关系一反常态，三方勾搭成奸。

不过在研究过程中，我们不会只满足于观察两地的类同，进行简单的比较，得出片面的结论。勒南（Renan）的忠告是："历史的相似不一定意味着存有联系。"比较历史既要求遵循一定的方法，又要求谨慎务实，对此马克·布罗胥（Marc Bloch）提出过两个必要条件："被观察事实之间的某种相似性——这是理所当然的——和被观察事实所在历史背景之间的某种差异。"[①] 因此，我们将依次考察上海和广州湾，分析其相似和差异之处。

一、上海和广州湾：非法贸易的庇护所

广州湾当然不是上海法租界。但在种种不同的背后，两地都在二十世纪二三十年代经历过非法贸易活动猖獗的历史，其形式和情境都颇为相似。上海成了"真正的罪案之都"[②]，而广州湾却只是一处非法贸易的集散地。那么前者是典型和榜样，后者只是邯郸学步吗？事情恐怕没有这么简单……

---

① M. Bloch, « Pour une histoire comparée des sociétés européennes », communication faite à Oslo en 1928, in *L'Histoire*, *la Guerre*, *la Résistance*, Paris, Gallimard, 2006, p. 350.

② M. -C. Bergère, *Histoire de Shanghai*, Paris, Fayard, 2002, p. 225. 该书对于上海历史的论述为我们提供了重要的参考。

（一）上海模式的构件

1920—1930年间，国际环境稳定，上海迎来了一个真正的经济黄金时代，城市建筑鳞次栉比，港口商贸活动频繁，工业欣欣向荣。“一战”后，中国的对外贸易量增长迅速，其中上海几乎占了一半。不过这一增长也是19世纪中叶列强出现在上海，为中国带来前所未有的活力的结果。

1842年，第一次鸦片战争结束，中英《南京条约》签订，中国向列强开放包括上海在内的5个港口城市。此后，上海开始腾飞。3年后，英国人沿着长江支流黄浦江在上海北面设立专属区，此即租界。1863年，英租界和新成立的美租界合并，成为面积更大的著名公共租界。在此之前，法国也于1849年在英租界和上海县城城墙之间的一处“空地”设立法租界，面积比英租界要小，为66公顷，[①] 但保留特殊的行政和管理权。法国积极投入建设，但经济的繁荣度一直赶不上公共租界。

列强的到来迫使上海对外开放，对上海的经济发展产生了决定性影响。1861年，扬子江流域向外国商船和货物开放，上海的经济出现了腾飞。可以说，西方是上海成为现代工商业大都会的推手，为上海带来了财富。但凡事都有利有弊，1860年，鸦片贸易在帝国合法化，上海遂成为中国第一大鸦片进口港。由于鸦片是唯一能够平衡贸易差额的商品，所以在中国的对外贸易中举足轻重。

随着上海的贸易地位上升，都市迎来了快速发展的时期，以人口增长为证：1840年上海人口是20万～30万人，1910年增加到120万人，

① 1845年11月29日，新设立的上海英租界面积为830亩（约合55公顷），1848年11月，英国将租界面积扩大至2 820亩（约合188公顷）。1849年6月，法国在上海设立租界，面积986亩（约合66公顷）。1899年，英美租界正式更名为“上海国际公共租界”（International Settlement of Shanghai），将面积扩大到33 503亩（约合2 233公顷）。同年法国将租界面积扩大到2 135亩（约合142公顷），1914年，法租界面积达到了15 150亩（合1 010公顷）。——译注

1931 年达到 310 万人。① 人口增长迅速，呈阶段性特征。这既得益于外国租界推动下的工商业发展，也是 1850—1860 年长江下游地区太平天国骚乱的结果。太平天国运动造成社会动乱，乡村贫困加剧，再加人口过剩，导致上海的吸引力变大，大量中国人涌入外国租界，使外国租界的性质发生了彻底变化，从原本的西方人定居点很快转变成一个个中外混居的国际性居住点，性质和组织方式均非常特殊。

在此时，法租界和英美租界的关系彻底破裂。1854 年，三国领事适用新规定，改革土地和税收制度，并同意进行行政制度改革。上海租界工部局（Shanghai Municipal Council）正是在这种情况下问世的，其成立的目的是负责租界的安全和改善行政管理。伦敦和华盛顿勉强接受上述安排，但法国政府不愿意，坚持在自己的专属区内保留领事和外交部的管理权。因此自 19 世纪 60 年代中期起，上海分成三个不同的区域，分别是属于中国的城区、公共租界和法租界。各个区域有各自的行政班子、治安警察和法律，适用不同国家的司法制度。② 在这样特殊的政治组织方式下，各国的警署各自为政，缺乏合作。随着大量移民的涌入和经济的飞速发展，黑帮社会不断肆意扩张："黑帮可以倚仗某一方的司法机构，在另外两处持械打劫、绑架勒索和从事毒品贸易……"③ 正如玛丽—克莱尔·贝尔热尔所说，同一条街的两边属于不同的司法部门管辖，罪犯越过马路就足以让追捕的警察望洋兴叹。④

20 世纪初，四分之三的上海人不是原住民。⑤ 除了占人口总数约 1% 的西方人之外，居民多数来自其他省份，尤其是福建和广东。他们大部分居住在外国租界里面，或者在初来乍到之时，向外国租界寻求庇护，于是租界不断扩张。1914 年，中国政府最后一次同意扩大租界的

① M. -C. Bergère, L. Bianco, J. Domes, *La Chine au XXe siècle*, tome 1, Paris, Fayard, 1989, p. 304.

② 在这一点上，公共租界的情况更加特殊，因为它不适用具体国家的司法制度。上海租界工部局不受任何国家职能部门管辖，权力很大，行动非常自由，把它称作"国家"司法机构有些欠妥。

③ Brian G. Martin, *op. cit.*, p. 32.

④ M. -C. Bergère, *Histoire de Shanghai*, *op. cit.*, p. 240.

⑤ M. -C. Bergère, *Histoire de Shanghai*, *op. cit.*, p. 95.

范围，租界面积达到 33 平方公里，其中三分之二为国际公共租界区。当时大约一半人口居住在外国租界里面，不过这些新上海人一般不是散居，而是根据籍贯分巷或分区聚居，所以上海成了一个种群大熔炉，随处能看到不同习俗和听到不同方言，却毫不杂乱，貌似井井有条。

在这样一个鱼龙混杂的社会里，宗族和籍贯的作用发挥到了极致。新到者往往身无分文，居无定所，需投亲靠友，相互帮扶。在宗族和籍贯交织而成的网络中，地方商会和黑社会长期勾搭，帮助同宗或同省的流浪汉和逃难者融入社会，也维持着地区间的紧密商贸联系。随着上海经济腾飞，这些地方商会进一步和一些专业性协会接触，再次融合，但没有完全褪尽其地域色彩。比如广东潮州商人组成潮州帮，专门从事蔗糖和鸦片买卖。

鸦片正是上海的大宗商品。自 19 世纪末以来，毒品贸易不断受到经济形势变化的影响和清政府禁烟政策的打击，但仍然是上海地区经济繁荣的重要组成部分。鸦片贸易的活跃期是 1860—1880 年，随后因为中国鸦片产品对外国鸦片构成直接竞争而进入一段衰退期。1906 年清政府禁烟，上谕宣布将逐步禁止鸦片贸易和消费，因此西方商人及其中国合伙人不得不达成默契，共同控制上海市场。1919 年，中国全面禁烟，毒品生产和销售都变成非法，但吸毒者仍然人数众多。于是禁烟政策的负面效果显现出来：吸毒者被迫向走私分子购买鸦片，黑帮和军阀操纵买卖，任意抬高价格，造成社会腐败。在军阀混战和地方各自为政的时期，禁烟政策实际上并没有起到保护吸毒者健康的作用，反而被不法商人钻空子，为他们发财致富开路。

上海之所以能够在很大程度上垄断中国的鸦片非法贸易，是因为它具备了一些无疑与广州湾相似的特征。两者都是鱼龙混杂之地，存在大量流离失所之徒，滋养出强大的黑社会组织。当然，并不是人人都会参加黑社会，但很多流民还是沦为黑社会打手。其他阶层——如黄包车夫、苦力、非技术性工人等下层劳动者——则是低级酒馆、烟馆和妓院的常客。据历史学家估计，1930 年前后，上海贼匪达到 10 万人。[①]

19 世纪末，上海滩帮派林立，山头对峙。经过 20 世纪 20 年代的政治和经济变迁之后，青帮得以壮大，成为上海滩最大的黑帮。青帮下分三大帮派，利用各租界司法独立的漏洞，专门从事鸦片非法买卖。直至 1924 年，毒品走私仍掌握在大八股党手中，而大八股党的老巢正是在公共租界之内。但此时，大不列颠在租界内大力打击鸦片烟，浙江军阀混战结束，青帮各支系的势力发生了变化。潮州帮将走私活动转移到当时黄金荣掌管的法租界内。黄金荣在得力助手张啸林，特别是杜月笙的协助下，成立三鑫公司，专门从事毒品买卖。杜月笙不久排挤走黄、张两人，独揽公司大权。

法租界与公共租界不同，相对纵容青帮的活动。原因有好几个。首先是法领馆为了改善财政收入，一贯允许黑帮在租界内部开设赌场、妓院和烟馆，课以特别税。[②] 法租界成立不到几年，早已臭名昭著！所以 1924 年青帮和潮州商人进入法租界并没什么可值得大惊小怪的。法租界公务员们早已将道义和廉耻抛之脑后，搪塞说正值军阀混战，中国政府部门无法执行禁烟令，以此推脱责任。在他们眼里，理想主义的道德十字军祭坛上除了租界的财政平衡之外，没有其他值得考虑的东西，与三鑫公司和睦相处，榨取油水，增加财政收入，方是上策。这种实用主义态度显然与公共租界警署的严厉镇压形成鲜明对比，可法租界领事馆还自鸣得意呢。

1925—1927 年间，法国领事馆和三鑫公司的代表杜月笙达成多项协议。警署承诺只追捕不属于三鑫公司的走私犯，前提条件是三鑫公司必须向警署申报毒品供应情况，并且每年上缴大约 100 万大洋的年费。[③] 这一系列协议稳固和强化了三鑫公司在法租界的地位，也使三鑫公司在上海滩的鸦片贸易中能够拔得头筹，翻云覆雨。

1927 年，新总领事那齐雅（Naggiar）上任。他作为秘密外交和强

---

① M. -C. Bergère, *Histoire de Shanghai*, *op. cit.*, p. 239.

② *Ibid.*, p. 41 et 129.

③ Brian G. Martin, *op. cit.*, p. 72 sq.

权政治的信徒，工作作风硬朗，直截了当委托杜月笙协助维持租界秩序。作为回报，总领事答应向杜月笙提供武器，并庇护其非法活动。上述协议虽以私人方式而非官方名义达成，但人人皆知，黑帮和法国当局之间有利益勾结。很快，租界内的侨民们均称此为“与魔鬼达成的协议”。因此在1932年法国重新掌握租界的治安权之前，租界以有组织罪案的合法化为代价换取社会的稳定，秩序的维护一直处于灰色地带。

（二）广州湾：避难和藏污纳垢之所

从此意义上看，广州湾的处境不见得比上海好多少。租借地的狭小和边界的多孔性，使中国嫌疑犯可以轻而易举地逃到法国租借地，寻求异地法律的庇护，反之亦然，居住在租借地的居民也一样。鸦片贸易首先是属于跨境交易，中国海关关员往往和鸦片贩子同流合污，放任走私。因此相对于法国控制区域的内部贸易而言，租借地与周边地区，如雷州、麻章、遂溪、吴川或高州等地发生的非法贸易要多得多。从这个角度看，法国租借地、雷州府和高州府类似于上海的三个区，同样各自为政，互不沟通。最后，警方维持社会秩序的行动需要附近地区的配合，所以不可避免地要涉及外交考虑，这一点也和上海相似。广州湾的警察和治安队无权干涉租借地以外的治安事务，而中方警察也不能在法国租借地追捕罪犯。这样的政治现实加上中国十分有利的国内环境，在很大程度上为广州湾的鸦片非法贸易增长创造了条件，当然专卖局纵容走私，也有不可推卸的责任。

不过，广州湾的地下经济不只局限于毒品走私。其他类似活动，如中国人十分沉迷的赌博或卖淫嫖娼等，都充分利用地利之便，甚至无须仰法国公务员的鼻息。20世纪10年代起，特别是在随后十年间，赤坎成为一处边界内外无人不知无人不晓的花花世界。赌博、嫖娼、吸毒和花天酒地，以及由此衍生出来的罪案，令赤坎更加臭名昭著。陈炯明的前参谋长加斯东·黄强曾到雷州府维持治安，他1921年在一份中国报刊上发表过一份报告，表达对赤坎的不佳看法：

赤坎商人千方百计欺骗法国政府，希望赤坎城永远沦为盗贼的藏身之所。正因如此，盗匪花天酒地，把绑票藏匿在赤坎，等待支付赎金。来赤坎交付赎金的人很多，所以商业非常繁荣。赤坎只有约200家商号，但妓女却成百上千。城内到处都是赌场和烟民，卫生状况比澳门糟糕百倍。高度文明的法国人竟然居住在环境如此恶劣的租借地上，真是令人唏嘘。①

黄强此时正在雷州半岛剿匪，② 他有明显的亲法倾向，但为了证明剿匪任务之艰巨，他可能有意抹黑租借地，也可能希望借此向陈学谈和法国当局施加压力，迫使他们合作。所以黄强对租借地的批评可能不尽真实，我们必须谨慎对待。不过，这也并非空穴来风。

比如娼妓现象在赤坎确实非常普遍。妓院多如米铺，日夜营业。1926年，娼妓为赤坎带来了8 170皮阿斯特的财政收入，1928年达到9 300皮阿斯特，相当于240名妓女从业应缴的税额，也即每100个居民中就有一名妓女。③ 这还只是有执照妓女的营业税，未算上暗娼……看来只依靠法国档案是无法了解妓院的规模和营业状况的，或许只有凭借中文文献才能得知广州湾的妓院到底是贫困之家女儿为求生计的火坑呢，还是像上海那样的骄奢淫逸之处。

同样，我们也不知道鸦片烟馆的具体数字，总之大街小巷，几乎到处都是烟馆。1921—1924年间，大批中国人涌入租借地避难，烟馆的人手翻了三番。此外，赌场（如斗鸡斗狗、棋牌类、开奖类）是赤坎

---

① Consul de Canton au gouverneur général, le 20/12/1921, MAE, Nantes, Pékin, A 423. 上述文章于12月15日发表在《长官报》（*Revue des officiers supérieurs*，疑为《大公报》——译者）上，由领馆翻译翻成法文，寄给莫里斯·龙。本文按译本誊抄，未做任何改动。

② 加斯东·黄强是陈炯明的远亲，1899年生于广州附近的龙津，早年在巴黎外方传教会所办的广州圣心书院学习，成为天主教徒，曾在黄埔军校学习，在某陆军学堂炮科肄业。随后赴法四年，在格里农国立农学院获得毕业证书，在枫丹白露学习炮兵课程，在伯明翰学习航空，在柏林学习军事，1930年成为荣誉勋章团军官。Cf. Rapport politique de septembre 1936, CAOM, GGI, 64379.

③ *Kouang-Tchéou-Wan, budget de la commune de Tchékam*, exercice 1930, GGI, BNF, Fol-Lk19 - 614.

的另一产业支柱。1928年12月，赤坎博彩业的包税额（每五年缴纳一次）提高到74 600皮阿斯特，这是历史新纪录，[①] 而广州湾其他各区的包税额在1929年才共计63 300皮阿斯特。[②] 这足以说明赤坎赌博风气之盛和赌博在地方经济中的重要地位。

但是行政报告竟无只字提及赤坎的娼妓和风月场所，当政者似乎对此一无所知。不过赤坎的名声肯定在外，不少广东军官都曾在此落脚，甚至购买地产，在战事风声鹤唳之时沉迷于温柔乡。比如海南将军邓本殷，他在1923年被北京政府任命为海南特派员，后晋升为“八属联军”总司令。所谓“八属”，是指广东的整个西南部地区，从电白和高州向西到东京边境。邓本殷在1925年11月被陈铭枢的“共产党”军队击溃，[③] 带着随从及家属逃到广州湾[④]。此外还有吕春荣将军，他1928年在赤坎开了一家商行，次年加入广州第9军团，成为军长副手。[⑤] 20世纪30年代，粤东绥靖专员李汉魂也到赤坎避难，购买了一处房产，据说他是蒋介石最得力的军官之一。另外，李是吴川人士，其家族在广州湾三合窝势力颇大。[⑥] 看来租借地和香港、澳门一样——当然程度上不同——都成为穷途末路的将领们的温柔乡，甚至庇护所。时局不靖时，公开倒卖的鸦片、无处不在的烟馆、柔情似水的娼妓和其他享乐的麻醉作用确实不容小觑。

最后，鸦片走私分子除了走私鸦片外，还走私军械。不过关于这方面，我们能够获得的信息不多。1922年，赤坎公使兼市长曾提及：

唯一能够确定的是，所有来自香港的船只都走私军械，非常猖獗，

---

① *Idem.*

② *Budget du territoire de Kouang-Tchéou-Wan*, exercice 1930, GGI, Hanoi, IDEO, BNF, Fol. Lk19 -481.

③ 原著作者的说法欠妥。陈铭枢的军队里有共产党员，但不能说他的军队是共产党军队，只能说是国民革命军。1927年8月1日以后才有独立的共产党军队。——译注

④ Rapports confidentiels de l'administrateur en chef au gouverneur général, 1925, CAOM, GGI, 40513.

⑤ Kouang-Tchéou-Wan, rapports politiques, 1929, CAOM, GGI, 40528.

⑥ Kouang-Tchéou-Wan, rapports politiques, 1936, CAOM, GGI, 64379.

中国政府向租借地当局提出过严正抗议，或通过舆论谴责租借地当局纵容，甚至为走私提供便利。[①]

1919年11月8日，法国宣布执行1919年9月10日签订的《圣日耳曼条约》，对中国实施全面武器禁运。但走私武器的情况禁而不止，东方汇理银行白雅特支行的经理也证实此事，并指证官方从不统计军械走私情况。不过还是有些文件无意间透露出信息，比如有一份文件提到1923年陈学谈和吕春荣涉嫌走私枪支700支。[②] 除此之外，可能还有其他走私活动，但早已难觅线索了，所以无法对军械走私的程度做出客观的评论。

不论如何，巴黎和总督府对此是心知肚明的，至于政府是否组织或支持过武器走私，目前没有材料能够证明。倒是有几个法国企业向外交部提出过对华售武的申请，都被外交部以禁运的名义加以拒绝。鉴于中国内政混乱，相关部门渎职，无法控制非法武器交易的现状和广州湾边界的多孔性，我们认为巴黎和河内对不法武器交易的真正态度应该是睁只眼闭只眼，没有直接参与。事实上，自由港体系和中国船只可以自由穿行租借地水域的规定都令租借地法国政府无法干预武器偷运现象。

非法贸易最终在殖民政府的容忍下，得以低风险地牟取暴利，这极大地刺激了在广州湾肆虐已久的盗匪，令他们在租借地内外的活动更加猖獗。因此说，广州湾和上海法租界几乎没有二致，差异恐怕只是广州湾的罪案基本上发自乡村，而上海则发自大都市。

二、1919—1926年的新一轮匪患

土匪和海盗始终是广州湾及其周边地区特有的历史标记。殖民当局

---

① Administrateur-maire de Chikan, Favey, à l'administrateur en chef, le 15/03/1922, CAOM, GGI, 40502.

② D'après un télégramme du 31/10/1923, MAE, Corr. pol. et comm. (1918－1940), Asie, E 160, fol. 94. 但该电报没有写明发报人和收报人。

大力打击，努力维持治安，但土匪仍然肆虐一方，蹂躏乡村，打家劫舍，屠杀无辜，流窜于“边境”之间，或藏匿于乡野。1914—1915年间，租借地的治安有所好转，但也只是相对而言而已，抢掠现象比以前少些，规模小些，好景昙花一现，不久就故态复萌，因此，极有可能是地方当局故意放出治安好转的风声，以安抚民心，稳定情绪……

不过1919年之后，广州湾出现了新一轮土匪和海盗活动，前后持续了三至四年。这一时期的暴力程度和范围与前一时期相比有过之而无不及，不仅租借地，而且周边地区的大城镇都遭到土匪的袭击。与前一时期比较，此时的盗匪活动还有两处明显特征：首先，土匪为广东的各路军政势力打头阵；其次，土匪比以前更多地介入地方经济的运作。广州湾经历了几年黑暗时期，令人诧异的是，这几年又恰好是地方贸易腾飞的时期。这仅是巧合吗？其中难道没有玄机吗？我们认为，当局选择容忍非法贸易，把部分权力让与地方不法乡绅，从而为土匪的重生创造了条件。此外，中国的政治和军事环境也为土匪提供了活动空间，军阀甚至提供财政资助，所以土匪愿意为军阀冲锋陷阵。

（一）广东的政治派别

要了解广州湾土匪的活动，必须先回顾一下曲折动荡的广东社会史。① 1917年6月，中华民国总统黎元洪受总理段祺瑞的胁迫，解散议会。段祺瑞主张参加第一次世界大战，而当时持中立态度的孙逸仙借机团结共和派，反对政变，要求捍卫共和政体。孙逸仙以此为由邀请合法政府——黎元洪及其继任者冯国璋——到广州避难，并积极准备北上，讨伐以段祺瑞为首的北洋军阀。但黎元洪觉察到孙逸仙的个人意图，拒绝其邀请。不过黎元洪政府中的某些部长（尤其是海军部部长）和大约130名议员却应邀南下。由于得到政府要员的支持，孙逸仙决定在广州建立军政府，夺回政权，统一中国。

---

① Pour plus de détails, nous renvoyons à M. -C. Bergère, *Sun Yat-sen*, Paris, Fayard, 1994, pp. 305 - 344, et à M. Bastid, M. -C. Bergère, et J. Chesneaux, *La Chine. L'illusoire modernité, 1885 - 1921*, Paris, Hatier, 1972, pp. 154 - 146.

但是情况并非如此简单，孙逸仙行事过于仓促。当时两广被广西军阀陆荣廷控制。陆荣廷从北京事件中嗅到了机会，立刻宣布反对段祺瑞，两广军事和行政独立。因此可以预见，1917 年 7 月孙逸仙到达广州，马上被残余议会成员选举为军政府“大元帅”，[①] 此事肯定不遂陆荣廷之意。陆荣廷与其他南方将领尤其是云南军阀都继续承认北京为合法政府，而孙逸仙却认为北京政府违宪。所以孙逸仙本来打算将政权转移到南方，最终却不得不面对一个内部四分五裂的南方政权，既缺乏明确的政纲，也缺乏武装力量的支持。

由于广西军阀的抵制，孙逸仙只获得了广州军队的支持，当时掌握广州军权的是陈炯明。陈长期追随孙逸仙，但两人秉性不同，意见相左，常有龃龉。陈炯明的地区主义思想较浓，主张联省自治，而孙逸仙则坚持国家团结的理想，认为广东只是全国统一的根据地而已。性格不同和政治分歧令两人的合作不可能持久。尽管如此，在孙逸仙希望避免桂粤军队厮杀的情况下，陈炯明还是按孙逸仙的要求带领部队出征福建。1918 年 5 月，西南军阀重新组织军政府，孙逸仙拒绝加盟，不得不从广州流亡到上海，暂时退出政治舞台。

摆脱孙逸仙控制的陈炯明在收复福建之后，重新率领粤军击溃桂系军阀，于 1920 年 10 月返回广州，夺得广东的控制权。不过他并不想实施孙逸仙的计划，而是建立政府，施行自己的政纲，包括发展经济，主张社会正义，普及儿童教育和实施民主。正如玛丽—克莱尔·贝尔热尔所言：“这种联省自治理念与孙逸仙及其 1917—1918 年广州军政府所主张的立宪主义意识形态格格不入。”[②] 于是 1920 年 10 月，孙逸仙不顾陈炯明的反对返回广州。1921 年 4 月，他在 1912 年旧议会部分成员的支持下再次当选非常大总统。此举令他在很大程度上失去了广州舆论的支持。不仅如此，他还不得不和陈炯明达成妥协，承认陈对广东政府和广州军队的实际控制权。于是陈炯明名正言顺地控制广东，积极推行社会

---

① 残余议会成员是指到广州和孙逸仙会合的北京原国民政府议员，但他们的人数未达到法定开会人数。选举于 9 月份举行。

② M. -C. Bergère, *ibid.*, p. 334.

和经济改革，巩固自己在广东地区的势力。这也反过来扩大了陈孙之间的嫌隙。在这种情况下，孙逸仙孤立无援，他需要陈炯明的帮助，却几乎没有机会获得军队的支持，来实现全国统一大业；另一方面，他和北方军阀的谈判也宣告失败。孙逸仙曾寻求过外国势力的帮助，但后者承认合法共和政权，不愿与现行政权的颠覆者合作，更何况孙逸仙似乎对中国的未来没有明确的蓝图，所以西方将他视为妨碍中国统一的危险人物。

最后，失去各方支持而且无法联合南方军阀的孙逸仙决定背水一战。1922 年 4 月，他下令黜免陈炯明的军政职务。这一决定非常糟糕，孙逸仙低估了北方军阀以及广东知识分子阶层和民众对陈炯明的支持。结果粤军炮轰大元帅府，6 月 16 日，孙逸仙不得不流亡香港，辗转到上海。后来他出巨资收买了云南军阀，才在后者的支持下于 1923 年 1—2 月返回广州。

总而言之，孙陈双方在争斗中各出奇招，控制广东，或以剿匪为名，发展势力，控制地盘；或招抚土匪，直接收编为军队。广州湾正是在这种情形下卷入了广东省两大政治人物的争斗之中。

（二）妃三帮和妃肥帮之争（1919—1921）

1919 年第一季度，法国当局估计广州湾周边起码有十二股土匪势力在活动，[①] 这些土匪人数超过 1 500 人，持有武器，投靠不同的地方官员，为了逃避追捕和保存实力，经常转换地盘，活动范围颇大，涉足西边的雷州半岛到海南岛，再到东边的电白，所以即使法国租借地相对于周边地区富庶，而且政治地位特殊，边界具有多孔性，也只是土匪流窜作案的目标之一而已。在法国当局了解的十二股土匪当中，有两股经常活动在广州湾附近，他们为争夺地盘而械斗，还在租借地西部发生过激烈的冲突。

---

① Kouang-Tchéou-Wan，rapport politique du 1er trimestre 1919，CAOM，GGI，40539.

第一股土匪大约有300人，听从妃肥的指挥。① 妃肥籍贯不清。他来自哪里？在“投身绿林”之前如何发迹？为何成为土匪？这些均是疑问，由于殖民档案中大量关于盗匪问题的行政文件遗失，所以更难觅得答案。和当时许多中国男性一样，妃肥只是一个诨号，其真名为李福隆，字炳南（Ping-Nam，音译）。在法国的档案材料中，有时提及其真名，有时提及诨号或字。

第二股土匪人数较少。根据法国行政部门的信息，该匪帮在1919年初只有50~60人，其首领妃三远不如妃肥出名，原籍是广州湾西南边距太平几公里的造甲村。同样，妃三只是诨号，此人还有多个外号，最常见的有造甲或造甲三，此外还有石合三（Sek Kok - Sam）、陈廷蓬（Tsang Ting - Pong）、滕振彪（Tang Tsing - Piou）、陈阿彪（Tsang A - Piou）、陈振彪（Tsam Tchang - Piou）和那三（No - Xa）等绰号。② 单纯依靠殖民行政档案，我们根本无法辨别哪个才是他的真实姓名。妃三后来很快联合另一股土匪，这股土匪来自租借地当地一处名为草苏（Tchao - Sao）的村庄，该村庄临近赤坎，匪首叫老花生（Lao Fa - San），又名烂妃三（Lam By - San），或烂阿三（Lam A - San）。

1920年夏，妃肥和妃三两股土匪活跃在广州湾西南边界的两侧。妃三常藏身于东海岛，爱在家乡太平镇出没，从一般的杀人越货到洗劫村庄，绑架妇女、儿童和富商，无恶不作，犯案累累。1919年2月至1921年11月间，当局录得72宗案件，均是妃三帮所为，这还不是全部

---

① 由于档案中的拼写方式众多，为行文方便，下文保留 By - Poui 的写法。确实，法国行政部门文件中的 By - Poui 是“妃肥”。“妃”可以读成［$p'ei^{4}$］，这是官话的一种极为罕见的变音，当然，更常见的读法是现代汉语的［fei^{1}］音。不过在雷州方言中，“妃”却读成［Vi］，因［V］音和［B］音非常接近。［By］一词没有语义价值，只起感叹词作用（类似于现代汉语的“阿”），可以理解为“某个叫‘阿肥’的人”。第二个字“肥”也是汉代汉语中的多音字（读［fei^{3}］或［pi^{3}］），但是在雷州方言中，它读成［Pouei］，意思是“肥”或“胖”。中文档案指出此人确实很胖。可是1921年 By - Poui 在赤坎留下过一张照片，上面却显示此人并非体形臃肿之徒。照片是法国地方当局拍下的，我们认为不可能有错，那该如何解释呢？（以上是本书作者对 By - Poui 的注释，下文按湛江当地习惯，统一译成“妃肥”。——译注）

② 各绰号均为音译。该土匪原名陈振彪，但因时间久远，除造甲三、石合三外，其他绰号早已失传，无法恢复其准确汉语名称。——译注

事实。[1] 仅以一例为证，1919 年 7 月 23—24 日夜晚，妃三帮袭击了租借地西南边的通明村。当时满载土匪的船只在村边靠岸，开始抢掠，而村里正人头涌动，组织唱戏，这是村民最喜闻乐见的娱乐之一，从邻村来参加表演或观看演出的村民也一同遭殃。土匪洗劫了几个小时后离开，掳走了 50 多名妇女（后来很快释放了她们）。此次抢劫造成 24 人死亡，23 人受伤。[2] 1920 年 3 月底到 5 月 5 日，土匪的力量壮大，占领了广州湾的中心地带——惊湖周围山区（Massif de la Surprise），法国军队想尽办法，始终无法驱逐他们，最后求助于重炮兵和特许进入租借地的滇军，才得以剿除。当时有 60 名土匪被杀，但是妃三逃脱。[3]

相反，1920 年夏以后，妃肥帮反倒把租借地当成藏身之所，主要洗劫租借地周边的中国地区。1920 年 6 月，总公使写道，妃肥避免冒犯广州湾，他一般绑架雷州地区的富庶家庭，再将绑票藏在和他勾结的租借地村民家中。[4] 当时，妃肥和赤坎公局局长陈学谈以及正在收复广东的陈炯明支持者勾结。同样，妃三也经陈炯明的将领黄明堂介绍投靠陈炯明。1921 年初，妃三和胡汉卿（Hou Hong - Hing）将军接洽后，[5] 转投到孙逸仙麾下。

两大匪帮就这样通过金钱或武装关系逐步参与到广东省的政治斗争领域当中。这些土匪归顺不同的政治势力，似乎不是出于意识形态认同，而是基于地盘和经济考虑。从此角度看，妃肥的地位无疑要比妃三稳固得多，所谓“兔子不吃窝边草”，他从不骚扰租借地。相反，他和陈学谈建立生意联系，保持友谊，寻求法国当局的庇护，充分利用赤坎领导人的商业网络。1920 年 12 月，一位法国警察头目写道：“整个地区的所有村庄都欢迎他。”[6]可是一直饱受妃肥骚扰的遂溪和雷州居民就

---

① Relevé sommaire des crimes commis par By - Xa et sa bande depuis le 9 février 1919, administrateur en chef au gouverneur général, le 22/11/1921, CAOM, GGI, 40539.

② *Idem.*

③ Administrateur en chef au gouverneur général, le 11/05/1920, CAOM, GGI, 40536.

④ Administrateur en chef au gouverneur général, le 7/06/1920, CAOM, GGI, 40539.

⑤ 胡汉卿（1873—1950），护法军陆军中将师长。当时为高雷镇守使、陆军中将，驻军高州。——译注

⑥ Administrateur en chef au gouverneur général, le 28/12/1920, CAOM, GGI, 40539.

不是这样看了。1921 年 1 月 25 日，妃肥帮洗劫了遂溪，三天后，又袭击雷州，杀死 10 多名村民，洗劫和焚毁 130 家店铺。[①] 于是受到另一政治势力支持的妃三施以报复，多次掠劫广州湾，特别是其家乡太平镇附近的村落。由此看来，这两大归顺不同政治势力的匪帮的策略在本质上是相同的，只不过活动方向相反：妃肥以广州湾，特别是赤坎作为后方，洗劫雷州半岛；而妃三相反，落脚雷州，盯住广州湾。这样的拉锯一直持续到 1921 年 7 月 6 日，以妃肥被其旧属下杀死才告一段落。

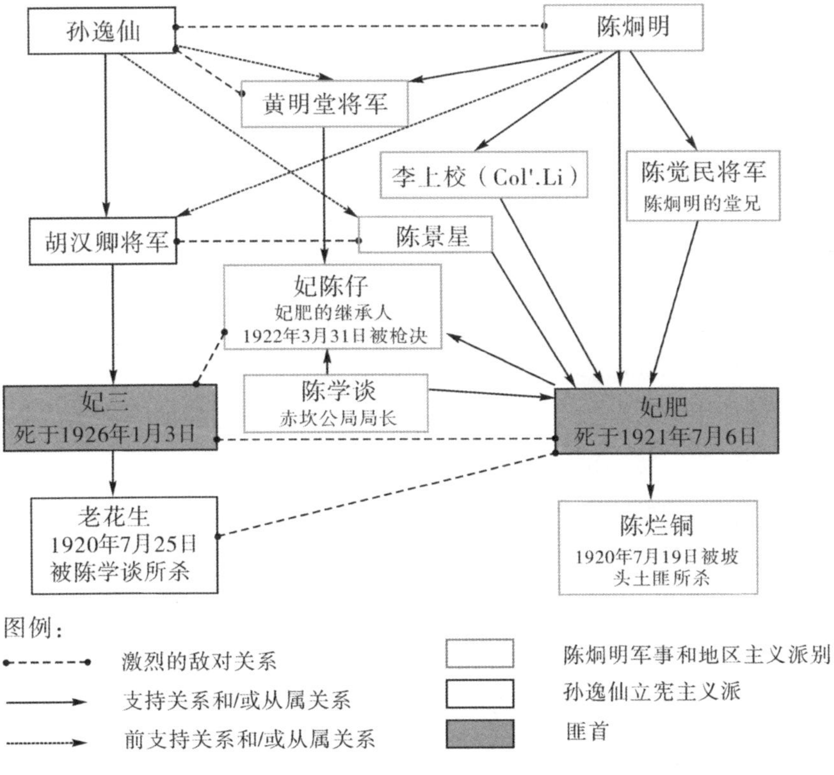

图 11－1 1920—1921 年匪帮和政治势力联盟及其敌对状况示意图

（来源：根据海外档案中心，印度支那总督府档案政治事务 F 系列的 F15 和 F16 子系列“南北中国外交关系”和 F62 子系列“边境治安和中国盗匪”整理）

① Administrateur en chef au gouverneur général, le 28/01/1921, CAOM, GGI, 40539.

妃肥死后，各派势力又重新组合，其残兵旧部在妃陈仔的领导下，继续为祸雷州半岛。1922 年初，法国当局逮捕妃陈仔，将他交给中国方面处决，之后妃肥帮才一哄而散。妃三失去了对手，乘机扩大地盘，占据广州湾。陈炯明在妃肥死后，催促其亲信黄强到雷州清剿土匪，试图剿灭妃三帮。黄强经过一个夏天的清剿之后，降服妃三，将妃三帮收编入雷州治安部队。① 可是到了 10 月，妃三帮又脱离军队，重操旧业。② 在 1926 年 1 月妃三被杀之前，妃三帮及其他大小匪帮数千人一直肆虐雷州半岛，土匪还多次击退前来清剿的正规部队。1924 年，总公使格斯奈勒曾这样描述雷州半岛周边乡村的惨状：90% 的村庄被土匪或正规军蹂躏过，几乎到处竖着竹签，上面插着尸体，有男有女，有老有少。③ 1925 年底，国民党粤军联合共产党，在陈铭枢将军的领导下，才彻底清剿了雷州的匪帮。

（三）广州湾法国当局的态度

1915—1918 年之后，白雅特当局不再像以前那样盲目镇压两帮土匪，而是根据土匪的态度调整策略和采取行动。换言之，法国当局学会了中方的惯用策略，挑起两帮土匪之间的对立，以匪制匪，甚至让某个帮派将功赎罪，协助镇压其他帮派。

因此在与妃肥、妃三打交道的过程中，地方当局常根据情况调整策略。当两股匪帮归顺陈炯明或孙逸仙时，当局一并给予打击。当妃肥依赖广州湾，掠夺租借地周边乡镇时，妃三成了危及租借地安全的唯一祸害，当局遂调转枪口，全力打击妃三。1920 年，克劳泰默向总督解释说，必须在两股土匪中选择其一：

---

① Lettre secrète de l'administrateur en chef à la direction des Affaires politique et indigène, le 25/08/1921, CAOM, GGI, 40491. 临时招安土匪是中国当局惯用的策略，但是结果通常不尽人意。

② 1921 年 10 月 1 日，妃三帮 200 名土匪抢掠了东海岛的牛牯湾村（Bou-Kéou-Wan，今西湾村——译者），杀死 16 名村民，绑架 39 人，烧毁 75 座房屋和 6 艘帆船。Télégramme de l'administrateur en chef au gouverneur général, le 4/10/1921, CAOM, GGI, 40501.

③ Rapport confidentiel de l'administrateur en chef au gouverneur général, le 10/05/1924, CAOM, GGI, 40512.

> 妃三和妃肥是两大匪首，但第一个在我们的土地上犯案，第二个在边境之外！因此，不论妃三顶着什么官衔，我们都必须逮捕他，他才是我们的目标。至于妃肥，那是中国当局和妃肥之间的事。①

黄强将军认为，法国当局之所以重此轻彼，是因为当局和妃肥之间达成秘密协议。租借地当局自知兵力和警力不足，无法保证租借地内部的秩序和安全，可能要求土匪“朋友”保护广州湾，将功赎过。② 协议是确实存在的，不过不是黄强所想的那样是当局和妃肥直接达成的，而是陈学谈在法国当局的授意下和妃肥达成的。这样一来，当局既保住颜面，又获得同样的结果；既妥善安排，又不必卷入有苦难言的尴尬境地。1921 年 3 月，匪帮归顺陈炯明部队，在赤坎留下了一张旧照片，我们看到了当时妃肥及其手下妃陈仔就站在李上校一侧。③ 这是一次非常重要的会面，陈学谈和地方治安部门是不可能不知道的。照片的底片出现在总督府的一份文件中，证实了妃肥和租借地的重要人物之间肯定达成了某种正式或非正式的协议。这样的安排让参与者各得其所：不仅照片上的主角可以高枕无忧，租借地也多了一份安全感，连租借地的居民都没有被遗忘，因为妃肥和陈学谈联手将为他们带来财富：“土匪们相当受居民的欢迎，因为他们路过时，总和居民做买卖，带来丰厚的利润。”④

除了上述原因之外，考虑到广州湾内部的实际情况，我们完全可以进一步推测，妃肥和当局的联合难道没有政治层面上的博弈考虑吗？1920—1921 年，法国和其他列强一样不赞同孙逸仙的主张和行动。陈炯明比孙逸仙更忠于北京政权，而且言行一致，颇得列强欢心。因此殖

---

① Dépêche secrète de l'administrateur en chef au gouverneur général，le 30/09/1920，CAOM，GGI，40501

② Résumé d'un rapport du général，publié le 15 décembre 1921 dans le *Changguanbao*（*Revue des officiers supérieurs*），par le consul français à Canton au gouverneur général，le 20/12/1921，MAE，Nantes，Pékin，A 423.

③ CAOM，GGI，40502，Correspondance de Kouang-Tchéou-Wan，1922.

④ Lettre de Boucheron，délégué à Dongshan（île Donghai），à l'administrateur en chef，le 18/02/1921，CAOM，GGI，40539.

民当局联合妃肥对付妃三，换言之，支持陈炯明的政治势力，排挤孙逸仙。这完全是合乎逻辑的，不过这也仅是我们的假设而已，并未得到证实。在整个事件的发展过程中，陈学谈的身影时而站到台前，时而隐藏在幕后。但不论如何，自此时起，陈学谈已成为租借地的关键人物，掌控租借地的所有贸易，精通黑白两道，翻手是云，覆手是雨，无人能及。

三、陈学谈：广州湾小“杜月笙”

在法国控制的两处区域中，几乎在同一时期，即1910—1930年之间，出现了一种“流氓大亨”范式，匪首操控鸦片贸易链和有组织罪案，但在社会上声名显赫。因此但凡研究陈学谈和上海法租界青帮大佬杜月笙的发迹史者，无不将此两人进行一番比较。① 陈、杜两人的个人发迹史大致相同，从默默无闻、出身寒微到最后集财富和权力于一身。两人都善于周旋在黑白两道之间，利用灰色地带，与外国势力达成妥协，攫取财富，而后者则利用他们来解决治安力量不足的问题。

（一）杜月笙或流氓大亨模式

杜月笙在20世纪上半叶的中国名人录中占有一席之地。他出身寒微，最后却成为1920—1930年上海滩的头面人物之一，轻松游刃于黑白两道之间，社会地位显赫，手握经济大权，叱咤风云，黑帮头目无人能及。

1888年，杜月笙出生于上海黄浦附近的一个贫困家庭，父母经营谷物小生意，在杜月笙年幼时双双离世。孤独无依的杜月笙被娘舅收

① Pour tout ce qui se rapporte à Du Yuesheng, nous renvoyons à Wang Y. C., « Tu Yueh Sheng (1888 - 1951): A Tentative Political Biography », in *The Journal of Asian Studies*, Vol. 16, n° 3, mai 1967, pp. 433 - 465, un peu daté, et surtout à Brian G. Martin, *The Shanghai Green Gang. Politics and Organized Crime, 1919 - 1937*, University of California Press, Berkeley, Los Angeles, London, 1996, 314 p. On trouvera aussi de bonnes évocations de Du Yuesheng et de la Bande verte chez M.-C. Bergère, *Histoire de Shanghai*, *op. cit.*, chap. 9.

养，因备受虐待而离家出走。为了生存，杜月笙到法租界附近的一家水果铺当学徒，当地鱼龙混杂，流氓地痞惹是生非，招揽打手。杜月笙因此结识了当时上海的主要帮派之一“大八股党”的流氓，大八股党正是后来青帮的三大支系之一。杜月笙在16岁时，正式加入帮会，几年后因表现突出获得黄金荣的赏识，黄金荣也是上海巡捕房华人警长、法租界华人督察长。在20世纪的头20年，这种双面身份并不奇怪，如沈杏山既是控制上海公共租界毒品市场的大八股党的首领，也是上海市政的总捕头。

黄金荣于1892年进入法租界巡捕房，第一次世界大战爆发后才发迹。当时大批法国警察被调回欧洲参战，法国总领事不得不求助于华人巡捕来维持租借治安。黄金荣抓住时机效力于法国当局，1918年获晋升为巡捕房负责人。此后他利用权力敛财，扩大在上海几个黑帮中的影响，很快操控租界的所有妓院、赌场和烟馆。当然，黄金荣也没有忘记对他的兄弟施以小恩小惠，并回报法国上司。由于生意越做越大，他独力难撑，所以在1918年任命杜月笙负责鸦片走私。杜月笙因此成为黑帮第二号人物，同时也跻身潮州帮领导层。

20世纪20年代，杜月笙开始按大八股党的模式组建自己的帮会，号称“小八股党”，自1923年起横行于法租界。同年，公共租界当局决心取缔毒品贸易，在随后三四年间组织特别巡捕队严打鸦片买卖，削弱了大八股党的实力，潮州帮不得不将活动转移到法租界。杜月笙乘机在法租界接手毒品贸易，成功崛起，成为青帮的主要成员之一。

当其时，青帮集团的核心也发生了变化，黄金荣逐渐大权旁落，被两大干将张啸林和杜月笙所取代。三鑫公司的大权落入杜月笙之手。1925年，黄金荣因为和绅董派竞争而辞去法租界巡捕房督察长之职。绅董派多数是天主教徒商人，曾经留学法国，自然得到法领事的器重，成为法国当局和上海民众的中间人。总之自1925年初起，青帮在法租界中的影响日微，不过烂船仍有三斤钉。

1925年6月，杜月笙代表三鑫公司和法捕房总监费沃利（Fiori）、行政首脑威尔迪埃（Verdier）达成第一个秘密协议，向法国人行贿，并承诺缴纳定额月银，从而垄断法租界的毒品销售。这一协议为不法商人的活动疏通了渠道，不过其作用也相当有限，因为绅董派在上海政界影响力很大，其华人成员都属于天主教徒，这一点是青帮所不能及的。上海滩法租界由此上演了一幕流氓派和绅董派两大本质上截然不同的派别的权力争夺战。

1927年，杜月笙终于打垮对手，将其排挤出政治舞台。究其原因，在于20世纪20年代初，中国共产党和青帮的首领关系非常复杂，也很紧张，双方都想控制上海工业无产阶级，最后杜月笙向反共势力靠拢，特别是在1924年透过上海工联总会（属于和共产党有密切联系的总工会的敌对组织）接近国民党右翼。1927年初，杜月笙表态支持国民党及其首领蒋介石。于是受总领事那齐雅影响的法国当局调转枪头，对准共产党。不久，国民党军队进入江南地区，1927年2—3月上海爆发工人起义。法国当局认为租界的安全今后需要青帮的帮助，所以和青帮达成协议。

需要指出的是，法租界和公共租界不同，其行政权完全掌握在总领事手中。总领事不仅负责治安，而且要保证租界不受外来势力的影响。在社会动荡不安和政治情况复杂时期，让租界免受一切外来威胁当然成为那齐雅的头等任务，可是他手中能够使用的力量不足，又不愿意将法租界置于公共租界的羽翼之下。此外，他不相信中国的禁烟政策能够生效，所以认为求助于黑帮并没有什么不妥。天主教绅董派成员过于懦弱，无法维持租界治安，青帮的杜月笙自然要挑起重任。于是持实用主义态度的那齐雅将维护公共秩序、打击罪案和镇压工人暴动的任务寄托于青帮身上。

确实，杜月笙在黑白两道都能吃得开。他是匪帮首领，又是蒋介石的亲信，同时掌握上海工联总会，手中握有武装力量。在1927年4月的大屠杀中，他帮助蒋介石对付共产党。作为回报，蒋介石授予他荣誉顾问头衔。①

---

① M. -C. Bergère, *Histoire de Shanghai*, *op. cit.*, p. 246.

20 世纪 20 年代末，这位青帮头子已经成为法租界的重量级人物，能量巨大，周旋于各种势力之间，维护社会的表面祥和。1929 年，那齐雅的继任者甘格霖（Edgar Koechlin）甚至邀请他参加公董局。[①] 此时此刻，杜月笙在上海滩纵横捭阖，无往不胜。他协助公权，但俨然是法租界的真正主人。他掌控工联和纳税华人会，与国民党过往密切，完全成为地方经济繁荣和社会稳定的维护者。

最后是公共租界当局和大不列颠领事馆向巴黎发出警告，才终结了杜月笙在法租界的风光岁月。法国政府担心法租界的脆弱治安机制给南京政府留下口实，使西方人难以再在上海驻足，于是在 1931 年决定让新任法国驻华大使韦礼德（Auguste Wilden）斡旋上海法租界事务。但韦礼德等到次年初日本侵略上海时才采取行动。1932 年 3 月，法租界领事馆更换人员，换上富有经验的人手。而早在 2 月，杜月笙已迫不得已辞去领事委员会顾问一职，7 月，他把三鑫公司转出法租界，迁到大上海，在蒋介石政府的庇护下，勾结上海市市长吴铁城，继续从事和扩大不法生意。他以向政府缴纳巨额税收作为反共资金为条件，获得官方的允许，垄断上海的鸦片销售。因此说，杜月笙的流氓大亨传奇人生继续精彩演出，而他和法租界的“业务往来”却彻底结束。

（二）广州湾的生意经和政治状况：走向“殖民协议”[②]

我们之所以对上海法租界杜月笙的发迹史着墨甚多，是因为他和广州湾陈学谈的发家史出奇地相似，以至于我们认为两者不可能是巧合，而是种下恶因而结出的恶果，两人都是特定政治和经济时局中的典型代表。

陈学谈的社会经济地位及其个人生涯至今仍存在许多谜团，殖民档案中相关的个人文件已经遗失，行政报告更是惜墨如金。所以关于陈学

---

① *Idem*, p. 249.

② 此处的“殖民协议”并无传统意义上的殖民排他性之意，即宗主国强迫殖民地只能和宗主国进行贸易，而是指地方殖民当局和土著精英之间达成的政治和经济协议，以瓜分权力。

谈的信息几乎都是支离破碎的，难以拼接或核实。

根据一位佚名人士用法语撰写的生平，陈学谈于1881年生于铺仔区北月村（Pat-yut）的一个贫困家庭，因家贫辍学，一直是文盲，或几乎大半生不识一字，成年后曾混迹于赌场和烟馆。① 他的发迹全靠拳头打拼出来，始于1910—1911年总公使的西贡籍秘书到白雅特任命他为海头墟民团团长。② 至于他如何在鸦片贸易中致富发家和成为赤坎乡绅，这些都无从得知，总之他成功发家，而且积极协助当局镇压匪帮，获得当局赏识，“必须承认，赤坎、志满、铺仔和太平的绥靖和安全更赖于此位忠义、热心的助手，而非我们自己的努力”③。陈学谈在几年间成为第一区治安管理的中坚力量之一，而第一区恰恰是法国人认为租借地中最令人头痛的地方。1914—1915年，陈学谈已成为广州湾“富商”，拥有巨额财富（估计约4万皮阿斯特）和大批不动产。④

陈学谈表现出敏锐的政治嗅觉，主动和地方法国当局修好，紧密合作。那么第一次世界大战是否也助了陈学谈一臂之力，正如上海的黄金荣和杜月笙那样呢？我们认为是的。1914年12月10日，驻赤坎副公使兼市长戴维（David）应赤坎商界的要求任命陈学谈为“绥靖长官，赤坎商团团长”⑤。于是陈向赤坎商贾募集资金，招募队员，维持治安，保护赤坎和商队的安全。戴维认可这支私人治安武装的创建，这意味着今后当局将不再有效地保证所有租借地居民的安全。不过即使总督府对赤坎市长的创举没有非议，殖民地部部长也不能同意。社会党众议员马利尤斯·穆戴曾向当时的殖民地部部长杜美尔格提出过严厉质询。1916

---

① 需要指出的是，上述信息和岭南师范学院景东升博士提供的信息明显不同。根据景先生提供的中文简介，陈学谈之父在广州湾和海南岛之间经营小生意，家庭条件尚可。陈学谈的母亲负责教育，所以即使陈学谈没有上过学，不能说明他是文盲。

② « Biographie de Tsang-Hoc-Tam »（sn, sd），CAOM，GGI，43053. 此份记录似乎出自行政信息服务处，或出自1929年出任东方汇理银行白雅特支行买办詹阿彪之手。詹阿彪曾不适当地参与了鸦片烟厂执照的竞争。

③ Administrateur en chef à l'administrateur délégué de Tchékam，le 30/07/1915，CAOM，GGI，32854.

④ Administrateur en chef au gouverneur général，le 30/07/1915，*ibid.*

⑤ Arrêté du 10/12/1914，CAOM，GGI，32854.

年4月，当杜美尔格得知一名众所周知的走私分子被官方任命为民兵队长时，他大感忧虑，认为这将给社会秩序混乱埋下祸根，不宜提倡，因此要求立刻撤销任命，并成立真正的治安力量，取代私人治安力量。①

可是在地方公务员的行政理念中，为了达到功利性目的，政治原则有时是可以变通的。于是地方当局再次装聋作哑，接着卡尔尼埃先后发布两道命令，巧妙地化解了问题。1916年5月21日，赤坎升格为自治市，拥有自己的预算权。在此之前，4月1日，陈学谈“恰好”被任命为赤坎公局局长，他手中掌握的民兵被整编为市治安队，由地方财政支付薪酬。② 私人民兵摇身一变，成为公共治安力量，但需自筹经费。这样一来，陈学谈从商界一步跨进政界，身兼走私商人、乡绅和警察三职，为其日后飞黄腾达铺平了道路，接下来只需伺机敛财即可。而地方当局则庆幸自1898年以来一直寻寻觅觅的中间人终于花落陈家，可以代为控制华人群体。以功能错置为基础的上海模式终于在广州湾落户。在法国当局眼里，华人群体不服管理，为了控制他们，必须有所妥协，以华治华。

必须承认，陈学谈具有非常清醒的政治意识，从他对待匪帮的态度可窥见一斑。1920年7月22日，坊间传言他勾结非法之徒，于是7月25日，他枪毙了妃三的副手老花生，令谣言不攻自破，也撇清了他和匪帮的关系。③ 数月后，风平浪静，谣言停止，陈学谈遂释放妃肥的副手妃陈仔，后者在一次抢劫赤坎时被民兵队抓获。④ 总之，他两面逢迎，轻车熟路，一手抓镇压，一手给庇护，坐收渔翁之利。

陈学谈利用职权的便利，编织了一张跨越广州湾的关系网和生意网。为了走私，他勾结中国内地的鸦片供应商、运输商和地方政府。

---

① Télégramme du ministre des Colonies au gouverneur général, le 27/04/1916, *ibid.*

② Télégramme de l'administrateur en chef au gouverneur général, le 16/05/1916, *ibid.*

③ « Piraterie aux abords de Kouang-Tchéou-Wan », CAOM, GGI, 40501. 在1920年7月22日总公使致总督函中（d'après une lettre de l'administrateur en chef au gouverneur général, le 22/07/1920, CAOM, GGI, 40539.），提及1920年4月，香港多家报纸指控陈学谈庇护妃肥和陈烂铜。

④ « Note sur la piraterie »（sn, sd）, CAOM, GGI, 40476.

1922 年 10 月，在鸦片贸易兴旺时期，遂溪的乡绅和群众竟然邀请他接手已故县长的工作。[①] 总公使布朗夏尔・德・拉布罗斯认为有必要和周边县市搞好关系，于是在他的默许下，陈学谈于 10 月 25 日出任遂溪县长。拉布罗斯此举考虑到了一个重要的因素，即遂溪不是一个普通市镇，而是云南鸦片运入广州湾的必经之地。陈学谈控制住赤坎和遂溪，相当于把住了向广州湾走私鸦片的两扇大门。次年 2 月，陈炯明甚至邀请陈学谈出任雷州半岛最高军事指挥官。[②] 由于这次名堂太大，明显违背行政管理规则，总公使克劳泰默命令陈学谈不得接受。1923 年 3 月 1 日，陈学谈回绝了陈炯明的好意，这出身份变脸的杂技才宣告结束。

此后，陈学谈不得不将活动范围控制在赤坎和租借地之内，不过他在周边县市各个重要岗位安插亲信，以保证租借地与周边地区鸦片贸易的顺畅。据法国行政档案显示，20 世纪 30 年代初，其兄弟是梅菉市市长。[③] 1934 年，其侄出任徐闻县县长。徐闻是雷州半岛最南端的大港口，和海南岛联系紧密。[④] 就这样，陈学谈依靠一张可靠的人际网络，有效地扼住了地区鸦片的主要运输和流通渠道。

然而，如果陈学谈想长期——从 1916 年至 1945 年——保住他在赤坎的显赫地位，还必须扩大支持面，依靠多方势力，和总公使博弈。他确实为租借地的秩序和商业贸易做出了贡献，获得了行政当局的认可，这足以保证他屹立不倒。不过施政者喜好无常，谁也无法预料。所以如果他想让生意持续兴旺，就必须寻求其他力量的支持，不能只把赌注放在总公使这一边，而租借地行政管理的双头性质恰好为他提供了这样的可能。

广州湾确实存在双头管理，一边是地方行政当局，另一边是海关和专卖局的税务官，代表印度支那行政当局的另一核心部门。在印度支那也一样，民政服务部门与海关和专卖局相互独立，缺少团结精神和效率

① Lettre de Tsang-Hoc-Tam à l'administrateur en chef, le 28/10/1922, CAOM, GGI, 56499.

② Administrateur en chef au gouverneur général, le 9/02/1923, *ibid.*

③ Kouang-Tchéou-Wan, rapport politique mars 1931, CAOM, GGI, 64374.

④ Kouang-Tchéou-Wan, rapport politique juillet 1935, CAOM, GGI, 64378.

意识，互有龃龉，暗中较劲。[1] 地方行政当局独自管理鸦片贸易 14 年后，专卖局进驻白雅特，其代表博雷勒（Borel）和总公使卡亚尔的关系几乎立刻紧张。卡亚尔的继任者卡尔尼埃和专卖局的关系更是剑拔弩张，1916 年还曾因此向代理总督让·夏尔（Jean Charles）求助：

冲突的发生不是由于个人意见不同，而是由于两种原则的截然对立：一方面，殖民地内部（因为广州湾可以视为一处特殊的殖民地）的政治和经济行动一致性的原则，意味着只有政府的代理人才有话语权；另一方面，专卖局的独立行动原则，不受政府负责人约束，甚至意见相左。

恳请您在这两种原则之间做出选择。[2]

我们无法查获河内对此请求的回应，但是毫无疑问，让·夏尔还是想让这两个部门之间保持相互独立，所以卡尔尼埃未能如愿。不过 1916 年底，博雷勒被召回印度支那，接替他的是外交手腕更加娴熟的约瑟夫·卡尔德（Joseph Garde）。卡尔德能说——或在学——黎语和粤语，来到租借地之后便扎根于此。其他公务员一般在职三四年便离开，他却在租借地供职到 1934 年 7 月才退休回国，在广州湾度过 17 个年头，打破了公务员在租借地供职时间的纪录。[3] 这么长的政治生命只能说明他和地方之间存在某种特别的，甚至可能是不太体面的利益关联。不少迹象表明，卡尔德出于个人友谊和个人利益的需要，和陈学谈过往甚密，保持深厚的合作关系，并一直为后者提供庇护。

确实，卡尔德曾经好几次亲自出面，使他处境不妙的"朋友"及时脱险。比如 1927 年 9 月，白雅特治安官搜查陈学谈的住所，缴获大量走私大烟。于是，卡尔德出面用专卖局的鸦片换走了未封存的赃物，使案件无法走上司法程序。自尊心受到伤害和生意受到妨碍的陈学谈立

① Cf. Ph. Le Failler, *op. cit.*, pp. 167 – 168.

② Administrateur en chef au gouverneur général, le 1/05/1916, CAOM, GGI, 43047.

③ Dossier individuel de J. Garde, CAOM, GGI, 51911.

刻做出反应，几天后拒绝接手当局提供的云南鸦片。这一招果然奏效，因为“当局为了多余的云南鸦片库存能顺利流通而付出的一切努力可能因此而付之流水”。海关和专卖局负责人基尔谢向总督发出警告，于是总督命令下属，今后只能由专卖局的专人负责搜查零售商的住所，“因为这种事从政治和财政角度看太敏感了”①。司马昭之心，路人皆知啊！

这种事例多不胜数。陈学谈协助民政当局剿灭土匪（起码是那部分妨碍其生意经的土匪），同时又为专卖局的鸦片买卖做出贡献。在双头政治的支持下，他风生水起，财源滚滚，终于在20世纪20年代末期获得无人能及的社会经济地位，几乎垄断了租借地的鸦片贸易。广州湾的四大烟厂有三个或直接由他控制，或由其亲信控制。作为赤坎公局局长，他手中握有78名警力，能自由调度，保证鸦片贸易的顺利进行。1937年，陈学谈的个人财富已经非常雄厚（上文提过），他甚至出资购买“天成号”火轮，悬挂法国国旗在海上航行。② 这一特权对于中国人来说绝对是不寻常的，可能是当局为了回报其服务而给予的，这为陈学谈逃避中国海关的检查创造了便利。那他船上到底运载什么商品，各位可以轻而易举地猜到……

总之，陈学谈和杜月笙的发迹史几乎如出一辙，他们都晓得利用时局谋取最大利益。但是他们之间还是有两点不同，首先是在江湖上的时间和日子长短有所不同。杜月笙1918年才开始发迹，当时华人督察长黄金荣授意他经营鸦片，而陈学谈在1910年广州湾首府迁到白雅特时已开始走私和从政双重生涯。此外，杜月笙自1932年起退出上海法租界的生意，而陈学谈却继续在“二战”时贩卖毒品，甚至在“二战”后还可能继续经营鸦片。另外，1945年8月18日法国归还租借地，次年9月13日重庆政府才接手广州湾，在此期间，陈学谈可能临时管理

---

① Lettre du gouverneur général à l'administrateur en chef, le ? octobre 1927, CAOM, GGI, 45252.

② Télégramme du ministère des Affaires étrangères aux ministres de France à Tokyo et à Shanghai, le 7/03/1938, MAE, Corr. pol. et comm. (1918 – 1940), Asie E 835, fol. 132 – 133.

过地方事务。① 第二点不同是他们的影响力。陈学谈在政治和经济上的影响力远不如青帮头子，据我们所知，他只是一个重要的鸦片贩子，未曾成为黑帮教父，法国档案中也从没提及过他和政党或工会有密切联系，但这并不意味着广州湾没有过政党和工会，只是说明了陈学谈的势力、威望和财富远不及杜月笙。他只是上海流氓大亨的一个苍白的翻版，折射出广州湾和上海之间的巨大差别。

因此，在沙罗的下属构建起来的低效率法国—土著合作官方体系的一侧，发展起另一种与租借地民众休戚相关的管理模式。当局和鸦片贸易寡头建立合作关系所打的“殖民协议”牌，正是上海法租界居民口中的“魔鬼协议”，② 即合法政府掌握政治权力，华人商界精英维护秩序和掌握经济权力。广州湾和上海一样，其管理模式不是殖民权力偶然失控的结果，而是地方当局经过深思熟虑之后，基于地方的特殊情况而做出的选择。

在广州湾促成法国—土著合作的原意是要实践“沙罗主义”，现在却成了半吊子。因此华人精英阶层对法国—土著合作一说抱着不冷不热的态度自然是可以理解的。此外，陈学谈的非官方互助体系受到了其低效无能的官方背景的保护，1945 年，陈学谈身兼赤坎公局局长和地方咨询委员会主席，身负重任，但他并未因此而放弃获利丰厚的罪恶活动。③

结　语

总之，广州湾的鸦片贸易既是当局施政的动力，也是当局施政的结果。在大部分情况下，总督府对此心知肚明，只不过对巴黎隐瞒了真相

---

① Rapport de Roques, résident supérieur à Kouang-Tchéou-Wan, à l'amiral d'Argenlieu, haut-commissaire de la France dans le Pacifique, le 20 /11/1945, CAOM, HCI, Conspol. 220.

② 马丁写道：“法国人伤心地把这一安排比作‘魔鬼协议’”，影射 1927 年 2 月杜月笙和法巡捕房总监费沃利之间达成的协议。费沃利承诺保护杜月笙在法租界的经济势力，作为回报，杜月笙将协助维持社会秩序。Cf. Brian G. Martin, *op. cit.*, p. 115.

③ Rapport de Roques, résident supérieur à Kouang-Tchéou-Wan, à l'amiral d'Argenlieu, haut-commissaire de la France dans le Pacifique, le 20 /11/1945, CAOM, HCI, Conspol. 220.

而已。河内经过深思熟虑，最后决定牺牲各种工商业活动，专营鸦片，牟取暴利，甚至不惜为此搭上法国在广州湾的前途，玷污了法国在国际社会上的声誉，也抹黑了法国的形象。就这样，在20世纪20年代，广州湾逐渐堕落成一处无法无天之地，不时受到国际禁烟大会的声讨。

广州湾和上海法租界的雷同显然不是纯属巧合（如是，巧合之处未免太多了），也绝对不是管理者心甘情愿妥协的结果，而是法国当局缓慢和逐步地适应地方社会和政治环境，并受到地方社会经济结构限制而做出的一种反应。在这一缓慢的偏移过程中，传统的价值观念不再发挥作用。共和国的法制消失殆尽，巴黎上级部门完全被蒙在鼓里。换言之，殖民当局只顾及当前利益而做出一些明显非法的安排，与黑帮势力达成妥协，这从根本上削弱了法国殖民体系的严肃性。

第四部分　清盘时期（1928—1946）

第十二章　危机中的广州湾（1928—1939）

整体而言，20 世纪 30 年代是广州湾的黑暗时期。与 20 年代的相对繁荣相比，这一时期的广州湾百业俱废，租借地遭到中国海关的封锁，印度生鸦片买卖突然停止，对外贸易大幅度下滑。形势突然发生大逆转，法国当局措手不及，总督府和地方政府都束手无策，深陷绝望，迫不得已之下，只能削减财政开支，耐心等待时局好转，但广州湾已无法再次启帆。而仔细考察 1928—1930 年的局势，困难并非不可避免，警报其实早已响起，只是当局充耳不闻，才导致租借地的彻底破产。因此说，殖民当局在广州湾问题上难辞其咎。此外，30 年代广州湾出现经济困难时，当局还袖手旁观，这种不作为也在很大程度上为 1945 年租借地的结局埋下伏笔。

广州湾在这一时期经历过好几次险境，各种各样的危机接踵而来，险象环生。从时间上看，首要因素无疑是世界经济大萧条，不过大萧条似乎没有对广州湾造成多大的冲击，真正对租借地产生影响的反而是大不列颠和国联倡导下的反鸦片专卖运动。此外，南京政府为了打击法国租借地而完善海关机制的坚定做法几乎令走私全军覆没。这两次打击尽管是先后出现（第一次在 1928 年，第二次在 1930—1931 年），而且两者之间无任何联系，但都击中广州湾的两处要害：毒品贸易和关税自由。

从此角度看，当局虽然搭建了地方经济发展的两大平台，但犯下了关键性错误，忘记了它们之间的关联性。确实，这两大平台都服务于同一目标：基于自由港发展广州湾经济，然后趁机放任鸦片买卖，损害国际社会认可的正常贸易。河内一直违背对宗主国和列强的承诺，而且缺乏忧患意识，无视国际局势的变化，最终把广州湾引入外交和经济的死胡同，彻底打乱了法国在东亚的整体布局。一小片属地的破产恰恰反映出印度支那高层一直未能拟出一份具有连贯性的亚洲政策规划，而印度支那总督府的上级部门殖民地部对此应是心知肚明的。

一、租借地身陷泥塘

1928—1931 年间，广州湾的“黄金时期”一去不复返，困难接踵而来，毫无征兆，彻底地摧垮了租借地的经济。这到底是何原因呢？要回答这一问题，必须从印度支那政策、法国外交政策和地方当局的政策三方面进行具体分析。

（一）鸦片政策受到抵制

在整个 20 世纪 20 年代间，广州湾的鸦片贸易体制不断受到英国和国联的强烈抨击，宗主国外交部也提出了异议，尽管程度不如前两者激烈。但总督府与海关和专卖局一直装聋作哑，未对专卖体制做过任何修改。到了 1928 年 4 月，印度支那专卖局才决定停止贝拿勒斯生鸦片在租借地的销售，1927 年 7 月已经议定的鸦片交易也因此搁置。相应地，白雅特鸦片总库收回直接转让权，只零售“当地熟鸦片”①，因为 1921 年之后那里只提供云南烟土了。那么当局为何突然改变主意，做出有损总督府财政收入的行为呢？这要稍略往前追溯一下该事件。

---

① Gouvernement général au ministre des Colonies，le 11/03/1929，CAOM，GGI，43054. 所谓“当地熟鸦片”，是指来自西贡的产品，经过轻微浓缩处理，以适应中国人的口味。这种鸦片实际上和中越边境地区出售的烟土属于同一种类，也称“当地鸦片”。Cf. télégramme Pasquier à ministre des Colonies，le 15/02/1929，CAOM，FM，Aff. pol. 2420，sous-dossier 3.

一切始于一桩走私出口案的曝光。这一事件引起大不列颠的外交抗议，也激怒了外交部，后者指责河内再次欺骗上级。1927 年 11 月，外交部部长告知殖民地部部长玛吉诺（Maginot），葡萄牙政府刚在提交国联鸦片咨询委员会的《1926 年毒品年报》中指出，澳门进口了 88 箱来自广州湾的印度生鸦片。① 这令法国政府十分尴尬：首先，如果情况属实，那法国就违反了 1925 年 2 月 11 日的《日内瓦协议》，也违背 1926 年 10 月 22 日在印度支那颁布的法令；其次，总督府在自己的年报中根本没有提及广州湾的走私活动。急于回复外交部部长诘问的玛吉诺立刻质问总督府，后者核实后，辩称被一些居住在广州湾的香港华人所蒙骗。他们确实向澳门走私鸦片，带头的三名华人将被驱逐出租借地。②

如果里斯本未再爆出新情况，事件或许到此为止。但是里斯本随后出示证据，证实河内不但未蒙在鼓里，还分别在 1924 年 7 月 8 日和 10 月 29 日与澳门鸦片公司签署过两份出口合同。③ 印度支那坚决否认，但已不能服众，不过总督府还继续抵赖，和走私船只串通，发表虚假声明。④

然而，我们在东方汇理银行的档案中找到了相关证据。当时的白雅特支行经理比诺提在信件中解释道，澳门游星公司（Youxing Cie）在赤坎有一名代理，名叫博依克（Po Yick），大家都知道他是印度和云南鸦片的大买家。比诺提怀疑自己的代办郝运（Ho Yuen，音译）也参与了走私，但不是直接参与，而是作为中间人。不论如何，他感到震惊的是，这样的走私行动竟然是明目张胆地进行，“几乎天天在租借地发生，

---

① Ministre des Affaires étrangères au ministre des Colonies，le 29/10/1927，MAE，Corr. pol. et comm.（1918 – 1940），Asie，E 62，fol. 26.

② Ministre des Colonies au ministre des Affaires étrangères，le 24/03/1928，MAE，Corr. pol. et comm.（1918 – 1940），Asie，E 62，fol. 79.

③ Ministre des Affaires étrangères au ministre des Colonies，le 22/02/1929，MAE，Corr. pol. et comm.（1918 – 1940），Asie，E 62，fol. 147 – 150.

④ Ministre des Colonies au ministre des Affaires étrangères，le 11/07/1929，MAE，SDN，1653，fol. 2 – 11.

而（当局）却熟视无睹”①。不过比诺提始料不及的是，就在他写下这些信件之时，英国已经采取抗议行动，向外交部提出质询。于是事件进入了国际外交层面。

可能因为事件发酵，1928 年初，印度政府向外宣布不再出口生鸦片，除非国际买家能够按照 1925 年《日内瓦协议》的规定，提供购买证明；同时，印度政府也要求各国政府保证不将购得毒品再出口。② 这一规定的后果是严重的，因为发放购买证明意味着从事烟土零售的个人必须从政府处获得执照，但是广州湾根本没有实施这样的措施，所以租借地专卖今后将面临缺货的风险。正因如此，总督府才在 1928 年 4 月匆匆宣布不再向租借地零售商出售印度生鸦片，准备另作他图。所以说，停售鸦片是迫于英国的压力，也是澳门事件发酵的直接结果。

几个月后，即 1928 年 9 月，国联大会决定向远东派出一个由三个成员国组成的“鸦片调查委员会”。1929 年 3 月，委员会开始了漫长的调查工作，考察除中国之外的所有东亚国家。中国当时拒绝委员会入境，印度支那本来也准备提出抗议，但迫于外交部的压力，最后不得不同意在 1929 年底接受专家组的调查，同时也同意委员会在 1930 年 1 月 7 日和 8 日短暂进入广州湾。外交部乘机迫使总督府履行义务：

> 第二点涉及广州湾。您也知悉，若干年来，该地区存在违反我们的鸦片政策的大规模活动。在委员会对租借地开展调查期间，望提供相关文件，给予便利，最终了结所有针对我们和严重损害我们在日内瓦的形象的指控。③

---

① Lettre confidentielle de Bignotti à la Banque de l'Indochine à Hanoi, le 14/04/1928, Archives de la Banque de l'Indochine, DSE 9, lettres 1928; voir aussi du même, rapport-bilan 2e semestre 1927, Fort-Bayard, DSE 35. 需要指出的是，1925 年以后，印度政府借口澳门是走私窝点，拒绝再向葡萄牙殖民地出售生鸦片。所以澳门鸦片公司只好自谋出路，其中之一是从广州湾走私鸦片。

② Rapport Merat, inspecteur des Colonies, sur la Régie de l'opium, le 18/02/1930, CAOM, FM, Indo, NF 2480.

③ Ministère des Affaires étrangères au ministère des Colonies, le 30/05/1929, MAE, SDN, 1641, fol. 286 -287.

印度支那当局黔驴技穷，只好赶紧根据海牙和日内瓦决议制定新的交易规则。1929 年 7 月 26 日政令草案出台，11 月 9 日报总统批准，1930 年 1 月 6 日在印度支那颁布，也就是说，在调查委员会到来的前一天实施，以前所未有的速度对鸦片专卖局进行改革……

看来只有英国和国联合力才能促使总督府放弃观望和拖延的态度。否则，单靠英国殖民地的力量恐怕不足以让河内屈服，因为法国当局一直以为英国人只是想刹住广州湾繁荣的步伐，而不是与鸦片走私作斗争。确实，海关和专卖局局长佩雷拉（Pereyra）已经注意到，在租借地的经济进入繁荣时期，鸦片以外的贸易从 1920 年的 580 万皮阿斯特增长到 1927 年的 1 620 万皮阿斯特时，香港提出了警告。他理所当然地以为英国人绞尽脑汁，无非是想打击一个正在崛起的商业竞争对手。①

1929 年 7 月的新法规基本上符合 1925 年《日内瓦协议》的要求。零售商被取缔，取而代之的是数量有限的烟厂（按规定是 3 个），专卖局将按重量出售鸦片，而不再按箱销售。无效和腐败的拍卖体制让位于总督府的核定价格机制。为了防止走私，无专卖局证明的鸦片不得在租借地销售。烟厂东主接到配额后，必须在大约 40 天内将全部烟土加工完毕，用特定的盒子包装，并打上制造标签。他们持有零售执照，配合专卖局的工作，在他们认可的商店内零售熟鸦片，并自行定价。② 最后，第十三和十四款禁止任何生鸦片和熟鸦片的进出口，违者将被处以罚款和监禁。

总的来看，这一体制在控制鸦片贸易上有了明显进步。但是不久，殖民地视察员梅拉仍然批评当局只是“从字面上解读《日内瓦协议》，违背其精神”③。梅拉说得一点也没错。协议的 1—3b 条款规定，有执照的个人才能零售鸦片，但租借地的鸦片零售仍然自由泛滥。此外，同一条款规定零售人员的预期报酬是固定的，但在广州湾，烟厂东主却能

① « Note sur la situation de l'Indochine au regard de la question de l'opium », directeur des D. & R., le 31/10/1929, MAE, SDN, 1643, fol. 3 - 46.

② Arrêté du 26/07/1929, MAE, SDN, 1654, fol. 192 - 202.

③ Rapport de Merat, inspecteur des Colonies, sur la Régie de l'opium en Indochine, le 18/02/1930, CAOM, FM, Indo, NF 2480.

从生鸦片购买价和烟土售价的差额中谋利。看来当局表面一套背后一套，打心底里不愿意完全控制毒品贸易链条，不愿损害广州湾鸦片生产者的利益。

关键问题是，烟厂的鸦片来自何处呢？新规定允许有限度制造和销售鸦片，而专卖局却不再出售贝拿勒斯生鸦片，这本身就自相矛盾。[①] 一开始，专卖局只是处心积虑地要处理掉西贡仓库中的 18 吨云南鸦片库存，牟取暴利。[②] 但这只是权宜之计，专卖局始终要找到另一种解决问题的长期方法。于是总督府趁机怂恿殖民地部部长同意专卖局从云南进货，[③] 原则上是要满足广州湾的需要，而从长远看是要供应整个印度支那。此外，总督府认为烟厂东主肯定会支持，[④] 原因不言自明。总之，印度支那以后不再依赖印度政府；至于租借地的华人，他们完全可以通过走私自谋出路，因为他们通过走私获得的鸦片将和专卖局出售的鸦片没有任何区别，都是购自中国内地。这样做本来需要征得国联和南京政府的同意，不用说，不论国联还是南京政府都不可能同意，所以印度支那是私自操作。下文我们将看到总督府如何走出困境，因为另一难题不期而至，使广州湾的局势变得更加复杂。

（二）中国重申收回广州湾的要求

1921—1922 年华盛顿会议之后，广州湾回归问题被北京和巴黎搁置。法国政府立场坚定，维维安尼、沙罗和杜美尔格先后表态：只有其

---

① 1929 年 1 月，鸦片咨询委员会的法国代表布尔若注意到该问题："我提出取缔印度鸦片的销售时，立刻有人质问我，那用什么鸦片来替代呢？既然不是波斯鸦片，也不是印度支那鸦片，那有人就怀疑我们是用云南鸦片。所以我们的处境将越发艰难。" Télégramme de Bourgois à Massigli, ministre des Affaires étrangères, le 28/01/1929, MAE, Corr. pol. et comm. (1918－1940) Asie, E 62, fol. 143.

② *Idem*. Voir aussi la lettre confidentielle du directeur de l'agence de la Banque de l'Indochine à Fort-Bayard, à inspection générale, le 26/06/1928, Archives de la Banque Indochine, DSE 9, lettres 1928.

③ 总督府之所以坚持从云南进货，是因为印度支那专卖局担心印度鸦片的供应会逐步取消。

④ Télégramme du gouverneur général au ministre des Colonies, le 12/03/1928, CAOM, GGI, 42987.

他列强归还租借地，特别是英国归还九龙，日本归还亚瑟港和大连，法国才同意归还广州湾。退一步看，这一立场当时虽然能够完美地起到捍卫法国权益的作用，但其操作极其笨拙。法国提出无法做到的领土归还要求，无非是要打消中国收回租借地的念头，但又不敢明说。更加难堪的是，这一策略给人留下了一种印象：既然法国同意归还广州湾，那法国就不会在乎租借地了。同时，既然归还原则仍然有待确认，而且需以其他国家归还为前提，所以这样做并没有给出一种长远的政治解决方法。对于北京提出的明确要求，巴黎和河内都要寻找遁词，进行敷衍。

但问题迟早会被搬上台面。20 世纪 20 年代初，中国和列强的关系因 1919 年五四运动爆发而恶化，后因 1925 年香港和广州事件发生而雪上加霜。关系紧张的诱因之一是国民党和苏联合作。1923 年 1 月 26 日，孙逸仙与苏联政府代表越飞在上海签订了《孙文越飞联合宣言》，宣言在 1924 年 1 月国民党大会上通过。1925 年 6 月 28 日，国民党中央委员会正式宣布废除"所有不平等条约"。

为了削弱苏联对中国的影响，英国摆出姿态，在 1926 年 12 月同意国民党的要求：尊重中国主权，承认国民党提出要求的合法性，接受外交平等原则，率先在 1927 年归还汉口和九江租界。1927 年 1 月，美国和日本都加入归还行动，公开支持蒋介石的进步政策。

1927 年，中国进入了一个政治相对稳定的时期，史称"南京十年"。南京是国民党蒋介石政府的新首都。蒋介石政府借全国性抗议浪潮爆发之机，强烈要求列强放弃被视为过时的不平等条约中的特权，包括租界、领事裁判权、治外法权等。当然，中国没能一举解决所有问题，而是先废除租界和领事裁判权，后来才废除治外法权。但从整体上看，中国已处于变化之中。到了 20 年代末，中华民国已经收回 33 处租界中的 20 处，不过最重要的租界，如上海租界，仍未能收回。① 1922 年 9 月，北京和伦敦展开谈判，讨论威海卫回归问题，经过一番讨价还价之后，双方于 1930 年 4 月 18 日在南京签署协议。同年 10 月 1 日，

① J. Chesneaux et F. Le Barbier, *La Chine. La marche de la Révolution*, *1921 – 1949*, tome 2, Paris, Hatier, 1975, p. 81.

威海卫回归中国，引起轰动。[①] 在中国政府看来，下一步应该是广州湾了。1929 年 6 月底，中国外交部部非正式通知法国驻南京代表玛德（Martel）：威海卫问题即将解决，政府希望讨论法国租借地问题。[②]

事实上，广州新闻和舆论界早已在 1927 年春发起过一轮抗议运动，严厉地鞭笞了法国帝国主义，为谈判制造声势。[③] 法国租借地的罪恶如武器和鸦片走私、赌博成风、盗匪猖獗等，曾被多次披露，如今再次遭到抨击。舆论制造了压力，促使国民政府进行外交谈判。

1930 年 11 月 4 日，即威海卫回归一个月后，法国驻南京公使韦礼德收到了中国外交部部长王正廷的正式通知，要求开启广州湾谈判：

> 基于两国利益，中国政府认为广州湾回归问题需尽早解决。因此恳请阁下促请法国政府迅速遣使到南京，商讨归还广州湾事宜。[④]

几天后，韦礼德和王正廷会面。王部长按如下顺序表达了中国政府的四点要求：收回广州湾，撤销治外法权，改组上海法租界会审公廨，收回汉口法租界。[⑤] 租借地问题终于成了中国民众反对法国特权斗争的内容。但在会面期间，法国公使收到了外交部部长白里安的训令，重申法国政府的立场：除非其他列强都归还租借地，否则不会启动任何关于广州湾的谈判。[⑥]

法国政府的态度之所以如此强硬，是因为印度支那总督府介入了该事件，反对韦礼德的前任玛德提出启动谈判的建议。1929 年 6 月，中

---

① J. Escarra, *La Chine et le droit international*, Paris, Pedone, 1931, pp. 121 – 122.

② Lettre de Martel à Briand, ministre des Affaires étrangères, le 20/06/1929, MAE, Corr. pol. et comm.（1918 – 1940）, Asie, E 347, sous-dossier B, fol. 228 – 230.

③ 《国华报》1927 年 4 月 25 日文章，《民国日报》1927 年 5 月 3 日文章，此外 1928 年还有系列报道。MAE, Corr. pol. et comm.（1918 – 1940）, Asie, E 347, sous-dossier B, fol. 214 – 216.

④ C. T. Wang, ministre chinois des Affaires étrangères à Wilden, ministre de France à Nankin, le 4/11/1930, MAE, Corr. pol. et comm.（1918 – 1940）, Asie, E 834, fol. 14 – 15.（引文部分直接译自法文文本。——译注）

⑤ Télégramme de Wilden au ministre des Affaires étrangères, le 21/11/1930, *ibid.*, fol. 22.

⑥ Télégramme du ministre des Affaires étrangères à Wilden, le 14/11/1930, *ibid.*, fol. 18.

国外交部曾会晤法国公使团团长玛德，提出广州湾议题，玛德在向上级提交的汇报中，流露出同意中方要求的看法：

沙罗先生曾承认广州湾回归不会对我们的利益产生实质性损害……在这种条件下，我们可以思考，难道实现维维安尼和沙罗先生提议的时刻还未到来吗?①

玛德补充道，法国应该考虑到回归问题具有两面性，在谈判时可以向中方索偿，甚至要求中方“保证法租界的地位，特别是利益关系最大的上海法租界”。玛德认为法国已陷入外交困境，如果继续无视中国社会的变化和回避其诉求，恐怕法国在华的外交将更难开展。他希望牺牲一块对法国无益的土地，来保证法国在华既得利益的安全，尤其是法租界的存在。因此，用租借地换取补偿应是法国在洞察到在华地位已岌岌可危情况下采取的较为切合实际的做法。

但是河内打的是另一套地缘政治算盘。当总督巴斯杰获悉玛德的提议时，立刻表示反对。1929 年 10 月，他向殖民地部部长皮埃特里（Pietry）呈上一份冗长的报告，指出沙罗不可能说过那样的话，“因为他太了解广州湾的价值了”。他在报告结尾揶揄道：

部长先生，如果您能站在我的角度看问题，向外交部陈明利害，从政治、经济和税收各方面阐述印度支那为何坚持要法国控制住这片土地，我将感激不尽。②

广州湾再次引发了殖民界和外交界的口水战。总督府在殖民地部的支持下，以税收为借口，竭力捍卫自己的一亩三分地，当然也忘不了在保留其他法租界问题上与外交部保持一致。这一态度或许有些鼠目寸

① Lettre de Martel à Briand, ministre des Affaires étrangères, le 20/06/1929, MAE, Corr. pol. et comm. (1918 - 1940), Asie, E 347, sous-dossier B, fol. 228 - 230.

② Pasquier au ministre des Colonies, le 16/10/1929, *ibid.*, fol. 237 - 255.

光，但实际上，河内和殖民地部对非殖民化骨牌效应表现出前所未有的担忧，反映出其政治导向已发生变化。①

这种全新的政治导向从表面上看是沙罗路线指导的延续，其真实意图是总督府即使冒着损害法国在华租界长久利益的风险，也要保全印度支那。以往幻想成为宗主国第二，在亚太地区叱咤风云的时代已经一去不再复返，如今前途茫茫，困难重重，越南新民族主义运动抬头，共产主义活跃，经济萎缩，印度支那总督府知难而退，企图委曲求全，希望维持原状，不过这多少还是有些困难。巴斯杰到河内任职的时候，恰好新保守主义路线的支持者获得了胜利，其基本看法与 20 世纪 20 年代持改革立场的政客截然相反。② 1930 年，殖民地高级委员会成立了印度支那小组委员会。埃梅里在专著中引述印度支那小组委员会的说法："基于法国和印度支那的共同利益诉求，法国不能放弃印度支那。不论是从政治还是从经济角度看，印度支那对于法国来说都是必不可少的……"③ 总督府比以往任何时候都关心印度支那的完整性，而广州湾则在某种程度上凝聚了这种保守主义意愿。在法国态度坚决，拒绝让出寸土之地的情况下，中国政府别无选择，为了让别人听到自己的声音，只能攻击租借地的弱点：商业。

（三）中国海关包围租借地

总督府此前和清政府谈判租借地内部设置关口问题时提出了不现实的索偿条件，所以广州湾和周边中国地区的海关关系从未走向正常化。1911 年辛亥革命爆发，中国陷入无政府状态，租借地关口问题被再次搁置。南京政府成立后，中国开始了一轮宏大的经济结构调整计划，关口问题又浮出了水面。

---

① Voir, P. Brocheux et D. Hémery, *Indochine, la colonisation ambiguë, 1858 - 1975*, *op. cit.*, pp. 304 - 311.

② Voir sur ce point P. Brocheux et D. Hémery, *ibid.*, pp. 106 - 108.

③ D. Hémery, « Aux origines des guerres d'indépendance vietnamiennes : pouvoir colonial et phénomène communiste en Indochine avant la Seconde Guerre mondiale », *Le mouvement social*, janvier-mars 1975.

1842 年以后，中国失去了自主制定关税的权利（确定从价税率为 5%）。1851 年，为了偿还外债，中国将海关资源置于外国列强，特别是大不列颠的控制之下。列强以外债为由抽取了部分海关税收，然后将剩余部分返还北京。这样做在一个面临重大变革的国家中不能不引发问题。[①] 1928—1930 年，蒋介石在大不列颠和美国的支持下（尽管这一支持不是无条件的，也不一定符合民意），最终实现了中国关税自主，废除厘金和内部关卡。事实上，列强的支持和中苏关系恶化不无关系。1927 年 4 月，国民党和共产党决裂，双方于 1929 年 10 月在满洲对决。总之，中国国内政治局势和国际政治环境盘根错节，错综复杂。

在这种情况下，中国政府在 20 世纪 20 年代末主动提出广州湾的海关问题。1929 年 8 月，法国驻华公使玛德通知巴斯杰总督，中国海关总署准备派遣广州海关专员布朗（Brand）到白雅特，与地方当局商讨打击走私事宜。巴斯杰直截了当地拒绝布朗的到来，他还进一步指出，鸦片问题只与印度支那有关，此类谈判不属于代表团的权力范围，而是国家对国家关系层面的问题。在冠冕堂皇的官方辞令背后，总督深信大不列颠控制着中国海关，又想玩新花招，企图收集不利于广州湾的信息，在国联大会上搬弄是非。[②] 总督或许没错，但河内关上大门拒绝谈判的做法再次证明了总督府对中外关系的演变一无所知。中方最终忍无可忍，决定采取强硬手段。

其实自 1929 年起，两广之间的纷争已经严重地干扰到了租借地的经济生活。在六个月间，敌对派别轮番执政，控制广州湾周边县市，引起混乱，还巧设名目，设立关税，[③] 各种非法厘金严重地阻碍了地方经济的发展，而这仅仅是一个开始。

---

① Sur cette question et ses développements, nous renvoyons à M. -C. Bergère, L. Bianco et J. Domes (dir.), *La Chine au XXe siècle. D'une révolution à l'autre, 1895 - 1949*, tome 1, Paris, Fayard, 1989, pp. 248 - 255.

② Echange de télégrammes entre Martel et Pasquier, les 6, 11 et 13 août 1929, MAE, SDN, 1653, fol. 119 - 120.

③ Rapport sur situation administrative, économique et financière du Territoire, 1929 - 1930, BNF, 4 Lk19 - 613.

1930年12月29日，南京政府决定自1931年1月1日起取缔厘金制度，统一中国关税。1月5日，国民政府决定在广州湾周边设立关口链条，由两名欧洲代办管理（后很快减为一人），扼住广州湾。[①] 1月31日至2月18日，租借地周边陆续出现了9个新关口，分别是梅菉、黄坡、水东（位于东边电白附近）、雷州、麻章、沈塘、福建村、门头和大埠（位于雷州半岛最南端）。[②]

这些措施立竿见影，对广州湾的外贸活动造成强烈冲击。白雅特支行经理指出，1931年上半年，广州湾贸易量收缩。商人在各关口外团团转，急得如热锅上的蚂蚁，商品如要通关，要么行贿，要么夜间偷运，要么雇人从沼泽地背过去，最后实在没有办法，干脆雇船运往海南。[③] 但这样只能应付一时。次年，中国政府再次施压。1933年底，广州湾附近关口人员增加了50人，[④] 到了1934年底，又扩编100多人，总人数达到350人，盯住长50公里的租借地边界。[⑤] 南京政府不惜人力物力，重拳出击，显示出打击广州湾走私的决心。广州湾向以走私为经济支柱，现在合法海关收紧绳索的情况下，流失了大部分收入，对外经济活动几乎窒息。

南京政府通过此举削弱法国租借地的地位，使其丧失在印度支那当局看来唯一值得一提的本钱。此外，其他列强也策略性地支持南京政府，孤立不愿进入外交谈判程序的法国。南京的野心不止于经济目的：

---

① Rapport du 1er semestre 1931, agence de Fort-Bayard, Archives de la Banque de l'Indochine, DSE 35.

② Lettre de Marty, commissaire des douanes chinoises à Bride, administrateur en chef p. i. de Kouang-Tchéou-Wan, le 25/02/1931, MAE, Corr. pol. et comm. (1918 - 1940), Asie, E 834, fol. 66.（这里需要说明的是，大埠并非如作者所说位于雷州半岛最南端，而是位于雷州半岛最北端。在周边9个新关口中，梅菉、黄坡和水东位于租借地东边即今电白附近。雷州关的辐射范围是从麻章到沈塘的整条租借地边界，对租借地构成半月形包围圈，其中沈塘位于通明港附近。其他如门头、福建村和大埠则位于雷州半岛最北端，濒临租借地的北缘。——译注）

③ Rapport du 1er semestre 1931, agence de Fort-Bayard, Archives de la Banque de l'Indochine, DSE 35.

④ Rapport de l'administrateur en chef au gouverneur général, le 28/11/1933, MAE, Corr. pol. et comm. (1918 - 1940), Asie, E 834, fol. 109 - 119.

⑤ Rapport politique de Kouang-Tchéou-Wan, décembre 1934, CAOM, GGI, CM, n° 1053. 中国关口的人员编制之多，可以反映出走私之严重和中国政府打击走私的决心。

用海关施压的策略是要迫使法国回到谈判桌上，谈论广州湾回归问题。但是海关策略没有取得预期成果，其主要原因可能是 1931 年 9 月日本入侵满洲。面对日本的军事扩张，南京政府不仅无暇南顾，还可能要寻求西方列强的支持，不能开罪于他们。于是自 1932 年 1 月 1 日起南京单方面采取的清算外国特权运动被无限期地搁置了。

二、经济危机袭来

1928 年，经济危机的警钟在广州湾敲响。总公使和东方汇理银行白雅特支行的两任经理人分别在报告中承认了这一点。在同一时期，印度支那也进入了经济萧条阶段：橡胶价格暴跌，1929 年出口量萎缩，破产宗数剧增。对华贸易更是受到严重冲击。1930 年，印度支那获得自 1906 年以来的第一个贸易逆差。[①] 东亚出现了大萧条，波及广州湾。屋漏偏逢连夜雨，专卖局宣布取消印度生鸦片贸易，中国海关新增关口，种种因素叠加在一起，令广州湾处境更加艰难。我们难以评估每种因素对事件的影响程度，但有一个事实是肯定的：经过十年的经济繁荣期后，租借地的经济增长戛然而止。

（一）地方经济增长放慢

1. 商贸活动受到干扰而萎缩

如前所述，租借地面积狭小，商业的发展几乎依赖于中国周边地区，特别是香港和澳门，而与海防的经济联系极少。因此各地火轮的往返频次是一个良好的经济活动指标，可能比政府的纯商业统计数据更加可信，更能反映租借地的经济吸引力。图 12 - 1 明确说明，在 1927—1928 年间，到达广州湾的火轮班次已经骤减。[②] 此后中国海关围堵广州湾，导致 1929 年 10 月出现“黑色星期四”。

---

① Voir Marc Meuleau, *Des pionniers en Extrême-Orient. Histoire de la Banque de l'Indochine, 1875 - 1975*, Paris, Fayard, 1990, pp. 360 - 370.

② 由于 1936 年以后的数据缺失，所以图示只能绘制至 1936 年。

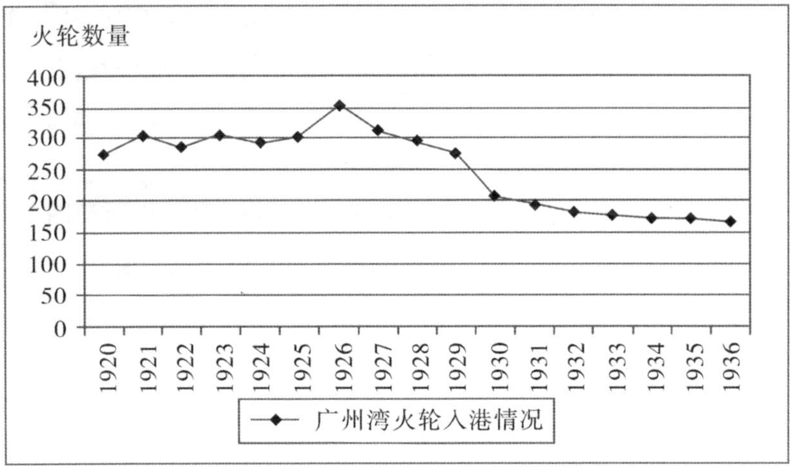

图 12－1　广州湾火轮入港情况变化示意图（1920—1936）

（来源：根据海外档案中心印度支那总督府档案和法国国家图书馆资料绘制）

1931 年之前船只往来频次相对减少，极可能是当局停止出售生鸦片所致。据当局的情报，这些船只多数联系香港，贩卖鸦片。1929 年底，法国驻香港领事馆代办写道：

> 广州湾终于不再是一处非法大烟供应基地。在 1928 年最后 6 个月里，来自该港口的 210 千克鸦片（价值 5 569 两银）被扣押……中途停靠香港的船只都被遣回西江或被收缴鸦片。这证明了鸦片走私是这些船只的主要收入来源。[①]

英国当局也同意这种分析，以 1931 年初法国驻鸦片咨询委员会代表团的记录为证："两年来，香港政府指出广州湾鸦片走私活动消失。"[②] 但是，华南的走私没有因此消失，只是从法国租借地转移到了

---

① Rapport de Duval, gérant du consulat à Hong Kong, au ministre des Affaires étrangères, le 12/12/1929, MAE, SDN, 1642, fol. 74－88.

② Note (sn) du 20/02/1931, MAE, SDN, 1625, fol. 30.

西江下游的梧州而已，梧州是云南和贵州鸦片走私的内河港。

相反，1931—1936 年间海上走私活动低落的主要原因是这一时期经济大衰退，中国海关加强对广州湾周边的管制，特别是附近关口基本上掌握在英国人（还有一名丹麦人）手里，工作效率毋庸置疑。[①] 租借地商人企图行贿关员的伎俩不再奏效。

图 12 -2 是 1933 年之前广州湾的对外贸易情况变化示意图（1933 年之后的数据缺失），足以证实这一时期地方经济出现衰退。[②]

图 12 -2　广州湾普通商品对外贸易总体发展情况示意图（1920—1933）

（来源：印度支那统计年鉴 1913—1922；海外档案中心收藏的 1923—1924 年印度支那食品市场价目表，41859；法国国家图书馆馆藏 1929—1939 年广州湾行政、经济和财政报告，4 Lk19 -613）

从图 12 -2 可以看出，20 世纪 20 年代蓬勃发展的经济在几年间烟

① Kouang-Tchéou-Wan, rapport politique de mars 1936, CAOM, GGI, 64379.

② 为使数据前后一致，我们使用第九章外贸数据的同组资料来制作图表。不过在研究的过程中，我们发现还存在另外一些数据。不知何故，这组数据比我们使用的数据要大得多，显示 1931 年之前租借地贸易增长飞快，之后出现滑坡。不过 1931 年数据的录得可能是统计部门改组之后，效率提高的结果。同样，1934—1938 年广州湾经济报告中提及的对外贸易额只统计了租借地和香港的贸易量（因为数据来自海关），用香港元作为货币单位，兑换成印度支那皮阿斯特之后，结果也和我们在其他文献中查获的数据大相径庭。

消云散。所有行政报告都把租借地的经济萧条归咎于中国海关的扼杀。事实肯定如此，但海关因素的影响有没有被刻意夸大，用来掩盖其他可能的原因呢？难道说1931年印度支那货币改革没有对广州湾的经济带来负面影响吗？

印度支那货币改革的设想以前一直是空中楼阁，不过，“1929年，适用金本位和一种硬通货的货币改革设想得到了宗主国投资者的支持……虽然这和维持银本位的殖民利益相冲突，而且似乎也遭到东方汇理银行的反对，因为手续费和兑换所带来的利润是银行的主要收入来源之一”[①]。此外，1928年6月法郎贬值和皮阿斯特兑换率的崩溃两大经济事件合力发挥作用，尤其是中国也准备放弃银本位，这些都令酝酿已久的货币改革计划得以重新启动。东方汇理银行也逐渐改变态度，自1929年起着手将印度支那银通货转换成金通货。1929年底，伦敦的银价再次下跌，巴斯杰总督要求东方汇理银行维持1930年1月9日1皮阿斯特兑10法郎的兑换率。1930年5月31日，法国总统颁布法令，将印度支那货币和金本位挂钩，“印度支那的白银时代成为过去时”[②]。

这一改革很快证明对印度支那是有利的，因为印度支那今后将拥有一种硬通货，有利于吸引外资，但广州湾一直使用与银本位挂钩的中国货币，其效果却截然不同。1930年7月，总公使注意到中国货币受银价下行的影响而大幅度贬值，当地居民无法将手中的中国货币兑换成印度支那皮阿斯特来缴纳税收。[③] 此外，总督府已经下令禁止金属银圆进入印度支那，租借地的商家认为1930年5月31日的货币改革法令将会

---

① P. Brocheux et D. Hémery, *op. cit.*, pp. 132 – 133.

② M. Meuleau, *op. cit.*, p. 327.

③ 1930年和1931年上半年经济报告数据显示，1930年，印度支那皮阿斯特对广东银圆的兑换率是1比1.65。次年，兑换率升至1比2.1，即中国货币在一年间贬值33%。D'après des données trouvées dans les rapports économiques des premiers semestres 1930 et 1931, CAOM, GGI, 41859.

令广东银圆贬值，于是千方百计抛掉手中的银圆。[①] 在等待中国银元的下一轮升值过程中，商人选择囤积货物，结果严重地扰乱了租借地和邻近地区的商业流通。据当局估计，价值高达500万皮阿斯特的产品囤积不动！[②] 可是情况与预期相反，中国银圆对印度支那皮阿斯特的汇率一路走低，到了1934年，两者的汇率跌至2.6比1（1929年是1.2比1）。货币的贬值带来连锁反应，使广州湾的经济危机比预期中持续得更久，危害性更大。

2. 危机带来的经济和社会危害

货币危机不可避免地对广州湾的小商品社会产生毁灭性的后果。自1929年起，东方汇理银行白雅特支行的经理忧心忡忡：囤积在赤坎的商品越来越多，空置的物业增多，破产宗数增加。不少商人无法应对突如其来的经济危机，年底不能支付货款，不得不偷偷搬离赤坎。[③] 五年后，总公使也敏感地嗅到危机：商铺继续关门，“东主返回中国，无意归来”[④]。只有大商人，尤其是那些在鸦片买卖中发家致富的才有能力维持一定营业额，避免积压。市场光景可谓凋零。1936年，亚洲石油公司（Asiatic Petroleum and Cie）的广州湾分公司经理承认，广州湾石油的进口量只相当于往年平均数的1/10，白雅特仓库预计要关闭。[⑤]

东方汇理银行白雅特支行也风光不再，经理不看好未来的经济状况。1935年，他在报告中对支行的前景表示忧虑：

---

① Rapport sur situation administrative, économique et financière du Territoire, 1929 - 1930, BNF, 4 LK 19 - 613. 法令显然涉及墨西哥皮阿斯特的进口，而不是印度支那皮阿斯特。此外，白雅特财政使用的是东方汇理银行汇票，而不是金属货币。所以，租借地华人面对印度支那皮阿斯特对广东银圆升值的事实时，相当左右为难。

② *Idem.*

③ Lettre du directeur de l'agence de Fort-Bayard, le 14/02/1929, Archives de la Banque de l'Indochine, DSE 9, lettres 1929 - 1932; et du même, rapport 2e semestre 1929, *idem*, DSE 35.

④ Rapports sur la situation administrative, économique et financière du Territoire, 1933 - 1934, CAOM, Bibliothèque AOM, 50463.

⑤ Rapport-bilan du directeur de l'agence de la Banque de l'Indochine à Fort-Bayard, 1er semestre 1936, Archives de la Banque de l'Indochine, DSE 35.

国际协议几乎毁灭了鸦片走私；中国海关加强巡查活动，给地方商业以致命一击；中国银圆只能在对华贸易中使用，不能进入我们的柜台，对华业务与我们无缘；而印度支那皮阿斯特不能为我们带来任何收益。因此，我的买卖将血本无归。[①]

支行的金融状况确实令人担忧，前景黯淡。图 12 - 3 足以解释经理先生的忧虑：

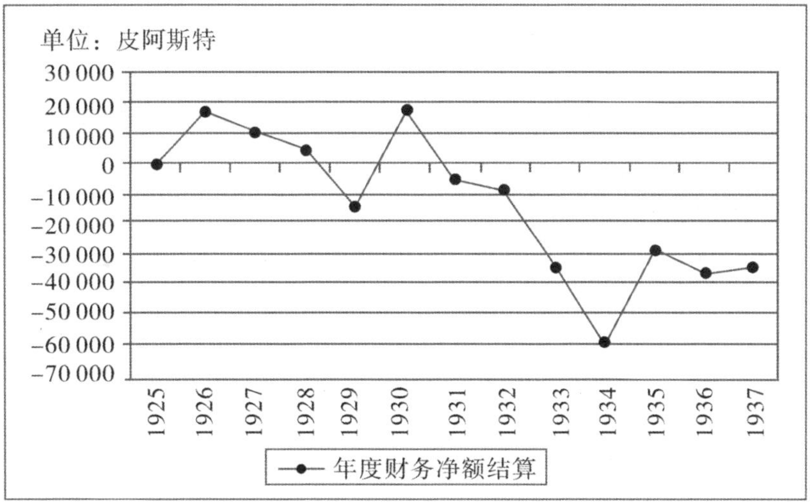

图 12 - 3 东方汇理银行白雅特支行财政状况变化示意图（1925—1937）

（来源：1925 年 10 月 20 日至 1939 年 6 月 6 日信函，东方汇理银行档案，白雅特支行管理层，DSE 36 系列）

因此经理在上述报告中建议将白雅特支行并入香港分行，因为香港分行每周都有一名代办到白雅特出差两到三天。这一措施有助于减少开支。不过上级并没有采纳，或许总督府无法接受这种前后判若两样的事实，可能会介入事件吧……

① Lettre du directeur de l'agence de Fort-Bayard au directeur général, le 15/03/1935, Archives de la Banque de l'Indochine, DSE 9, lettres 1935 - 1937 (ns).

经济危机的阴霾挥之不去，不过有些商业活动还是照样风生水起。比如鞭炮业，这是赤坎的特色产业，在危机中屹立不倒。1937—1938年，8 家工厂照常开工，雇用 3 000 名工人。当年向周边的中国省份“出口”54 000箱鞭炮，总价值 120 万皮阿斯特，和 1935—1936 年的 45 万皮阿斯特相比，不减反增。① 此外，总公使还留意到，排水工程和沼泽地改造工程完工后，1930—1931 年间，可耕种土地，尤其是农作物耕地面积增加。②

但是特例少之又少，不足以改变大局。1936 年，经济环境已经面目全非，政府不得不开放救济工场，帮助人数越来越多的穷人。当时起码开放了四处：一处在太平，两处在铺仔附近，另一处在东海岛。每处救济工场大概接受 800 名工人，雇用他们修渠筑路。工人每天薪金 0.1 皮阿斯特，可以换取 3 千克法国当局和中国商会联合进口的大米。另外，陈学谈领导的赤坎公局也组织救助，向穷人免费派发大米。③

1934—1936 年应该是租借地最萧条的时期。1937 年之后，复苏的迹象出现：税收增加；赌场包税翻了一倍；广东银圆对印度支那皮阿斯特升值（1936—1937 年，兑换率在 2.8 比 1 至 1.4 比 1 之间波动）。最后，日本侵华战争爆发，广州湾渔翁得利。最艰难的时期终于过去了。

那么接下来我们要做的是从政治和经济角度研究总督府在危机中的态度。这场突如其来的大规模危机似乎动摇了印度支那和广州湾的关系。显然，殖民地负责人认为租借地并非完全无利可图，不过仍然不愿从长计议而施以援手。

（二）总督府企图金蝉脱壳?

1916 年之后，交趾支那和安南开始出现大规模骚乱和民众起义。

---

① Rapports 1935 - 1936 et 1937 - 1938, CAOM, Bibliothèque AOM, 50463.

② Rapport administratif, économique et financier du Territoire, 1930 - 1931, BNF, 4 Lk19 - 613.

③ Rapport politique d'avril 1936, CAOM, GGI, 64379, et rapport-bilan du directeur de l'agence de la Banque de l'Indochine à Fort-Bayard, 1er semestre 1936, Archives de la Banque de l'Indochine, DSE 35.

经济危机的来临使印度支那的情况雪上加霜。民众生活艰难，刚刚成立的印度支那共产党也加大了宣传力度。因此1930年2月安沛起义之后，总督府高度警惕，严厉镇压叛乱活动。但是，单有坚定的政治行动是不行的，还需要“完成一项清理行动，紧缩开支，不能像宽裕年份那样无度”①。1931年之后，巴斯杰总督大刀阔斧，压缩总财政开支。据马克·莫洛统计，公共开支在4年内削减了42%。② 总督府和宗主国一样，实施通货紧缩政策，此举既有信念方面的原因，也是货币政策的要求。为了从宗主国获得贷款，印度支那不得不维持皮阿斯特和法郎之间的汇价，不知不觉地被宗主国的财政政策牵着走，最后陷入了捍卫法郎的民族主义狂热的泥潭。

1931年，安南北部发生饥荒，8万人受灾，经济、政治和社会危机顿时扩大。与险情环生的印度支那相比，广州湾的事自然微不足道。于是总督府集中精力应付印度支那，让广州湾自生自灭。因此，如要了解政府干预租借地的形式，必须对两个施政层面的做法心中有数：一是河内，二是白雅特。大体而言，总督府的紧缩政策令地方政府根本无法施展拳脚。

1. 总督府的政策

1932年1月19日，巴斯杰总督造访广州湾。③ 这是自法国人占领广州湾以来印度支那最高领导人的第四次到访，意义非同寻常。不幸的是，我们无法得知巴斯杰到访的动机和意图，不过仍然可以猜测到，他可能是想和总公使一起研究租借地的经济状况。

确实，当年总财政已经开始削减对广州湾的资助。以印度支那皮阿斯特计，资助额度降至1915年度的水平，如果算上通货膨胀（自1914年以来，印度支那皮阿斯特对金法郎贬值20%），④ 结果则更糟。

---

① M. Meuleau, *op. cit.*, p. 367.

② *Idem.*

③ Rapport politique de Kouang-Tchéou-Wan, janvier 1932, CAOM, GGI, 64375.

④ D'après A. Touzet, *Le régime monétaire indochinois*, Paris, Librairie du Recueil Sirey, 1939, p. 217.

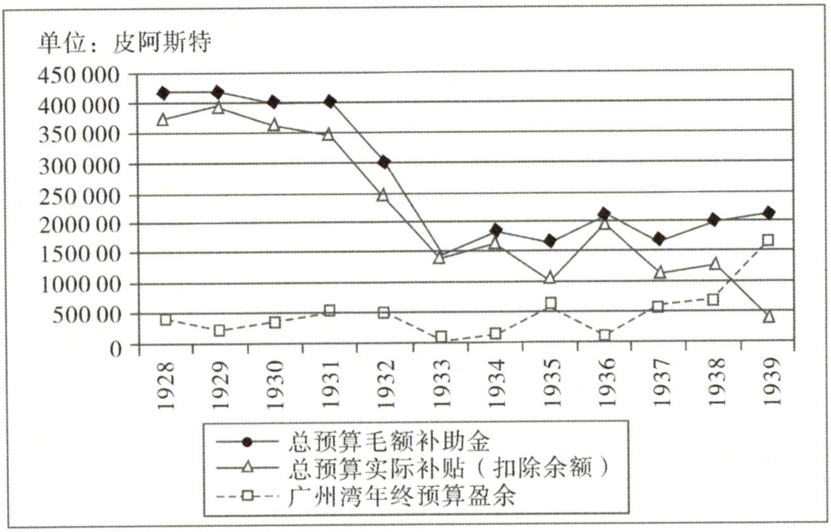

图 12－4　总财政补助广州湾地方财政情况示意图（1928—1939）

（来源：海外档案中心和法国国家图书馆馆藏广州湾财政状况报告）

此外，为了弥补鸦片禁售带来的财政损失，总督府还努力开源。1931年10月，河内重组1920年1月之后收归总财政的统计税①，希望增加收入。1934年4月和1935年5月，总督府先后颁布两道政令，强化税收体制，虽然效果不尽人意，但是在艰难时期，还是起到了重要的作用。我们无法获知1931年和1932年的统计税收入情况，不过在随后几年间，租借地政府的收入还是明显增加，这应该是海关和专卖局努力的结果。

表 12－1　广州湾统计税收入情况表

年份	1933	1934	1935	1936	1937	1938
统计税收额（皮阿斯特）	84 500	76 900	117 200	123 100	113 400	142 400

（来源：法国国家图书馆藏1929—1939年广州湾行政、经济和财政报告，4Lk19－613）

① 一种海关旧税种，对进出口商品征收，税额用来支持商业统计部门的运作。——译注

河内正是通过这一资源抵消了管理租借地的成本。这一操作不论是从财政的角度还是从印度支那的角度看都是相当成功的，但是从经济的角度看是否明智呢？当时火轮已鲜再途经广州湾各港口，地方贸易状况已经相当糟糕，总督府还加大贸易的税收，这不是趁火打劫吗？各种迹象表明，殖民地财政控制署没有想得那么长远。这也说明了河内没有打算尽全力拯救租借地。

2. 地方行政陷入困境

在白雅特当地，政府不得不实施紧缩政策，以应付印度支那削减财政资助带来的困难。在天灾人祸之际，紧缩政策显然不合时宜，可地方政府别无他法，还是要尽量勒紧裤带，减少无用或不必要的开支，并努力开源。但 1929 年停止销售鸦片之后，开源已基本无望。令人啼笑皆非的是，地方当局竟然“不知道”专卖局当年已停止向鸦片商发放牌照，在编制预算时，预计当年的总收入为 28.3 万皮阿斯特，其中竟然包括 6.2 万的鸦片牌照收入。因此导致该年度预算失衡，当局只好突然削减公共工程开支。①

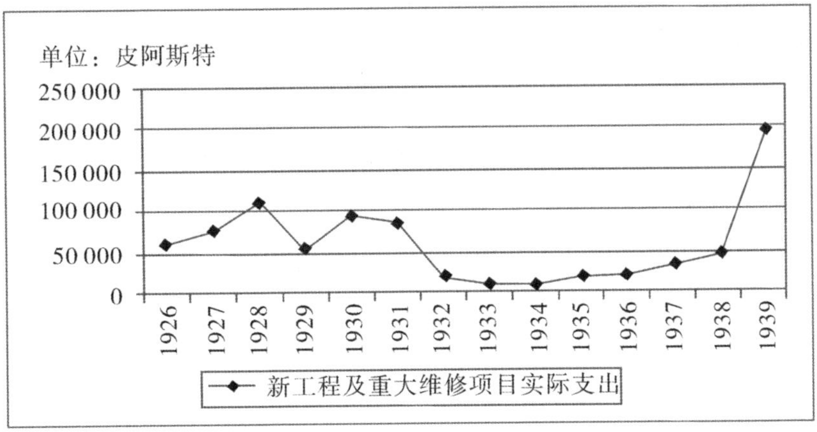

图 12－5　广州湾公共工程投入情况示意图（1926—1939）

（来源：海外档案中心和法国国家图书馆馆藏广州湾附属预算案）

① Rapport confidentiel de l'administrateur en chef à la direction financière, le 20/06/1929, CAOM, GGI, 45254.

到了此时，总公使西尔维斯特还自我安慰，认为这是特殊年份特殊处理而已。然而到了次年，财政曲线进一步走低。1932 年之后，总财政的补贴大幅度削减，公共工程部门首当其冲，再次成为紧缩开支的对象，所有工程无限期停工，包括白雅特港口和连接赤坎的沙湾港口的配套工程，修路筑坝，市政维护等，唯一逃过一劫的是两个机场的建设工程（其实只是修建一些简易跑道而已），其中一个在太平附近，20 世纪 30 年代初开工，另一个距白雅特 7 公里，1934 年动工。[①] 从种种迹象看来，当局又不由自主地回到了 1905—1911 年的"得过且过"状态。开发租借地的计划就这样蔫掉了，等到 30 年代末（如图 12－5 所示）才在战争背景下，出于政治和军事考虑重新启动。不过已为时晚矣……

司法和教育拨款也在结构改革中遭受到几乎一样的命运。司法机关被分成两个阶段进行重组。1934 年 5 月 11 日，全权治安法庭被撤销，10 月 30 日，成立由总公使和副公使负责的驻地法庭（Un Tribunal Résidentiel）。1935 年 5 月 20 日，轮到基层司法机构被"适时"重组，仅有的混合法庭（位于白雅特城）被撤销，三个区的首府分别成立一家初级法庭，简化程序，加快办案速度。此外，广州湾行政中心的二级法庭仍然保留，但不再有专业法官在岗。[②] 就这样，政府以紧缩财政为名义，将 1915 年司法改革的原则忘得一干二净。

作为沙罗主义基石的教育政策则被彻底凿沉。在印度支那也一样，1933 年，财政控制署试图在教育领域强行推广极端的紧缩措施，好在教务长塔拉马斯（Thalamas）据理力争，总督府兼顾其他因素，才推迟政策实施的时间，[③] 但广州湾的运气没有这么好：

根据 1933 年 3 月 10 日总督府令，租借地必须紧缩开支，重组已不

① Rapport sur la situation administrative, économique et financière de 1934 – 1935, CAOM, Bibliothèque AOM, 50463.

② Rapport sur la situation administrative, économique et financière de 1935 – 1936, *ibid.*

③ Voir Pascale Bezançon, *Une colonisation éducatrice ? L'expérience indochinoise, 1860 – 1945*, Paris, L'Harmattan, 2002, pp. 233 – 242.

再获得财政拨款资助的官方中式教育体系，解雇编制内的教师和辅导人员。[1]

课将继续开，但要收费。第一阶段中级课程只在白雅特授课，但也在1933年有35名学生注册的情况下被取消。最后，“大名鼎鼎的沙罗中学降级为阿尔贝尔·沙罗小学”，婉转地表达了政府放弃文化殖民的野心。[2] 次年，总公使不得不承认，“这些措施的结果无法让人满意”。这可从接受官方教育的学生人数中窥见一斑：1932—1933学年度，中国学生从1 112人减少到793人，减幅为29%。1937年，教育改革已经声名狼藉，政府才不得不顾及颜面，有所收敛。8月30日，政府下令撤销1933年的教育政令，入学人数立刻增加：1937年达到816人，次年增加到1 158人。[3] 这一正常回归是否该记在刚上台执政的人民阵线的功劳簿上呢？或许吧，不过要等时间来证明。

在紧缩开支的大潮中，唯一没有受到冲击的是医疗卫生领域。1938年广州湾医务长写过一份医疗健康简介，有助于我们了解内情。[4] 白雅特和赤坎都有医疗救助机构。白雅特有一个流动医院，专门救助欧洲人，后来1920年建立了一家本地医院，还附带成立了一个隔离站，可以接收80名病人。军医夏布益（Dr Chapuis）和一名在巴黎大学毕业的法籍华人医生负责医院的工作，医院还有一名助产士、好几名男性和女性护士。赤坎医院有56张病床和一处有12个床位的隔离站，负责人是一位毕业于河内医科大学的法籍华人，医院还有一名助产士。1938年，铺仔也开了一家小诊所。细节就不谈了，仅列举两组数据，足以证明医疗保健工作的成就：所有医院的门诊量从1920年的18 700人次增加到

---

① Rapport sur la situation administrative, économique et financière de 1932 – 1933, CAOM, Bibliothèque AOM, 50463.

② *Idem.*

③ Rapports de 1931 – 1932 à 1937 – 1938, *ibid.*

④ Dr J. Chapuis, « L'assistance médicale dans le Territoire de Kouang-Tchéou-Wan », *L'Indochine française. Recueil de notices rédigées à l'occasion du Xe congrès de la Far Eastern Association of Tropical Medecine*, tenu à Hanoi du 24 au 30 novembre 1938, Hanoi, Imprimerie Taupin & Cie, 1938, pp. 365 – 373. 感谢乔治—安德烈·莫兰先生为我们提供了这份文稿。

1938 年的 87 600 人次，住院人数从 1926 年的 860 例增加到 1937 年的 1 700例。除此之外，免疫行动和私人慈善活动也正常开展。其中一家慈善医务机构在赤坎，是华人团体组织的；另一家在白雅特，是法国修女主持的。单是这两家组织在 1937 年就收留了 814 名弃婴。医疗救助的成就还不止于此，因为夏布益医生还提出了一系列计划，准备在整个租借地推广。

不论如何，整体的经济情况不佳，河内减少资助，广州湾财政不得不大幅度削减开支。1928—1935 年，财政经常性支出从 63. 7 万皮阿斯特减少至 43. 2 万皮阿斯特，降幅为 32%。但是要达到开支平衡，还需寻找新资源或加税。

总公使乐此不疲。1930 年，他发明了一种名为“汽车通行税”的新税种，在 20 世纪 30 年代为总财政带来了每年 1 万至 1. 2 万皮阿斯特的收入。接着，他又新增钓鱼执照税和通航执照税。在 30 年代的不同年份，这两种税收带来的收入不同，1928 年是 5 000 皮阿斯特，有些年份达到 1. 5 万皮阿斯特，甚至 2 万皮阿斯特。专营产品的税收也大幅增加，特别是“当地人圈子里的生意”（换言之，是赌博）。1928—1936 年，赌博包税一般是 4 万至 6 万皮阿斯特，1938 年，税额涨至 11 万皮阿斯特，1939 年更是飙升至 27 万皮阿斯特![①] 当地财税部门的这笔意外之财，可能受益于附近省份的中国人因日本入侵逃到租借地避难的事实。正如人民阵线代表吉斯坦 · 戈达尔（Justin Godart）在调研报告（1937 年 1 月 1 日至 3 月 14 日）中指出，印度支那禁止赌博，但是上东京地区赌风颇盛，官方也不加干预。邻近中国边界的地区，赌博包税甚至为财政带来巨大收入。戈达尔不由得感叹：

> 不论从哪个方面看，赌博包税禁不得。否则有人会说，财政该怎么办呢？包税带来成千上万的皮阿斯特。赌博的包税收入用一种我由衷佩服的方式，或我观察到的巧妙手段，几乎没有出现在殖民地的财政预算

① Ces données proviennent du gouvernement général de l'Indochine, *Budgets du territoire de Kouang-Tchéou-Wan, 1924 – 1939, annexe du budget général*, Hanoi, IDEO, BNF, fol. Lk 19 – 481.

中，但预算案就是能巧妙地在赌博包税不出现的情况下实现收支平衡。[①]

在广州湾，赌博包税也没有明目张胆地列入预算当中，而是改头换面，包含在“专营产品”一栏。在当局眼里，中国人一贯善于变通，这种偷天换日的做法他们应该也能够接受。

对于普罗大众而言，最难接受的反而是20年代之后直接税过高的事实。乡村土地税本来就令农民处境艰难，在1923—1933年还翻了一番，从5.64万皮阿斯特涨到10.64万皮阿斯特，[②] 后来当局注意到土地税造成的严重社会后果，才稍微调低。另一方面，城市土地税在同一时期增加了600%，从3 100皮阿斯特涨到20 400皮阿斯特！1937年4月，殖民地视察员巴尔格（Bargues）在报告中披露过广州湾的苛捐杂税。[③] 据他计算，1936年租借地每亩耕地的税负达到3皮阿斯特，与印度支那河东省的3.5皮阿斯特和北宁省、山西省的3.7皮阿斯特相比，从绝对数字上是不算高的，但印度支那各省的土地要肥沃得多了。他补充道，中国银圆贬值，而赋税却使用印度支那货币支付，农民的负担可想而知。因此他得出结论，从赋税征收的方式上看，“令人恼火的是，我们的政策在这里被阐释成增加税收，当地人的生活条件显然无法得到改善”，改善民生的基础工程一项也没有实现。一位高官站在居民的角度如此批评政府，这还真是罕见。

在1936年经济危机高峰期，民众已无法负担沉重的捐税，4月，坡头发生暴动。据我们所知，这是广州湾租借史上唯一的一次群众运动。当局之前通知村民参与筑堤（纳养路捐，相当于服劳役），同时又

---

① J. Godart, *Rapport de mission en Indochine du 1er janvier au 14 mars 1937*, Paris, L'Harmattan, 1994, p. 135（ns）. 戈达尔考察了印度支那五个保护领，但没有去广州湾。如果他去的话，那会更加感到震惊……

② 严格意义上讲，这一时期印度支那的通胀情况远不如宗主国厉害。和1913年芽月金法郎相比，印度支那皮阿斯特在1923—1933年间只贬值了25%（1923年1皮阿斯特兑2.7法郎，1933年1皮阿斯特兑2法郎）。

③ Rapport de Bargues, inspecteur des Colonies, le 16/04/1937, CAOM, FM, Indo., NF 2500.

愚蠢地开展了一项人口普查工作，结果村民误以为政府要统计人口，增加税收。4 月 21 日，村长代表全村提出抗议。23 日，2 500 名村民占领土著治安队兵营，夺取里面的武器。警察遂向村民开枪，打死 5 人，伤 20 多人。当局指骚动受国民党唆使，暴徒来自周边各省。不论是真是假，总之事件发酵，闹到省城广州，当地报纸趁机借题发挥。[①] 正因如此，视察员巴尔格才被派到当地进行调查。

事件证明，经济危机发生几年后，社会不堪负担，民众情绪失控。幸好次年经济及时复苏，中国银圆对印度支那皮阿斯特升值，情况才没有恶化。时局的好转令库房状况有所改善。接着，法国当局和包括陈学谈在内的大鸦片商合作，各方都恪尽职守，维护社会安定。不过在印度支那当局和某些观察者看来，殖民地和租借地之间的关系却生分了。1936 年之后，白雅特支行经理承认：

> 那么租借地的未来在哪里呢？前景堪忧。占领之初的所有经济目标一一不再复存。转口贸易日渐衰败，即使情况正常，转口也可能逐渐萎缩。在商业停滞的情况下，地方工业不振，无法起到替补作用。这是一种千真万确的慢性死亡。[②]

一年后，巴尔格的上司丹伯勒（Dimpault，时任殖民地总视察员和印度支那检查团团长）建议当局不要再犹豫，赶快归还广州湾，和中国谈判交换条件。“广州湾租借地不但一无是处，而且可能让我们和中国产生龃龉。”[③] 尽管他的建议不可能立刻兑现，宗主国和印度支那高层是需要时间做出反应的。不过宗主国和印度支那高层已基本形成这样的看法，即租借地麻烦多多，好处却很少。此外，20 世纪 30 年代，海关

---

① Rapport politique de Kouang-Tchéou-Wan, avril 1936, CAOM, GGI, 64379, et rapport de Bargues, *ibid.*

② Rapport-bilan du directeur de l'agence de la Banque de l'Indochine à Fort-Bayard, 1er semestre 1936, Archives de la Banque de l'Indochine, DSE 35.

③ Rapport de Dimpault, inspecteur général des Colonies, au ministre des Colonies, le 15/06/1937, CAOM, FM, Indo., NF 2500.

和专卖局重新在广州湾出售生鸦片，这也不利于法国继续留在租借地，因为英国人又开始对广州湾的走私活动提出指控。

（三）用鸦片贸易来抗击危机

1. 专卖局重新活跃于广州湾

专卖局停售鸦片的行动并没有持续多久。1930 年，鸦片买卖已经暗中开始，到了 1933 年，买卖行为从地下转向公开。在此期间，专卖局曾试图在白雅特鸦片总库出售“当地”品质的烟土，即在西贡加工的印度鸦片。但是由于剂量不足，或是味道太过特别，不受广州湾商人的欢迎。专卖局只好在 1932—1933 年间停止试卖行动。

不久，专卖局重新出售印度生鸦片。这毫不出奇，原因如下：首先，备受危机困扰的印度支那财政如饥似渴，需要税收来源。1930 年巴斯杰总督准备大幅度削减开支时，鸦片买卖就重新启动了。其次，这关系到广州湾走私商的生计。即使货源紧缺，烟厂和零售商们也不能坐以待毙，等待专卖局大发善心，重新给他们带来生意。所以中国鸦片继续从“边境”走私过来，只不过数量不如以前那么多而已。由于总仓库的大烟库存有一定数量，一般是 1. 2 吨，所以我们可以根据库存的多寡来估计走私的数量，一般库存不足时，走私量就会增大。

最后还有第三个原因。1931 年 11 月，新一轮国际禁烟大会在曼谷召开，原本打算修订 1925 年 2 月 11 日的《日内瓦协议》，先控制鸦片贸易，然后再进行取缔。与会共有七个国家，分别是英国、印度、法国、日本、葡萄牙、荷兰和暹罗，中国借口财政出现问题没有参加，美国因为不同意会议原则而袖手旁观。最后会议以失败收场，中国的缺席更令禁烟问题无法从根本上得到解决，所有国家都知道中国又重新大量生产鸦片。多年的国际禁烟合作至此化为泡影。大会公开谴责中国，因为大家都知道在“民国政府禁烟委员会”的背后，实际上隐藏着一个庞大的鸦片买卖联盟，其基地就在上海，为蒋介石筹集资金，招募军队，更新武器。[①] 驻暹罗大使莫格拉（Maugras）带领的法国代表团揣测中国政府将承认国内生产鸦片的事实，实施鸦片专卖。如果是这样的话，印度支那专卖局就可以直接和中国垄断经营者洽谈，合法地从云南获得鸦片。尽管法国的建议有助于控制中国各省的鸦片流出量，但最后还是被国联否决了。不管怎样，南京考虑到国家形象和在国际社会上的信誉，还没有准备让国产鸦片的走私合法化。

1931 年 11 月 27 日，大会签署了一份不痛不痒的协议，其内容和旧协议大致一样，未触及敏感问题。这无异于彻底宣告禁烟会议失败。总之莫格拉是这样看的。[②] 但是对于印度支那来说，这可不是一件坏事。协议的第一款第二段对广州湾专卖局非常重要：

> 鸦片的零售和流通只能由政府的商店负责，即由政府所有或接受政府管理的商店负责。如地区的具体情况不允许设立此类商店，政府可以指定私人商店以政府核定价格而非出让的方式进行销售，并对其进行监督。
>
> **以上条款不适用于**鸦片执照申请时需要提交等额或超额保证金和实施吸烟者定量购买的地区，或**实施临时机制**，**仍存在由专卖局管理的销售商店的地区**。[③]

巴斯杰迅速从这一条款的最后一点看到了为广州湾解脱的机会。广州湾当时的鸦片体制和条款中所描述的相似。这一小小的外交胜利令总督振奋，12 月 17 日，他将此消息告知殖民地部部长。[④] 然而保罗·雷诺（Paul Reynaud）却致信外交部，断然拒绝就允许云南鸦片从东京转口问题和中国进行谈判。[⑤] 这种粗暴的拒绝令垄断进入了两难，专卖局

---

① Voir Ph. Le Failler, *op. cit.*, pp. 292 – 295.

② Lettre du ministre des Affaires étrangères au ministre des Colonies (Reynaud) et au ministre de France à Nankin (Wilden), le 10/12/1931, MAE, SDN, 1626, fol. 2 – 5.

③ *Idem*, (ns).

④ Lettre de Pasquier au ministre des Colonies, le 17/12/1931, *ibid.*, fol. 16 – 18.

⑤ Sous-direction Asie du ministère des Affaires étrangères au ministre des Colonies, le 2/04/1932, *ibid.*, fol. 91.

在租借地重新开业的道路畅通无阻，但鸦片的供应走入了死胡同。因为生鸦片只能来自云南或印度，外交部虽反对转口云南鸦片，而没有否决印度鸦片，可是自1926年起，印度鸦片专卖已根据伦敦的指示，每年减少10%的出口量，所以印度支那感到十分为难，专卖局被迫将从印度购得的鸦片优先满足联邦内部五地的需求，有了剩余才会考虑提供给广州湾，而这时要从合法途径寻找供货商也确实不易。1928年7月，伊朗确立了由国家垄断的鸦片制度，并和有限出口鸦片的土耳其一起成为能够取代印度的鸦片出口国。但是印度支那和这两个鸦片新供货中心并不熟络，很难从那里获得鸦片。[①]

2. 从中国非法获得供货

在这种情况下，专卖局能起死回生吗？由于专卖局档案遗失，我们只能根据租借地和总督府行政报告中的蛛丝马迹，来勾勒出专卖局的活动。

首先，根据官方数据，1931—1938年间，鸦片贸易重新活跃，恢复到20世纪20年代的水平，我们先看一看生鸦片的官方销售量。

表12-2　广州湾官方生鸦片销售情况表[②]

年份	1931	1932	1933	1934	1935	1936	1937	1938
专卖局的鸦片销售量（千克）	(26 000)	?	30 218	29 732	42 663	31 308	34 079	43 168

（来源：东方汇理银行白雅特支行行长1931年上半年资产负债情况报告，东方汇理银行档案，DSE 35；1937年6月15日殖民地总视察员丹伯勒呈殖民地部部长报告，海外档案中心，FM，Indo.，NF 2500；法国国家图书馆馆藏1937—1939年广州湾行政、经济和财政报告，4Lk19-613）

---

① 关于国际鸦片市场的变化和新生产商的出现，请参考 Sous-direction Asie du ministère des Affaires étrangères au ministre des Colonies, le 2/04/1932, *ibid.*, fol. 91.

② 1932年的数据不详。1931年的数据被东方汇理银行白雅特支行经理改动过。

对印度支那和广州湾的鸦片销量做一长时段比较也可以证实广州湾市场在印度支那的地位。如图 12－6 所示，印度支那的鸦片销售量出现明显下滑，而广州湾市场的销量却一直比较稳定。1935 年，殖民地的销量有所恢复，但租借地在相对量上仍占据绝对优势，为印度支那的财政收入提供了强有力的支持。

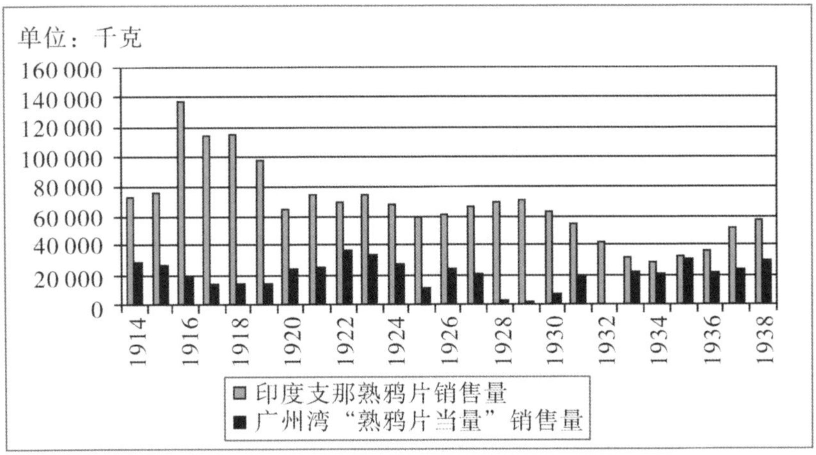

图 12－6　印度支那和广州湾官方鸦片销量对比示意图（1914—1938）

（来源：根据海外档案中心和法国国家图书馆馆藏资料整理，1932 年的广州湾数据缺失）

可惜我们缺少鸦片买卖的利润信息，不过还是可以估计得到，鸦片买卖的利润应该不如 20 年代那样高，因为中国南方各省已经开始大量生产鸦片，单是云南一省每年就出产 900～1 600 吨，[①] 鸦片价格在日本侵华战争爆发前一直处于下跌状态。

面对外交部的命令和国际协议的压力，专卖局别无他法，只能突破限制，向云南寻求供货。所谓“当地鸦片”实际上是玩弄文字游戏，

① Note pour le cabinet du ministre des Affaires étrangères（sn，sn，mais probablement de Bourgois，en 1937），MAE，SDN，1671，fol. 209－219.

指的是进口到租借地的中国品质鸦片。[①] 印度支那专卖局有时会直接向昆明提出要求，一般会相当谨慎，不过有时也很笨拙。[②] 但是在广州湾，要保证正常的大量供货，专卖局不可能直接出面和龙云控制的云南省政府或供货商洽谈，所以专卖局决定让租借地的零售商和云南出口商接洽，而自己则负责运输和协调。1937 年，印度支那财政署负责人德蒙仁（Demongin）在一份抄送海关和专卖局的密函中透露了这一操作方式：

> 广州湾的烟厂直接到老街向生产商或中间商寻找他们需要的鸦片，海关和专卖局负责将鸦片运送到白雅特。
>
> 虚构转让价以烟厂的购买价为基础，运费和保险由行政部门解决，鸦片每千克征收 10.75 皮阿斯特的一揽子税，按此规程操作。[③]

这意味着专卖局非法向地方烟厂出让专卖权。鸦片的供货和暗中交易方式让行政部门和广州湾的走私商人有机会勾结，各得其所，但也为各种不法勾当打开方便之门。比如专卖局如何保证零售商出示的发票与他所购买的鸦片数量一致呢？零售商大有可能为了获得更多回扣而做大购买价格，或与地方仓库管理者勾结。德蒙仁就发现过虚开发票的现象：

> 1935 年（原文误写成 1925 年）9 月 7 日政令规定，专卖局给广州

---

① “当地鸦片”一说需要澄清，以免引起误会，尤其是不要和本章开头提到的鸦片产生混淆。本章开头提到的“当地品质”的熟鸦片是指在西贡加工的烟土，也就是说，基本上是印度生鸦片。但是 1931 年在广州湾出售的“当地鸦片”是来自中国的生鸦片。由于国际和法国国内都不允许专卖局从中国进口鸦片，所以专卖局仍然保留“当地鸦片”一说，以遮人耳目，否认从云南非法偷运鸦片。请参见总督呈殖民地部部长秘密报告，1936 年 9 月 11 日，海外档案中心，印度支那总督府档案，45255。

② 1932 年，法国驻昆明副领事甘东（Armand Gandon）向法国公使解释道，专卖局缺货，在当年 4 月份秘密到云南购买 30 吨鸦片。当时的财政控制署（1930 年之后，海关和专卖局并入该署）的副署长杜泽已到达老街，和龙云将军的合伙人黎洪茂将军（Li Hongmao，音译）商谈购买事宜。这 30 吨鸦片中有大约 27 吨是以走私方式运走，这震动了整个云南省政府。Cf. Rapport de Gandon à Wilden，le 28/11/1932，MAE，SDN，1661，fol. 192 – 206.

③ Note confidentielle de Demongin à la direction des Douanes et Régies，le 6/12/1937，CAOM，GGI，45255.

湾零售商的当地熟鸦片出让价为每千克 65 皮阿斯特。销售价、烟厂的生鸦片购买价、从老街到白雅特的运费和保险费，加上鸦片处理费，似乎在开支细节上对不上号。海关和专卖局可能渎职，在统计程序上存在非法操作行为。[①]

白雅特专卖局在印度支那上级的默许下——当然并不是所有部门都默许如此——彻底陷入非法状态，也只有这样才能顺利活动。那总督府对此知道多少呢？在一些上呈殖民地部的报告中，总督府通常先自我标榜遵纪守法，然后承认钻了 1931 年 11 月曼谷协议的空子：

鉴于当前的财政状况不佳和人手不足，印度支那的鸦片专卖体制不可能推广到广州湾。[②]

但是总督府并不能因此推托自己完全不知道租借地鸦片运输的特殊组织体制。至于殖民地部，它是完全知情的。1934 年 8 月，自称是云南省政府代理人的巴黎综合理工学院毕业生、荣誉军团军官路易·杜波斯（Louis Dubost）曾向当时的殖民地部部长皮埃尔·赖伐尔（Pierre Laval）提出，允许他在 5 年内经印度支那转口云南鸦片，然后再由印度支那转口到中国的其他省份。当时的市场交易量可能达到每年 500 吨，而广州湾是流通链条上的最后一站。为了证明自己的要求并不过分，杜波斯解释说专卖局早就这样做了![③] 这和德蒙仁的说法不谋而合！杜波斯还披露，每年大概有 300 吨云南鸦片走私到广州湾，零售商向专卖局隐瞒了这一事实，目的是不用购买专卖局的鸦片。看来走私数额巨大，而且事实确凿，只不过很大一部分鸦片可能只是经过租借地转口，然后再运往香港、广州或美国。

① *Idem.*

② Rapport du gouvernement général au ministère des Colonies, le 5/04/1935, MAE, SDN, 1626, fol. 152 – 157.

③ Lettres de L. Dubost au ministre des Colonies, les 22 et 29/08/1934, CAOM, FM, Aff. pol. 2423, dossier 5.

3. 走私活动一直十分活跃

广州湾零售商不但偷运中国鸦片，他们当中有人也走私伊朗鸦片，尤其是陈学谈。还是让证据说话吧，比如在1934年底，陈学谈接收了120箱波斯鸦片，每箱重140千克，即共进口了16.8吨。[①] 中国商人为什么要进口不同质量的鸦片呢？东方汇理银行的支行经理认为，就陈学谈的偷运案而言，进口的鸦片质量非常一般，应该是用来制作吗啡和海洛因的。这一说法非常有意思，因为大不列颠政府的禁烟政策使香港和澳门的可吸食鸦片迅速减少，吗啡和海洛因两种新型毒品大有取代鸦片，在普通华人吸食者中间流行的趋势。

图12-7　赤坎一景（1920年?）

（来源：东方汇理银行档案，DSE 9系列，1924年白雅特支行管理层信函）

吗啡和海洛因都非常容易制作，在流动小实验室就可以完成整个制作过程，也易于运输。这些毒品通常被制成丸剂，在经过改造的鸦片烟枪中吸食。因此香港查获海洛因和吗啡的案例不断增加，有时也会截获

① Lettre confidentielle du directeur de l'agence de Fort-Bayard, le 4/03/1935, Archives de la Banque de l'Indochine, DSE 9, lettres 1935 - 1937.

劣质品，比如可卡因。1936 年，香港警察在烟馆缴获 360 万丸毒品，与前一年缴获 65 万丸相比，[1] 增幅不小。香港有 30% 的烟馆会推荐顾客吸食新产品。但是我们无法在法国行政档案中找到任何蛛丝马迹，以了解广州湾鸦片替代品的生产和销售情况。当局尤其是地方政府丧失警惕性，并不证明问题不存在。

不论如何，到了 1938 年，除了隐藏在赤坎大街小巷的大大小小的地下烟馆外，租借地起码还有“105 所获得授权的烟馆”，都接受专卖局的管理，[2] 这说明了传统大烟还继续在租借地被吸食。由于赤坎的地下烟馆数量不能确定，所以难以和其他地方做比较。我们只能以西贡附近的堤岸为例来说明问题，据阿尔杜温估计，1907 年堤岸有 18 万居民，97 家烟馆，烟民以华人为主。[3] 租借地的烟民应该也很多。日本侵华战争期间大批难民逃到租借地避难，肯定也使租借地的烟馆生意兴隆。

但租借地的大部分熟鸦片还是通过海运转口到香港销售，或再转运到澳门、中国内地或美国。1935 年之后，广州湾确实成为香港走私鸦片的主要来源地。当年，香港海关截获的大宗走私鸦片（每箱价值超过 500 两银，即重 19 千克）中有 85% 是来自法国租借地；相反，来自广州和梧州的只占极少一部分。[4]

所以说，在 20 世纪 30 年代中叶，走私活动猖獗，广州湾重新夺回华南鸦片走私风向标的地位。至于毒品为何能够成功突破海关防线，而其他商品却不能，这应该不难想到，有效行贿，麻痹英国有关部门，令其放松警惕，无非如此。

最后要思考的问题是法国租借地这段不光彩历史的政治意义。1928

---

① *Report of the Government of Hong Kong for the Calendar Year 1936 on the traffic in Opium and Other Dangerous Drugs*, Hong Kong , Noronha & C°, 1937.

② Gouvernement général de l'Indochine, *Kouang-Tchéou-Wan*, *rapport sur la situation administrative*, *économique et financière*, *1938 – 1939*, Hanoi, IDEO, BNF, 4 Lk19 – 613.

③ Ph. Le Failler, *op. cit.*, p. 138.

④ D'après *Report of the Government of Hong Kong for the Calendar Year 1935 on the traffic in Opium and Other Dangerous Drugs*, Hong Kong , Noronha & C°, 1936, et années suivantes.

年4月，专卖局决定停售鸦片，虽然是出于被迫而非主动，但这应该还是翻开了鸦片贸易的新一页。不错，专卖局撤离鸦片买卖市场之后，走私确实迅速占据了贸易空间，但后来呢？腾出手来的专卖局还是承担起了海上防线的作用，以缉私作为他们的第二职业。两三年后，当局再次和毒品贸易扯上关系，那是因为利润太高，诱惑太大，难以放手所致。当然一说到鸦片，难免就想到财政收入。但在1928—1930年间，总财政已成功转型，在放弃广州湾毒品收益的情况下，并没有走上破产之路。此外，印度支那鸦片专卖在总财政中的主导地位也发生了动摇：从1919年的20%下降到1934年的9%。[①] 这恰恰证明了殖民地已逐渐走出了杜美设计的税收框架。

那么，租借地走私猖獗的真正原因就在别处，我们认为，从广州湾地方当局和走私大亨勾结，达成政治默契的角度去寻找似乎更为合理。走私大亨们成功地占据有利的社会经济地位，能够逍遥于法国法律之外，而且掌握租借地的生杀予夺大权。有人讲过一个真实的故事，充分说明行政当局面对商人权势时心有余而力不足。1934年，专卖局征税官卡尔德（Garde）在广州湾兢兢业业工作了17年，在其退休回国后，其继任者费里纳（Féline）刚过来就出了个大洋相。不知道他是不如前任那般“善解人意”还是想和贪污划清界限，总之他一上任就搜查陈学谈的住所，结果满满一屋子的走私鸦片呀，好家伙！征税官目瞪口呆。接下来开出巨额罚款单，高达12万皮阿斯特，还没收鸦片！可是没过多久，总公使塔斯特（Tastes）和总督先后介入事件，撤销罚款，将被没收的鸦片物归原主，然后走私案石沉大海，费里纳在月底被调离岗位。[②] 由此可见，陈学谈受到殖民当局高层的庇护，屹立不倒，统治广州湾，位同总督。他凭借个人的聪明才智，左右逢源，成功地周旋于

---

① « Note de synthèse sur l'Indochine et les conventions de l'opium » pour le cabinet du ministre des Affaires étrangères（sn，sd，mais probablement Bourgois，1937），MAE，SDN，1671，fol. 209 – 219.

② Note de renseignement（anonyme，mais peut-être de Jean *A Piou*，devenu compradore de la Banque de l'Indochine à Fort-Bayard），juillet 1934，CAOM，GGI，43053. 记录中提到的细节可从其他材料中得到核实，所以我们认为可信。不过我们没有在1934年的《印度支那公报》中找到费里纳到白雅特的任命书。

法国人之间。此时广州湾已从20世纪20年代的“殖民协议”政治过渡到了一种行政当局听命于中国走私大亨的政治形式。

结 语

总而言之，许多因素对20世纪30年代广州湾的经济危机产生了影响。世界性经济大萧条首先通过印度支那总督府的财政紧缩政策对租借地的经济产生持久的打击。但租借地与印度支那一样，其困难时期其实从1928年就已经开始了，比世界经济危机还稍微提早。所以说，大萧条不是广州湾经济衰退的起因，它只是加重了已经潜伏的慢性衰退。

中国海关扼住租借地四周，国际禁烟运动向印度支那施以压力，两者合力推倒了上个十年间租借地取得的经济成就，挖走了租借地经济发展的根基，令广州湾在危机中走向穷途末路，只能再次依靠完全违反国际协议的非法鸦片贸易摆脱困境。印度支那已觉得广州湾经济疾病缠身，外交是非不断。在这种情况下，总督府会两肋插刀，继续为租借地规划长期发展，而不是趁火打劫，榨取租借地的最后一点剩余价值吗?或许有可能，但不太可信。相反，可以肯定的是，在“二战”前夕，法国租借地似乎彻底失去了未来，其特殊的法律地位和商业发展状况越来越难以与经济和国际关系的发展同步。

第十三章 “二战”中的广州湾：法国管治的终结（1939—1946）

第二次世界大战的爆发加速了广州湾和其他西方国家在华租界的回归进程。总体而言，欧洲列强在东亚的殖民活动随着国家力量和选择的不同，以不同的形式终结。另外，这一趋势也受到日本政策的影响，因为在这场非殖民化浪潮中，日本的作用尽管是间接的，却是举足轻重的。首先，日本在中国自 1940 年起便唆使其控制区域内的合作政府进行改革；然后，日本军事侵入东亚其他地区，以反帝国主义的泛亚主义名堂支持各国的民族主义运动。

当然，租借地自身的历史进程也不能忽略，其结果必然是通向回归。不过这一结果显然不单单涉及法中关系，或只是印度支那事务演变的产物。要理解法国为何结束对广州湾的统治，需要从各种势力在东亚角逐的错综复杂的大背景中去寻找理由。尽管广州湾只是东京（日本）、南京、重庆、河内和维希政府之间复杂关系的旁观者，地位微不足道，但它仍然是某些国家施加压力和某些国家丢车保帅的工具。下文将揭示，法国租借地上的所有军事行动虽然在一定程度上与日本侵略中国和印度支那有关，但更多是出于外交上的考虑，而不是一种新的战略部署。

首先我们注意到，战争时期租借地的局势和印度支那的局势密切相关，且越来越暴露在日本的军事和经济压力之下。法国行政当局之所以能够在印度支那维持名义上的统治，直到 1945 年 3 月 9 日政变才下台，是因为当局早已与日本军国主义为伍，对日本帝国唯唯诺诺。因此在 1942 年底之前，日本军事势力才迟迟没有进入法国租借地，广州湾得以暂时幸免于难。1943 年之后，日本人得到维希政府的允许进入广州湾，于是租借地的命运发生了翻天覆地的变化，和印度支那一样命悬一线，宣告德古（Decoux）总督的所谓平衡政策彻底破产。在战争的最后几年，自由法国忙前忙后，和中华民国进行外交协商，希望清算法国在广州湾的利益，换取法国势力“返回”印度支那，但外交协商成效不大。因此对战争期间的广州湾历史进行梳理，可以清算德古政府的责任及其与维希政府沆瀣一气的复杂关系，也可以证明自由法国对印度支那问题的无知和盲目。

一、广州湾和德古将军的维希主义政策（1939—1942）

日本侵华两年后，“二战”爆发。从“二战”开始到 1942 年底，广州湾即使不存在对外交通的困难和加强内部防护的需要，也似乎被带到了国际冲突的边缘。然而租借地抓住时机，再度复兴经济，此时的经济繁荣其实在某种程度上是 1937 年以后经济复兴的延续，但也令人振奋。不过国际环境的影响仍然不可小觑，特别是在德古上将的维希主义理念指导下，这一时期印度支那还是出现了新的政治导向。

（一）印度支那面对来自日本和中国的威胁

“二战”期间，印度支那基本上是接受德古上将的领导。德古上将在 1940 年 6 月被贝当任命为总督，执行一条附和民族主义革命主题和审视殖民地军事危急局势的政策。当时，印度支那的外部压力确实不小，一方面是外交压力和日本的扩张主义，另一方面是蒋介石政府扬言要进入法国殖民地。

1. 日本在东亚的野心

1931 年满洲事件之后，伪满洲国于 1932 年 9 月成立，接受日本的保护。随后日本加快侵华步伐。1933年初，热河省被并入满洲国，这意味着日本东京的军事影响进一步扩大。1933年2月，“国联”承认日本在东北的“特殊权利和利益”，但也强烈谴责日本的所作所为，不过不敢采取任何制裁措施。为示抗议，日本在3月份退出“国联”。

蒋介石政府在1936年之前对东边邻居的挑衅行为一直忍声吞气，试图争取时间，做好准备，应对他预感到的不可避免的中日冲突。当然，西方列强在日本侵华问题上也没有给予中国任何支持。① 1936年夏，南京突然转变态度，宣布抗日。蒋介石宣布：“绝不容忍任何侵害领土主权之事实，如危及国家生存，则必做出最后牺牲之决心。”② 至此，战争升级的条件已经具备。1937年7月7日北京卢沟桥事变，日本军国主义不宣而战，加快侵华步伐，开始用武力建构一个以中国为中心的庞大大陆和群岛帝国。

在接下来的15个月内，日本军队所向披靡。8月，北京和天津沦陷。在夏秋之间，日本向西部和西北部绥远和山西挺进，然后向南，入侵河南和山东。与此同时，蒋介石在8月份决定集中精锐部队，在上海开辟第二战场。经过3个月的激战，中国军队溃败，损失27万士兵，约占参战兵力的60%，日本侵华的道路畅通无阻。几周后，中国的残兵余部誓死捍卫南京，但城市仍然沦陷。1937年12月13日至17日，这座城市经历了战争以来最可怕的噩梦之一：四天的屠杀和强暴，接下来几周，罪恶向周边地区扩散。③ 此时，中国已经在战争中损失三分之一兵力。

中国政府流亡到湖北武汉。黄河决堤挡住了日军前进的步伐。1938年10月，日本在广州附近登陆，21日占领广州。武汉失守只是迟早的事，蒋介石和他的部长们只好撤退到后方的四川重庆。10月武汉沦陷。1939年2月10日，日本占领海南岛，控制东京湾（即北部湾）。次年3

---

① M.-C. Bergère, L. Bianco et J. Domes, *La Chine au XXe siècle*, Paris, Fayard, 1989, tome 1, pp. 255-256.

② 1936年7月13日，国民党中央第五届二中全会上蒋介石的发言，citée par M.-C. Bergère, L. Bianco et J. Domes, *ibid.*, p. 258.

③ M.-C. Bergère, L. Bianco et J. Domes, *op. cit.*, p. 188.

月 31 日，日本占据印度支那东南边的斯普拉特利岛（即南沙群岛），切断新加坡和香港之间的交通。[①] 此后日本控制住从中国的沿海地区到北京—武汉—广州一线的区域，直接威胁印度支那。不过或许由于战线拉得太长，难以调动兵力，不久日本政府就放弃征服中国西南各省的企图，调整策略，暂时搁置军事征服，改为采取外交防卫和经济封锁，向轴心国靠拢。

确实，对于日本而言，情况有了新变化。要调动侵华部队和实现大东亚共荣的野心，就必须在日占区建立“亲日”政权，替日本执行政策，因此日本刻意扶持孙逸仙和蒋介石的旧属、国民党核心人物汪精卫。汪精卫与蒋介石政见不同，一直反对战争。武汉沦陷后，他在 1938 年 12 月和日本合作。经过一番讨价还价，1940 年 3 月，汪精卫在南京成立“国民政府”，接受日本的保护。[②] 此后，日本千方百计要西方列强承认汪精卫的影子政权。这是日本对印度支那政策的关键要素之一。

另外，日本从闪电战过渡到打持久战，急需寻找新的战略物资。中国不过是日本扩张主义政策的目标之一，日本的真正意图是控制荷属东印度，[③] 占领婆罗洲油井，建立“大东亚共荣圈”。但日本海军部参谋部早已指出，向南扩张必然会与美国和西方列强发生军事冲突。因此日本开始加强和欧洲法西斯主义国家的联系。[④] 1936 年 11 月，日德达成反共产国际协定，1939 年 6 月，两国结成军事联盟，1940 年 9 月，三国签署同盟条约，建立柏林—罗马—东京轴心。

在此之前，欧洲列强因忙于战事而无暇东顾。日本只要消除来自美国的威胁，便可在东南亚大肆扩张。于是日本重施故技，试图与华盛顿

---

① F. Mercier, *Vichy face à Chiang Kai-Shek*, Paris, L'Harmattan, 1995, pp. 60 –61.

② *Idem*, pp. 201 –204.

③ 法语原文为荷属印度（Indes néerlandaises），而准确的名称应为荷属东印度或荷属东印度群岛（Indes orientales néerlandaises）。荷属东印度（荷兰语：Nederlands-Indië）是指 1800 年至 1949 年荷兰人所统治的印度尼西亚，首府为巴达维亚（今雅加达），第二次世界大战期间被日本占领。婆罗洲即加里曼丹岛，为荷属东印度最大岛屿。——译注

④ J. Valette, *Indochine, 1940 – 1945. Français contre Japonais*, Paris, SEDES, 1993, pp. 10 –11.

谈判，但没有成功。1940 年之后，美国开始向日本禁运石油和钢材，日美冲突已箭在弦上。为了获得补给渠道，日本决定在南亚——1937 年之后成为日本的原材料基地——采取军事行动，并率先向美国开战。1941 年 12 月 7 日，日本成功偷袭珍珠港，随后加快军事步伐，12 月 25 日占领香港，1942 年 2 月 15 日占领新加坡，1942 年 3 月，印度尼西亚几乎全部落入日本之手，接着是马来西亚、缅甸、菲律宾和阿留申群岛的一部分岛屿……

一直到 1942 年夏，日本在太平洋战争中出尽风头。印度支那和宗主国失去联系，孤立无援，难有作为。德古上将坐立不安，他是一名遵守纪律和恪守海军传统的将军，对法英友好协议吹毛求疵，流露出仇英情绪和反动政治倾向，因此不由自主地听从贝当将军的吩咐，而不愿跟随戴高乐的冒险足迹。他将成为印度支那的维希式人物。

2. 德古上将的政策：委曲求全

1940 年 7 月，德古接手印度支那时，正值时局敏感期，战争的爆发以及他的前任卡特鲁将军（Catroux）离任前刚刚做出的草率决定使他没有太多行动空间。

我们先稍微回顾一下。卡特鲁于 1939 年 8 月 20 日，即法国对德宣战前的几天，被乔治·孟德勒（Georges Mandel）任命为印度支那总督。当时，印度支那已陷入日军的包围圈。日本占领海南岛、斯普拉特利岛（即南沙群岛）和广东省，对法属印度支那构成直接威胁。不过，日本当时没有打算占领印度支那，法国对此并不知情。到了 1940 年中期，日军参谋部才突然对印度支那感兴趣，希望法国政府协助日本拦截通过滇越铁路运入中国的物资，打击蒋介石的抗日行动。在此之前，印度支那总督儒勒·布雷维（Jules Brévié）因担心遭到日本报复，在 1937 年 11 月 2 日禁止国民党经过东京运送物资和军队，但命令没有立刻执行，物资输送工作仍然继续。法国政府对外宣称是要遵守 1937 年之前法中之间签订的协议，而实际上，真正的原因是华盛顿支持重庆的蒋介石政府，曾经向巴黎施压，警告印度支那不许切断云南补给线，否则将实施经济制裁。次年，殖民地部部长乔治·孟德勒悄悄撤销禁运令，希望和中华民国合作，保卫印度支那，但内阁主席达拉迪埃（Daladier）却主张向日本靠拢。①

1940年5—6月，法国在欧洲战场溃败，形势逆转。印度支那和宗主国完全失去联系，孤立无助，也不能指望得到外援，因为英国人是不会出手相助的。卡特鲁希望美国提供武器，但美国不愿意为了保护法国的领地而卷入亚洲战场。日本军部抓住这一等待已久的时机，要挟印度支那政府保持中立，关闭云南线。然而日军海军野心勃勃，在战争中一贯自作主张，根本不屑于陆军提出的占领中国的目标，认为向印度支那和马来群岛宣战，占领南亚的时机到了。

巴黎、维希和河内的法国负责人对日本军政界的争论一无所知，只是敏感地意识到东亚各方力量对比悬殊，不利于组织抵抗。印度支那防卫力量薄弱，当初成立军队的目的是维持秩序和缉拿中国盗匪，所以军队根本无法和日本的正规军抗衡。面对日本的最后通牒，印度支那根本没有任何讨价还价的余地。② 1940年上半年，卡特鲁曾试图抓紧时间进行外交活动，争取得到美国军队的支持。为此，他在6月中旬赶到华盛顿购买武器，但美国副国务卿萨姆纳·威尔斯（Sumner Welles）直接回答他，美国政府拒绝向印度支那售武。美国人不相信日本人入侵印度支那会改变南亚的格局。卡特鲁被美国人放了鸽子，又得不到英国人的支持，此时他还接到法国驻日本东京大使阿尔塞纳—亨利（Arsène-Henry）的催促，大使和日本外务次官谷正之见过面，在6月20日答应日本人全面禁止物资经印度支那转送中国，日本将派遣检查团赴印度支那监督实施情况。③ 当天，大使说服卡特鲁，没有其他办法可以阻止日本军队入侵印度支那了。于是，卡特鲁甚至没有知会法国政府，就下令

---

① J. Valette, *Indochine, 1940 – 1945. Français contre Japonais*, Paris, SEDES, 1993, pp. 20 – 22.

② Voir les pages de Claude Hesse d'Alzon, « L'armée française d'Indochine pendant la Seconde Guerre mondiale, 1939 – 1945 », in Paul Isoart (sous la dir.), *L'Indochine française*, Paris, PUF, 1982, pp. 75 – 84.

③ J. Valette, *Ibid.*, p. 22.

全面关闭中越边界的通道。这一决定令重庆大为光火。5 天后，贝当以此为由罢免了卡特鲁，然后在达尔朗（Darlan）的推荐下，任命指挥法国远东舰队的德古上将为印度支那总督。7 月 20 日，德古走马上任。

说实话，德古接到的是一个烫手的山芋：一方面，日本一直扬言要入侵印度支那；另一方面，总督府又不能因此完全疏远重庆，以免重庆进行军事干涉。再说，德古还受制于人，两边为难，宗主国外交部和殖民地部之间不断暗中较劲。当时的外交部部长是皮埃尔·赖伐尔，实际负责印度支那事务的是亚洲通、外交事务秘书保罗·鲍杜安（Paul Baudoin），[①] 他主张和日本修好。然而雷莫里（Lémery）领导的殖民地部却呼吁不惜一切代价，抵制“任何军队登陆和占领印度支那”的企图。鼓吹法日合作的赖伐尔和鲍杜安认为，这并不妨碍外交部和殖民地部之间求同存异，因为在殖民地部部长看来，问题的关键不在于迫在眉睫的战争，而是要避免出现“在（法兰西）帝国内引起哗然的投降”[②]。如果法国想保住印度支那，可以让日本先挑起事端，打破南亚现状，让美国意识到要承担责任，而法国只需作壁上观。鲍杜安的看法遭到外交部另一亚洲通、亚洲司副司长让·肖维勒（Jean Chauvel）的反对，后者赞同雷莫里的观点。不过，鲍杜安无惧压力，他大有理由把雷莫里和肖维勒晾到一边。早在 7 月 4 日，他已获悉内阁通过“绕过印度支那总督和日本谈判的原则”[③]。这等于架空德古总督，后者只是负责执行顶头上司和日本达成的双边协议。8 月份，鲍杜安又成功架空殖民地部，顺利推行他对日本的谈判策略。8 月 13 日，内阁命令法国驻日本东京大使阿尔塞纳—亨利按外交部吩咐行事。

德古上将战战兢兢地接受维希政府的安排，执行平衡主义政策，一方面小心谨慎地与日本合作，求得印度支那免受日军的侵略，另一方面又避免与日本过分亲热，以免引起蒋介石政府的反感。确实，和日本走

---

① 保罗·鲍杜安是东方汇理银行前行长。

② Propos de Lémery dans une lettre adressée le 12 août 1940 à Paul Baudoin, et cités dans l'opuscule de ce dernier, *Note sur l'Indochine*, 1943, pp. 17 – 18. Cité par J. Valette, *Ibid.*, p. 59.

③ J. Valette, *Ibid.*, p. 55.

得太近，稍有不慎，就会激怒重庆，导致中国军队进入东京。重庆多次邀请德古上将参加军事互助会议，均被其婉拒。德古在中国的威胁和日本的胁迫之间左右为难，只好以维持领土完整为由对外宣布印度支那中立。从理论上讲，这是可行的。但是在战争时期，印度支那四面楚歌，维持绝对中立根本行不通，最终还是要接受罪恶的妥协。

不久之后，德古承认难以在日本军事占领印度支那全境或中国入侵之间获得两全，鸵鸟政策还是把他逼上与日本合作的道路。这样看来，印度支那对于日本，就犹如维希法国对于德国。

1940年8月2日，日本要求法国对华宣战，否则必须同意驻扎在广州的日本军队自由进出东京，使用印度支那机场。鲍杜安明白不能指望美国援助印度支那，着手研究从经济层面满足日本的要求，而日本也承诺“尊重印度支那联邦的现状及其领土完整，承认法国在远东地区的其他利益”[①]。外交部亚洲司建议印度支那“暂时融入日本经济体系”[②]。8月30日，法国驻日大使阿尔塞纳—亨利和日本外相松冈洋右达成协议，并约定下一步两国将签署军事协议。维希政府毫无喘息之机，9月22日，法日在河内签署协议。协议同意日军使用印度支那的3处机场，可以在红河北岸驻扎6 000兵力，还可以从东京进攻云南。[③] 在协议签署当天，日军在西原的率领下突袭谅山，击毙了150名法国士兵。这次溃败也证明了印度支那兵力不足，无法抵抗日军的入侵。[④] 几天后，日本在海防登陆，开始蚕食印度支那。

1941年5月6日，印度支那和日本达成经济协议，加强两地之间的联系。印度支那因此逃过军事占领一劫，但其对外贸易完全被日本人所控制。1941年7月29日，《达尔朗—加藤协议》将印度支那纳入日本的军事体系，而德古对此毫不知情。日本军队再度给印度支那开出空头

---

① F. Charles-Roux, *Cinq mois tragiques aux Affaires étrangères* (*21 mai-1er novembre 1940*), Paris, Plon, 1949, p. 253. Cité par F. Mercier, *op. cit.*, p. 78.

② Note de la sous-direction Asie (Vichy), le 13/08/1940, cité par F. Mercier, *Ibid.*, p. 78.

③ Voir F. Mercier, *Ibid.*, p. 89.

④ Voir E. Jennings, *Vichy sous les tropiques. La Révolution nationale à Madagascar, en Guadeloupe, en Indochine* (*1940 - 1944*), Paris, Grasset, 2004, p. 192.

支票，以承诺尊重其领土完整为由，得以自由进出印度支那联邦，利用其海陆便利。此外，达尔朗还承认“共同防卫”原则。[①] 日本通过这一纸协议，不费一兵一卒就控制了印度支那。所谓印度支那中立完全是无稽之谈。为了维持法国在印度支那的统治，法国付出了与日本帝国合作的代价。

至此，重庆只是做了无力的抗议，重申反对日本进入印度支那，但又不敢主动与法国断交。蒋介石担心反应过激会影响印度支那华人的利益和安全，另外他也不想刺激东京，让东京完全倒向日本一边，承认汪精卫政府。蒋介石知道自 1940 年秋，日本一直寻求西方承认汪伪政权，不过他不知道维希政府当时对此事仍持抵制态度。

1941 年 12 月 7 日，日本袭击珍珠港。蒋介石的态度转趋强硬，12 月 9 日，中国向轴心国宣战。在此情况下，即使重庆虚张声势，扬言攻打东京，随后又放弃计划，但是在印度支那看来，中国进攻东京的风险仍然存在。[②] 从此角度看，德古维持与中国和英国良好关系政策——得到达尔朗的肯定——是有利可图的。[③] 但法国驻华大使戈思默（Cosme）却认为不妥，主张加强法日关系。1942 年 4 月，赖伐尔重新执掌外交事务，大力鼓吹加强法日合作，丝毫不考虑这一政策调整可能彻底葬送德古总督千方百计维持的掩耳盗铃式的印度支那中立计划。

赖伐尔取代达尔朗掌握外交事务时，德国于 1942 年 11 月 11 日入侵法国自由区并继续向南方推进。土伦舰队自行凿沉，法兰西殖民帝国进一步分裂，日本和印度支那的关系发生了根本性变化。维希政权的外交部出现分裂，亚洲司司长让·肖维勒等最后一批外交人员离开政府，赖伐尔的眼中钉终于拔去，法国政府此后完全采取对德合作政策，顺应日本的要求。[④] 德古彻底沦为傀儡，在对外政策方面失去之前尚存的一

---

① *Ibid.*, pp. 127 – 128.

② *Ibid.*, pp. 138 – 144.

③ 尽管法国驻华大使戈思默留驻北京，即在王克敏领导下的华北政务委员会的控制区域内，但他未获承认。法国在重庆另外开设了一个外交办公室，先由菲利普·鲍戴（Philippe Baudet）负责，1942 年之后由让·保罗—邦古尔（Jean Paul-Boncour）负责。

④ F. Mercier, *Ibid.*, pp. 181 – 184.

点自主权。日本和维希直接就涉及印度支那的安排和法中关系问题进行讨论，河内无权过问。1943 年初的广州湾正是在这种背景下生存的。

（二）“二战”初期的广州湾

1. 日本的蚕食政策

日本在向华南推进的过程中，刻意避免入侵法国租借地，但却采取蚕食的方式逐渐占领租借地的周边地区。1938 年 10 月底，广州沦陷，1939 年 2 月，海南岛落入日军之手，广州湾顿时犹如飘落在广阔日占区的一片孤叶，只剩下理论上的自由，完全残喘于日本东京的鼻息之下，任凭日本东京和河内摆布。日本军部本来打算对租借地采取军事行动，但受到外务省的阻止，因为外务省打算将广州湾作为人质，要挟河内总督府做出表态，与重庆划清界限。

1940 年 6—7 月，法国在欧洲战场惨败。河内在维希和德古的领导下，开始与日本合作，顺应日本的要求。甚至在 8 月 30 日阿尔塞纳—亨利和松冈洋右达成协议之前，德古已经同意日本监控委员会入驻白雅特。[①] 但总督府的档案却对此事三缄其口，所以我们无法得知日军何时进入广州湾，兵力多少，装备如何，以何种理由进驻。唯一能够确定的是该委员会在 1940 年 8 月已经悄悄开始工作，比日本进入印度支那还提早一个多月。

日本监控委员会监督广州湾的对外贸易状况，尤其是要封锁和堵截蒋介石军队的物资运输。因为法国租借地当时和云南仍有铁路联系，可能是重庆战略物资为数不多的中转站之一。[②] 日军虽然占领了广东，但一直没有办法堵截走私，所以最有效的解决办法是扼住走私的咽喉，换言之，控制广州湾。

但是监控不一定能够达到预期效果。1941 年 10 月中旬，驻守白雅

---

① Télégramme de Decoux au ministre des Colonies (Charles Platon), le 12/07/1941, MAE, Guerre 1939 - 1945, Vichy, E 159.

② 瓦莱特（J. Valette）引用了一名殖民官员在 1944 年 6 月 2 日写的记录，证实“1938 年 10 月广州沦陷之后，广州湾和海防成为一条‘重要的补给线’”。*Ibid.*, p. 14.

特的丸山（Maruyama）中佐抱怨租借地水域存在大规模的走私活动。日本海军指责法国当局没有动员足够警力打击走私。丸山还指控地方当局纵容地下武器生产，为海南游击队提供武器。[①] 德古当然断然驳斥为无稽之谈，揭露日本无非是要寻找借口，试图进一步控制广州湾。不幸的是，现存的法国档案无助于辨别事件的真伪。法日双方各执一词，事件成为罗生门。

不过德古向殖民地部发出电报的次日，他的担心变成了事实。10月20日，日本果真要求增派兵力，在赤坎设立第二处监控点；还要求法国允许日本空军飞越租借地上空，跟踪在法国水域行驶的走私船只，同时提出派遣两艘快艇，“不悬挂国旗”，监视海岸情况。[②] 日本入侵的野心日渐暴露出来。德古坚持平衡主义路线，同意日军飞机飞越租借地上空和日本战舰自由进出港口的要求，但拒绝日本快艇跟踪商船，“因为这损害法国的主权”[③]。这一回复看似挽回一些颜面，实际上体面无存。日本人逐渐控制广州湾，开始各种渗透行动。此外，1942年2月，日本东京通知总督府，打算在白雅特设立领事馆，处理外交事务。这一计划最后不了了之，没有任何一位日本领事到过白雅特履职，不过日本外务省此举背后另有阴谋。外务省可能假装不清楚租借地的法律地位，挑拨重庆和维希之间的关系，因为在广州湾设立外国领事馆等于否定中国对租借地的主权。看来日本是想从外交策略上利用法国租借地这一张牌，那么在1942年底之前，日本应该不会采取进一步军事行动。

2. 地方经济的繁荣

广东其他地区沦陷后，长期免受日本铁蹄蹂躏的租借地成为中国难民的避难所，也为他们提供了从事商业活动的机会。作为日本封锁线上的一处缺口，广州湾自然吸引了各种走私和投机倒把商人到此发迹致

---

① Télégramme de Decoux au ministre des Colonies, le 19/10/1941, MAE, Guerre 1939 - 1945, Vichy, E 159.

② Télégramme de l'administrateur en chef au gouverneur général, le 20/10/1941, CAOM, GGI, CM 791 - 1.

③ Télégramme Decoux à administrateur en chef, le 28/10/1941, *Ibid.*

富，所以“二战”初期，广州湾经济出现繁荣，这值得奇怪吗?

不过由于缺少中文文献，我们难以了解广州湾走私的规模和情况。日本参谋部对法国纵容走私的指控是传统意义上的狗咬狗，不能作为呈堂证供。不过1941年7月，即白雅特监控点负责人丸山中佐指责法国之前，法国驻北京大使戈思默已经向德古提出过警告，要他留意广州湾对外贸易剧增的情况：

据中国海关统计，近期上海往我们租借地的出口剧增。[①]

他还补充说，中国的做法可能严重干扰法日关系。他相信重庆政府雇用了一批上海的年轻工程师，通过白雅特向中国军队提供补给。[②] 然而，戈思默是众所周知的亲日分子，其言论不一定可信，他可能想胁迫总督府向日本靠拢。德古经过一番仔细调查之后，否认广州湾存在此类组织，说日本的监控密不透风，怎么可能呢？戈思默见说不动河内，遂在7月底直接上报维希政府外交部。他言之凿凿，还引用中国海关总署的文件，以数据为证，指出雷州关口录得经该关口转口的租借地商品出现异常增加：

雷州关口的收入达到全中国的3.5%，几乎和广州港持平，自1940年9月以来翻了一番，自2月份以来翻了两番。[③]

确实，数月前白雅特发生了一桩汇往香港的货币被扣押事件，应该能够证实戈思默的判断。1940年底到1941年初（相关档案没有说明具体时间），广州湾当地名流——当中肯定有陈学谈的份——成立的三有公司秘密往香港汇出“6万元”，被日本特务截获。当时重庆政府财政部长孔祥熙收到一份来自军事委员会的信件，里面提及被扣押的“80

① Télégramme de Cosme à Decoux, le 1/07/1941, MAE, Guerre 1939 - 1945, Vichy, E 159.

② *Idem.*

③ Télégramme de Cosme au ministère des Affaires étrangères, le 24/07/1941, *Ibid.*

万元”，第一次汇出的“70万元”已安全抵港。[①] 孔祥熙命令驻两广特派员刁作谦（Philipp K. C. Tyau）采取行动，[②] 把款项打入他的账户。国民政府介入事件和陈学谈参与运送资金等迹象都表明，这些款项来自走私，广州湾确实暗地里支持重庆政府。

总之，广州湾地方经济在战争初期并没有受到影响，甚至还受益于战争。官方统计报告指出，在日本入侵之前，租借地的经济状况良好。[③] 进口额从1941年的4 500万皮阿斯特增加到1942年的6 100万皮阿斯特；出口增长得更快，从1941年的3 000万皮阿斯特增加到1942年的7 900万皮阿斯特，其中以初级产品为主，四季豆、大米、咸鱼、白糖、植物油、烟草和木炭等产品大批出口，这也从另一个侧面反映出日占区经济出现困难。毫无疑问，贸易的发展带动了地方经济的繁荣。因此当地人的俱乐部——主要从事赌博业——的包税在1942年1—2月顺利进行，而且获得较大升幅。即使通货膨胀明显，赌博业的税收在广州湾预算中仍占有重要地位，总共达到90万皮阿斯特，其中赤坎42万，白雅特18万，赌博成风。当时租借地总共有7家俱乐部，进入战争时期后，赌博业在当地仍然具有相当的吸引力。

除了日本的经济封锁推动租借地的走私活动，为当地的经济发展带来活力之外，大批中国难民的涌入也为广州湾带来商机。1941年12月25日，日军进入香港，大批华人——多为富庶人家——涌入法国租借地。1942年10月，公使勒·普雷沃斯特（Le Prévost）指每周起码有1 500名难民从香港或福建乘船到达广州湾。[④] 移民潮肯定伴随着大批资金的涌入，刺激地方经济的发展。执照税的增加足以反映商业活动的活

① Lettre de Simon, consul de France à Canton, à Cosme, le 8/05/1941, MAE, CADN, Pékin A 293, dossier 25 A. 文件中没有提到是何种货币。广东省政府主席李汉魂经过调查之后，否认最后被扣押的款项和国民政府有关，但承认其他事实。孔祥熙、蒋介石和已故的孙逸仙都娶了宋子文的姐妹，他们之间有姻亲关系。

② 刁作谦（1880—1974），字成章，广东兴宁人，1936年任国民政府外交部两广特派员，1943年7月去职。——译注

③ Cf. Gouvernement général de l'Indochine, *Annuaire statistique de l'Indochine, 1941 - 1942*, IDEO, Hanoi, 1945, vol. 10.

④ Télégramme de Decoux au ministère des Colonies, le 2/10/1942, MAE, Guerre 1939 - 1945, Vichy, E 159.

跃。日本委员会成立之后，在1941年初执行严格的转口控制，当局专门审查从事进出口业务的商人。当年的执照税达到170万皮阿斯特（而1940年只有18万皮阿斯特），[①] 成为租借地财政收入的主要来源；次年大幅度下滑，只有90万皮阿斯特，但仍然稍微超过包税收入。

在这一时期，通货膨胀严重，可惜我们无法查找到更多资料了解通胀的程度，[②] 尽管如此，租借地的财政收入仍然十分可观。图13－1展示了1935—1942年间的财政开支状况，有助于直观了解租借地公共预算的健康程度：

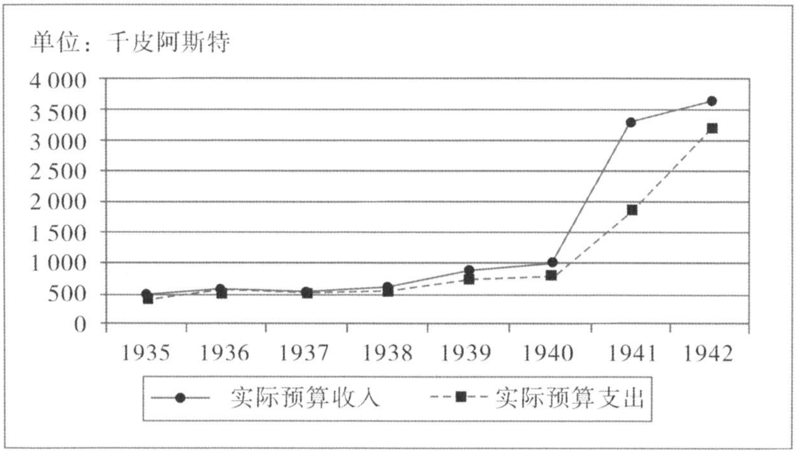

图13－1　广州湾财政预算收支情况示意图（1935—1942）

（来源：印度支那总督府总预算管理账簿，河内：远东印刷厂，1935—1942）

从上图可以看出，租借地的财政预算曲线在1941年突然上升，这在很大程度上是因为当时印度支那和中国都出现了严重的通货膨胀，蔓

① *Comptes administratifs du budget général du gouvernement général de l'Indochine*, Hanoi, IDEO, 1942－1943, CAOM, Bibliothèque AOM, 50050. 我们注意到，1940—1941年财政总收入“只”翻了三番，从100万皮阿斯特增加到330万皮阿斯特，也就是说，执照税的十倍增幅是对外贸易发展的成果，而不仅是通货膨胀造成的。

② “附加税”的征收反映出当时通货膨胀严重。这一税种呈阶梯式附加于主要税种之上，在1940—1941年间增加了大概120倍，即从6 300皮阿斯特涨至71.1万皮阿斯特。税收获得如此大幅度的增长，当然不能单纯依靠基数的增长。1941年1月8日政令也调高了税率，显然是考虑到通货膨胀因素的存在。

延到了广州湾。虽然我们现在没有数据直接支持这一说法，但仍然可以确定通货膨胀影响到了租借地的收支。[1] 除了通胀因素之外，在其他部门的收入保持相对稳定或略有增长的情况下，对收支产生影响的还有商贸的发展和包税收入。特别是1940年之后，收入大大超过支出，战时的财政运作获得大量盈余，继续充盈印度支那总库房。如果不考虑通胀因素，可以说“二战”消弭了20世纪30年代经济危机对广州湾产生的不良影响。租借地经济状况大为好转，以至于1942年总督府不再向租借地提供年度津贴。总之，3年来，租借地的财政盈余大大超出总督府拨付的津贴，广州湾不仅自食其力，还回馈印度支那。1941年，白雅特为总财政提供了170万皮阿斯特的收入。租借地表现出前所未有的经济独立，具有更大的操作空间。

3. 广州湾和德古上将的新秩序

由于财政状况好转，地方政府加大对公共工程的投入。不过单纯从财政角度来解释公共工程建设活动仍然理据不足，还要考虑其他可能存在的因素。事实上，除了战时需要之外，德古将军也希望通过公共工程建设来在当地人心中重塑法国的光辉形象。所以，广州湾的工程建设和印度支那的一样，都服从于意识形态建构的需要。

1939年之后，基础设施建设特别是重大工程的投入出现了巨额增长，如表13－1所示。

由于无法查阅1939—1945年广州湾行政和财政报告以及开支明细账，所以我们对租借地是否真正投入资金持审慎态度。不过“二战”期间《印度支那统计年鉴》倒是提供了一些数据，证明法国当局应该从事过公路和桥梁的修筑，并翻新了港口和机场，这些工作是十分必要的。

---

① Voir graphique en annexe, sur le coût de la vie à Hanoi pour la masse ouvrière, de 1925 à 1944.

表 13－1　1936—1942 年广州湾重大工程开支情况表（单位：皮阿斯特）

年份	1936	1937	1938	1939	1940	1941	1942
预算总支出	522 645	498 967	533 624	794 538	777 647	1 881 461	3 269 653
重大工程支出	19 123	32 966	45 672	197 705	150 119	766 484	1 074 123
重大工程占总支出的比例	3.7%	6.6%	8.6%	24.9%	19.3%	40.7%	32.9%

（来源：印度支那总督府总预算管理账簿，河内：远东印刷厂，1936—1942）

从表 13－1 可以看出，1939—1940 和 1941—1942 年两个时段的工程投入明显不同，只有对其进行比较，才能了解政府开展公共工程建设的真正动机。

1939—1940 年间，总督府追加公共工程投资的目的非常清晰，就是准备保卫广州湾。当时日本向西南推进，威胁到租借地的安全。由于财政收入充足，广州湾根本不必忧虑工程的成本，于是在卡特鲁政府的军事防卫思想指导下，地方政府准备在白雅特修筑一条深水渠，并建设公路网。

相反，接下来几年的工程建设则服从于德古政府的另一套指导思想，不仅考虑到军事需要，还考虑到意识形态需要。当时，印度支那政府的政策主要考虑两大因素：第一是日军进入印度支那，日本势力在东亚扩张；第二是总督个人附和“民族革命”的理想。

日本势力渗透入印度支那，鼓吹要将东亚从白种人的统治中拯救出来，这对于法国殖民地的未来不是福音。德古及其合作者都知道印度支那形势危急，刻不容缓。另外，总督府还担心印度支那民众受日本“大亚细亚主义”的蛊惑，对法国人产生敌意。[①] 为了阻止印度支那民众和

① 简宁斯（E. Jennings）指出，1940 年 9 月 22 日，日本袭击谅山时，印度支那少数族群土族（Thô）竟然协助日本人攻打法国人。此后总督府一直走不出战争失败的阴影，担心日本和印度支那人联手。Cf. E. Jennings, *Vichy sous les tropiques*, *op. cit.*, p. 192.

日本勾搭，河内选择了怀旧和反动的“印度支那神秘主义”①。德古上将的新本土化政策旨在赢得时间，希望拉近殖民者和被殖民者的关系，重塑一个印度支那。德古认为，这个办法能让印度支那民众不受“日本引诱”，留在法国的怀抱里。但加拿大历史学家埃里克·简宁斯（Eric Jennings）指出，这种身份认同政策和维希主义没有本质性差异。日本的压力确实存在，不过却成为法国在印度支那植入“民族革命”意识形态的借口。简宁斯引用德古致维希政府的电文：

> 数月来，印度支那联邦和宗主国失去了基本联系，但却比以往任何时候都接近法兰西。她因选择民族革命理念而从精神上靠近，因完全接受新的民族和帝国秩序而从道德上融入。最后，印度支那满怀热忱，一致忠诚于作为国家和帝国元首的元帅，从而和法兰西融为一体。②

从此角度看，总督府从强调元首崇拜、巩固官员地位、宣传民族语言或尊重个人等方面来点燃越南的民族感情之火。德古打着重新关注当地传统认同和修好法国—印度支那关系的幌子，试图围绕权威、等级和合作的原则，直接借用民族革命的价值观，来建立新的殖民主义运动。他还试图把法兰西塑造成民族遗产保护者和殖民地的保护者，来加强印度支那对法国的归属感。因此，在时任体育和青年事务专员杜格罗瓦（Ducoroy）的赞助下，政府专门为年轻人组织了一系列大规模体育活动，以联系社区，表达母国的善意。在整个印度支那，政府开展了规模庞大的工程建设，修建大量的体育馆和游泳池。“行政部门以前所未有的方式进行投入和建设”③。1943年甚至举办了环印度支那自行车赛。④

---

① Ph. Devillers, P. Fistié. Lê Thanh Khôï, *L'Asie du Sud-Est*, tome 2, Paris, Sirey, 1971, p. 791.

② Télégramme de Decoux à Vichy, le 21 avril 1942, Archives municipales de Bordeaux, cité par Jennings, *Vichy sous les tropiques*, *op. cit.*, p. 196.

③ Ph. Devillers, P. Fistié. Lê Thanh Khôï, *L'Asie du Sud-Est*, *op. cit.*, p. 794.

④ Voir E. Jenning et J. Cantier, *L'empire colonial sous Vichy*, Paris, Odile Jacob, 2004, p. 276.

这一揽子措施完全符合德古的殖民原则和维希主义倾向。他后来在回忆录中为自己辩护，但这并不妨碍他成为极端的贝当主义者。[①] 1940年，德古打着印度支那自治的幌子，鼓吹联邦主义，但却小心翼翼，避免触及殖民权力架构。在他的指导下，河内的殖民政策与强调同化和协作的共和主义理论完全背道而驰，倒向合作原则。因此，1941年，《安南回声》写道："被我们一直奉为法国殖民灵魂的真正本土化政策，其实就是合作"，但这是一种不对称的合作，就像法德或法日关系那样。从根本上讲，德古建立的体制是专制和反民主的，和维希政府意图抹杀掉的1789年大革命精神是南辕北辙的。此外，从"印度支那联盟"（Union indochinoise）改名为"印度支那联邦"（Fédération indochinoise）这一举措中[②]，我们也看到德古的反雅各宾倾向[③]。最后从经济领域看，自给自足和发展工业当然是为了应对英美的封锁，解决印度支那和宗主国失去联系的问题，但也必须看到，这一策略和维希意识形态是琴瑟共鸣的。简而言之，德古出台这样的政策可能是受制于外部因素，但也是他作为一个殖民主义者和狂热维希主义者的施政理念的体现。

这种政策导向的效果在广州湾相当明显，即地方行政首领开始专权，虽然不如印度支那那般张扬。这一时期的各种行政报告和文件都没有提及诸如体育比赛和法中之间虚情假意的友好此类群众性活动。因此可以认为，广州湾根本就没有开展过此类活动，否则就是报告没有如实反映情况。此外，政府似乎也不再邀请地方精英参与行政决策。

那么该如何解释德古的"尊重政策"没有在广州湾得到全面贯彻？白雅特和印度支那之间路途遥远，海上交通不便，或许是其中的原因之一，但这仍不足以解释维希文化在租借地的缺失。我们认为，总督府应

---

① Amiral J. Decoux, *A la barre de l'Indochine. Histoire de mon gouvernement général, 1940 - 1945*, Paris, Plon, 1949, 507 p. 此外，简宁斯还指出战后德古成为捍卫贝当元帅回忆协会的副主席，in *Vichy sous les tropiques*, *op. cit.*, p. 191.

② "Union indochinoise"应是"印度支那联盟"，但学术界一直将其译为"印度支那联邦"，因此第十二章以前的"Union indochinoise"均按惯例翻译为"印度支那联邦"，但实际上应是"印度支那联盟"。"联盟"和"联邦"在政治意义上存在着本质性差别。——译注

③ D. Hémery et P. Brocheux, *op. cit.*, p. 330.

该是不愿意把印度支那那套与民族革命理念相关的融合意识形态输出到广州湾。德古政府根据其殖民修正政策，进行精挑细选，把可以移植的因素引入广州湾，把不适合租借地族群和法律状况的剔除出去。这种有区别的对待或许正好解释了德古及其政府的联邦主义原则，对此官报定义道：

联邦主义不是一些多疑和具有沙文主义倾向的小民族之间的不稳定和可撤销的协作，更不是一种整齐划一和进行同化的有害企图，而是意味着团结和多样化，在法国这一善意和必不可少的共同盟主指导下，团结所有印度支那国家，尊重民族意向和地方文化的多样性。①

由于广州湾和印度支那在族群和法律地位上存在差异，所以德古的本土化政策删去了文化层面的内容，只剩下大工程建设计划。原因众所周知。没有民族博弈的背景和传统的华人精英阶层，推行尊重政策不仅劳而无功，而且可能适得其反，弄不好反而会突出法国在广州湾统治的非法本质，令中国政府的回收诉求合法化。相反，大力开展公共工程建设能够提高法国在租借地的形象。

因此，1940—1941 年间当局在广州湾大兴土木，财政投入从 19.3% 增加至 40.7%。这和印度支那的政策一样，无疑都是为了利诱地方居民，加强中国居民对法国的归属感。在日本军国主义鼓吹泛亚洲主义和支持反帝国主义运动之时，用具体和立竿见影的行动团结地方舆论是完全符合逻辑的。开展大工程建设比任何高谈阔论都能更好地诠释出当局服务于地方民众、为广州湾的持久发展着想的意图。在租借地刚刚经历过黑暗的十年之后，中国民众亟须安抚，这一举动显得更加难能可贵。

启动广州湾财政改革也是出于同一目的，即通过开展大工程建设改善法国形象，在联邦框架下去集中化。自 1941 年起，德古不断向殖民地部阐明利害：

---

① In *Indochine*, *hebdomadaire illustré*, 29 avril 1943, cité par E. Jennings, *op. cit.*, p. 238.

（计划采取的措施）有利于调配正处在繁荣阶段的租借地的资源，完成工程项目，其中主要是完善白雅特港口的配套设施。①

上将想要什么呢？很简单，让广州湾从1911年10月政令规定的附属财政状态回归到地方财政状态，实现自治。这一看法不是德古的创新，布朗夏尔·德·拉布罗斯早在1922年就对总财政掠夺地方财政的做法提出过严厉批评。1938年5月，殖民地总视察员莫雷提（Moretti）也曾对此体制发难：

广州湾当前财政体制的主要弊病是不鼓励地方政府节省公币。②

他还指出，回归地区预算有助于积累资源，开展重大项目的建设。一年后，即1939年4月27日，莫雷提的同事、当时的印度支那财政控制署代理署长卡佐（Cazaux）在印度支那经济和财政大会上重提旧事。他建议总预算不再向广州湾提供一揽子津贴，作为交换，总预算也放弃广州湾预算中的统计税，这样租借地就能自食其力，顺利开展工程项目。当时卡佐草拟了政令方案，1939年6月7日方案获得大议会常务委员会通过。③

8月5日，总督布雷维向巴黎呈交了政令草案，希望改革1911年10月20日政令，恢复广州湾的财政独立地位。但河内没有选择好时机，当时欧洲战鼓四起，法国正在备战。宗主国政府日理万机，根本无暇顾及弹丸之地广州湾的财政问题，政令草案被束之高阁。两年后，河内再次提出该问题。

---

① Télégramme Decoux au ministère des Colonies à Vichy, le 18/07/1941, CAOM, FM, direction des Services économiques, n° 2985.

② Cité dans un rapport du gouverneur général (Brévié ?) au ministre des Colonies, le ? 1939 (sans doute l'été), CAOM, FM, direction des Services économiques, n° 2985.

③ Rapport de l'inspecteur général des Colonies Cazaux, directeur p. i. des Finances de l'Indochine, présenté à la commission permanente du Grand Conseil des intérêts économiques et financiers, le 27/04/1939, *Ibid.*

1941 年 7 月，德古政府重新上交方案，请求普拉东部长采取合适的措施：

> 保证这一在地区具有战略优势的港口和内地铁路网连接的时机已经成熟。这符合我们当前的政治利益。[①]

中国政府在战争时期采取了一种新的铁路政策，总督希望抓住时机完善租借地的配套设施，令其与中国内地连为一体，但维希当局没有答复。1941 年 11 月 21 日，德古再次催促殖民地部，并指出了尽快修改政令和争取在 1942 年度执行新方案的好处。[②] 宗主国当局慢条斯理，在和印度支那交换了几次信息之后，终于在 1942 年 11 月 17 日签署文件，同意广州湾财政独立，和印度支那联邦其他地区一样享有独立预算地位。

不论怎样，租借地当局苦等了将近 30 年的改革终于在战争正酣之时来临。在此之前，财政的不独立令地方政府无法集中资金发展经济，所以此次改革的适时来临也引起各界的议论。大家尤其要质疑的是，政府把广州湾从印度支那殖民地分离出来，是不是准备归还租借地。历史学家克里斯朵夫·格斯查（Christopher Goscha）和埃里克·简宁斯等人对印度支那问题作过专题研究。[③] 两位学者均指出，德古倡导的“小国”联邦政策，是基于对印度支那过去的复兴以及简便的身份重构，其最终目的是服务于民族主义事业。这一政策可能对“二战”前后印度支那的分裂起到了推波助澜的作用。所以德古上将强调的以地区族群身份为核心的碎片化“印度支那”空间概念，极有可能是广州湾财政结

① Télégramme Decoux au ministère des Colonies à Vichy, le 18/07/1941, CAOM, FM, direction des Services économiques, n° 2985.

② Télégramme Decoux au ministère des Colonies à Vichy, le 21/11/1941, *Ibid.*

③ Voir C. Goscha, *Vietnam or Indochina? Constesting Concepts of Space in Vietnamese Nationalism, 1887 – 1954*, Copenhague, NIAS, 1995, et E. Jennings, *op. cit.* 简宁斯在第 214 页引述了德古为《印度支那国歌和国旗》（*Hymnes et pavillons d'Indochine*, auteurs anonymes, Hanoi, IDEO, 1941）一书所写的序言：“我希望您们忠于法国，热爱法国……也热爱您们的小祖国，因为这有助于您们更好地理解和热爱大祖国。”

构改革的理论基础。

最后，德古的维希主义政策中专制和镇压的一面也在广州湾得到淋漓尽致的体现，不过方式要比印度支那温和得多。我们都知道，德古在印度支那血腥镇压过不同政见者和维希政府指定的替罪羊，如犹太人、共济会、共产党和戴高乐分子等，甚至引起宗主国的忧虑。[①] 印度支那“黑暗年代”的历史由于伊索亚尔、简宁斯、康提埃等历史学家的研究得以为世人所知，但广州湾的情况却由于资料缺失和证据不多，甚至前后矛盾等原因难以继续探究。

赤坎医院负责人秦校忠博士（Dr Tsin Kiodjon）在 1944 年 6 月逃离广州湾，[②] 他指证高级驻扎官（即总公使）罗克（1943 年 2 月至 1945 年 3 月在租借地任职）和其他三名公务员或军官与轴心国合作。[③] 这些人都是法国战士团和民族革命志愿者的核心人物。法国战士团于 1940 年 8 月在法国成立，1941 年开始在印度支那活动。秦校忠说这些人是法国战士团的“首领”，这是意味着他们还有下属，还是说只有他们三人呢？秦校忠接下去的证词似乎证实了后一种假设。据他所述，其他法国人和中国民众都支持同盟国。此外，陈学谈似乎也主动和罗克保持距离，为其同胞树立榜样。[④] 这也反过来说明了前几任总公使在贯彻德古政策时还是比较克制的。然而，1942 年 3 月在白雅特被捕的戴高乐分子、重庆领事贝尚医生（Dr Béchamp）却指证当地政府残酷无情，镇压

① 关于这些问题，尤其是粗暴镇压交趾支那共产党和接受维希政府的调查等情况，voir E. Jennings, *op. cit.*, pp. 224 – 226.

② 秦校忠，现湛江市雷州文化研究会陈华昆副会长的养父。——译注

③ Lettre de Pechkoff, ambassadeur de France à Chongqing, au ministre des Affaires étrangères, le 26/09/1944, MAE, Asie-Océanie 1944 – 1945, Chine, NS 256, fol. 163 – 164. 据贝志高报告，秦校忠毕业于巴黎医科学院，娶了一位法国女子为妻，1926 年加入法国籍。据他交代，上述三名投靠轴心国的法国人是殖民地步兵上尉巴尼埃（或巴内?）和公务员佩拉尔（Pellard）、拉马尔斯（Lamarche），后两位都是法国战士团头目。

④ *Idem.*

自由法国的支持者。[1] 与此同时，贝尚又跑到广州湾招募戴高乐主义事业的支持者。如果他认为不可行，那为何还义无反顾地来到广州湾呢？我们可否认为，租借地分裂为两股势力，一股是维希的殖民势力，另一股是支持盟军的欧洲和中国民众？如果是这样的话，我们就无法解释广州湾的某种所谓的特殊性，即在印度支那大力贯彻维希政策时，广州湾的抵抗也非常微弱，这是一件非常奇怪的事情。如大家所见，本章的叙述只以触动法国人和中国人的民族感情为主线，所以显得非常粗浅。

二、维希政府和河内对广州湾的态度（1942—1943）

在短短几个月间，即从 1942 年 11 月至 1943 年 2 月，租借地完全被日本控制。虽然维希政府还继续宣称法国拥有对广州湾的管治权，但在河内看来，今时已不同往日了。维希和日本东京在协商租借地的外交安排时完全把德古政府晾在一旁，德古的平衡策略彻底破产。

不论从哪个方面看，1942 年下半年都是一个转折性时期，轴心国遭受到自开战以来的第一次重创。1942 年 10 月至 1943 年 2 月，苏联取得斯大林格勒战役的胜利；1942 年 11 月，英美联军在北非登陆。战局发生逆转。在太平洋战区，1942 年 5—6 月，日本在珊瑚海和中途岛遭到重创。日本帝国陷入困境，大部分兵力被牵制在中国战区，难以调动。日本大东亚省的军国主义者鼓吹穷兵黩武，这一政策在国内遭到舆论的公开质疑。日本驻南京大使重光葵于是提出一种新的策略，企图重新调整兵力，进行新的征服和控制。重光葵认为灵活外交有黩武政策所不能及的长处，能够帮助日本走出在华困境。根据这一构想，广州湾成

---

① 贝尚医生自 1940 年起在重庆组织一个地位尴尬的自由法国委员会。1941 年 3 月，他被任命为自由法国的正式代表，和蒋介石的国民政府接洽，并作为官方代表与港英政府联络。他曾于 1917 年在俄国沙皇军队中担任医生，后来以法国驻成都代办的身份在成都生活了 12 年。他也是著名的共济会成员，1942 年 3 月 24 日在广州湾被捕，然后被引渡到印度支那，1942 年 4 月 3 日被判处 15 年苦役，由于体弱多病，不堪牢狱生活，于 1944 年 7 月 29 日辞世。Cf. CAOM，GGI，CM 1155. Voir aussi F. Turpin，*De Gaulle*，*les gaullistes et l'Indochine*（*1940 – 1956*），Paris，Les Indes savantes，2005，p. 27 et 37. 瓦莱特在其专著第 214 – 215 页里刻画了这一传奇人物的肖像。

为日本新策略中不可忽略的一个棋子，而此时恰好亲日的赖伐尔重新掌握维希政府大权，日本更加可以轻易地走出下一步棋。

（一）维希和日本东京之间加强合作①

在宗主国，达尔朗千方百计地寻求希特勒的谅解，换取加强法德合作，但以失败告终。于是1942年4月16日，达尔朗谢幕，贝当召唤回1940年12月离开外交部的赖伐尔。两天后，赖伐尔出任“政府首脑”，这是根据4月17日宪法文件而专门为他准备的头衔。赖伐尔和达尔朗不同，他知道只要彻底支持德意志帝国，德国元首就会听话。让—皮埃尔·阿热马（Jean-Pierre Azéma）解释道：“他想先下手为强，迫使希特勒合作，在未来的德意志欧洲中为法国保留一席之地。”② 赖伐尔认为德国肯定会取得战争的最后胜利，所以费尽心思，促成法德合作，对所有持不同意见者嗤之以鼻。外交部在他的主持下坚定地执行对德合作政策。

法国的对日关系也不例外，完全服从于赖伐尔的欧洲野心。赖伐尔时刻准备好出卖法国在东亚的利益，取悦日本，来拉近法德关系。③ 维希政府的行动方针严重地损害了德古的平衡策略。德古当时仍坚持己见，但遭到法国驻北京大使戈思默的质疑。1942年11月，德国向法国南部挺进，外交部中好几名和赖伐尔唱对台戏的官员出走。赖伐尔的眼中钉肉中刺被拔掉了，他终于可以和戈思默放开手脚，大唱双簧。

法国确定在东亚向日本靠拢的外交政策时，恰好日本也准备微调对华政策。日本驻南京大使重光葵是该政策的倡导者，但他孤掌难鸣。

---

① 此处的合作，是指政治上的靠拢和意识形态上的接近，而不是维希政权和柏林之间的那种“国家合作”。

② J. -P. Azéma, *De Munich à la Libération*, *1938 – 1944*, Paris, Points-Seuil, 1979, p. 198.

③ 1943年10月，前亚洲司副司长肖维勒在一份关于法中关系的报告中写道：“当前的政府首脑非常清楚日本在轴心国中的地位，算计着如何在日本这边吃小亏，然后占柏林的大便宜。赖伐尔先生从这一情感出发，准备以远东为代价，来换取日本在欧洲对他的支持。他提前向日本割让利益，对日本言听计从，可是日本几乎没有回报……” Cité par F. Mercier, *op. cit.*, p. 156.

1941 年 10 月之后，日本军国主义分子东条大将成功地排挤走主张和美国谈判的近卫文麿（因为美国当时对日实行石油产品封锁），掌握军政大权，身兼三军总司令和首相，挥舞“军权绝对高于行政权”的大旗。[①]

因此，日本强硬派一开始并未把重光葵放在眼里。但是到了 1942 年底，日本陷入了进退两难的境地。美国成为日本在亚洲和太平洋地区挺进的绊脚石，美国经济实力十倍于日本，且人口众多。日本节节败退，无法长期抵御来自美国的打击。然而，日本的战争经济完全依赖于对被征服地区的直接或间接控制。那么，在对华战争迟迟不能结束的情况下，日本又该如何摆脱困境，继续推进呢？中国战争牵制了日本的大量人力和物力，使日本无法在其他地区部署兵力，实现其战略意图。最后，日本军部决定停止在华战争，在 1942 年 12 月接受驻南京大使的建议。

法比安娜·梅尔谢（Fabienne Mercier）认为，重光葵主张使用外交途径，辅以军事行动，是为了尽快结束战争。[②] 为了巩固当时不获国际承认的汪精卫伪政权，重光葵准备胁迫维希政权正式承认南京政府，并放弃在华权益。但他也知道，对赖伐尔和戈思默施加几分压力，他们可能就会屈服，但德古上将那一关还是不太好过。日本担心印度支那——忠实于维希政权的最后一块法国殖民地——可能会步北非和西非法国殖民地的后尘，进行抵制。因此必须快刀斩乱麻，直接和法国谈判，强迫法国和重庆断交。

不过，重光葵的如意算盘并没有打响，法国人心里非常清楚，根本无须担心日本会插足印度支那，因为日本已经没有能力接收法国在东亚的产业，相反，日本还需依靠法国来管理印度支那，节约占领成本。因此维希政府一直对日本的要求敷衍搪塞。日本为达目的，不择手段，最后使出撒手锏，企图迫使法国就范：要求法国放弃在华权益。其实早在

---

① Edwin O. Reischauer, *Histoire du Japon et des Japonais*, Paris, Points - Seuil, 1973, tome 1, p. 229.

② Cf. F. Mercier, *op. cit.*, pp. 184 - 187.

“二战”爆发初期，各路列强就纷纷宣布放弃权益，为各自所支持的不同的中国政权赢得舆论。现在日本正是要对维希下手，为汪精卫伪政权争取民意。

（二）在中国的治外法权问题

在法律中，“治外法权”是指某人“在居住国享有母国法律所赋予的生活权利”①。但在列强与中国签署的不平等条约中，“治外法权”不只涉及生活权利，还延伸到列强国民的所有权利和特权。② 治外法权令中国人倍感屈辱，它不仅伤害了中华民国的自尊，而且破坏了中国领土的完整，所以中国政府一直坚持要废除这一特权。

但是这问题不仅涉及外交，还涉及其他层面，非常复杂。首先，治外法权在许多旧条约中都有提及，尤其是 1858 年 6 月的《天津条约》，其涉及领域众多，相互交叉，特权范围不断扩大，时至今日已变成一项非常复杂、牵涉面极广的权利。每个国家对这项权利条款都有不同的表述，就法国的情况而言，治外法权除了司法赦免特权和保教权之外，还包括国民在所有开放港口定居和自由经商的权利，战船停靠中国主要港口的权利，对几处公共行政部门进行共同管理的权利，滇越铁路承包权，租界（共四处，不包括上海和厦门的国际公共租界）③ 以及广州湾租借地管理权，等等。④ 总之，治外法权涉及法国在华的大部分权益，取缔治外法权将极大地损害法国在华利益。这也就是法国为什么迟迟不愿意效仿其他列强的“利他主义”，做出让步。

其实自 1922 年起，北京已不断要求列强结束在华特权。但除了成功收回胶州湾和威海卫之外，其他呼吁都没有结果，任何相关国家都不

---

① A. Beaulieu (Pékin), « Note sur l'exterritorialité en Chine », 22/02/1941, MAE, Guerre 1939 - 1945, Alger (CFLN), 1357, fol. 85 - 108.

② 列强国家包括比利时、巴西、丹麦、西班牙、美国、法国、英国、意大利、日本、挪威、荷兰、秘鲁、葡萄牙、瑞典和瑞士。

③ 法国在中国共有四处租界（上海、天津、汉口、广州）和一处租借地（广州湾）。上海法租界独立于英美等国的国际公共租界之外。——译注

④ Cf. A. Beaulieu, *Ibid.*

愿意做血本无归的买卖。1931 年，蒋介石旧事重提，单方面要求列强从 1932 年 1 月 1 日起放弃在华治外法权。但是日本入侵满洲，南京政府只好再次搁置提议。不久“二战”爆发，治外法权的情况依旧。[①] 中国政府也未再提及此事，倒是列强面对国际形势的变化，自行提出这一问题，并进行反思。同时，重庆和南京在对决中，为了获得民意支持，也积极争取支持自己的列强放弃在华特权。在这种情况下，治外法权的废除成为中国国内政治的赌注，也是重庆和南京提高外交效率和谋求得到国际承认的撒手锏。

率先抓住时机的是英国人。1940 年 7 月，英国率先承诺——尽管措辞含糊——讨论租界和治外法权问题。同年 11 月 30 日，日本予以反击，宣布放弃在华特权，以示支持南京伪政府。随后，一场和 1898 年的“租借地竞赛”截然相反的“弃权竞赛”粉墨登场，各大阵营争先恐后，希望提出比对手更加具体的建议。运动不断升级，其基本形式为“盎格鲁—撒克逊人（指英国人）和日本人唱对台戏，中国政府站在中间”[②]。需要指出的是，美国和日本在弃权竞赛中都毫发无损，他们分别支持蒋介石和汪精卫，也分别获得其他隐性权益和政治好处。相反，大不列颠损失最大，其次是法国。但是伦敦又不能不跟随美国盟友的行动。

1941 年 5 月，美国承诺战争后放弃所有在华特权。几周后，在美国国务卿科德尔·赫尔（Cordell Hull）的斡旋下，英国下议院在 6 月 11 日也做出同样的承诺。得到英美撑腰的蒋介石在 1941 年 10 月的一次全国性讲话中宣布废除所有不平等条约。不过具体问题仍需具体解决，当时列强还只是停留在口头承诺上。太平洋战争爆发后，他们不得不有所行动，当然也相互扯皮。

1942 年 2 月 12 日，日本外相向议会提议放弃在华治外法权和将租界归还汪精卫政府。3 月 25 和 26 日，日本兑现承诺，向南京政府移交

---

① Cf. J. Chesneaux et F. Le Barbier, *La Chine. La marche de la Révolution*, *1921 - 1949*, Paris, Hatier, 1975, p. 141. 中国自 1931 年起收回海关管理权，自 1937 年起停止支付赔款。

② F. Mercier, *op. cit.*, p. 188.

了广州和天津两处被日本占领的英国旧租界。10 月 10 日，美英郑重其事地和蒋介石政府谈判取缔治外法权的问题。1943 年 1 月 10 日，日本和南京达成协议，涉及移交上海和厦门公共租界、北京公使馆，终结治外法权。墨索里尼政府也迅速跟风，报答汪精卫政府向同盟国宣战。两天后，美英和重庆达成协议，共同放弃在华特权。

那么法国对此持何态度呢？我们认为，法国仍然持观望主义，原因不只是法国拒绝对华让步，还因为维希政府自觉进退两难。如果和重庆合法政府进行谈判，那肯定会激怒“日本盟友”和惹恼南京政府；如果不展开谈判，那法国和重庆的关系肯定破裂，蒋介石将派兵远征印度支那。1942 年 10 月 13 日，蒋介石要求赖伐尔效仿伦敦和华盛顿，这令赖伐尔尴尬不已。[①] 当时的法国驻重庆代表保罗—邦古尔为了争取时间，敷衍说等时机成熟，就会考虑这一问题。维希政府前怕狼后怕虎，总是担心中国或日本可能入侵印度支那，所以对蒋汪政权都采取敷衍态度，导致法国在国际外交舞台上完全孤立。赖伐尔犹豫不决，不知如何是好，最后决定不主动出击，以不变应万变，观望东亚局势，走一步算一步。

（三）日本占领广州湾：1943 年 2 月

1. 维希政府和日本之间的肮脏勾当

1943 年 1—2 月间，重光葵的策略初见成效。[②] 在日本的压力下，局势变得对南京有利。1 月份上半月，汪精卫发起一场声势浩大的舆论运动，声讨法国在华的租借特权，这显然是有预谋的。戈思默在写给普拉东部长的电报中说：

> 如果南京政府想通过单方面撕毁法中不平等条约，或者通过在我们的租界内制造混乱来激化事件的话，日本是不会支持我们的，或者会在

---

① Cf. F. Mercier, *op. cit.*, p. 191.

② 1943 年 4 月，重光葵成为日本政府的外相，这是其外交策略取得成功的标志。此时，重庆和维希的关系出现破裂，两国于 1943 年 7 月 31 日正式断交。

附加苛刻条件的情况下支持。因此就目前的形势看来，我们不能指望保住权利，也无法就放弃权利讨价还价，无法从这种耻辱中获取任何利益。①

于是戈思默和赖伐尔都选择顺从日本盟友的意思，同时也不由自主地想到不能和蒋介石绝交。这需要做好两件事：第一，不能发出过于清晰的有利于南京政府的声明；第二，要示弱，表示法国无力对南京“国民政府”侵犯法国权益的做法采取军事行动。1 月 18 日，赖伐尔召见日本驻维希大使三谷，告知他法国准备为南京政府放弃在华特权。② 不过法国政府没有发布任何声明，所以该承诺仍然是非正式的。2 月 8 日，三谷再次会晤法国政府首脑，期间表达了希望维希政府在放弃特权问题上继续保持缄默的想法，因为日本担心正式声明的发出将引起重庆对印度支那或广州湾的军事干涉。而此时赖伐尔已经根据戈思默的建议，准备在 2 月 13 日发出致“中国国民”的正式声明——“中国国民”这一提法实在巧妙，可以安抚重庆和南京两大阵营。正如后来戈思默向德古所承认的：“我主张使用这一说法，以免给人留下向汪精卫政权靠拢的感觉。”③

三谷早已料到维希放弃特权并不意味着会正式承认南京政府。因此日本人根本不指望法国会在公报上明确表态支持汪精卫（这是想入非非），而是略施小计，让世人把法国的做法“解读成”支持南京政府，误以为法国是在日本的影响下采取行动的，于是广州湾派上了用场。

2 月 16 日，三谷大使以《法日共同防卫印度支那议定书》为借口，要求赖伐尔同意日本出兵广州湾，加强租借地防务，还坚持说重庆可能

① Télégramme de Cosme (Pékin) au ministre des Affaires étrangères, Platon (Vichy), le 16/01/1943, MAE, Guerre 1939 – 1945, Vichy, E 64. Cité par F. Mercier, *op. cit.*, p. 196.

② Télégramme de Decoux au ministre des Affaires étrangères, le 16/02/1943, MAE, Guerre 1939 – 1945, Vichy, E 159, fol. 18.

③ Télégramme de Cosme à Decoux, le 18/02/1943, MAE, CADN, Pékin, A 293, dossier 25 A.

会把广州湾作为潜艇基地，从事颠覆日占区的行动![1] 赖伐尔当天就做出回复，基本上同意日本的要求：法国放弃在华法律特权，“向中国”归还四处租界（但没有具体说明哪四处），以及北京使馆区、上海和厦门公共租界的管理权。最后关于广州湾，鉴于该地法国兵力薄弱，赖伐尔同意“帝国政府给予协助”。不过，他还考虑到了重庆对后方的威胁，尽管这层顾虑是徒然的：

我已备案：阁下向我国口头保证日本将一方面运用影响力，使中国不对本国所采取的措施表达不满；另一方面承诺在适当时候，承认法国在上述条约（指 1898 年 4 月和 1899 年 11 月的条约）提及的地区享有权利和优先权，并维持现状。[2]

我们认为，赖伐尔外交经验丰富，不大可能一头栽进日本人的陷阱。[3] 此外，他直接回复日本大使，而没有咨询法国驻北京大使的意见，甚至可能没有咨询外交部亚洲司，似乎担心他们会反对。后来他解释道：“事情来得突然，我只能同意日军进驻广州湾。”[4] 因此，真相应该是赖伐尔觉得法国没有必要拿在华资产与日本豪赌，亚洲事务无关紧要，除非能服务于他的法德合作政策。

确实，戈思默是不会同意赖伐尔的做法的。他意识到赖伐尔的决定可能危及印度支那，所以认为有必要向德古上将挑明日本的意图：

我有理由相信，日本外务省担心蒋介石将军将法国的行动理解为法国站到盎格鲁—撒克逊人的阵营（他们率先在 10 月 9 日宣布放弃特

---

① Lettre de Mitani (Vichy) à Laval, le 16/02/1943, MAE, Guerre 1939 – 1945, Vichy, E 159, fol. 26 – 27.

② Lettre de Laval à Mitani, le 16/02/1943, *Ibid.*

③ 赖伐尔在 1935 年 6 月至 1936 年 1 月出任内阁总理，兼任外交部部长。他非常仰慕白里安，希望成为白里安第二。Cf. J. -P. Azéma, *op. cit.*, p. 194.

④ Télégramme de Laval à l'ambassade de France (Pékin), le 17/02/1943, MAE, CADN, Pékin, A 293, dossier 25 A.

权），拒绝承认南京政府。占领广州湾的用意非常明显，就是提前避免重庆政府对我们的声明怀有道义期望，使我们和蒋介石将军的关系更难相处。[①]

总之，日本在没有引起法国抗议的情况下顺利进驻广州湾，清晰地传递出如下信息：法国放弃治外法权是为了南京政府而与日本协商的结果，而不是和重庆协商的结果。

日军在得到赖伐尔回复的次日，即2月17日，进入广州湾，没有遇到任何抵抗。几天后，蒋介石的内兄、重庆政府外交部部长宋子文就中国政府没有事前获悉法日的安排而向赖伐尔提出严正抗议：

法国在未知会中国政府的情况下无权允许第三国占领租借地，更加无权允许一个对华作战的国家使用租借地……鉴于此，1899年签订的租借协议宣告失效……[②]

但抗议归抗议，蒋介石并没有立刻和维希政府断交，可能是因为他不希望先由中国提出断交要求。另外，根据他与日本和汪精卫国民政府的交往经验判断，日本和南京的关系也不是表面看起来那么稳固，法国的外交导向日后可能还会发生变化。但无论如何，当时重庆和维希的关系变得比以往任何时候都脆弱。如果南京方面最终和维希政府达成收回租借地的具体方式的共识，那重庆肯定会和维希政府断交。

不过，蒋介石应该不是唯一感叹世事无常的人。德古和他一样，对赖伐尔的决定大为光火，暴跳如雷。2月17日他在写给戈思默的电报中大发脾气，感觉被自己人出卖：

昨天日本使团告知我，日本决定驻军广州湾。今天一早军队应该就

---

① Télégramme de Cosme à Decoux, le 18/02/1943, *Ibid.*

② Lettre secrète de T. V. Soong à Vichy, le 24/02/1943, MAE, Guerre 1939 - 1945, Vichy, E 159, fol. 52.（引文译自法文文本。——译注）

登陆了……

［日本使团团长栗谷（Kuriya）说］因为法国政府向南京政府表明放弃法国在华特权，所以日本政府可以这样做。我感到震惊，告诉栗谷先生另一个同样令人震惊的消息：我未曾从您和法国政府那里得到通知。

……我刚刚质问了一直把我蒙在鼓里的赖伐尔主席，要求他做出解释……

我真不敢相信，您竟然建议政府为了南京而放弃我们的在华特权，丝毫不顾及我们在远东的基本立场，也不考虑这样做会产生的后果。[①]

对于德古而言，日本占领广州湾简直是耻辱和灾难。首先是羞辱了他本人。作为印度支那总督，与中华民国近在咫尺，他竟然对法国政府的决定一无所知。显然，与戈思默在东亚策略的使用上意见相左是他遭到排挤的根本原因。

同时，这也是印度支那的灾难。维希政府向南京靠拢，必然会与重庆断交，这将直接威胁到印度支那的利益。德古上将担心国民党中国会对印度支那发起进攻。此外，即使法国为了维护印度支那的主权和抵制日本的扩张而必须与日本处理好关系，那也要和蒋介石和睦相处，唯有如此，才能保证法国和印度支那在中国西部的银行和工业利益的安全。至于日本和汪精卫之间的联盟，这完全取决于日本对华战争的需要，日汪关系并不稳固，说不定哪一天两位中国领导人会走到一起共议大事，所以最好是不要和其中某位反目成仇。对于德古来说，平衡政策才是捍卫法国在东亚的利益和谋划战后的唯一出路。[②]

2月16日，德古向赖伐尔提出质询，赖伐尔也于当天答复河内。他的回答简单粗暴，无一赘词："政府同意。皮埃尔·赖伐尔。"[③] 两人

---

① Télégramme de Decoux à Cosme, le 17/02/1943, MAE, CADN, Pékin, A 293, dossier 25 A. 德古可能在三谷回复赖伐尔的当天得知消息。

② Sur ces questions, on se reportera à F. Mercier, *op. cit.*, pp. 209 – 215.

③ Télégramme de Vichy à Decoux, le 16/02/1943, MAE, Guerre 1939 – 1945, Vichy, E 159, fol. 22.

政见分歧之大，由此可见一斑，也解释了上将为何会遭到冷遇。

2. **日军进入广州湾**

作为军人，德古总督尽管和政府意见不同，但还是命令总公使皮埃尔—让·德梅克（Pierre-Jean Domec）不作抵抗，尽量为登陆的日军提供便利，比如住宿、补给、使用港口和军事设施、招募人手和兑换货币等。① 2 月 17 日，白雅特接待了日本指挥官，日军包围了博蒙港的雷达站和水上飞机基地。② 德梅克和日本使团团长伊马舰长（Hitoshito Yima）③ 很快达成交接协议：日本人负责广州湾的对外防卫，法国人负责内部治安和监控。④ 不过日本还是担心动静过大，引起中国军队或美军的反应，所以没有大规模调动部队进入广州湾，只是派遣了十几名海军和 150 名陆军，配备飞机和一个炮兵连。⑤ 1943 年 5 月 17 日，《法日共同防卫广州湾协议》正式签订。2 月底才出任总公使的罗克认为协议的签订多少为法国保留了些颜面，但实际上，法国当局此后成了日本的傀儡。

据德梅克总公使报告，日军进入广州湾的最初几天，大量赤坎居民逃离租借地，但也有一些原先居住在周边地区的居民迁徙到广州湾内部定居。过了一段时间之后，市面恢复平静，当地居民在情感上支持重庆，但也接受日本进驻广州湾的事实。⑥ 日本在租借地大做宣传，试图拉拢租借地居民，让他们认同南京政府，不过似乎徒劳无功。陈学谈秘密派出特使，向广东省政府主席（属于国民党一方）表明他的立场不

---

① « Historique des relations franco-chinoises »（sn，sd），CAOM，FM，Indo，NF 2748.

② D'après un télégramme du correspondant de l'AFI à New-Delhi（France libre），du 26/02/1943，MAE，Guerre 1939 – 1945，Vichy，E 159，fol. 54.

③ 1943 年 1 月 24 日伊马（Hitoshito Yima）接替被召回东京的原日本使团团长丸山。他曾任日本驻罗马大使馆海军武官，法语娴熟。Cf. Télégramme de Domec au gouverneur général，le 24/01/1943，CAOM，GGI，CM 791 – 1. 3 月份，山田大佐接替伊马成为驻白雅特日本基地指挥官。

④ Télégramme de Domec au gouverneur général，le 16/02/1943，*Ibid.*

⑤ Télégramme de Domec au haut-commissariat en Indochine，le 20/02/1943，*Ibid.*

⑥ Télégramme de Domec au haut-commissariat en Indochine，le 18/02/1943，*Ibid.*

变。[①]“鸦片之王”竟然打算带头抵制日本？我们缺乏证据，不过这也非空穴来风。

租借地的中日关系远远没有走到直接对立的地步。商人们都大耍两面派，一方面忠于重庆政府，另一方面和日本人勾结，继续从事走私。4 月初，山田大佐向罗克坦言，他的部队故意不占领第二区的北部，即麻斜和大海之间的地带，正是希望“商业活动得以继续，让驻扎在中国和白雅特之间的日本军队受益。因为这一通道确实为香港、澳门和华南日占区的日本军队提供了补给”[②]。山田闪烁其词，难道影射了日本从鸦片和其他商品的走私中牟取了可观的利润吗？莫非如让·肖斯诺所言，广州湾成了一处“在炮火硝烟的掩护下畅通无阻，利润高达 500%的走私无人区”[③] 吗？这完全有可能，但我们缺乏更加具体的信息，难以理解日本为何纵容走私……

那么除了日本少量部队进入广州湾之外，战争对当地生活产生了什么影响呢？法国档案再次对日占时期三缄其口。我们只知道自 1945 年 1 月起，租借地开始遭到空袭。[④] 从 1943 年 4 月 9 日到 1945 年 8 月 15 日，白雅特、赤坎和博蒙港大概遭到 100 次轰炸或机关枪扫射，造成 350 多人伤亡，100 多间房屋受损。[⑤]

1943 年 5 月 18 日，法国驻北京大使馆首席秘书鲍思颂（Boissézon）受赖伐尔委托，负责谈判回归问题，他和南京达成第一份协议。维希政府放弃法国在天津、汉口和广州的租界，以及在北京使馆区的行政权力。至于涉及经济利益比较复杂的上海法租界，法中双方的协商等到 7 月 22 日才有初步结果。法方准备在 7 月 30 日发布公告，法中均同意采

---

① Lettre de Domec à Decoux, le 2/04/1943, *Ibid.*

② *Idem.*

③ J. Chesneaux et F. Le Barbier, *op. cit.*, tome 2, p. 151 – 152.

④ Dossiers 1, 2, 8, 19 et 24, CAOM, GGI, CM 862.

⑤ Rapport de l'administrateur en chef Roques à l'amiral Thierry d'Argenlieu, haut-commissaire de la France dans le Pacifique, le 20/11/1945, CAOM, Indochine, HCI, Conspol. 220.

用“致中国全体国民”的提法，不过基本内容还是有利于南京政府。[①] 必须指出的是，广州湾问题没有列入此次协议范围，因此在维希看来，租借地的地位仍然不变。这两个协议签订之后，蒋介石政府在 1943 年 8 月 1 日宣布和维希政府断交。然而赖伐尔并没有因为法中断交而承认南京为合法政权。维希和重庆断交为法国民族解放委员会（CFLN）的“自由法国”提供了机遇。自此以后，法中谈判在阿尔及尔（随后是巴黎）和重庆之间展开。

三、法兰西共和国临时政府归还广州湾，以示支持重庆政府

租借地在法国殖民帝国中无足轻重，所以自由法国对租借地问题的介入在时间上相对滞后。不过 1943 年夏天之后，法国驻重庆代表开始多方奔走，努力恢复法中关系，希望将广州湾交给重庆国民政府，换取中国对印度支那的善意。这一小算盘式的策略在战时复杂政治博弈中虽然作用不大，但也能充分说明法国民族解放委员会（后更名为法兰西共和国临时政府）对捍卫法国在印度支那权益和“回归印度支那”的重视，不过这一策略的运用也反映出法国政府对东亚新政治局势，特别是印度支那时局存在某种程度上的盲目无知。

（一）自由法国对中国和印度支那事务的立场

由于“自由法国”的抵抗运动缺乏坚实的支持，还需依赖刚愎自用的英国人和美国人的协助，所以自由法国在中国开展外交活动初期，工作进展十分缓慢。1941 年初，自由法国提出在上海设立领事馆，结果计划失败。1941 年 3 月底，以半官方领事代办身份留驻重庆的贝尚医生提议在重庆设立领事馆，但这位日夜操劳的老头脾气古怪，不适合

① « Position de la France en Chine occupée et en Indochine »，（sn），juillet 1943，MAE，Guerre 1939 - 1945，Alger，1356，fol. 65 - 68. 此次代表维希政府签约的是鲍思颂。因为维希政府还未承认南京政府，而重庆政府信任戈思默和德古，所以他们两人均不能作为法方代表和南京政府签约。

担当此任。1942 年 3 月，他在白雅特被捕，从此退出历史舞台，不再在外交领域发挥作用。1942 年 1 月，季博（André Guibaut）带领法国代表团结束在重庆的活动，同样徒劳无果。接着戴高乐任命让·艾斯卡拉（Jean Escarra）为私人代表，到重庆拜会蒋介石，但艾斯卡拉没有获得想象中的隆重接待，蒋介石似乎不急于和伦敦的法国民族委员会（CNF）建立官方联系。另外，法国代表团的重庆之行还有一项特殊的军事任务，即在杜藤热（Tutenges）的领导下在重庆重组远东情报局（SR-EO）。在 1943 年 8 月之前，法国代表团和军事使团两大组织肩负重任，不仅联系河内和阿尔及尔，而且多方活动，让中国国民政府了解自由法国。但是不论艾斯卡拉和杜藤热如何努力，都无法成功破冰，打动蒋介石政府的心。

1943 年 6 月 3 日，法国民族解放委员会（CFLN）在阿尔及尔成立，10 月份起接受戴高乐的领导，此后自由法国开始关注印度支那问题。法国民族解放委员会希望战后仍然能由法国来控制印度支那，但也知道罗斯福得到北美反殖民主义舆论的支持，必然会反对法国重返印度支那。此外，戴高乐估计日本在投降之前，可能会在印度支那和法国拼个鱼死网破，而蒋介石可能趁机插手越南事务。要成功避过这两大暗礁需要高超的外交技巧。戴高乐明白，要名正言顺地取得印度支那的“回返权”，必须获得同盟国盟友的许可，让法国加入未来的东亚战场，同时也不能做出过激举动，避免刺激日本加紧控制印度支那。[①] 不过戴高乐的操作空间不大，何况美国总统罗斯福已洞察法国的政治意图，不愿为自由法国提供便利，甚至决定阻止法国民族解放委员会扩大在中南半岛的军事力量，希望借此打消法国重返印度支那的念头。

此时，维希和南京的关系明朗化。1943 年 7 月，保罗—邦古尔及其合作者离开重庆，法国民族解放委员会的代表终于得到了机会。于是戴高乐命令贝志高将军（Pechkoff）接替杜藤热，负责军事使团的工作。法国民族解放委员会驻重庆总代表顾亚发（Coiffard）——1943 年 11 月

① Cf. P. Isoart, *op. cit.*, p. 23.

改称“解放委员会代表”——接替艾斯卡拉，成为贝志高的副手。[①] 8月27日，蒋介石政府终于承认法国民族解放委员会，“承认该政权为合法政权的法兰西领土的行政政权”[②]。这一精雕细琢的外交辞令说明重庆政府只是部分地承认自由法国的合法性，在不接受自由法国领导的法国领土上，重庆政府仍然拒绝承认其合法性，尤其是在印度支那。不过不管怎样，贝志高将军今后将具有官方身份，更便于在重庆活动，可以继续奔走，发展法国在东亚的军事网络。1943年9月，朗格拉德（Langlade）在印度的英国特别行动部队136军团中成立“法属印度支那分部”。1943年10月4日，驻阿尔及尔法国国防委员会决定创立法国远东远征军。[③] 自由法国也开始和广州湾进行秘密但“有必要”的接触，因为“那里大部分欧洲人都有强烈的反日倾向”。自由法国的一支组织以白雅特为中心，在安南—东京地区初具雏形。[④] 不过这些辛苦耕耘相对于当时政治局势的变化而言仍显得反应迟钝，微不足道。

阿尔及尔和河内并不完全信任重庆，认为重庆两面三刀。在1943年最后一个季度，阿尔及尔和河内一直担心重庆会进攻东京。蒋介石曾向德古保证中国承认法国在印度支那的主权，但在12月26日开罗会议期间，蒋介石发表声明，指战后印度支那将不再属于法国。此外，中国第四战区司令官张发奎将军手握广西重兵和部分广东兵力，积极支持越南革命者的活动，培训革命党人，怂恿他们返回印度支那捣乱。1943年9月，张发奎和蒋介石一起释放了1942年在中国被捕的胡志明，利用他从事抗日和抗法斗争。[⑤] 中国和越南越走越近，互相利用，各得其所，这令法国殖民地前景暗淡。

河内提出启动中国—印度支那经济合作，并通过给予华人在印度支

---

① F. Mercier, *op. cit.*, p. 244.

② Note de Pechkoff au secrétaire du Comité de défense nationale à Chungking, le 15/09/1943, MAE, Guerre 1939 - 1945, Alger, 1356.

③ P. Isoart, *op. cit.*, p. 25.

④ Télégramme de la mission militaire française à Chungking, à état-major principal, le 25/08/1943, MAE, Guerre 1939 - 1945, Alger, 1356, fol. 177.

⑤ Cf. F. Mercier, *op. cit.*, pp. 250 - 251.

那享有最惠国国民地位等条件利诱中国，希望打消中国进攻东京的念头。然而，阿尔及尔却打算在战后的印度支那问题谈判上使用土地交换作为砝码。1943 年 12 月 8 日，戴高乐在《印度支那宣言》中阐述了他对殖民地和越盟的看法。他要防止“法国正式做出一切不符合其权利和利益要求的行为，包括弃权”。他以此为底线，承诺给予“人民”一种全新的政治地位，并在法兰西联盟（Alliance française）内部赋予法属印度支那以联邦组织地位。从此角度看，印度支那联邦不应该再是一个殖民地，而是一个国家。① 接下来要做的是和中国谈判，说服中国放弃扩张计划，并且不再支持越南的独立运动。但是自由法国人微言轻，在同盟国中处于边缘地位，甚至受到罗斯福总统的敌视，所以几乎没有什么资本可以打动重庆政府。②

从理论上讲，广州湾租借地是法国手中能够使用的为数不多的棋子之一，不过其分量还是不足。即便如此，法国民族解放委员会驻重庆代表团团长顾亚发还是在 1943 年 8 月的一份报告中提醒阿尔及尔，可以用广州湾来换取法国重返印度支那。中国可能会因为法国曾把在华特权“非法地”归还南京伪政权而断然拒绝法国的要求，但也要试一试，顾亚发非常现实，他说：“我们没有什么拿得出手了，一切几乎消失殆尽：治外法权、租界……”租借地无疑是法国民族解放委员会唯一能够拿出来讨价还价的资本：

> 所以广州湾是我们的主要王牌之一，因为在这方面还未有先例，我们将开此先例……这是好政策，可以期待好的回报。③

顾亚发引用其合作者罗兰（Laurin）几天前上呈的一份关于广州湾

---

① P. Isoart, *op. cit.*, pp. 23 - 24.

② 1943 年 8 月初，重庆当局收回滇越铁路中国段的所有权，然后陆续收回法国在云南的所有权益。自此时起，法国在中国自由区已经没有任何资本了。

③ Rapport de Coiffard, délégué du CFLN en Chine, à Massigli, commissaire des Affaires étrangères à Alger, le 17/08/1943, MAE, Asie - Océanie 1944 - 1955, Chine, 256.

的冗长记录来进行分析。[①] 罗兰指出法国没有必要再留在广州湾，“因为在（法兰西共和国）的所有在华领地中，这是最不值得防卫的一处”，不论从法律层面还是从道义层面看都是这样的。如果法国主动交还租借地，不但能够获得中国的信任，也能获得美国和印度的支持。罗兰的报告中有两处注解非常值得玩味：

1. 关键是这一慷慨的行为能够获得国际舆论的赞同，尤其是能够取悦美国舆论，令人同情，营造对我们有利的氛围。

2. 单纯从策略角度看，这样做的好处是不容置疑的。当谈判双方意识到需要相互妥协时，就会以对等身份来讨论印度支那问题。广州湾事件的处理原则对中国有利，在谈判印度支那问题时我们就可以表现得更加强硬些。

其实这是华盛顿会议以来法国一直坚持的外交线路。1943 年夏，自由法国已经接受租借地回归中国的原则。贝志高和阿尔及尔之间的电文、信函和报告都显示，驻重庆代表和阿尔及尔对此均没有异议，因为 40 多年的管理实践证明，还是应该让广州湾回归中国。不过，法国驻重庆代表认为回归还不是既定事实，双方必须坐下来谈判。自由法国之所以坚持这一基本立场，是因为租借地还处在法国的控制之下。因此接下来要做的是令重庆政府相信，维希不能代表法国，广州湾未曾正式回归汪精卫的“国民政府”，日本占领广州湾是战争行为。一言以蔽之，用“归还”租借地来讨得中国民族主义者的欢心。法国民族解放委员会驻重庆代表团忙前忙后，近乎绝望，但仍坚持为战后法国重返印度支那而鞠躬尽瘁。不过这份礼物似乎不够贵重，不足以打动中国政府的心，令其放弃在印度支那扩张的念头。

持现实主义态度的贝志高在没有更好的方法能够让法国重返印度支那的情况下，接受顾亚发的建议，同意用广州湾来换取法国在印度支那

---

① Note de Laurin du 8/08/1943, annexée au rapport de Coiffard du 17/08/1943, *Ibid.*

的权益。1943年9月，他写道：

> 不应该再怨天尤人或挂记那些失效的条约了……相反，既然我们如今不能对中国无所求也无所赠，那就该发扬一下我们的无私精神了……①

1944年6月2日，法国民族解放委员会更名为法兰西共和国临时政府（GPRF），8月份成为本土的合法政权，获得同盟国的承认，中国重庆政府也在10月23日给予承认。这样一来，法兰西共和国临时政府就可以名正言顺地和重庆进行谈判。10月底，戴高乐将军任命贝志高为全权特使，除了负责法中重新建交事宜之外，主要任务是准备印度支那的解放，说服中国人不要插手印度支那事务。新政府外交部部长毕多勒（Bidault）明确指示：

> 所谓"不平等"条约已经在战争中失效，同是不平等条约受益者的各列强也这样认为，因此我们不能再以不平等条约的名义获取利益。此外，自1942年1月22日起，"战斗法国"已书面通知重庆政府，②准备在时机成熟之际谈判废除治外法权和租借体制。从今开始，您可以名正言顺地表达我们的态度，阐述我们的谈判原则。
>
> ……谈判应该在法中之间过去达成的协议框架中进行，所谓"不平等"条约宣布失效，与此同时，必须确认中国和印度支那边界的界定方式。③

---

① Note de Pechkoff pour le secrétariat du Comité de la Défense nationale, le 15/09/1943, MAE, Guerre 1939 – 1945, Alger, 1356.

② 1940年6月法国沦亡后，戴高乐在伦敦发表《告法国人民书》，呼吁人民继续抗战，标志自由法国运动开始。1941年9月建立最高领导机构"自由法国民族委员会"，简称为"自由法国"，1942年改组为"战斗法国委员会"，简称"战斗法国"。1943年6月联合其他抵抗组织成立法国民族解放委员会，1944年法国光复后，成为法国临时政府，在1944年至1946年间管理法国。——译注

③ Dépêche de Bidault à Pechkoff, ambassadeur à Chongqing, le 22/11/1944, MAE, DDF, 1944, tome 2.

但是戴高乐担心的事也发生了，恼羞成怒的日本在不久之后决定报复，彻底打乱了共和国临时政府解放殖民地的外交策略。

（二）1945 年 3 月 9 日日本偷袭行动对广州湾的影响

1945 年 3 月 9 日，日本第 38 军偷袭印度支那，终结了法国对印度支那的控制。总督及其他政府人员遭到软禁，海关、警署和其他部门工作人员也先后被捕入狱，甚至遭到枪杀。日本的军事行动令印度支那变成了另一战场，彻底粉碎了法国重返印度支那的梦想。

3 月 10 日，广州湾高级驻扎官罗克①得悉印度支那沦陷，立刻辞职，并要求法国公务员在 8 天内向日本移交工作，然后返回白雅特待命。财政运作也在当天停止。② 广州湾的法国人似乎没有组织任何抵抗，与印度支那其他地区大为不同（比如谅山的战斗就非常激烈）。

罗克主张妥协，因为高级驻扎官对自由法国不抱好感。从广州湾出逃的秦校忠把他说成一个“机会主义者和弄权者”，与当地绝大部分亲同盟国的法国人和中国人不合。③

不过我们认为，法国人向日本投降也是可以理解的。他们兵力不足，装备落后，孤立无援，对日作战根本不可能取胜。当时广州湾只有 16 名欧洲官兵和 117 名印度支那士兵，配备 6 挺老式机枪和 6 挺轻机枪，试问这如何抵挡得住 680 名日本人，6 辆坦克和好几门火炮？任何抵抗都注定失败。至于“打游击战”，那简直是天方夜谭，在一处不属于法国的狭小租借地，如何打游击？

那么在法国失去对广州湾的控制权后，法兰西临时政府该如何应变呢？万一日本将租借地交给南京政府（不过汪精卫已于 1944 年 11 月在

---

① 总公使罗克使用“高级驻扎官”一衔，我们没能找到解释其头衔变更的相关政令。此外，有的文件仍继续使用“总公使”。这一头衔的变动应该说明了广州湾在印度支那联邦中的地位发生了变化。租借地在 1943 年获得财政独立之后，也取得了和法属印度支那其他成员国同等的地位。

② Actes du résident supérieur à Kouang-Tchéou-Wan, le 11/03/1945, CAOM, Indo, HCI, Conspol., 220.

③ Lettre de Pechkoff au ministre des Affaires étrangères, le 26/09/1944, MAE, Asie-Océanie 1944 – 1955, Chine, 256, fol. 163 – 164.

日本病亡），那该怎么办？这大有可能，不过后来证实是杞人忧天，因为法国维希政府既不承认日本的占领行为，也不承认南京政权。1945年7月16日，当山田上校告诉罗克说东京准备将广州湾交给日本的中国盟友时，高级驻扎官正是这样义正词严地驳斥了他。[①] 不过日本的军事行动使法国民族解放委员会不得不加快和重庆政府谈判的步伐。否则，万一横生变故，维希政府承认日占现状，那法国民族解放委员会将竹篮打水一场空，顾亚发和贝志高的策略将彻底失败。因此，务必赶紧行动。

（三）1945年8月18日的回归协议

3月13日，即法国结束在印度支那和广州湾的统治几天后，贝志高去信重庆外交部，希望“基于友谊”开启法中之间悬置问题的谈判程序。[②] 尽管形势催人，谈判还是要等到7月份才启动。

7月11日，法兰西共和国临时政府外交部部长乔治·毕多勒电告贝志高：“法国政府不打算保留（在广州湾）的权利。”因此，他可以通知中国人，说法国准备考虑回归条件。[③] 显然，法国政府和驻重庆代表心有灵犀，都希望在回归事件上采取主动。一周后，重庆外交部副部长吴国桢回复法国，说重庆政府同意法国的提议，中方仍然持1943年7月31日宣言中对待维希政府的态度，[④] 换言之，重庆承认1899年11月16日签署的广州湾租约。重庆外交部还要求法国不要事前泄漏消息，可能是担心法中谈判将被引作中国和其他国家的谈判先例。除此之外，其他情况也如法国外交官们所料，顺利发展。两国都希望回归协议能为今后法国彻底放弃在华治外法权的谈判开个好头，都非常积极，但印度

---

① Rapport de Roques à l'amiral Thierry d'Argenlieu, haut-commissaire de la France dans le Pacifique, le 20/11/1945, CAOM, Indo, HCI, Conspol. 220.

② 我们没有找到贝志高的信函，不过其他函件可以证实此事的存在。Cf. lettre de Daridan, chargé d'affaires à l'ambassade de France à Chongqing, au ministère des Affaires étrangères chinois, le 29/07/1945, MAE, Asie-Océanie 1945 – 1955, Chine, 256.

③ Lettre de Bidaut à Pechkoff, le 11/07/1945, *Ibid.*

④ Télégramme de Daridan au ministère des Affaires étrangères français, le 20/07/1945, *Ibid.*

支那和广州湾发生的突发事件还是干扰了整个谈判进程。

1945 年 7 月初，日本不断遭到中国军队（似乎是共产党军队）的打击，开始撤出雷州半岛。① 就在局势混乱之际，主持“白雅特商会”的陈学谈被不明不白地任命为白雅特市长。② 谁任命的？又是怎样任命的呢？这些我们都无从得知。但在日本节节败退之时，这一头衔对于在广州湾几公里外驻军的共产党意味着什么？不管怎样，在 7 月 17 日山田大佐宣布“将广州湾交回南京政府”之后，所有法国人都被软禁在东方汇理银行白雅特支行内，不许外出。看来法国在租借地即将无立足之地了，这种情况甚至可能在法中谈判结束之前提早出现，并对谈判产生不利影响。不过进来搅局的不仅仅是广州湾事件，当时整个东亚正酝酿着一场更大规模的风暴，而广州湾事件仅仅是这场风暴的一处起风点而已。

日本在 3 月 9 日袭击广州湾之后，便怂恿安南—东京、柬埔寨和老挝等王国宣布独立。于是越南的保大、柬埔寨的西哈努克王子和老挝的西萨旺·冯先后在 3 月 11 日、3 月 12 日和 4 月 8 日宣布国家独立。不过这种“自封的独立”缺乏民意基础，何况从一开始其他人就对上台掌权者虎视眈眈。尤其是在越南，越共军队组织良好，训练有素，长期得到中国民族主义分子的支持，他们感觉到久待的夺权“良机”终于来临了。

1941 年 5 月，印度支那共产党创立了越南独立同盟，简称“越盟”，以驱逐日本人和法国人为主要目标。在阮爱国——在中国被捕后

① Télégramme de l'ambassade de France à Chongqing, du 4/07/1945, MAE, Asie-Océanie 1944 - 1955, Chine, 256, fol. 39. 发报人没有说明具体哪支中国军队。

② 同上出处。据我们所知，陈学谈是赤坎公局局长，只有赤坎才有商会。或许白雅特在战时也成立商会。不过我们认为发报人——应该是戴立堂——可能错把咨询委员会当作商会，而陈学谈正是咨询委员会主席。此外，据高级驻扎官罗克在 1945 年 11 月 20 日所写的报告，日本人曾胁迫陈学谈管理广州湾，陈似乎是为不让南京政府代表插手广州湾事务而不得已为之。Cf. Rapport de Roques, le 20/11/1945, CAOM, Indo, HCI, Conspol. 220.［在本条注释里，作者质疑陈学谈是白雅特商会会长，应是准确的。据湛江文献载，他是赤坎公局局长，兼赤（坎）西（营）商团团长。商团团长指商会民兵兵团的团长，属于自卫武装。另外，作者认为只有赤坎才有商会实际上并不正确。因为在 1931 年，广州湾西营商会也成立了，会长为郑耀林，会址设在汉口路 30 号。——译注］

改名为胡志明——和武元甲的推动下，越盟在印度支那的影响力不断扩大。1944—1945 年冬，越盟在东京北部发起暴动，并通过美国的战略服务处[①]印度支那分部获得美国的支持。[②] 当时，美国在亚洲防日本势力甚于防共。

不过 1945 年 4 月初，罗斯福去世之后，北美的政策出现了重大调整。哈里·杜鲁门出于个人信念和对欧洲解放区政治局势的了解，克制对共产党抵抗活动的支持，同时对法国重返印度支那的企图没有表现出强烈的敌意。冷战初期，华盛顿确实软化其反殖民主义立场，并限制越盟的活动空间。杜鲁门迅速搁置罗斯福一直鼓吹的国际“托管”印度支那计划。1945 年 6 月 22 日，美国国务院承认法国在印度支那殖民地主权的合法性，7 月 12 日，同盟国同意法国加入东亚战场。不过华盛顿的转变没有获得所有美国外交官和将军的一致支持。因此在印度支那，帕蒂（Patti）少校及其战略服务处仍然继续和胡志明及其组织来往，暗中支持他们的活动。

另一方面，蒋介石政府也大玩两面派手法。他一直对外宣称无意于越南，但却以打击日军为借口在背后上下其手，争取进入东京。7 月 23 日波茨坦会议召开时，蒋介石成功地推动会议通过决议，以北纬 16 度为界限，将印度支那划分为两个不同的战区。根据决议，日本投降后，英国人将接收北纬 16 度以南的地区，而中国人将接收以北的地区。法国当时只是被邀请列席，无权发言，这一决议几乎令法国重返印度支那的希望彻底泡汤。由于重庆不像伦敦那样明确承认法国在印度支那的主权，广州湾回归谈判变得更加迫在眉睫，巴黎没有其他资本可以打动中国的三军大元帅（généralissime）。[③]

急于完成租借地回归协议的法国驻重庆外交代办戴立堂（Daridan）在 7 月 29 日知会中国外交部长：

---

① 战略服务处（OSS），即中情局的前身。——译注

② Voir D. Hémery et P. Brocheux, *op. cit.*, pp. 339 - 341. 可了解到美国做出过何种令人震惊的举动，来支持越盟的活动。

③ 此处大元帅（généralissime）指的是蒋委员长。“二战”期间，西方许多媒体常以 Generalissimo、Généralissime、Marshal、General 等元帅、将军称谓称呼蒋介石。——译注

我荣幸地告知阁下，法国政府正式放弃1899年11月16日法中广州湾租约中给予法国的所有权利。

……上述原则适用于今后法中两国达成的关于法国放弃在华治外法权的总协议。[①]

法国急于求成，暴露出了软肋，被中方洞悉无遗。7月底，吴国桢副部长告诉法方，中国政府希望套用中英威海卫回归协议的条文。从整体上看，中方提出的方案和法国的差异不大，只有两点修改：第一，所有公共用地、公共建筑物和公共财产均无偿归还中国；第二，议定原则立即生效，以后才纳入总协议。法国外交人员似乎在仓促之间未留意到如果接受这些条款，法国将在撤离广州湾时得不到任何补偿。不过法国在租借地的资产到底有多少，他们也一无所知，所以才会如此疏忽大意，这两点判断失误后来在回归协议的执行过程中给法国带来了严重损失。

8月13日，外交部亚洲—大洋洲事务负责人菲利普·鲍戴（Philippe Baudet）批准协议，委托法国驻重庆大使全权负责此事，并指示“鉴于1899年的协议未经审批，当下协议的审批程序可免，立即生效”[②]。1945年8月18日，即日本投降三天后，戴立堂和吴国桢分别代表法中政府签署协议（内容参见附录八“法中交收广州湾租借地专约”）。应中方的要求，协议在签订当天生效。法国无偿向中方移交公共用地、公共建筑和公共财产，而中方承诺承担租借地的所有债务。不

---

① Lettre de Daridan au ministre des Affaires étrangères chinois, le 29/97/1945, MAE, Asie-Océanie 1945 - 1955, Chine, 256.

② Lettre du directeur d'Asie-Océanie à l'ambassade de France à Chongqing, le 13/08/1945, *Ibid.* 1936年，外交部已发现广州湾租约未经法国总统签名，而中国皇帝早在1900年3月就做了御批。除此之外，我们估计法国拿不出这份租约及地图的原始文本，这些文件可能在义和团袭击使馆区时被毕盛下令烧毁。不过海军部可能保存有一份原件。外交部的一份记录写道："如果查不到，那只能承认，只有中国人手中才有法国政府从未签署过的租借地边界原件。" Note du ministère des 分散 Affaires étrangères sur la délimitation de Kouang-Tchéou-Wan, le 15/11/1936, MAE, Corr. pol. et comm., 1918 - 1940, Asie, E 835, fol. 40 - 48.

实际上，查阅存放在南特的北京公使馆档案（Pékin, A 293, sous-dossier 25 A），可以找到一份勘界地图的原件，上面有高礼睿准将和苏将军的签名。

过法方保留在原总公使署设立领事馆的权利，前提是在次年即将签订的协议中写入这一权利。最后，协议还规定组织一个由中法双方人员组成的委员会，赴当地监督移交情况。从种种迹象看，法国大使在签订协议之前，根本没有时间向驻守河内或白雅特的政府人员进行咨询。正因如此，戴立堂对广州湾一景一物没有任何印象，只有一个非常含糊的认识。协议的签订似乎将一份“负资产”悄悄变成“净资产”，仿佛有什么见不得光似的……

（四）最后的困难

不久法国负责人就意识到 8 月 18 日的协议签订得太过仓促，让中国在这场买卖中占了大便宜，因此迫切希望重修条款。

8 月 30 日，法国和重庆启动法国放弃在华治外法权的谈判。这回法国的外交官们该不会为了尽可能拖延中国军队进入东京和为法国军队争取行动时间而急于求成，仓促处理一揽子复杂的权利放弃方案吧。早在 8 月 14 日，戴高乐已任命达尚礼上将（l'amiral Thierry d'Argenlieu）为法国驻印度支那高级专员，“首要任务是重新确定法国在印度支那联邦的主权”。勒克勒尔克将军（Le général Leclerc）则被任命为远东军高级司令官。[①] 不过此时形势已不利于法国了。

日本投降后，越盟全国大会在 1945 年 8 月 16 日和 17 日召开，胡志明当选临时政府主席。几天后，越盟转守为攻，利用日军保持中立之机，攻占河内，保大逊位。9 月 2 日，胡志明宣布国家独立，越南民主共和国成立。不过蒋介石对越南北部的政治形势发展不甚满意。大元帅不愿意越盟在东京立足，与中国共产党谋划天下，所以想方设法削弱胡志明的力量，向亲国军和反共的越南国民党提供帮助。[②] 枪杆子压倒一切，9 月 9 日和 10 日，两支中国政府军队在另外两个云南军团的支持下

---

① Cf. P. Isoart, op. cit., p. 45.

② 越南国民党 1927 年 11 月在河内成立，其组织者是商业学校毕业生阮太学。该组织认同国民党的政治意识形态，受孙逸仙的“三民主义”政治理论影响颇深。Cf. P. Brocheux et D. Hémery, *op. cit.*, p. 299.

开进河内接受日本投降。在波茨坦会议之后的几周，中国国军进入越南北部，其目标可不仅仅是要结束地区战争。但这是另外一回事，不宜在此铺开讨论……

就当时的情况而言，越南的政治和军事局势的发展变得对法国重返印度支那的计划十分不利。达尚礼和勒克勒尔克只能指望英国人再次插足交趾支那，法国自身已经没有什么资本可令中国人撤军。

更糟糕的是，外交部稍后发觉 8 月 18 日的协议签订得太过仓促，里面存在不少对法国不利的条款，而且中法文本之间存有歧义。于是外交部想全面修订上述协议，但此时手中已全无筹码。

此外，留驻广州湾的法国人处境日益尴尬。9 月 13 日重庆军队到达广州湾，但法国军队仍然滞留在东方汇理银行白雅特支行附近，靠陈学谈的接济度日。[①] 从某种意义上讲，中方把他们当作“人质”，直到 11 月底才答应改善他们的生活条件。后来好在英国介入，派遣一艘战舰到达广州湾，法国的军政人员才得以在 12 月 15 日回到西贡。不过仍有部分人员滞留在当地，有些是迫不得已才留下的，比如白雅特电厂厂长让国（Rangaux）及其夫人、东方汇理银行经理克莱奥帕特尔（Cléopatre）；有的则是自愿的，如忠于教会的神职人员。和为贵神父希望继续照顾圣—维克多教区的信众，圣玛丽修会的修女们也希望继续照顾麻风病院的 67 名病人和白雅特圣—约瑟夫孤儿院的 100 名孤儿，以及赤坎孤儿院的 20 多名儿童。

1946 年 2 月 28 日，法中条约最终签订，法国彻底放弃在华治外法权，并对广州湾回归协议做了修订。法国同意“放弃特权”无非是希望打动中国，软化中方对印度支那的立场。法兰西共和国关于东京和北安南问题委员会政策顾问路易・毕农（Louis Pignon）是这样诠释这一行动的：

1945 年 9 月以来，中国问题的解决方法左右着安南问题的解决，

---

① Rapport de Roques à l’amiral Thierry d’Argenlieu, haut-commissaire de la France dans le Pacifique, le 20/11/1945, CAOM, Indo, HCI, Conspol. 220.

换言之，在中国人离开北越之前，或者说没有他们点头，我们都别指望能和安南人达成协议。因此……不论付出什么代价，甚至做出让步，也要和中国人达成协议。[①]

但许多问题仍然没有得到妥善解决，比如电厂。中国政府接收电厂，不予以补偿，印度支那电力公司自然不肯买账。多番交涉之后，中国政府终于在1947年5月12日将工厂还给厂长让国。[②] 另一棘手问题是中国外交部打算没收地方财政余额，共计137万皮阿斯特（按1946年汇价，约合2 300万法郎）。法国外交人员对此没有异议，既然中国将承担租借地的所有债务，那也就有权继承财产，何况这笔钱来自地方税收。[③] 但以固执出名的达尚礼上将断然拒绝，认为这太过便宜中方了。他指出，1941—1942财政年度的盈余离不开地方居民的努力，更离不开印度支那的管理有方。[④] 高级专员（指达尚礼上将）看似气量短浅，实是殖民主义思想作怪，对东亚局势心存愤恨。在他的坚持下，外交部只好让步，收回财产。另外，考虑到法国在湛江（白雅特的新名称）的利益所剩无多，外交部拒绝在当地开设领事馆。

总之，东亚战场的开辟使法国不得不在中国面前放下身段。在这种情况下，广州湾只是政府棋局中的一个棋子而已，政府是绝对不会对其另眼相看的。如果租借地更加广阔，更加富庶，设施更加完善，和印度支那关系更加密切，那外交部的态度会不会大不一样呢？那也不一定。租借地的法律地位、诞生方式和以鸦片贸易为支柱的发展模式都与新的国际关系格局格格不入，受到多位法国外交官的诟病。从此角度看，除

---

① Note au sujet des rapports franco-chinois et des rapports franco-annamites, du conseiller politique (L. Pignon) du commissariat de la République pour le Tonkin et le Nord-Annam, après des entretiens avec les autorités chinoises (Généraux *Tchao Pei-Tcheng* et *Lin Chin-Han*), le 31/01/1946, CAOM, Indo, HCI, Conspol 156.

② Télégramme de l'ambassade de France (Nankin) au ministère des Affaires étrangères, le 21/05/1947, MAE, Asie-Océanie 1945 - 1955, Chine, 256.

③ Lettre de Meyrier (Nankin) au ministère des Affaires étrangères, le 15/11/1946, *Ibid.*

④ Lettre du haut-commissaire pour l'Indochine au ministre de la France d'Outre-Mer, le 18/03/1947, *Ibid.*

了世界大战爆发之外，20世纪上半叶国际关系的演变和印度支那总督府的无能，都在白雅特判处法国死刑。

最后，广州湾的回归是否真的有利于法国重返印度支那呢？从以上分析看来，难以下此结论。广州湾肯定是被法国外交部当作和中国国民党政府进行谈判的棋子，但我们也看到，其作用不是决定性的，而且远远不是。冷战初期美国政策的调整应该比法国的讨价还价策略更加有分量，前者才是迫使蒋介石撤离东京的主要原因。法国人实在是天真幼稚，以为对中国人施以小恩小惠，就能达到自己的目的。法国政府标榜慷慨大方，道德高尚，实际上是掩耳盗铃，欲盖弥彰。法国人的所作所为说明他们还生活在过去的强大幻影之中，无法应对新形势的变化。国际关系重新洗牌之后，法国已沦为一个二流国家，不复往昔的光彩。面对中国的崛起，法兰西还蜷缩在自信和受伤的自尊之中，抵制改变的原则。世界在变，亚洲更是日新月异，只是法兰西不愿意承认。

结语：一个停滞不前的法国？

总之，在战争时期，广州湾在两种穷途末路的亚洲殖民政策中沉沦。首先，维希的政策以与轴心国特别是德国合作为由，牺牲租借地和其他法国在华权益。赖伐尔的政治和外交策略前后矛盾，对亚洲问题漠不关心，要对法国失去在华权益负主要责任。德古政府的施政缺乏连贯性，看日本的脸色行事，以赖伐尔的欧洲计划马首是瞻，以至于平衡策略的实施进退失据，也难辞其咎。

其次，戴高乐主义者在广州湾谈判中暴露出不了解东亚政局的弱点。法国租借地竟然能够成为和中国谈判的筹码，这说出来谁也不会相信，此举无非是在一块不值钱而且命数已定的土地上浪费表情。法国外交部门在广州湾回归问题上大费周章，却收效甚微，这充分说明了法国民族解放委员会和后来的法兰西共和国临时政府不明白东亚的殖民时代已经过去。正如自由法国驻重庆代表顾亚发所说，不仅仅“租借地”过时了，而且殖民行为本身及其所带来的占领关系和剥夺都统统过时了。1945 年和 1946 年初法国外交部在广州湾问题上付出了不少努力，从一个侧面证明了法国政府对法国在中国和印度支那地区的影响力做出了误判。法国执迷于“重返权”，但却没有认真思考过是否存在“重返”的可能和条件，而且自以为是，信以为真。戴高乐提出的自由主义改革不仅来得太迟，而且官僚色彩过于浓厚，完全不足以革新传统的殖民观念。达尚礼高级专员对广州湾财政盈余归属所持的态度既极端又小气，实不可取。总之，在印度支那战争爆发前夕，法国围绕租借地回归问题的所有外交斡旋都暴露出法国许多领导人盲目无知，同时对殖民体系的前景缺乏认识。

结 论

一、广州湾：局部病变还是殖民综合征？

“在需要大刀阔斧书写鸿篇巨制时，这些人……却淡化政治，避重就轻，把政治当作自家那平淡无奇的一亩三分地，随意平整、耕犁、翻土和测量，但却徒劳无功。在需要高瞻远瞩时，他们却如同乡巴佬那样思考问题，鼠目寸光……”① 1933 年阿拉伯事务处前负责人奥古斯丁·贝尔克（Augustin Berque）对阿尔及利亚事务不寄希望后所做的这番评价，完全可以一字不改地用来形容广州湾。租借地“缔造者”的所有设想几乎无一实现。几年间，梦想变成等待，然后很快变成幻灭。总之，从殖民主义者的角度看，广州湾始终是一处败笔。

这一殖民事业落得如此下场，并非道德判断的结果，而是冥冥之中早已注定。租借地提前回归，是因为法国毫无建树，面对中国的咄咄逼人之势毫无招架之力。当法国领导人突然意识到租借地的利益和价值时，他们企图亡羊补牢，但为时已晚。

因此，占领广州湾是一项错误的行动。法国管理租借地 47 年，所

---

① Cité par A. Ruscio, *Le credo de l'homme blanc*, Paris, Editions Complexe, 1995, p. 351.

获甚微，结果与预期相距甚远，终为世人所耻笑。在这一段租借史中，宗主国、印度支那和租借地的各级官员兢兢业业，确定殖民目标，制订各种计划，但最后全部（或几乎全部）付诸流水。

要了解法国当局的失望有多深，就必须了解当初法国对租借地的期望有多大，而这可以归结为四点：建设军港；建立“殖民实验室”，迈出征服华南的第一步；修铁路网，发展商贸；最后是建设一处扩大法国文化在华南影响力的中心。

海湾入口处的沙坝问题无法解决，所以海港——不论是军港还是趸煤之所——的建设几乎不见动静。博蒙港一直闲置，只是在“二战”期间才成为一处不起眼的水上飞机基地。从军事角度看，占领广州湾并没有增强印度支那的防卫力量。“博蒙将军的宏图伟略”——用方苏雅领事的话来说——成为一纸空文，随着杜美返回宗主国和新总督保罗·鲍的上任而随风飘去。

至于杜美设想的“殖民实验室”，则早已寿终正寝。广州湾对外无助于印度支那扩大在华南的影响力；对内土著咨询委员会的作用有限，成立时间较晚（1922 年才成立），在当地居民管理或政治方面没有取得任何显而易见的进步。唯一可圈可点的是，当局和租借地某些华人商业精英群策群力，发展经济，可惜后者与盗匪勾结，有从事非法贸易的嫌疑。

商贸曾一度辉煌，但与德国的胶州湾和英国的新界相比，仍有相当差距，特别是这一辉煌基于鸦片走私，就更难令人信服。除了完全不道德的特殊贸易之外，租借地原有的炼油业、盐业、织席业和其他商业活动一如既往，规模没有扩大，工序也没有革新。鞭炮业是唯一获得长足发展的产业，但法国当局没有给予任何扶持。现代化的痕迹，如城区扩张、西式道路网和水网的建设、医疗体系的确立和电力供应等仅见于市区，特别是白雅特和赤坎两城，其他城镇则分不到现代化的一杯羹。中国沿海城市特有的那种日新月异的劲头在此难觅芳踪。相反，因中国内政混乱而涌入租借地的移民潮催生了经济虚火，在移民潮退却和印度支那当局贸易保护政策的影响下，这种经济显得极度虚弱。

最后，法国的文化光环也在此黯然失色。文教事业裹足不前，法语语言教学未曾在当地普及，除了几名后来赴法深造的学生之外，当地无人能说法语。① 此外，自始至终，几乎没有华人提出加入法国国籍的申请。② 唯一能够吸引居民注意的是医疗卫生事业，其进步有目共睹。不过殖民当局仍然精打细算，极端吝啬，远没有尽力而为。1943 年在重庆任职的外交官罗兰指出，法国在医疗服务领域的总投资额不超过 5 000万皮阿斯特，相当于 1939 年的 5 亿法郎，与当局的预期投入目标相比，相差甚远。③

“二战”末期，法国领导人几乎众口一词，认为法国在租借地的管治失败，半个世纪的努力付诸流水，但是在分析失败的原因和性质上却看法不一。

首先，殖民主义的拥趸如印度支那法国当局、殖民者和殖民集团的成员都认为，失败不应归咎于租借地本身先天条件不足（或资质平平），而是因为法国政府决定提前归还租借地。他们即使没有说得那么直白，但言里言外都直指法国政府软弱无能，无力保护既得权益，自动弃权。这些人深信如果政府能够给予更多的时间，更多的财政支持和司法扶持，能够让他们按照自己的方式管理租借地，那将会有另一番结果。但是他们的说辞充满保守主义色彩，缺乏说服力。

相反，外交官们和部分殖民地部高层（尤其是视察员群体）却认为提前回归是管治失败的结果，而不是原因。他们强调不论是从外交层面还是从经济层面看，租借地都是无益的。首先，租借方式过时，与国

---

① 1931 年，代理总公使布里德（Bride）说有两名广州湾籍学生赴法深造后归国。其中一名是 Tsang You-Lin，毕业于电力学校；另一名是 Tchong Youn-Tak，毕业于巴黎大学国际高等研究院，1931 年 4 月起在广东省外交部门秘书处任职。据布里德称，还有另外两名学生正在巴黎大学国际高等研究院深造。Kouang-Tchéou-Wan，rapport politique d'octobre 1931，CAOM，GGI，64374.

② 据我们所知，只有两例，分别是：1898 年起在白雅特经商的 Pang Po－Kuong，法文名字是夏尔；还有总公使的秘书 Tchang Tsi－Ting。此两人都是在 1902 年提出申请，但被法方拒绝，理由是“入籍制度不适用于广州湾租借地”。CAOM，GGI，5112. 不过有行政档案显示，Pang Po－Kuong 在几年后成功加入法国籍，此后就没有更多关于他的信息了。

③ Note de Laurin（Chongqing）sur Kouang-Tchéou-Wan，le 8/08/1943，MAE，Asie-Océanie 1944－1955，256. 罗兰的估算难以核实，我们不清楚这一数据是如何计算出来的。

际关系和国际法的演变格格不入；其次，广州湾内部生产力薄弱，难以实现收支平衡。总之，法国已不宜在此久留。他们含沙射影，抨击印度支那殖民当局无能，管理不善，不能带领租借地走向现代化。不过，外交界及其支持者的批评也仅限于此，没有触及整个殖民体系的深处；相反，他们认为广州湾是一大败笔，言下之意印度支那才是成功范例，值得法国再次涉足。正因如此，"二战"末期法国外交界四处活动，为法国重返印度支那而不懈努力。从这一角度看，广州湾的回归可比作一次春日修剪：严冬过后，砍去枯枝败叶，让健康的枝叶发芽。因此外交官们致力于某种交易，企图通过舍弃无用的租借地，让法国集中精力在广袤的印度支那殖民地上大展拳脚。他们作为新殖民主义的支持者，主张殖民体系的重新整合，提拔和利用土著精英，拒绝殖民地独立的任何意图。

以上两类人虽然对法国在广州湾的失败看法不一，但是他们也有共同之处，就是把租借地的回归诠释成局部失败，否认这是殖民体系彻底破产的先兆。一旦出现争论，焦点一般是落在使用的方法是否得当，领导人是否称职等，而从不关注殖民原则的对错，也从未将失败归咎于基于暴力和激进主义、基于土地剥夺和对弱小民族进行控制的殖民事实本身。所有人都以形形色色的手段继续推进僵化或改头换面的法国殖民主义。他们有的指责殖民模式的现代化存在致命危险，有的指出保守和过时的做法存在弊端，但都不愿质疑殖民控制的本质。他们的视野永远局限在殖民主义领域之中，始终无法超越。

在法国殖民主义日薄西山之际，与广州湾有关的争论本来就少之而少，如今已趋平息，但我们仍然认为，对租借地历史进行考察有助于把握法国殖民意识形态的疑难。外交界和殖民高层正是因为拒绝从租借地的回归中看到殖民秩序大崩溃的导火线或征兆，所以不能从这一历史中吸取教训。我们非常清楚，当法国领导人意图通过重建印度支那联邦来革新殖民体系时，他们便无法对殖民模式的深层弊端进行深刻反省。他们似乎要壮士断臂，毅然切除掉局部和外围的病变部分，从而拒绝把此次失败看作法国殖民运动患上衰竭综合征的表征，回避一种全面的思考。因此，他们对管治广州湾失败的原因探讨显得既肤浅又仓促。

总而言之，不论从哪个角度分析租借地的历史，我们看到的不仅仅是一次注定失败的行动，一个理想和现实脱节的场景，更是一次殖民事实本身的彻底崩溃。萨特为阿尔贝尔·麦米（Albert Memmi）的《一名被殖民者的肖像》作序时写道：“没有好的殖民者，也没有不好的殖民者”①，只有殖民主义者；同理，没有好的殖民地，也没有不好的殖民地，只有性质一样而程度不同的殖民地。在广州湾那特殊和非典型的外表下面，实际上隐藏着殖民体系的典型案例，因为这一失败几乎直截了当地道出了令人绝望的“真相”。

二、对若干失败原因的批判性分析

不少白雅特和河内负责人、殖民地部视察员和宗主国观察员都试图解释广州湾的困境。但确切地说，他们想解释而不想理解，想辩解而不想思考。此为他们的第一不足。其二，他们就事论事，没有深入挖掘，直取殖民体系心脏的病变。开出来的诊断书不成体系，理据不足，恰恰说明了诊断者缺乏批判精神，刚愎自用，甘愿与殖民主义同流合污。

那么，是否如某些专栏作家所言，白雅特的发展受到邻近香港这一千夫所指的不利条件所制约呢？绝非如此。情况恰恰相反，法国租借地港口和英国殖民地经贸关系密切，远胜于她和海防的关系。如果殖民当局从一开始就接受这一事实，引进外资，那么租借地早已受益匪浅。起码到了 20 世纪 20 年代末，租借地与香港的贸易基本能够保持平衡，甚至略有顺差，且幅度不断增大，出口额从 1920 年的 320 万皮阿斯特增加到 1928 年的 750 万皮阿斯特。所以说，出现困境的真正原因是法国当局持僵化的保护主义态度，而不是英国殖民地对法国租借地形成潜在竞争。

若干迹象揭示殖民当局昏庸无能，无法在租借地及其广阔的大后方

① Préface de J. -P. Sartre, à A. Memmi, *Portrait du colonisé*, Paris, Payot, 1973, p. 27.

之间建立起稳固和长久的联系。两广人口众多，生产力强，物资丰富；玉林和梅菉的商贸活动更是活跃繁荣，完全可以为广州湾提供坚实的支持。但是租借地却与后方失去联系，其罪魁祸首不是别人，正是不懂或不愿为了建立必要的内陆联系而发展铁路计划的总督府。在铁路事件中，如果总督府同意华人资金加盟，那一切将水到渠成。然而，总督府却将铁路修筑权保留给法国投资者，而其支持克拉雷—罗贝计划（1903—1908）的目的，竟然是将铁路计划与中国和印度支那谈判中的其他问题捆绑在一起，如食盐贸易问题、云南鸦片供应殖民地等，而不是要让租借地摆脱偏安一隅的困境。

有人指责在印度支那的法国实业家没有发挥作用，可是他们能发挥作用吗？当局从未做过任何宣传，鼓励他们投资和进驻广州湾。这显然是因为当局害怕开放租借地，担心干扰专卖局的鸦片买卖。东方汇理银行白雅特支行开业一事便是例证。开设支行的目的不是融资，促进工商业，而是要方便专卖局的毒资流回印度支那，发放借贷发展鸦片贸易，阻止其他外国银行进来竞争。最后，尽管法国商人和东方汇理银行多番奔走呼吁，但极不利于广州湾和印度支那联邦发展商贸往来的海关税率却从未修订过。

归根结底，如部分观察者所言，广州湾陷入困境的主要原因是租借地从行政上隶属于印度支那总督府。1899 年德尔卡塞的担心部分变成了现实，不过他也不是全对。外交部部长质疑过殖民冒进主义，但殖民冒进主义始终没有出现，可能是因为外交部的介入使杜美的野心最终无法得逞。相反，外交部部长认为总督府没有能力制定出具有广州湾特色的政治和经济纲要，在这一点上他倒是对的。河内无视租借地的前途，只满足于管理，将租借地当作印度支那总财政的摇钱树。租借地隶属于一处在乎自身的生存甚于在东亚进行经济和文化扩张的殖民地，弊端实在多多。1939 年，印度支那总督（可能是布雷维?）重提 22 年前视察员勒·孔德的结论：

如果我们能早点懂得利用广州湾的特殊位置，将其作为融入人口众多、幅员辽阔的中国地区（既然该地区还包括了广西的一部分）的渗入点的话；如果预算基于合理的收入，经济投入充分，社会制度改善，而不是人手不足，经济和社会支出捉襟见肘的话，那么广州湾不论对于法国还是印度支那来说，应该不仅是一处要塞，还是一处一流的政治和经济中心。①

显然，法国在广州湾步步走错。难道只是在广州湾如此吗？肯定不是，因为所有的殖民地都受到此等对待，只不过广州湾更加明显而已。勒·孔德的抱怨引起了响应，1911 年 4 月，饶勒斯质询政府道："……你们遵守的是这样一种错误的原则：必须从一开始就把殖民地当作宗主国的摇钱树。"② 如果把"殖民地"换成"广州湾"，把"宗主国"换成"印度支那"，那这一批评完全适合于租借地。可以说，总督府和租借地的关系如同一面镜子，足以折射出法国与其属地的关系，虽然也会有所不同，但这两种关系的权力结构、文化背景、决策的集权性、行政先于政治、捕食逻辑而非生产性投资等事实却几乎如出一辙。

在印度支那殖民模式的整合运动及其强大的行政机器面前，广州湾的特殊法律地位和族群状况显得微不足道。尽管如此，租借地仍抗拒渐渐融入印度支那殖民模式，它留在联邦的外围，隶属于联邦，但没有融入。19 世纪末 20 世纪初，安南—东京、柬埔寨和老挝等保护领的一统倾向完全没有影响到广州湾。历届中国政府和法国外交部对租借地特殊法律地位的不懈维护，显然使广州湾免被传统殖民体系彻底吞噬。

---

① Rapport du gouverneur général au ministre des Colonies, le ? 1939, CAOM, FM, Direction des Services économiques, 2985. Conclusion d'un rapport de l'inspecteur des Colonies Le Conte, mars 1917.

② Interpellation de Jaurès à la Chambre, le 6 avril 1911, *Journal officiel*, « Débats parlementaires », p. 1773. Citée par D. Hémery et P. Brocheux, *Indochine, la colonisation ambiguë, 1858 – 1954*, Paris, La Découverte, 1994, p. 367.

三、一处和殖民管治理念格格不入的租借地

广州湾的管理是一个典型案例，有助于我们思考法国殖民架构中的深层问题。在研究过程中，我们觉得总督府（或起码是殖民地部）显然一直被租借地的特殊地位所困扰，租借的含糊性——谨提醒各位，只是在他们眼里才有这种含糊性——给他们制造了不少无法克服的困难。

广州湾确实未曾如河内所设想的那样，从“租借地”慢慢转变成“殖民地”。这种剪不断理还乱但最终没有实现的计划不只是笔误或术语使用不当的结果，否则的话，外交部就无须一直关注事件，多次提醒河内要维持原状。如果说殖民当局认为没必要更换标签，那可不仅是因为殖民当局没有采取实质性行动，为租借地变成殖民地注入新的内容，而且更是因为殖民当局自觉拒绝接受这一变化。① 灵活处理租借地的性质问题，含糊其辞，是总督府针对中国——先是帝制，后是共和制——的一种政治立场，也是河内应对时局变化的一种策略。

因此总督府从来不澄清广州湾的归属问题，但是文件却说得非常清楚：中国拥有对广州湾的主权，法国外交部承认 1899 年 11 月的法中协议。广州湾虽然由法国管理，但从社会和政治层面看，仍属于中国。可是殖民当局却认为，“租借”这一法律体制只是一种乔装打扮的吞并而已。大部分法国法学家亦持此观点。官方也有不少说法，流露出这一认知倾向。比如把租借地的边界说成是“边境”；租借地法国负责人曾提出和中方协商引渡协议；要求华人持护照出入广州湾（1913 年）等。1927 年，殖民地部告知众议院下属的海关委员会，称广州湾从海关管理的角度看，属于“殖民领地或法国托管地”。这一想入非非的说法最后遭到外交部的驳斥，不过那是一年后的事了！②

---

① Nous renvoyons ici aux pages que Marc Bloch a consacrées à cette question fondamentale de la nomenclature en histoire, dans sa magistrale *Apologie pour l'histoire*, in *L'histoire*, *la guerre*, *la résistance*, Paris, Quarto Gallimard, édition 2006, pp. 958 – 971.

② Minute (non envoyée) de la direction des Affaires économiques du Quai au ministère des Colonies, le 11/04/1928, MAE, Asie, Chine, E 347, dossier B, fol. 218.

诚然，事实总是含糊不清，法中对此问题时有拉锯，但从总体形势上看变得对中国越来越有利。因此1915年秋，中华民国政府希望广州湾居民参加广东的议会选举，因为北京认为租借地是中国不可分割的一部分。但是殖民当局的态度却模棱两可。在一份佚名的政治和土著事务处文件中，拟稿者一方面强调“时至今日，很难说法国在广州湾的权利少于她在上海、天津等老租界的权利”，另一方面又承认“租借地华人肯定没有失去其国籍，广州湾让与法国不意味着她是法国领土”①。最后河内和法国驻北京代表孔蒂（Conty）达成默契，广州湾居民如果愿意，可以到高州行使公民权，但不能在法国管辖区域内举办选举活动。

这一事件非常典型，足以看出殖民高层为了继续在租借地的中国属性上含糊其辞，经常不得不在事实和法律依据之间钻空子。这无疑是一种行政手段，也隐含着一种吞并租借地的野心。此外，“租借地”和“殖民地”或“租界”等概念之间的模糊也说明了总督府理解中国问题的方式。一旦承认广州湾是中国领土，那印度支那当局就必须接受中国的领土完整原则，并彻底放弃对垂涎已久的周边市场的企图。这有可能吗？由此可见，当中国在不同国际场合中与其他国家平等相处时，总督府却继续将中国视为弱国。

另外，租借地的存在也令法国公务人员大感头痛。据阿兰·吕西奥观察，“法国殖民主义自认为是永恒的事业”，这是“自七月王朝到第五共和国以来法国政界、舆论界和文化界绝大部分人接受”的公式。②可是这一粗暴提出来的信念却与法国殖民主义从中获得部分合法性理据的社会进步理论相互矛盾。③不过，并不是所有的殖民者都认同这一公式，最现实者——似乎人数更多——早已预见殖民地的独立问题④；只

---

① Note de la direction des Affaires politiques et indigènes au gouverneur général, le 22/09/1915, CAOM, GGI, 32859.

② A. Ruscio, *Le credo de l'homme blanc*, Paris, Ed. Complexe, 1995, p. 229.

③ 1885年7月29日，茹费里在议会上提出“高级人种有权教化低级人种”的观点，正是此意。这也是人类同祖论者和人种多源说支持者的观点分歧之处。Cf. Ruscio, *op cit* p. 34.

④ 在这些“现实主义者”当中，不乏军官的身影，他们有殖民的现场经验，充分了解殖民的难处和法国在殖民地的统治地位不稳固等情况。像加列尼将军（Gallieni）、里奥代（Lyautey）将军和贝尼甘上校（Pennequin）等人均对殖民事实的长期性没有信心。

是大多数人都认为这不是一朝一夕的事，几乎不大可能立刻发生。沙罗认为即使在将来某一天，法国的属地中出现闹独立的部分，那也是法国的臣民和被保护者的“曾侄孙那个年代的事”[①]。从此角度看，把一处从一开始就有明确租借期限的地方纳入法兰西帝国的版图，即使是部分融入，也会干扰殖民的主观日程表。1943 年，外交官罗兰指出，“印度支那从未打算在这小片中国土地上花大钱，因为法国只是租客而已”[②]。因此，令租借地成为一出败笔的原因倒不是租借合同的相对时效性——尽管这与法国政府寻求的坚不可摧的殖民关系相比具有一定差距，而是殖民主义者的世俗和狭隘的视野。

本来“租借”和殖民体制之间的对立应该对印度支那殖民主义产生一种积极的压力，不断警醒殖民者所剩时间无多，需抓紧开发。然而事与愿违，殖民当局不愿面对现实，故而搁置开发计划。既然法国只是一个资源有限的租客，那为何要在一块终将要归还给出租人的土地上投入真金白银呢？或许正是租借和殖民在时效上完全无法调和，所以殖民当局才出此下策，一直试图模糊广州湾的主权问题。

我们注意到，德国人和英国人都没有碰到此类问题。德国人丝毫未受根深蒂固的殖民文化的影响，没有在租借地体制面前止步，毫不犹豫地在胶州湾投入大量资金。英国人则将九龙租借地并入香港殖民地，顺延了香港的租借期，英国租借新界 99 年后，才在 1997 年将香港、九龙和新界一并归还中国。

总之，印度支那殖民当局既不如德国人那样洒脱自如，也不如英国人那样灵活机动。德国人按章办事，英国人注重实效，而法国人却被传统想法束缚住手脚，陷入无法解脱的矛盾之中。正因如此，殖民当局面对广州湾时手足无措，不知如何是好，陷入两难境地：要么承认没有能力管理好一处与众不同的领地，宣告失败，结果可能是提前归还；要么死撑到底，苟延残喘，但承认租借地在公共和私人投资领域都没有自主

---

① A. Sarraut, *La mise en valeur des colonies françaises*, Paris, Payot, 1922, p. 116.

② Note de Laurin (Chongqing) sur Kouang-Tchéou-Wan, le 8/08/1943, MAE, Asie-Océanie 1944 – 1955, 256.

权，拖到租约到期才归还。不管是第一种选择还是第二种选择，殖民当局都必须对根深蒂固的殖民文化进行痛苦的反思。最后共和国临时政府快刀斩乱麻，决定提前归还租借地，化解困境，倒是来得痛快。但此举是临时政府不愿意接受"二战"之后物是人非的现实，准备重返印度支那时做出来的，因此不可谓不是违心的。正如夏尔·弗尔尼奥所言："印度支那的最后几年在迷惘之中度过。"①

四、含糊和僵化的法国东亚政策

广州湾的历史令人嘘唏，这从一个侧面反映出法国在东亚的困境及其政策的僵化。或许有人认为租借地面积太过狭小，不足以反映所有问题。麻雀虽小五脏俱全，法国在东亚政策的混乱，还是可以由此窥见一斑的。如果说印度支那的殖民开发政策往往能在商界和殖民界获得一定的共识，那么对中国实施的帝国主义经济扩张政策却命运迥异。广州湾的历史也打上了法国在亚太地区政策僵化和过时的双重烙印，从而佐证了法国的亚太政策自 19 世纪末起走入死胡同，并且在 20 世纪 20 年代末完全陷入困境。

最后，广州湾的历史从殖民开发和经济扩张两个角度为我们提供了法国在东亚活动失败的宝贵经验教训。首先是殖民事业向某种帝国主义扩张形式——指优先考虑经济因素而非地盘占领——转变的失败；其次是行政行为几乎经常凌驾于政治或地缘政治考虑，这种情况在广州湾表现得尤为明显；最后是法国殖民模式逐步僵化，尽管当政者有几分开放之意，但仍然无法适应中国社会、国际关系和亚太地区势力对比的急剧变化。

其实从许多角度看（特别是从法律地位和海关制度的角度看），广州湾都做好了从殖民向经济推进过渡的准备。在杜美和阿诺托的计划

---

① Ch. Fourniau, « L'Indochine coloniale: un pôle des relations internationales en Extrême-Orient », in *Etudes indochinoises*, Ⅲ, IHPOM, Aix-en-Provence, 1993, n° 25, p. 69.

中，租借地是印度支那憧憬在华南、特别是云南殖民的动力。占领广州湾圆了法兰西的旧梦，为法兰西通往中国市场提供了跳板。因此广州湾应该是法兰西实施计划的起点和桥头堡。同样，两位重量级人物杜美和阿诺托都在法英殖民对峙中发挥了重要作用，尤其是杜美，他在阿诺托离职后独当一面，利用租借地牵制香港殖民地，将华南划入法国的远东势力范围。

德尔卡塞战胜杜美之后，杜美于 1902 年让位于外交部部长的忠实拥趸保罗·鲍。此后十年几乎是法国放弃殖民主义道路和适用德国胶州湾式的经济帝国主义的大好机会。德尔卡塞早已明白，投资比从政治和行政上占领更加划算；此外，自义和团起义和北京事件之后，再也没有国家想瓜分中国，法英也进入友好和解时代，结束殖民对抗，时局的发展极有利于法国反省杜美政策。在法国政府的一再坚持下，东方汇理银行向中国进军，这说明经济帝国主义成为一种可能的选择，并非实现无望。东方汇理银行在中华帝国开设了若干支行，在原先的香港支行（1894 年）和上海支行（1898 年）的基础上，完善银行网络，先后开设了广州和汉口支行（1902 年）、北京和天津支行（1907 年）。一开始银行业绩虽然平平，但在 1905 年东方汇理银行与香港和上海银行有限公司（HSBC，汇丰银行）合作之后，各分行业务量剧增，在 1905—1910 年间增长了 175%，如马克·莫洛所言："中国成为东方汇理银行的主要业务区，1905 年带来 27% 的营业额，1910 年是 32.6%。"① 从此角度看，银行机构的设立标志着法国调整对华经济政策，也标志着印度支那调整在东亚的经济政策。

然而在这场运动中，广州湾却缺席了。外交部主张的经济帝国主义和印度支那当局的殖民主义传统剑拔弩张，租借地成为两者矛盾不可调和的牺牲品。保罗·鲍既是外交官又是殖民地总督，夹在两种势力中间左右为难。当东方汇理银行在中国快速发展业务之际，广州湾却沉寂了十年，既没有发展成为一个经济基地，吸引法资和外资企业进驻，也没

① Cf. M. Meuleau, *Des pionniers en Extrême-Orient. Histoire de la Banque de l'Indochine, 1875—1975*, Paris, Fayard, 1990, pp. 234 – 238.

能带动周边地区经济的发展。诚然，当局有意向周边地区开放租借地，克拉雷—罗贝公司的铁路计划便是例证。但由于中国政府迟疑不决，更因为法国决策者反复无常，企图把铁路修筑权留给法国公司，并把铁路事件当作外交手段来为印度支那谋取利益，所以铁路计划最终流产。这一事件充分反映出保罗·鲍和克洛布克维斯基所推行政策的局限性，也说明了印度支那殖民机器早已破旧不堪，难以修复。帝国主义策略之所以无法实施，或无法全面实施，是因为印度支那所构想的帝国主义策略只是服务于殖民地自身，全然不顾及大局利益。当然，其他因素的影响也是存在的。比如印度支那联邦经济繁荣，引起北京的忧虑，还有联邦内部关系脆弱，1905 年越南民族主义运动高涨，1908 年发生暴乱，这些都使总督们不得不把注意力集中在印度支那当地，而为此付出代价的是广州湾。

总督府彻底放弃向中国的其他地区开放广州湾的念头，这是调动私人资金进入租借地必不可少的前提条件。当然不是所有的法国管理者都打消开放的念头，而是河内自此以后不愿再聆听此类提议。在这种情况下，就算好不容易找到机会陈述广州湾经济发展的影响力，也必须把计划与印度支那当局的即时利益挂钩，否则没人愿意倾听。比如 1922 年，总公使布朗夏尔·德·拉布罗斯提出修建公路网来连接广东主要城市时，他是这样写的：

道路的修通不仅有利于广州湾港的繁荣，而且便于我们的专卖局在华南采取一切行动。我们能够且应该把白雅特建设成一处美丽的法国窗口，这将为专卖带来无穷无尽的好处。①

可见殖民当局的醉翁之意在于扩大专卖局的鸦片销售市场，而不在于发起经济运动，让广州湾受益。东方汇理银行在 20 世纪前 20 年成功地在华进行扩张，但也遇上了中国市场动荡和北京出现财政困难，最后

---

① Rapport de Blanchard de la Brosse à la commission permanente du Conseil de gouvernement, le 18/05/1922, CAOM, FM, Indo, NF 504.

在20年代末将业务收缩回印度支那。[①] 1925年白雅特支行的开设是东方汇理银行的违心之举，当时银行领导层已隐约感觉到当地的业务量不足以维持银行的生存，但在行政命令之下不得已而为之，因此迟迟而开的白雅特支行丝毫不能说明印度支那关心租借地的经济。1898年上海支行的开设也碰到类似情况，也是在巴黎和总督府的一再催促下才由银行高层批准计划的。

法国企业并没有完全缺席中国市场，银行特别是工业（我们马上想到铁路）虽备受重视，却寥寥无几。1936年，法国在华投资额达到2.34亿美元，相当于外国在华投资总额的6.7%，可是与英国人的35%和日本的40%相比，差距仍然巨大。[②] 法租界的收入也不见得比广州湾好，其投资收益不高，规模不大，根本没有增长的希望。[③] 因此说，租借地并非特例，相反，租借地是法国扩张政策后劲不足和目标不清的典型，也是法国人从未意识到自身非法占领行为的结果。

"所谓殖民事实，首先是外国管理权的出现，另外也是为了维护管理者利益而对政治的长期和经常的拒绝。"[④] 行政行为相对于政治或地缘政治视野的强势状况肯定是扼杀租借地经济腾飞的第二个原因。租借地在历史上只有三个时段被纳入大政治范畴，这三个时期对应了三次明显的经济增长阶段，分别是：杜美政府时期、沙罗至亚历山大·瓦莱纳时期和德古政府时期。不过这三个时期既不同质，面对的困难也不尽相同。

毫无疑问，杜美对广州湾是有所打算的。不过总督的计划虽具有内在关联性，却难以付诸实施，其不足有两点，注定了他的失败：首先是和中国内政变化以及列强与北京的关系演变严重脱节；其次是与德尔卡塞主导的外交路线明显向左。因此自1903年起，印度支那对租借地束手无策，不知道该如何是好，只能当一天和尚撞一天钟。

---

① Cf. M. Meuleau, *op. cit.*, pp. 273 – 284.

② N. Wang, *L'Asie orientale du milieu du XIXe siècle à nos jours*, Paris, Colin, 1993, p. 186.

③ Cf. les études sur ce sujet dans J. Weber (sous la dir.), *La France en Chine (1843 – 1943)*, Nantes, Ouest Editions, 1997.

④ P. Guillaume, *Le monde colonial*, *XIXe-XXe siècle*, Paris, A. Colin, 1994, p. 118.

第二个阶段始于 20 年代，即沙罗在印度支那倡导改革的几年后，广州湾有了第二幅政治蓝图，但是这一次问题出在改革纲要本身及其基础方面。广州湾开发计划缺乏严肃的调查，没有针对租借地的具体经济状况，提出特殊的规划，只是人为地把“沙罗主义”简单地移植到一处和印度支那的管理模式完全不同的租借地上。至于和当地华人合作的尝试，则仅限于咨询，没有考虑扩大华人的政治权力，所以不仅缺少诚意，甚至对租借地的性质也做出了误判。在印度支那，民族主义运动的高涨必然使殖民者和土著的关系走向现代化；然而广州湾缺乏这样的动力，或许因为租借地不是殖民地，一直属于中国所有，没有类似的民族情绪，所以广州湾当局装模作样，东施效颦，印度支那联邦怎么做就跟着怎么做，而不是针对租借地的实际情况探讨具体的合作关系。因此可以想象得到，改革只是个空架子，不能得到当地居民的响应。改革不由自主地沦为装点门面的说法。

1928 年之后，在国际社会对鸦片贸易的谴责、中国海关对租借地的围堵和世界经济危机的影响三重打击下，租借地无法再维持表面的繁荣，经济破产。不过我们也不能忽略属于印度支那本身的原因，对此进行总结还是有益的。1928 年，皮埃尔·巴斯杰被任命为总督，接替瓦莱纳的工作。他的到来说明派自宗主国的政治总督谱系寿终正寝，而来自殖民管理阶层且具有印度支那实战经验的总督谱系正式形成。勒内·罗宾将是另外一例。这一变化非常重要，它意味着法国和印度支那关系现代化时期的终结，前期取得的有限成绩被一笔抹去，宣告了具有传统浪漫主义色彩的新保守主义的来临。新总督们对印度支那殖民主义的新构思是基于对越南文化的充分认识，首先拒绝政治架构的一切演变：“切莫摧毁亚洲的古老体系。尊重思想迸发出来的火花。做适应者而不要做破坏者！……让我们找到的花园维持原状……”① 于是现代化沦落成回归传统，辅以一些技术、文化或经济的修修补补工作，因为不能做任何触及法中关系和改变印度支那政治地位的动作。结果如绝大部分殖

① P. Pasquier, *L'Annam d'autrefois. Essai sur la constitution de l'Annam avant l'intervention française*, Paris, 1907, rééd. 1930, p. 337, cité par D. Hémery et P. Brocheux, *op. cit.*, p. 108.

民主义者所预料，新殖民观点的即时效果在于，它对殖民地社会造成了巨大冲击，缩小了总督府在印度支那的行动空间；相反，共产主义运动和民族主义运动的双重危险却趁机大展拳脚。

在这种情况下，法国租借地在中国几乎没有用武之地，但又不能轻言放弃，问题就出在这里。特别是在20世纪30年代初，各种危机接踵而来，总督府更是进退两难。政治动荡贯穿整个印度支那，如果此时把租借地归还中国，这相当于向民族主义者和共产主义者示弱，会令他们变本加厉，加紧进行颠覆活动。与此同时，世界性经济危机席卷欧洲和西方，前10年推行的自治政策宣告终结，租借地的回归更是没有可能。于是“帝国自给自足论”占了上风，这是一种殖民帝国自救的论调，可以解释为“因国际经济形势的逆转而出现的政治变化”①。法国海外属地要团结一致成了新信条。1931年，沙罗甚至在《殖民的伟大和顺从》中为其确定了基调：“在当前的局势下，欧洲首先不能放弃其殖民权威……她要留在那里（指殖民地），而且必须留在那里。为了欧洲和我的国家，我坚决反对……任何想摆脱西方对殖民地实施监管的意图……我们身在何处，就该留在何处。”② 广州湾夹在失去发展空间和总督府拒绝放手之间，地方经济彻底瘫痪。法国维持住了统治，却死水一潭，简言之就是仅仅从行政上控制着一处没有政治和经济前景的租借地。

由于缺乏长效的财政手段和清晰的上级指令，地区性的行政行为往往凌驾于全局性的地缘政治目标之上。当然，这在一定程度上也是广州湾存在双头管理所造成的。和其他法国在华租界一样，广州湾理应听命于外交部，但在现实中，租借地却接受总督府的管理，后者隶属于殖民地部。1900年1月7日法令规定广州湾隶属于河内，但对管理问题却缺乏清晰的指引。这种模糊不清的状况多次引起混乱和争吵，外交部和殖

① J.-D. Giacometti, *La question de l'autonomie de l'Indochine et les milieux coloniaux français, 1915 – 1928*, thèse (non publiée), Université de Provence, 1997, p. 221.

② Cité par D. Hémery, « En Indochine française, réformisme colonial et nationalisme vietnamien au XXe siècle. Le Sarrautisme et ses avatars », in *Etudes indochinoises*, Ⅲ, Aix-en-Provence, 1993, p. 124.

民当局、巴黎和河内经常意见相左。在这种情况下，制订出一份具有租借地特色的政治计划自然无法实现。

这一情况的后果不容忽视。仅以内政和外交的两例为证。在内政方面，1916 年以后，地方殖民当局和华人社会的经济精英达成“殖民协议”，这是当局在缺乏政治关系现代化计划的情况下做出的变通之举。由于总公使始终无法扶植起一个合法和可信的华人阶层，所以他转变方向，向经济实力雄厚而能够充当中间人的唯一社会阶层——“流氓大亨”——伸出求助之手。这一解决方法和上海模式如出一辙，当然能够暂时解决政治平衡问题，但也反映出殖民势力的软弱无能。不过这一入乡随俗和顺应形势的做法倒是一改传统法国殖民的呆板和僵化形象。用当时流行的说法来形容就是“我们规规矩矩的花园里有英国花园的少许痕迹”，法学家亚瑟·吉罗勒（Arthur Girault）尤爱使用这一比喻。但这是无视一种并非深思熟虑的选择放任自流，是政治行动的不幸，将对租借地的未来产生严重的影响。

接着在对外方面，中国和印度支那关系日益复杂，广州湾的外交和殖民双头管理引起了中国政府的疑虑，令其猜测法国此举背后的真实意图。总督府或租借地当局的任何改善租借地和广东联系的建议都会被广州政府解读成殖民扩张。1906 年和岑春煊总督商议克拉雷—罗贝计划的广州领事馆官员魏武达得出这样的结论：“中国疑惧法国在广东和广西的意图。”[①] 中国当局一直心存疑虑，甚至怀疑总督府才是法国公使团背后的黑手。我们认为，如果广州湾事务只由外交部负责，那或许容易释除中方的疑虑。不可否认，印度支那总督府经常越权干预法国在华外交事务是中方产生误解的主要原因。

历史研究常生动和形象地展示了法国殖民体系的刻板僵化和大不列颠殖民体系的灵活变通，后者能审时度势，顺应时局，与前者的呆板形成鲜明对比。对法国租借地进行研究除了能揭示法国和土著的僵化殖民关系之外，更能暴露出印度支那和部分法国政界人士对国际关系变化一

① Rapport du gérant du consulat de Canton à légation française à Pékin, le 15/11/1906, MAE, Corr. pol. et comm. (1897 – 1918), Chine, NS 214, fol. 211 – 216.

无所知的事实，为诠释法国殖民体系存在的弊端提供更多素材。

要理解法国在东亚殖民主义为何缺乏灵活度，或许还要考察总督府的外交提议和巴黎的外交路线之间到底存在多大的差距。当然也不能完全排除其他因素的影响，比如殖民体制内部的缺陷问题。弗尔尼奥说过，印度支那是法国在远东国际关系中的一极，既承担着执行外交部亚太外交政策和反馈信息的作用，又在地区事务中发挥着重要的影响。[①] 众所周知，杜美、龙或德古为了捍卫殖民地的利益，提出自治诉求，常和宗主国立场不同，意见相左，他们质疑宗主国理解东亚具体情况和把印度支那纳入整体外交考虑的能力。那么对于总督府而言，行动的灵活与否并不重要，重要的是巩固印度支那在东亚的地位，坚决反对任何法国撤退的理由。总督府对宗主国的不信任，令河内和巴黎之间多次出现矛盾，两者的关系经常表现为直接冲突（尤其是在杜美时期），而不是友好合作，互相提出有建设性的政治建议。据阿尔贝尔·麦米观察："殖民主义者要求宗主国持保守主义态度。"[②] 可是宗主国竟然要改变殖民事实，令被殖民者拥有和殖民者同等的地位，这岂不是要殖民者血本无归，特权和财富消失殆尽？对于广州湾，外交部明确希望总督府实施改革，认识到殖民体系是多么不适合于租借地。但一方是保守主义，另一方是改良主义，立场不同，目标不同，没有共同语言，自然无法对话。

20 世纪 20 年代初是印度支那愿意走出对峙的唯一时机。当时在殖民地部部长沙罗及其团队的主导下，大家对重新调整法国和印度支那的关系进行了热烈讨论，顺利地避免了巴黎和河内之间的决斗。当然，"一战"后的东亚新局势也有利于巴黎和河内之间进行和解，比如法国的政治领导人开始意识到了亚太地区对于日趋复杂的殖民帝国内部关系的重要性。作为"进入中国的跳板"的印度支那，此时成为法国在"亚太地区的阳台"（沙罗语）。在这种背景下，把印度支那打造成"宗

① Ch. Fourniau, « L'Indochine coloniale: un pôle des relations internationales en Extrême-Orient », in *Etudes indochinoises*, Ⅲ, IHPOM, Aix-en-Provence, 1993, n° 25, pp. 57 – 69.

② A. Memmi, *op. cit.*, p. 91.

主国第二”，或仿照英国模式建立“自治领”的想法应运而生。不过若干因素影响到这一想法的实施，比如越南民族主义运动问题、如何与当地群众分权等。关于这些问题，广州湾的历史不存在类似现象，所以无法提供经验教训。相反，我们可以质疑的是，印度支那总督府是否有能力执行一条全局性的外交政策，而不仅仅是延续殖民诉求？换言之，总督府能否以一个“正在形成的国家”的形象来行事，而不是如一处殖民地那样行动？

1922 年华盛顿会议之后，河内对广州湾的关注说明沙罗千呼万唤的印度支那向太平洋地区开放的政策并没有包括重新评估印度支那和中国关系的一面。从此角度看，开放政策缺乏新意，只是总督府鉴于亚太地区的政治地缘关系变得更加复杂而扩大外交活动范围而已。总督们纷纷前往菲律宾、荷属印度和日本……难道这就是印度支那成为自治领，拥有外交行动能力和自我防卫能力的表现吗？这值得商榷。总督府对广州湾迟迟不肯放手，充分证明了其政治仍然受到双层约束：一是殖民层面，二是地区层面。实际上，河内只是要把自己打造成一处中转站，连接宗主国和像新赫布里底、新喀里多尼亚或波利尼西亚等二流殖民地，而不是总督府所标榜的“宗主国第二”。

总督府希望从宗主国那里获得更大的外交空间，无非是要更有效地捍卫印度支那的利益和殖民帝国的完整。这无疑是其计划的一处严重缺陷。不论如何，要达到这一目的，印度支那必须崛起，并提高到准国家级别，这意味着河内不仅要处理好自身与宗主国的关系，而且也要具备一定的能力，能够在越来越重视修订国际法的国际社会中像一个国家那样行事。然而，广州湾的历史证明总督府在政治上严重不成熟。河内多次为了税收的蝇头小利，漠视国际协议和法规，特别是禁烟协议，便是很好的例证。法国殖民体系僵化，局限于以西方为中心的有限视野，应该是印度支那固执地拒绝加入国际行列的主要原因。

如果能将广州湾历史和其他租借地历史，特别是德国胶州湾和英国九龙的扩张史进行比较，或许可以更加透彻地分析问题。因主题所限，我们无法开展该方面的研究。然而透过租借地的比较来分析法、德、英殖民模式建构的差异，其意义是十分重大的。

另外，要深化广州湾问题的研究，还需分析中文文献，这不仅可以从他者的角度来了解法国的占领行为，而且有助于评估各国租界或租借地对中国城市或技术现代化的影响。中国史学界早已开始此项重估工作，法中史学界开展研究合作的道路势必越走越宽，双方将摆脱各说各话的现状，不再局限于枯燥和无益的讨论，片面评论殖民化的好坏……

参考文献

一、档案、报刊资料

A. Fonds des archives du ministère des Affaires étrangères, Paris 外交部档案馆，巴黎

1. Correspondance politique et commerciale 1897 – 1918. Nouvelle série / Chine　政治商贸函 1897—1918，NS / 中国

Relations avec la France: dossier général　法中关系：总卷

NS 191: janvier – mars 1897

NS 192: avril – décembre 1897

NS 193: janvier – mars 1898

NS 194: avril – décembre 1898

NS 195: 1899

NS 196: 1900 – 1901

Relations avec la France: Guangzhouwan　法中关系：广州湾

NS 208: janvier – juillet 1898

NS 209: août – décembre 1898

NS 210: janvier – juin 1899

NS 211: juillet – octobre 1899

NS 212: novembre – décembre 1899

NS 213: 1900 – 1903

NS 214: 1904 – 1906

NS 215：janvier 1909 – septembre 1912

NS 216：octobre 1912 – janvier 1916

Lacune pour 1907 et 1908（1907 和 1908 年缺失）

Relations avec la France：écoles françaises diverses

法中关系：各类法语学校

NS 308：écoles françaises, 1907 – 1911

Dossier général sur l'ile de Hainan　海南岛总卷

NS 217：1896 – 1898

NS 218：1899 – 1906

Défense nationale　国防卷

NS 93：Trafic d'armes, 1900 – juillet 1901

NS 94：Trafic d'armes, août 1901 – décembre 1904

Dossier général sur le Guangxi et le Guangdong　两广总卷

NS 221：1897 – 1899

NS 222：1900 – 1901

NS 223：1902

Finances privées：Sociétés françaises et étrangères

民营金融卷：法国和外国公司

NS 406：janvier 1912 – déc. 1913

NS 407：janvier 1914 – mars 1915

Chemins de fer：Lignes du Sud　铁路卷：南方线路

NS 451：1906

NS 452：janvier – juin 1907

NS 453：juillet 1907 – mars 1909

Questions sociales：l'opium　社会问题卷：鸦片

NS 584 à NS 594：1896 – 1917

Supplément à la Correspondance politique et commerciale (1897 – 1918), NS / Chine **政治商贸函附卷(1897—1918), NS / 中国**

Carton 649: Voyages des Consuls dans la Chine du Sud, 1899 – 1905

Carton 706: cartes en chinois

Carton 678: rapports commerciaux annuels des consuls (1910 – 1917)

Carton 666: Finances publiques et privées: documentation (1901 – 1915)

Correspondance politique et commerciale 1897 – 1918, NS / Indochine **政治商贸函 1897—1918, NS / 印度支那**

Rebelles annamites en Chine 在华安南叛乱分子卷

NS 12: 1912 – juin 1913

NS 13: juillet – décembre 1913

NS 14: janvier – août 1914

NS 15: octobre 1914 – juin 1915

NS 16: juillet 1915 – 1917

2. Correspondance politique et commerciale 1918 – 1940: série Asie (E) **政治商贸函 1918—1940: 亚洲系列 (E)**

sous-série: Affaires communes **子系列: 公共事务**

Questions coloniales 殖民问题

E 43: Main d'œuvre asiatique ou européenne pour les colonies françaises; 1922 – 1929

Opium 鸦片

E 54: Commission de l'opium à la SDN, février 1925 – décembre 1929

E 59: Transit à travers l'Indochine, 1922 – 1929

E 61: Trafic illicite, juillet 1922 – mai 1927

E 62：Trafic illicite, juin 1927 – décembre 1929

E 115：Trafic illicite, janvier 1930 – février 1940

sous-série：Chine **子系列：中国**

Situation politique 时局

E 22：1920 – 1922, Kouang-Si

E 23：1918 – 1922, Kouang-Toung

E 30：1921 – 1922, Kouang-Tchéou-Wan

Politique étrangère 外务

E 46：Intérêts français en Chine, nov. 1917 – juillet 1925

Politique intérieure 内政

E 193：Personnalités politiques, 1922 – 1929

Finances 财政

E 376：Banque d'Indochine, 1922 – 1929

E 888：Banque d'Indochine, 1930 – 1940

Concessions 租界

Guangzhouwan

E 347：1922 – 1929

E 834：1930 – 1935

E 835：mars 1936 – avril 1940

Questions sociales：opium 社会问题：鸦片

E 123：février 1917 – juin 1922

Commerce et contrebande d'armes 商业和武器走私

E 74：1919 – 1923

E 160 à 164：1922 – 1929

Piraterie maritime 海盗

E180：1926 – 1929

Nouvelles des provinces：Canton 省份动态：广东

E 213：juillet 1922 – juillet 1924

Corps diplomatique chinois　中国外交使团

E 525：Ambassade de Chine à Paris（oct. 1931 – janvier 1938）

3. Guerre：1939 – 1945 / Série E：Vichy-Asie

战争：1939—1945 / E 系列：维希—亚洲

E 159：Territoire à bail de Kouang-Tchéou-Ouan，24 nov. 1940 – 13 avril 1944.

4. Guerre：1939 – 1945 / Série E：Londres-Alger

战争：1939—1945 / E 系列：伦敦—阿尔及尔

Alger　阿尔及尔

E 1356：Politique française en Chine，dossier général（oct. 1942 – oct. 1944）

E 1357：*idem*（suite）

5. Série SDN：1917 – 1940 / Questions sociales

国联系列：1917—1940 / 社会问题

N° 1601 à 1692：Dossiers sur l'opium. Généralités；Commissions d'enquêtes；Conférences ；Conventions.

1608：1ère et 2ème Conférence de l'opium，oct. 1923 – juillet 1925. Renseignements statistiques et notes sur le commerce de l'opium dans les colonies françaises（Indochine）.

1625：Conférence de Bangkok sur l'opium，décembre 1929 – septembre 1931.

Rapport de la commission d'enquête en Extrême-Orient.

Note sur le problème de l'opium en Indochine.

1626：Conférence de Bangkok sur l'opium, décembre 1931 – septembre 1939.

Procès-verbal des séances secrètes. Application au trafic de l'opium yunnanais par le Tonkin. Mesures prises dans les concessions françaises et en Indochine.

1641：Enquête en Extrême-Orient, mars 1928 – juin 1929.

Communication du gouvernement britannique sur la contrebande d'opium en Extrême-Orient（4 juin 1928）. Réactions des Etats intéressés.

1642：Enquête en Extrême-Orient, juillet 1929 – avril 1937.

Enquête en Indochine. Rapports. Réponse du Gouverneur général. Rapports des Consuls de France sur l'opium.

1643：Enquête en Extrême-Orient, 1630.

Rapport du Gouverneur général de l'Indochine sur les travaux de la Commission.

1644：Contrebande et saisies.

1653 à 1661：Contrebande et saisies.

1671：Contrebande et saisies.

1678：Statistiques des saisies, 1930 – 1940.

6. Série Asie-Océanie：1944 – 1955 / sous-série Chine

亚洲—大洋洲系列：1944—1955 / 中国子系列

Concessions étrangères en Chine　外国在华租界/租借地

256：Rétrocession du Territoire à bail de Kouang-Tchéou-Ouan, février 1943-nov. 1947

257：Rétrocession du Territoire à bail de Kouang-Tchéou-Ouan; rétrocession de l'usine d'électricité de Tsamkong, août 1945 – juin 1948

7. Papiers d'agents 外交官文件

Cote 141：Stephen Pichon（8 volumes）

Cote 211：Théophile Delcassé（25 volumes）

8. Documents diplomatiques français 法国外交文件

1898—1900；1945—1946

B. Fonds du Centre des Archives diplomatiques de Nantes 南特外交档案中心

这批档案是从法国驻华使馆运回的。法国驻北京使馆的档案中包含有广州湾租借地的相关文件，也包含有鸦片、商业和走私方面的档案，因为大使馆也参加打击麻醉品贸易的国际谈判。

Fonds Pékin Ambassade，série A

北京使馆档案，系列 A

Carton 149：Douanes chinoises à Kouang-Tchéou-Wan，1929 –1941.

Carton 157：Opium et autres narcotiques，1930 –1932.

4 études sur le commerce des stupéfiants，1935 –1939.

Stupéfiants，1923 –1935.

Carton 158：3 dossiers relatifs à l'opium et autres narcotiques，1916 –1935.

Carton 293：5 dossiers relatifs au Territoire à bail de Kouang-Tchéou-Wan，1901 –1944.

Carton 294：7 dossiers relatifs au Territoire à bail de Kouang-Tchéou-Wan，1899 –1918［manquant］

Carton 423：Incidents au Kouang-Tchéou-Wan，1911 –1928.

Carton 456：Dossiers opium；contrebande d'opium d'Indochine en

Chine, 1914 – 1924.

Carton 510 bis：Rétrocession de Kouang-Tchéou-Wan, 1922 – 1931 [manquant].

Carton 745：Rétrocession de Kouang-Tchéou-Wan, 1922 – 1937.

C. Centre des archives d'Outre-Mer d'Aix en Provence
埃克斯—普罗旺斯海外档案中心

1. Fonds du ministère des colonies (S. O. M)
殖民地部档案（S. O. M）

殖民地部档案原藏于巴黎乌蒂诺街，1986 年搬到埃克斯—普罗旺斯。

a. Séries géograhiques：Indochine / Ancien Fonds (avant 1920)
地理系列：印度支那 / 旧档（1920 年之前）

Série B：Relations extérieures　B 系列：外交

B10：Relations avec la Chine　B10：**对华关系**

Carton 31：sur Hainan (1889, 1896 – 1909)
Visite de la *Comète* en 1889 et 1897
Rapport commercial sur HoiHow
Mission Madrolle (1901 – 1902)
Visées allemandes et japonaises sur Hainan
Renforcement de la présence française
Echange entre les missions françaises de Tchao King et les missions portugaises de Hainan (1907 – 1909)

Série G：Population-Etat civil　G 系列：人口—居民状况

Carton 141：recensement à KTW en 1911.

Série V：Navigation　V 系列：航运

Carton 309：création d ´un service de navigation français entre Canton et KTW...（1901，1903 – 1907）.

b. Séries géographiques：Indochine / Nouveau Fonds（1920 – 1940）
地理系列：印度支那 / NF（1920—1940）

Guangzhouwan：occupation，délimitation et relations avec la Chine
广州湾：占领、勘界和对华关系

NF 2378（1）：KTW，affaires diverses（1899 – 1914）

Relations avec la Chine

Projet de record de marche entre Fort Bayard et Paris（1902）

Peste（1904 – 1905）

Demande d'extradition（1904）

Fixation de la frontière

Relations des autorités françaises avec les consuls étrangers（1912）

Recrutement de coolies（1913）

Taxes de capitation（1914）

NF 626：KTW（1898 – 1900）

Occupation de KTW

Renseignements sur la baie et délimitation

Troubles et incidents

Remise de lâdministration au GGI（décret du 5 janvier 1900）

Organisation provisoire

NF 627：KTW et divers (1898 - 1907)
Correspondance entre GGI et Ministères concernés sur KTW
Rapports sur la situation intérieure (1900 - 1902)

NF 625：Chine (1900 - 1913)
Correspondances et notes sur la création de la douane chinoise à KTW, et compensations

NF 628：KTW (1927)
Notes sur KTW

NF 2382：KTW (1927)
Notes sur KTW

NF 2383：KTW (1927)
Projet de boycottage contre KTW à l'occasion du boycottage anti-japonais

NF 2384：KTW (1926 - 1928)
Incidents dans la rade de KTW (1926)
violation des eaux territoriales (1928)

NF 2385：KTW (1932)
Transports de morphine et d'armes à travers KTW
Lettre du Sénateur de Jouvenel et réponse du Résident Sup. Sylvestre

NF 629：KTW (1935)
Prétendu empiétement des autorités françaises de KTW sur le territoire chinois en 1935

NF 629：Chine (1935)
Prétendus empiètements des autorités françaises de Kouang-Tchéou-Wan sur le territoire chinois

NF 610：Note sur la rétrocession éventuelle de Kouang-Tchéou-Wan (1931)

NF 775：Internés (1945)

Internés français à Fort-Bayard et en Chine du Nord

NF 1166: Chine (1944 – 1945)
Notes biographiques sur des personnalités chinoise. Situation politique en Chine

NF 1378: Relations franco-chinoises (1943 – 1949)
Feuillets sur KTW, chemins de fer, situation en Chine...

NF 1574: Chine (1945 – 1946)
Rétrocession de KTW à la Chine

NF 1377: Chine (1943 – 1947)
Chemin de fer du Yunnan et personnel du chemin de fer

NF 1378: Chine-Relations franco-chinoises (1943 – 1949)
Quelques dossiers sur KTW

NF 2478: Relations franco-chinoises (1940 – 1945), Documents Vichy

Guangzhouwan: budgets et questions financières 广州湾：预算和财政问题

NF 762: Contrôle financier (1915)
Enquête de Kératry sur les irrégularités financières à KTW
Deux gros recueils dactylographiés (1915)

NF 517: Budget (1917) dont le budget de KTW

NF 512-513-514: Budget (1918) dont le budget de KTW

NF 508-509: Budget (1919) dont le budget de KTW

NF 506: Budget (1920) dont le budget de KTW

NF 505: Budget (1921) dont le budget de Kouang-Tchéou-Wan

NF 504: Budget (1922) dont le budget Kouang-Tchéou-Wan

Dossier 3285: budget général et budgets annexes pour l'exercice 1934

Dossier 3286: Situation des recettes et dépenses du budget général, des budgets annexes et locaux pour l'exercice 1934

Dossier 3249: Budget 1937
Tableau des droits et produits dont la perception est

autorisée au Cambodge et à Kouang-Tchéou-Wan

Dossier 3482：Rapport sur la situation financière de l'Indochine dont Kouang-Tchéou-Wan durant la période 1937 – 1938

Dossier 2883 & 2886：rapport au Min. des Colonies sur le budget général et les budgets annexes pour 1938

Dossier 3963：budgets locaux dont Kouang-Tchéou-Wan pour 1944

说明：1937—1938 年和 1940—1941 年预算缺失。此外广州湾自 1941 年起不属于附属预算，而是根据 1942 年 11 月 17 日法令获得财政独立地位。

Guangzhouwan：opium（ferme，contrebande，contentieux）

广州湾：鸦片（专营、走私、诉讼）

NF 759：Affaire de l'opium à KTW
Ferme de l'opium
Note et réponse de M. Outrey（1912 – 1913）

NF 760-761：Affaire de l'opium à KTW（1912 – 1916）
Affaire Caillard，plaintes，blames，rapports...

NF 766：Affaire de l'opium à KTW（1914 – 1916）
Enquête judiciaire；le ministère public contre Leong-Tchak-Tsun
Arrêt de la cour d'appel

NF 757：Affaire Laure（1915 – 1916）
Réclamation de Laure contre Garnier，administrateur en chef de KTW

NF 758：Affaire de l'opium à KTW（1915 – 1916）
Inspection de Kératry à KTW et rapports
Rapport de Caillard
Contrat de l'opium，ferme et conséquences（1916）

NF 763：Affaire de KTW（1916 – ?）problème de l'opium

NF 769：Affaire Laure

NF 743：Affaire Caillard et Laure contre de Kératry

Arrêt du tribunal des conflits... (1916 – 1920)

Rapport du contrôleur financier de l'Indochine relatif aux affaires de Kouang-Tchéou-Wan (1916)

NF 746: Conseil d'Etat (1916 – 1926)

Affaire Caillard contre De Kératry et le gouvernement général (1916 – 1923)

Arrêt du Conseil d'Etat rejetant la demande de Gaston Caillard (1925 – 1926)

NF 2381: Requête des époux Laure (1918 – 1919)

Lettre de Ch. Laure, négociant à KTW sur les agissements d'Albert

NF 764: Ferme de l'opium à KTW (1914 – 1916)

Arrêtés de 1914 et 1916...

NF 765-767-768: Ferme de l'opium à KTW (1915 – 1917)

NF 3560: Mesures adoptées pour l'approvisionnement en opium de l'Indochine et de Kouang-Tchéou-Wan (1921 – 1934)

NF 2480: Régie de l'opium (1929 – 1930)

Rapport de l'Inspecteur sur les colonies...

Historique de la question au point de vue international

Note sur la situation de l'Indochine au sujet de l'opium

Statistiques des ventes...

NF 3559: lutte contre la contrebande de l'opium à Kouang-Tchéou-Wan (1936 – 1937)

<u>Guangzhouwan: situation intérieure, troubles, piraterie</u>

<u>广州湾：内政、内乱、盗匪</u>

NF 199: Rapports (1916)

Rapports sur la situation politique pour le 1er trimestre 1916, notamment sur Kouang-Tchéou-Wan

NF 2377: Troubles (1903 – 1909)

Troubles et actes de piraterie à Kouang-Tchéou-Wan

Exposé sur la situation politique et administrative (1906)
Instructions du gouverneur général à l'administrateur en chef de Kouang-Tchéou-Wan (1909)

Dossier 2937: Incidents des 23 – 24 avril 1936 à la délégation de Potao (Kouang-Tchéou-Wan)
Rapport du gouvernement général; protestation de la Chine
Note sur la contrebande de l'opium dans ce territoire (1936 – 1937)

Dossier 2938: Actes de banditisme commis par les Chinois sur le territoire de Kouang-Tchéou-Wan et nombreux incidents provoqués par eux sur ce territoire (1936 – 1937)

NF 2500 = Mission Dimpannet (1936 – 1937)
Rapport Bargues, vérification de Chapoulart, Adm. Services civiles à Fort-Bayard, rapport Dimpannet sur situation politique de Kouang-Tchéou-Wan (1937)

Guangzhouwan: commerce et développement 广州湾：商贸及其发展

NF 2380: Projet de ville modèle (1916)
Projet de création d'une ville chinoise modèle et établissement industriel à KTW: projet de Chu

NF 2838: Territoire de Kouang-Tchéou-Wan (1920 – 1933)
Rapports économiques de l'Agence économique de l'Indochine (1920 – 28 ; 1930 – 33)

Guangzhouwan: justice 广州湾：司法

NF 2379: Affaire Liégeot (1905 – 1906)
Incidents de KTW
Inspection de Groleau sur les faits reprochés à Liégeot (40 pièces, mai-juin 1905)

Procès en cours d'assises

Extraits de pièces

NF 756 (1): Affaire dite de KTW (1914 – 1916)

Corruption de fonctionnaires

Enquête et non-lieu

Guangzhouwan: dossiers divers 广州湾：其他事务档案

NF 2378 (2): KTW, affaires diverses (1920 – 1937)

Transport d'un corps de bronze pour monument aux morts Fort Bayard (1920)

Adjudication d'une centrale électrique (1926)

Réglementation des timbres (1927)

Transmission des rapports de l'Inspecteur des Colonies Bargues (1937)

NF 2376 (1): Ports de guerre (1902)

Création d'un port de guerre à KTW

Décision du Conseil Supérieur de l'Indochine du 26 février 1902

Cartes

NF 794: Extrême-Orient (1900 – 1903)

Télégramme du gouverneur général suggérant l'envoi de navires militaires à HoiHow et occupation de l'île de Haïnan.

Correspondance ministérielle (1900)

c. Direction des Affaires politiques 政治事务处

Dossiers concernant la Chine 涉及中国的档案

Aff. Pol 2417: Question de l'opium (1880 – 1918)

Pénalités pour fraude. Contrebande. Mesures pour

	diminuer l'usage de l'opium en Indochine en 1906 – 1907. Commission locale de l'opium (1907). Convention anglo-chinoise du 8. 5. 1911. Missions Dejoux (1900), Hardouin (1907), Bertrand Speder (1901 – 1913), Brenier (1910).
Aff. Pol 2418	Question de l'opium-Indochine. Loi du 12. 7. 1916 sur la répression de la contrebande.
Aff. Pol 2420	Question de l'opium à Kouang-Tchéou-Wan (1920 – 1929). Pourvois et cassations. Douanes et Régies. Affaires Gavelle, Condamine... Note anglaise sur la contrebande du Yunnan vers Hong Kong via Kouang-Tchéou-Wan. Régime de Kouang-Tchéou-Wan (décret du 9. 11. 1929).
Aff. Pol 2422	L'opium à la SDN. Conférence de Bangkok, novembre 1931. PV des séances.
Aff. Pol 2423	Question de l'opium et SDN (1920 – 1929). Décrets, contrebandes... Consommation de 1932 à 1934.
Aff. Pol 2424	L'opium et la SDN. Application des recommandations de la conférence de Bangkok (1931 – 1939). Rapports annuels de la SDN (1932 – 1937). Correspondance sur les trafics entre l'Indochine et le Yunnan (1932 – 1939).
Aff. Pol 2425	Organisation de la régie de l'opium (1881 – 1937). En Indochine. A Kouang-Tchéou-Wan. Stocks d'opium, statistiques de consommation. Prix de vente. Inspection Meray et Guyho.

Dossiers concernant l'Indochine 关于印度支那的档案

Aff. Pol 32 Conférence de Washington (1921 - 1922)
Organisation de la délégation; programme de la conférence et questions concernant la Chine et l'Indochine; texte sur le traité du Pacifique; les différentes puissances et le Pacifique...

Aff. Pol 33 Conférence de Washington (1921 - 1922)
Exterritorialité et intégrité chinoise; douanes en Chine; Chine, questions diverses; résolutions sur l'Extrême-Orient...

Aff. Pol 34 Conférence de Washington (1921 - 1922)
Correspondance concernant les procès-verbaux; séance des comités et sous - comités, texte français...

Aff. Pol 36 Conférence de Washington (1921 - 1922)
Séances des commissions relatives aux questions de Chine et d'Extrême-Orient: textes français (106 brochures)

Aff. Pol 3251 Opium, brochure SDN

Aff. Pol 3152 Missions d'inspection Pherivong, 1912 - 1917

d. Commission Guernut 格尔努使团

1937 年 1 月，人民阵线政府成立调查团，对殖民地人民的生活方式和愿望进行调查。政府委托前部长亨利·格尔努组织这项工作。调查团于 1938 年 7 月出色地完成任务。

Carton 33, Bx Chine Situation politique à Kouang-Tchéou-Wan et attitude de l'administration française à l'égard de la population chinoise. 1938.

e. Agence F. O. M (Indochine) 海外代表处（印度支那）

Carton 167, dossier 18: Etudes générales sur Kouang-Tchéou-Wan, 1898 - 1949.

Carton 226, dossier 266：Port de Tchékam, 1919—1928.

f. Papiers d'agents　官员文件

埃克斯—普罗旺斯档案中心的这部分档案中包含某些高级公务员交给国家档案馆的一些私人档案。所以，沙罗（1911—1914 和 1916—1919 两次出任印度支那总督，1920—1924 出任殖民地部部长）才得以留下部分私人信函和几份官方文件。

Papiers Sarraut　沙罗文件

9 P. A. carton 11, dossiers sur l'opium de 1911 à 1919

9 P. A. carton 14, dossiers concernant l'administration provinciale：instruction sur l'affaire de l'opium à Kouang-Tchéou-Wan, le 6 août 1917. Article de presse, le 18 août 1918

2. Fonds du gouvernement général de l'Indochine

印度支那总督府档案

绝大部分文件来自藏于海外档案中心的《海军将领/总督府》系列（序号 1131，保罗·布戴编）。此外，我们还在国家档案馆的《印度支那/总督府，D/E/F 系列》（编号 OMT/34）查到一部分文件，可以补充前一部分文件。这部分档案跨越 1880—1945 年。

Série A：Actes officiels

A 系列：政府法令

Bulletin administratif du Tonkin　东京行政管理公报（1901 年创刊，包含 ACKTO 文件）

Recueil général de la législation et réglementation de l'Indochine　印度支那法律法规汇编

5138：Arrêtés et décisions de l'administrateur en chef de Kouang-

Tchéou-Wan, 1904 – 1907

5227: Décision du 3/5/1912 de l'administrateur en chef réglant les attributions des inspecteurs et gardes principaux de Kouang-Tchéou-Wan, 1912

Série C: Personnel

C 系列：编制

Personnel européen de divers services 各部门的欧洲人

5120: Dossier Marsal, directeur de l'école de Tchékam, 1903

28557: Dossier Leonardou (François), inspecteur de la garde indigène, 1900 – 1921. [NC, mauvais état]

29997: Dossier Tiersonnier

30000: Dossier Gautret (Fernand), 1902 – 1912

30039: Dossier Vialla (Frédéric), administrateur de 3ème classe des Services civils, 1890 – 1928

30144: Dossier Alby (Gustave), administrateur de 1ère classe des S. C., 1899 – 1912

30310: Dossier Dufresnil (Paul-Edgar), gouv. de 3ème classe des S. C., 1884 – 1910

31097: Dossier Sestier (Henri), inspecteur des S. C., 1882 – 1918

34572: Dossier Laure (Charles), adjoint commercial à l'administrateur en chef de Kouang-Tchéou-Wan, 1912 – 1923

35824: Dossier Garnier (Albert), résident supérieur, 1901 – 1932

35896: Dossier Caillard (Gaston), administrateur des S. C., 1893 – 1926

35989: Dossier Salabelle (Pierre), administrateur des S. C.

48767: Dossier Blanchard de la Brosse, résident supérieur (1902 – 1934)

48769: Dossier Krautheimer (Jean-Félix), gouverneur des Colonies (1898 – 1934)

51911：Dossier Garde（Joseph）

52768：Affaire Baudet à Kouang-Tchéou-Wan（1913 – 1914）

Série D：Administration générale

D 系列：总行政

Administration générale；Généralités　总行政；基本情况

21368：Rapports politiques de Kouang-Tchéou-Wan. Rapports des prises de service des Administrateurs en chef Alby et Gautret. 1900 – 1908

21367：Rapports économiques sur Kouang-Tchéou-Wan，1902

5199：Rapports annuels de Kouang-Tchéou-Wan，1907

56486：Observations suggérées au Département pour l'examen des travaux de la mission d'inspection opérée en 1916 à Kouang-Tchéou-Wan，1918

Organisation administrative de l'Indochine　印度支那行政组织

17944：Projet de rattachement de Kouang-Tchéou-Wan au gouvernement local du Tonkin，1910

21396：Tournées du gouverneur général à Kouang-Tchéou-Wan，mai 1909

7601：Rapport de l'Inspection des Colonies sur la question de l'opium à Kouang-Tchéou-Wan，1916

56487：Kouang-Tchéou-Wan，personnalité civile du Territoire，1916

53542：Commission d'enquête dans les TOM. Vœux recueillis et rapports présentés par Kouang-Tchéou-Wan，1938［*cote vacante*］

53657：Commission d'enquête dans les TOM. Carte de Kouang-Tchéou-Wan au 1/100 000

Assemblées et conseils　咨询委员会和政府委员会

64506：Conseil de gouvernement de l'Indochine；session ordinaire. Rapports des provinces，dont Kouang-Tchéou-Wan，1914

64513: *idem*, 1916

64527: *idem*, 1920

64530: *idem*, 1921

64535: *idem*, 1922

64537: *idem*, 1923

64538: Conseil de gouvernement de l'Indochine; session ordinaire. Rapports des services, 1923

64563: Conseil de gouvernement de l'Indochine; session ordinaire. Rapports des provinces, dont Kouang-Tchéou-Wan, 1927

64510: *idem*, 1915

64547: *idem*, 1925

64579: *idem*, 1929

64794: Conseil du gouvernement de l'Indochine. Rapport de l'Inspection des Travaux Publics. Rapport Kouang-Tchéou-Wan, 1935

Organisation des administrations locales 地区行政组织

21414: Questions diverses concernant Kouang-Tchéou-Wan, soumises par le chef de cabinet au Secrétaire général du GG, mai 1903

17911: Organisation administrative du Territoire de Kouang-Tchéou-Wan, 1900 – 1903

47354: Administration du Territoire de Kouang-Tchéou-Wan, 1908 – 1909

17956: Réorganisation administrative de Kouang-Tchéou-Wan, 1915

17957: Zone réservée à la ville européenne de Fort-Bayard, 1915

32854: Organisation d'une police commerciale à Kouang-Tchéou-Wan, 1915 – 1916

65144: Société indochinoise d'électricité. Distribution d'électricité à Kouang-Tchéou-Wan, 1931

Contentieux administratifs 行政诉讼

Plaintes et réclamations contre les fonctionnaires 针对公务员的投诉

56477：Kouang-Tchéou-Wan. Réclamation de M. Laure contre M. Garnier，administrateur en chef du Territoire de Kouang-Tchéou-Wan，et M. David，maire de Tchékam，1916

40494：Pétition des commerçants de Kouang-Tchéou-Wan pour demander que M. Krautheimer ne soit pas remis à la tête de l'administration du Territoire，1922

40493：Kouang-Tchéou-Wan. Réclamation contre M. Krautheimer，1922

50836：Cour de Cassation. Affaire Gavelle et Condamine de Kouang-Tchéou-Wan. Affaire de vente d'opium，1916

Réclamations de particuliers contre l'Administration 个人对行政服务的投诉

40529：Plainte de Wong Ku Siang，ancien Kong-Koc de Tong-San，et de Wang Ku Siang et consort，relative à l'élection des juges accesseurs chinois de Kouang-Tchéou-Wan，1929

56464：Pétition des habitants du Territoire de Kouang-Tchéou-Wan en faveur de Ly Tsing Nam，1913

56565：Baudet contre l'administrateur de Kouang-Tchéou-Wan et le gouverneur général au sujet des réparations d'une série de faits et agissements lésant ses droits acquis，1915 – 1920

46734：Henry Piry contre gouverneur général et administration de Kouang-Tchéou-Wan au sujet du fermage de la bouillerie，1916. [Non comm. Mauvais état]

46614：Caillard et Laure contre le directeur du Contrôle financier au sujet du rapport d'enquête sur les affaires de Kouang-Tchéou-Wan，1918

46585：Birot et consort contre le gouvernement général au sujet d'une délivrance de licences d'opium à Kouang-Tchéou-Wan. 1919

46815: Moreau et Baudet contre Douanes et Régies, 1919

Police administrative 治安管理

5150: Projet d'installation d'une sucrerie à Kouang-Tchéou-Wan présentée par le Capitaine Vinet du 18ème Colonial, 1905

15502: Ferme des jeux à Kouang-Tchéou-Wan, 1912

32883: Demande d'achat d'armes pour Kouang-Tchéou-Wan, 1914 – 1915

15239: Réglementation du trafic et du transit des armes et munitions sur le Territoire de Kouang-Tchéou-Wan, 1922

33723: Kouang-tong. Demande d'exportation d'armes et munitions formulée par le général Gaston Wong-Kiong, gouverneur de Hainan, 1928

Etat civil 民事管理

21607: Envoi au Département des registres d'Etat civil de Kouang-Tchéou-Wan, février 1901

47680: Liste des indigènes et étrangers naturalisés français résidant en Cochinchine, Annam, Tonkin, Cambodge, Laos et Kouang-Tchéou-Wan depuis 1880, 1925 [non communicable: vétusté]

32860: Au sujet du retrait de la naturalisation française du Chinois Pang Po – Kuong, 1916

64983: Statistiques de population pour l'Indochine et le territoire de Kouang-Tchéou-Wan, 1919 – 1922

5112: Régime de la naturalisation à Kouang-Tchéou-Wan, 1902

Série E: Administrations provinciales

E 系列：各省行政

Conseils provinciaux des notables indigènes 各省土著精英的委员会

65337: Assemblées consultatives indigènes. Conseil consultatif indigène à

Kouang-Tchéou-Wan（pièces de principe，élections）. 1922 – 1927

Rapports avec les mandarins provinciaux　和各省官员的联系

21776：Rapports avec le préfet près de Tché-kam，avril 1900

21775：Rapports avec le préfet près de Soui-kay，1900 – 1902

Série F：Affaires politiques

F 系列：政治事务

Affaires politiques；Généralités　政治事务；基本情况

9063：Rapports avec les autorités chinoises de Kouang-Tchéou-Wan，1899

41257：Régime commercial à Kouang-Tchéou-Wan. Note de M. Salana，1901

5104：Situation politique à Kouang-Tchéou-Wan，1901

5116：Situation économique à Kouang-Tchéou-Wan fin 1903

5127：Situation politique à Kouang-Tchéou-Wan，1903

5139：Situation politique et sanitaire à Kouang-Tchéou-Wan，1905

5143：Situation politique à Kouang-Tchéou-Wan，1905

5185：Situation politique. Immixtion des missionnaires，commerçants et colons dans les affaires indigènes，1906

25720：Rapports politiques de Kouang-Tchéou-Wan，mars-avril-mai-juin 1906

56470：Piraterie et renseignements politiques sur le Territoire de Kouang-Tchéou-Wan et ses environs，1914 – 1917

40520：Kouang-Tchéou-Wan. Rapports trimestriels et semestriels，1922

41499：Rapports économiques de Kouang-Tchéou-Wan，Tonkin，Laos，Cochinchine，Annam，1922 – 1923 – 1925

40508：Extrait des rapports du premier trimestre 1923

40509：Situation politique à Kouang-Tchéou-Wan et dans l'hinterland，1923

41253：Situation politique à Kouang-Tchéou-Wan，1923

40512：Situation politique à Kouang-Tchéou-Wan，1924

40254：Situation politique à Kouang-Tchéou-Wan，1924

40513：Kouang-Tchéou-Wan. Incidents，rapports et bulletins de renseignements，1925

41255：Situation politique à Kouang-Tchéou-Wan，1925

41256：Situation politique à Kouang-Tchéou-Wan，1926

40516：Renseignements politiques sur Kouang-Tchéou-Wan，1926

41494：Renseignements politiques et économiques sur Kouang-Tchéou-Wan，1926

40527：Les Annamites à Kouang-Tchéou-Wan，1928

40528：Kouang-Tchéou-Wan. Rapports politiques，1929

64350：Rapports politiques，1900

64351：Rapports politiques，1901

64352：Rapports politiques mensuels，1902

64353：Rapports politiques mensuels，1903，plus situation politique et économique de Kouang-Tchéou-Wan au 31. 12. 1903

64354：Rapports politiques，1904

64355：Rapports politiques et économiques bimestriels，1905

64356：Rapports politiques et économiques bimestriels，1906

64357：Rapports politiques et économiques du territoire，1909

64358 à 64362：Rapports politiques et économiques de 1910 à 1914

64363 à 64369：Rapports politiques et économiques trimestriels de 1919 à 1925

64370 à 64380：Rapports politiques（parfois économiques）trimestriels ou mensuels de 1927 à 1937

7882：Kouang-Tchéou-Wan，fonds secrets，1901 –1912

Relations diplomatiques；Ambassades；Traités：Chine du Nord et du Sud

外交关系；大使馆；条约：华北和华南

21868：Au sujet de cadeaux entre la Chine et l'administrateur en chef de Kouang-Tchéou-Wan，1900 – 1925

21869：Au sujet du sous-préfet d'Outchouan dont Alby demande le déplacement，1901

21870：Visite à Kouang-Tchéou-Wan du sous-préfet de Soui-Kay concernant les problèmes de police des frontières，décembre 1905

21851：Négociations avec la Chine en vue de faire réserver aux Français ou aux sociétés franco-chinoises tous les chemins de fer reliant le golfe du Tonkin au Si-Kiang ou allant de Hongay à Kouang-Tchéou-Wan par Pakhoi，de Kouang-Tchéou-Wan à Yulin-You et à Canton，1898 – 1905

21849：Affaire Kouang-Tchéou-Wan. Occupation militaire et organisation administrative... 3 photographies jointes，1898 – 1899

421847：Affaire Kouang-Tchéou-Wan. Extraits de journaux étrangers，novembre 1899

5091：Situation politique à Kouang-Tchéou-Wan，1900

19562：Consul de Canton au gouverneur général. Informations sur la rébellion du Kouang-Toung en octobre 1901

19590：Consul Canton à gouverneur général；informations sur le maréchal Sou，1907

19538：Notice jointe à une carte des itinéraires et des voies commerciales du Kouang-Toung occidental et du Kouang-Si central，1901

19634：Gouverneur général au consul de Canton，au sujet du sous-préfet de Soui-Kay，1902

19610：Au sujet d'un échange des établissements des missions étrangères du Kouang-Toung contre l'établissement de missions portugaises de Hainan，1904

1905 à 1910:

19529: Gouverneur général au consul de Canton. Projet de tramway de Kouang-Tchéou-Wan à Mouilock, 1905

19662: Consul de Canton au gouverneur général. Rapport sur la situation générale du Kouang-Si et du Kouang-Toung, 1906

19659: Consul de Canton au gouverneur général. Informations sur un projet d'annexion du Yunnan par la France, 1906

56456: Kouang-Tchéou-Wan. Au sujet du transport d'armes à destination du Yunnan, 1909

1910 à 1914:

22097: La révolte dans les trois provinces méridionales de Chine, 1910

47276: Affaire Chaix. Kouang-Tchéou-Wan, 1910

47275: Tentative de recrutement pour une armée chinoise sur Kouang-Tchéou-Wan, 1910

1914 à 1920:

53662: Information sur la restitution de Kouang-Tchéou-Wan à la Chine, 1925

40539: Kouang-Tchéou-Wan, Affaires de Chine. Répression de la piraterie. Relations avec le Kouang-Toung, 1919 – 1920 – 1921

1920 à 1925:

38829: Conflit entre Kouang-Si, Kouang-Toung et Yunnan, 1920

42457: Hostilités à proximité de Kouang-Tchéou-Wan, vraisemblablement fomentées par le parti hostile aux Kouang-Sinais, 1920

40534: Kouang-Tchéou-Wan. Troubles en Chine du sud. Correspondance avec le consul de Hong-Kong, 1920 – 1921

40536: Kouang-Tchéou-Wan. Troubles en Chine du sud. Piraterie. 1920 – 1921

40530：Kouang-Tchéou-Wan. Troubles en Chine du sud. Correspondance avec le consul de Canton, 1921

40532：Kouang-Tchéou-Wan. Correspondance avec Pakhoi. Troubles en Chine du sud, 1921

40533：Kouang-Tchéou-Wan. Communications faites au consul de Canton. Troubles et piraterie en Chine du sud, 1921

40535：Kouang-Tchéou-Wan. Troubles en Chine du sud, 1921

40538：Kouang-Tchéou-Wan. Correspondance avec le Ministre français à Pékin. Piraterie au Kouang-Toung. Armées retenues à Tche-kam, 1921

40537：Kouang-Tchéou-Wan. Correspondance avec le consul de Hoi-How. Piraterie au Kouang-Toung. Mission de répression du général Wong-Kiang dans la presqu'île de Lei-Tchéou. 1921

40540：Kouang-Tchéou-Wan. Communications faites au consulat de Canton. Répression des bandes de pirates dans la région de Kao-Lei, 1921

40541：Kouang-Tchéou-Wan. Demande avec le Tchéou-Kiang Ming pour obtenir l'autorisation de faire pénétrer des troupes sur le territoire pour réprimer la piraterie, 1921

40542：Kouang-Tchéou-Wan. Relations avec le Kouang-Toung, 1921

Pirates chinois réfugiés à Kouang-Tchéou-Wan, 1921 – 1922

40522：Kouang-Tchéou-Wan. Au sujet de la rétrocession territoriale, 1922

1925 à 1930：

41261：Boycottage à Kouang-Tchéou-Wan, 1925

40515：Kouang-Tchéou-Wan. Armes et munitions provenant d'autorités chinoises en dépôt et garde des indigènes de Fort Bayard, 1925

40518：Au sujet de la remise d'armes livrées à Kouang-Tchéou-Wan par les troupes de Pan-Poun-Yan, 1926

41262: Passage de recrues chinoises à Kouang-Tchéou-Wan, 1927

40524: Kouang-Tchéou-Wan. Demande des habitants de Leitchéou pour un retour de Kouang-Tchéou-Wan à la Chine, 1927

Consulats de France en Extrême-Orient: Chine du sud

法国在远东领事馆：华南

28424: Correspondance entre ministre de France à Pékin et gouverneur général au sujet occupation de Kouang-Tchéou-Wan et Hainan, 1899

Consulat de Hong Kong 香港领事馆

55303: Note sur Kouang-Tchéou-Wan, 1898

20201: Fermes de l'opium à Hong Kong et Kouang-Tchéou-Wan, 1903

55398: Pourparlers avec le concessionnaire de la ferme d'exportation d'opium à Macao pour lui attribuer la bouillerie d'opium de Kouang-Tchéou-Wan, 1903

Consulat de Pakhoi 北海领事馆

56115: Renseignements sur les mines de charbon de Shek-Tan-Pou. Projet de railway entre Shek-Tan-Pou et Kouang-Tchéou-Wan. 1895 – 1899

56116: Situation politique à Kouang-Tchéou-Wan. Rébellion et piraterie à Pakhoi... 1899

22027: Notice de Liebert, jointe à une carte des itinéraires et des voies commerciales dans le Kouang-Toung occidental et le Kouang-Si oriental. Trois cartes. 1900

56125: Effets produits sur les mouvements de transit à Pakhoi par les événements politiques du Nord et la piraterie locale, et par l'organisation du port français à Kouang-Tchéou-Wan. 1900

56133：Lettre du P. Cellard, missionnaire à Lien-Tchéou, sur les agissements des missions anglaises dans cette région, 1901

Renseignements politiques 政治信息

22226：Mission Masse au Territoire de Kouang-Tchéou-Wan, 1899

5091：Situation politique à Kouang-Tchéou-Wan, 1900

5104：Situation politique à Kouang-Tchéou-Wan, 1901

5106：Note sur la situation à Kouang-Tchéou-Wan, 1902

56470：Kouang-Tchéou-Wan. Piraterie et renseignements politiques sur le territoire et les environs, 1914 – 1917

5141：Voyage de l'administrateur en chef à Moui-Lock et Wong-Po, 1905

56472：Kouang-Tchéou-Wan. Nomination du Taotai Yang Sing en remplacement de Wang Tien Tchang, 1916

40534：Kouang-Tchéou-Wan. Troubles dans la Chine du sud. Correspondance avec le consul de France à Hong Kong, 1920—1921

40536：Kouang-Tchéou-Wan. Troubles dans la Chine du sud. Piraterie. 1920 – 1921

56499：Kouang-Tchéou-Wan. A. s. du Kong-koc de Tchékam, M. Tsang Hoc Tam, qui cumule ses fonctions avec celles de sous-préfet de Soui-Kay, 1922 – 1923

56498：Kouang-Tchéou-Wan. Décès de M. Tsang King Sing, sous-préfet de Soui-Kay, 1922

42457：Hostilités à proximité de Kouang-Tchéou-Wan fomentées vraisemblablement par le parti hostile aux Kouangsinais (Général Tchen Kiong Ming au Foukien, Sun Yatsen et gens à sa solde, soit Houang Ming Tong et By Poui)

40329：Kouang-Si évacué par troupes cantonaises. Révolte de l'ex-bande de By Tan Kia contre le colonel Ly Yam Hine. Gaston Wang Kiang se rend à Canton auprès de Tchen Kiong Ming, 1922

41261: Boycottage à Kouang-Tchéou-Wan, 1925
27413: Deux Japonais de Macao approvisionneraient en armes de guerre les pirates du Leitchéou, Hainan et Kouang-Tchéou-Wan, 1930

Police des frontières; Piraterie; Révoltes 边界治安；盗匪；暴动

Tonkin: 东京:
40476: Kouang-Tchéou-Wan. Renseignements divers, 1918 – 1921
40477: Piraterie de Kouang-Tchéou-Wan, 1918
40480: Kouang-Tchéou-Wan. Saisie de munitions, 1920
40505: Kouang-Tchéou-Wan. Requête des habitants de Hai-Khang (Lei-tchéou), 1921
40501: Kouang-Tchéou-Wan. Méfaits de la bande de By-Xa, 1921 – 1922
40491: Agissements sur le Territoire de Kouang-Tchéou-Wan des agents du Kouang-Si et du Kouang-Toung, 1921
40495: Kouang-Tchéou-Wan. Saisie d'armes appartenant à des réguliers chinois, 1921
40478: Kouang-Tchéou-Wan. Affirmation mensongère des autorités du Kouang-Toung concernant la tolérance dont des bandes de pirates bénéficient sur le Territoire. Refus opposé à la demande du Kouang-Toung de faire pénétrer sur le Territoire les troupes chinoises du Kao-Lei, chargées de poursuivre les pirates, 1921
40479: Kouang-Tchéou-Wan. Pillage du village de Hientongmei par une vingtaine de pirates armés qui ont été poursuivis et attaqués par les partisans et agents des Kong-Kocs, Mat-Chi et Aek Ngai. 10 pirates tués et 5 capturés, 1921
40481: Kouang-Tchéou-Wan. Mouvement soi-disant populaire en faveur de l'octroi aux troupes chinoises du droit de suite sur le Territoire de Kouang-Tchéou-Wan, et menace de mise à l'index du Territoire si ce droit n'est pas reconnu par nous, mars 1921

40482：Kouang-Tchéou-Wan. Demande de renforts pour la province du Kouang-Si, 1921

40483：Présence sur le Territoire de Kouang-Tchéou-Wan des agents des deux partis et leurs agissements en territoire chinois à proximité de la concession, 1921

40484：Kouang-Tchéou-Wan. Prise de commandement du général Hou-Hong-Hing, opérant contre les partisans de l'ancien commandant Tsang-Tsek Sing et du pirate Ly-Long. Passage sur le Territoire et désarmement des partisans, 1921

40485：Kouang-Tchéou-Wan. La presse cantonaise fait reproche au Territoire d'être le refuge ordinaire des malfaiteurs, 1921

40486：Kouang-Tchéou-Wan. Piraterie, 1921

40487：Kouang-Tchéou-Wan. Requête des autorités chinoises de Leitchéou signalant actes de pillages commis par bande Ly Phuc Long（By Poui）et Duong-Chinh-Trong, l'asile qui leur est donné à Tchékam et protection dont elles jouissent de la part des autorités françaises

40488：Kouang-Tchéou-Wan. Attaque d'une jonque, 1921

40489：Kouang-Tchéou-Wan. Relations avec le Service de Renseignement militaire. 1921

40500：Kouang-Tchéou-Wan. Entrée d'une bande de pirates à On-Pou. Présence de la bande de By Tan Kia dans la région de Tché-Kam. 1922.

40502：Correspondance de Kouang-Tchéou-Wan. 1922.

40492：Kouang-Tchéou-Wan. Renseignements recueillis par le Service d'informations du Territoire, 1922

40496：Kouang-Tchéou-Wan. Menaces d'invasion du Territoire par de fortes bandes pirates. Demande d'envoi dans les eaux de la chaloupe *Espadon*. Reprise de la piraterie aux abords du

Territoire, 1922

40497: Kouang-Tchéou-Wan. Extraits de renseignements au sujet de la piraterie aux abords du Territoire, 1922

40498: Kouang-Tchéou-Wan. Reformation des bandes de pirates à Lei-tchéou. 1922.

40499: Kouang-Tchéou-Wan. Nomination du général Gaston Wong Liang comme pacificateur du Kao Louei, 1922

40510: Kouang-Tchéou-Wan. Reprise du pouvoir au Kouang-Toung par les agents de Sun Yat Sen. Envoi de tracts pour inciter la population à se soulever contre Tcheng Kiong Minh, 1923

40507: Kouang-Tchéou-Wan. Pillage du village de Tanghia, dans la région de Taiping. Occupation de Tiocap, 1923

40506: Kouang-Tchéou-Wan. Police frontière. Bulletins de renseignements sur la Chine, 1923

40511: Kouang-Tchéou-Wan. Refus aux troupes chinoises de traverser le Territoire, 1923

40525: Kouang-Tchéou-Wan. Incidents à Kouang-Tchéou-Wan entre la police et des coolies recrutés pour les Nouvelles Hébrides. 1927

40526: Passage de 1 000 recrues chinoises sur le Territoire de Kouang-Tchéou-Wan, 1927

40523: Kouang-Tchéou-Wan. Police frontière; incidents. 1927

40652: Kouang-Tchéou-Wan. Suppression du poste militaire de Tché-Kam. 1934

Kouang-Tchéou-Wan 广州湾

5092: Piraterie à Kouang-Tchéou-Wan, 1900

22296: Piraterie à Kouang-Tchéou-Wan, 1900 – 1906

22294: Organisation d'une police mixte sur la frontière de Kouang-Tchéou-Wan, 1903 – 1905

47341：Répression de la piraterie sur le territoire de Kouang-Tchéou-Wan，1904－1905

26578：Au sujet de la répression de la piraterie dans les eaux de Kouang-Tchéou-Wan，1906

22295：Piraterie à Kao-Tchéou（Kouang-Tchéou-Wan），mai 1911

19197：Pétition des commerçants de Kouang-Tchéou-Wan au sujet de la piraterie，1915

42449：Mesures à prendre pour faciliter la répression du brigandage dans l'hinterland de Kouang-Tchéou-Wan，1915－1916

24696：Piraterie dans le Kouang-Si et le Kouang-Toung. Rapports，1899.

56476：Rassemblement de pirates à Mat-Chiang，1916

56475：Procès-verbal de M. Hospital，Garde principal concernant un engagement contre les pirates，1916

56494：Kouang-Tchéou-Wan. Agissements du pirate Kouat My Long，dit Pong Sing Nam，1919

22542：Protection des missionnaires et chrétiens à Kouang-Tchéou-Wan où il y a des troubles，octobre 1900

Sûreté et cultes（série 7F）　安全和信仰（7F 系列）

65500：Rapports des chefs d'administration locale. Kouang-Tchéou-Wan（1930）et généralités，1927－1937

41263：Publication dans le journal chinois de Hong-Kong *Industrial and Commercial Daily Press* d'un article au sujet de la piraterie et de l'asile que trouveraient les pirates sur le Territoire de Kouang-Tchéou-Wan. 1928

32859：Kouang-Tchéou-Wan. Elections chinoises. 1915

47343：Missions religieuses；Kouang-Tchéou-Wan. 1903－1904

22484：Expulsion de Kouang-Tchéou-Wan des Chinois Tang Yao Fang et Hoang Sao Va，anciens miliciens. Vincent Ly，interprète， accusé de concussion, 1902 – 1908

5136: Expulsion de Kouang-Tchéou-Wan de Mme Bui Thi Ba, 1904

33065: Extradition de Ho Hien Ting de Kouang-Tchéou-Wan, 1913

33074: Extradition de Tch'en Chen Tsai, 1918 – 1919

33075: Extradition du Chinois Yang Pouo Tsou, 1919

33089: Extradition des nommés Tchan By Xa, dit Tio Cap Xa, et Tsang Hai Mang dit Tsang Lanh Tong, 1917

33091: Extradition de Ho Tac Nam réfugié à Macao et réclamé par les autorités de Kouang-Tchéou-Wan, et suicidé à la prison de Fort-Bayard le 5/12/1919

40490: Kouang-Tchéou-Wan. Extradition de Yu Ting Tchong dit Tchi Ming, et de Yang Tsen Tsing dit By Tan Kia, et consorts, 1922

42167: Extradition de Oui Ky Sun, dit Vong Kei Seng, réfugié à Kouang-Tchéou-Wan, 1930

42175: Extradition de Tchang Ping San demandée par le Général G. Wong Kiong, 1929

42176: Extradition de certains Hainanais suspects de communisme, demandée par le Général G. Wong Kiong, 1929

42177: Extradition de 11 Chinois réfugiés à Kouang-Tchéou-Wan, demandée par le Général G. Wong Kiong, 1930

27326: Correspondance relative à un Birman soupçonné de se livrer à la contrebande d'armes à Kouang-Tchéou-Ouan, 1922

Série G: Justice

G 系列：司法

Organisation générale de la justice 司法组织

5086: Exercice de la justice à Kouang-Tchéou-Wan. 1900

5097: Exercice de la justice à Kouang-Tchéou-Wan. 1901

5149: Organisation de la justice à Kouang-Tchéou-Wan. 1905

41258: Conditions juridiques des indigènes du Territoire de Kouang-Tchéou-Wan. Extradition. Refus de livraison d'un Chinois réfugié en Chine après avoir commis un vol d'armes sur le Territoire de Kouang-Tchéou-Wan. 1904

17946: Modification de l'organisation administrative et judiciaire du Territoire. 1911

17952: Kouang-Tchéou-Wan. Réorganisation judiciaire, 1914 – 1915

Tribunaux européens de droit commun, et tribunaux indigènes
欧洲的公法法庭和土著法庭

17931: Compétence des tribunaux de Kouang-Tchéou-Wan en ce qui concerne les Chinois étrangers au Territoire. 1906

65837: Justice de paix à compétence étendue de Fort-Bayard; fonctionnement et suppression. Correspondance, 1921 – 1935

65852: Kouang-Tchéou-Wan, justice indigène, organisation et fonctionnement (textes organiques, rapports et correspondance), 1922 – 1936

65854: Kouang-Tchéou-Wan. Justice indigène. Réattribution des pouvoirs du Directeur des Services judiciaires. Arrêtés, correspondance, 1943 – 44

65858: Tribunal du 2ème degré de Fort-Bayard. Correspondance, 1941

Affaires judiciaires 司法案件

5144: Enquête administrative et instruction judiciaire. Affaire Tiersonnier et Gilles, 1905

5188: Kouang-Tchéou-Wan. Justice. Condamnations à mort et exécutions. 1905 – 1908

5233: Au sujet d'une instruction ouverte contre le sieur Piry, 1916

Gendarmerie et police judiciaire 宪兵和司法警察

5162：Brigade de gendarmerie de Fort-Bayard，1905

16242：Suppression de la brigade de Fort-Bayard，1907

Prisons et pénitenciers 监狱和感化院

17917：Prison de Matché，1904

5189：Condamnés libérés，dirigés de Haiphong à Kouang-Tchéou-Wan，1906

22783：Exécution des condamnés à Kouang-Tchéou-Wan，1906 – 1908

4519：Transfert à Fort-Bayard des détenus de Poulo-Condore originaires de Kouang-Tchéou-Wan，1912

22785：Service de la prison centrale de Kouang-Tchéou-Wan. Août-sept. 1912

56471：Kouang-Tchéou-Wan. Envoi de prisonniers à Poulo-Condore. Réorganisation de la prison de Fort-Bayard，1914 – 1919

56473：Exécution capitale à Kouang-Tchéou-Wan de Ly No Hong，1916

Atténuations de peine 减刑

17922：Institution d'une commission d'examen et d'appel des jugements rendus par les tribunaux mixtes du Territoire，1905

5158：Mesure de clémence en faveur de divers condamnés par les tribunaux mixtes de la 1ère circonscription de Kouang-Tchéou-Wan，1905

5156：Graces et réductions de peine en faveur de condamnés par les tribunaux mixtes de Kouang-Tchéou-Wan，1905

5155：Graces et réductions de peine à Kouang-Tchéou-Wan，1905

Série H：Travaux publics

H 系列：公共工程

17958：Construction d'un pont à Téoman et de l'éclairage électrique des villes de Tchékam et Fort-Bayard, 1922

5100: Kouang-Tchéou-Wan. Au sujet de l'évacuation du marché de Pointe Nivet. Construction d'un marché provisoire et d'un appontement à Kouang-Tchéou-Wan, 1901

5235: Construction d'un Hôtel pour l'administrateur en chef du Territoire de Kouang-Tchéou-Wan, 1917

Série J: Chemin de fer. Transports terrestres et aériens

J 系列：铁路、地面和航空运输

22968: Note de Blanchard de la Brosse sur le syndicat du port et des VF de pénétration dans le Territoire de Kouang-Tchéou-Wan, 1912

Série L: Commerce, industrie, tourisme

L 系列：商业、工业、旅游业

Banques et monnaies　银行和货币

43379: Création d'une agence de la Banque de l'Indochine à Kouang-Tchéou-Wan, 1914 – 1916

58277: Agence de la Banque de l'Indochine à Kouang-Tchéou-Wan, 1916

5124: Budget de Kouang-Tchéou-Wan. Monnaie divisionnaire chinoise, 1903

16883: Difficultés éprouvées au point de vue monétaire à Kouang-Tchéou-Wan, 1907

3078: Interdiction d'exportation des sapèques du Territoire de Kouang-Tchéou-Wan, arrêté du 13. 07. 1907

16884: Crise monétaire à Kouang-Tchéou-Wan, 1908

16886: Circulation monétaire à Kouang-Tchéou-Wan, 1909

17940: Régime monétaire à Kouang-Tchéou-Wan, 1909

56479: Kouang-Tchéou-Wan. La sortie du Territoire de toutes matières et monnaies d'or et d'argent est prohibée, 1916

58173：Réglementation de la circulation monétaire à Kouang-Tchéou-Wan, 1909 – 1916

Renseignements économiques　经济信息

41867：Douanes et Régies. Tarifs d'importation du commerce chinois

41859：Documents économiques sur Kouang-Tchéou-Wan, 1913 – 1933

Sociétés commerciales et industrielles　工商企业

20295：Régime douanier à Kouang-Tchéou-Wan, 1903

Série M：Travail, colonisation et régime foncier

M 系列：工作、殖民和土地制度

47346：Recrutement de coolies à Kouang-Tchéou-Wan, 1900

47353：Concession accordée à M. Baudet, négociant à Fort-Bayard, 1902 – 1909

2016：Recrutement de coolies à Kouang-Tchéou-Wan pour la métropole, 1914 – 1918

Série P：Marine de guerre

P 系列：海军

Escadre d'Extrême-Orient, et Division Navale des mers de Chine

远东舰队和中国海分舰队

23460：Correspondance du gouverneur général avec le contre-amiral Gigault de la Bédollière, commandant en chef de la division navale d'Extrême-Orient. Situation de la *Surprise* en baie de Kouang-Tchéou-Wan, janvier-février 1899

5147：Batiments pour servir en mer et en rivière à Kouang-Tchéou-Wan. 1904 – 1905

23466：Lettre du contre-amiral Courrejolles, commandant la division navale de l'Extrême-Orient sur la suppression de la piraterie à Hoi-Hao, 18 novembre 1899

Défense des côtes 海岸防卫

9021: Rapport sur la création d'un port de guerre à Kouang-Tchéou-Wan, 1902

Série Q: Affaires militaires

Q 系列：军务

23552: Maintien de l'ordre à Kouang-Tchéou-Wan, 1900

23554: Recrutement de coolies à Kouang-Tchéou-Wan pour le corps expéditionnaire du Petchili, juillet-septembre 1900

26579: Au sujet de la garnison de Kouang-Tchéou-Wan. Renforcement de ce détachement par une fraction de tirailleurs tonkinois demandée par Alby, 1905

23553: Demande de recrues de Moncay formulée par l'Administrateur de Kouang-Tchéou-Wan, octobre 1907

26546: Au sujet de l'installation d'un détachement de soldats français à Tchékam, 1912

5123: Cartes et carnets d'étapes du territoire de Kouang-Tchéou-Wan, 1903

66091: Organisation et défense de Kouang-Tchéou-Wan. Correspondance, cartes, 1898 – 1906

Série S: Service sanitaire et assistance publique

S 系列：公共卫生和救助服务

5105: Régime sanitaire à Kouang-Tchéou-Wan. Divers, 1901 – 1904

5167: Situation sanitaire à Kouang-Tchéou-Wan. Vaccinations, 1905

5168: Compte-rendu de la situation sanitaire à Kouang-Tchéou-Wan, 1905

5173: Situation sanitaire à Kouang-Tchéou-Wan; maladies épidémiques,

1905 – 1907

17914: Peste à Kouang-Tchéou-Wan, 1904

17915: Epidémie de peste à Kouang-Tchéou-Wan, 1904

17930: Peste à Kouang-Tchéou-Wan, 1906

32855: Au sujet de la peste à Kouang-Tchéou-Wan, 1912

Série T: Finances

T 系列：财政

5214: Projet de budget de Kouang-Tchéou-Wan, 1910

47502: Projet de budget de Kouang-Tchéou-Wan pour 1911

5094: Produits des budgets. Attribution au budget de Kouang-Tchéou-Wan du produit des amendes, des confiscations et de la vente des timbres à Kouang-Tchéou-Wan, 1901

17294: Contributions foncières et personnelles imposées aux villages du Kouang-Tchéou-Wan, 1905

17955: Ferme des jeux, soufre et salpêtre, 1915

Série U: Douanes et régies-Contributions indirectes

U 系列：海关和专卖—间接税

<u>Douanes 海关</u>

5142: Droits de douanes sur les marchandises à destination de Kouang-Tchéou-Wan, 1905

24163: Rapports sur le mouvement commercial à Kouang-Tchéou-Wan, 1902 – 1908

41792: Opium, 1911 – 1926 [côte vacante]

41880: Opium, renseignements divers, 1910 – 1925

27885: Fabrication d'opium à la Cat-Ba [*cote vacante*]

45596: Douanes et Régies. Opium divers, 1923 – 1934

43043: Opium, pièces diverses, 1934 – 1936

57649：Douanes et Régies，opium. Correspondances diverses，1934 – 1937

44553：Demande de M. Pasquier J.，commerçant à Canton，en vue d'être autorisé à faire transiter par Kouang-Tchéou-Wan des armes et des munitions destinées aux autorités cantonaises，1932

Contentieux en douane et contrebande en douane 海关诉讼和海关走私

5229：Affaire Piry-Garnier à Kouang-Tchéou-Wan，1915

5231：Incident organisé par M. Laure et Baudet avec la complicité de M. Henry，greffier（affaire des caisses d'opium），1916

Régie de l'opium（sous-série U4）

鸦片专卖（U4 子系列）

17912：Opium à Kouang-Tchéou-Wan，1902

56478：Injonction de la Cour des Comptes relative au marché passé entre M. Salabelle et M. Leong Chak Tsune pour l'exploitation du fermage d'opium，1916

56491：Kouang-Tchéou-Wan. Retard apporté par les débitants d'opium à se libérer de leurs obligations. Réglementation de la vente d'opium du territoire. 1919

56497：Kouang-Tchéou-Wan. Requête de débitants chinois contre les menées de quelques Européens，1921

45237：Vente de 200 caisses d'opium pour le compte de Kouang-Tchéou-Wan，1926

45252：Saisie d'opium à Tchékam，1927

45254：Suppression des licences d'opium à Kouang-Tchéou-Wan，1929

45249：Régime d'opium à Kouang-Tchéou-Wan，1928 – 1930

45255：Contrebande de l'opium à Kouang-Tchéou-Wan，1936

Achats d'opium (U41) *鸦片的采购*(U41)

42916: Proposition de Laure pour l'obtention du monopole de la vente d'opium brut à Kouang-Tchéou-Wan, 1921

Régime spécial de Kouang-Tchéou-Wan (U44) *广州湾特殊体制*(U44)

43059: Contrebande d'opium à Kouang-Tchéou-Wan. Extraits de presse, (nd)

43058: Contrebande d'opium à Kouang-Tchéou-Wan. Notes diverses, (nd)

8527: Fourniture d'opium brut à faire au fermier de Kouang-Tchéou-Wan, 1900

43044: Saisies d'opium par les autorités chinoises au préjudice des fermiers du territoire de Kouang-Tchéou-Wan, 1901

24186: A. s. de la saisie de 10 caisses d'opium appartenant à Piry et de la chaloupe Sang-Ly transportant de l'opium, par les Douanes chinoises, 1902

24190: Fermage d'opium à Kouang-Tchéou-Wan, 1901 – 1904

47344: Affaire Piry et Cie, fermiers d'opium à Kouang-Tchéou-Wan, 1901 – 1910

43045: Ferme d'opium à Kouang-Tchéou-Wan, 1901 – 1913

24192: Au sujet de MM. Piry et Lauthier, fermiers d'opium à Kouang-Tchéou-Wan, 1906

24193: Affermage d'opium à Kouang-Tchéou-Wan. Correspondance avec l'Union Commerciale Indochinoise et MM. Boisadam et Chesnay, 1909

5225: Fermes de l'opium. Cahier des charges..., 1912

5224: Transactions Tam-Sung Mao. Contrat Léong-Shak-Sune à Kouang-Tchéou-Wan, 1912

43047: Exploitation de la ferme d'opium à Kouang-Tchéou-Wan par l'Administration des Douanes et Régies (1914) ...

43055: Demande de renseignements adressée à l'Administrateur en chef sur la contrebande et le commerce d'opium à Kouang-Tchéou-Wan et au voisinage du Territoire en vue de la Conférence pour la révision des disposition de l'Accord de Genève du 11/02/1925, 1928

43054: Contrebande d'opium à Kouang-Tchéou-Wan..., 1914 - 1930

7601: Rapport de l'inspection coloniale sur la question de l'opium à Kouang-Tchéou-Wan, 1916

43048: Transmission d'une demande de monopole pour la vente d'opium à Kouang-Tchéou-Wan par un groupe de Chinois. Transmise par le consul de Canton. 1917

43051: Demande de licence de débitant d'opium à Kouang-Tchéou-Wan par les Chinois Han-Xuong et Tran-Can-Anh, 1921

43052: Demande des commerçants de Kouang-Tchéou-Wan pour obtenir l'augmentation des quantités d'opium vendues par la Régie de région, 1922

43053: Démarche du Chinois naturalisé français Jean A Piou, compradore de la Banque d'Indochine pour obtenir le monopole de l'opium à Kouang-Tchéou-Wan, 1935 - 1936

43061: Contrebande d'opium à Kouang-Tchéou-Wan, 1922 - 1935

43049: Réclamation de M. Baudet au sujet de la vente d'opium à Kouang-Tchéou-Wan, 1924

45251: Demande de licence de débitant d'opium à Kouang-Tchéou-Wan (M. Chaix), 1926

45224: Demande de M. Gauchet pour obtenir une licence de bouilleur d'opium à Fort-Bayard, 1931

45253: Statistiques d'opium brut vendu à Kouang-Tchéou-Wan, 1927

43057: Contrebande d'opium à Kouang-Tchéou-Wan. Correspondance avec le consul de Hong-Kong au sujet d'accusations touchant Kouang-Tchéou-Wan (nd)

43056: Envoi de Braud en mission à Kouang-Tchéou-Wan pour voir les moyens de supprimer la contrebande à Kouang-Tchéou-Wan

42872: Opium. Correspondance avec le consulat de France à Canton, 1907 – 1931 [non communicable pour mauvais état]

42907: Opium. Correspondance avec le consulat de France à Hong Kong, 1907 – 1936

42987: Demande de transit d'opium à travers l'Indochine formulée par le gouvernement yunnanais, 1928

42993: Demande de transit d'opium à travers l'Indochine, 1931 – 1933

41863: Opium. Renseignements divers, 1908 – 1913

62803: D & R. Rapport annuel sur le trafic d'opium et autres drogues nuisibles, 1934 – 1939

Contrebande des boissons 酒类走私

5130: Répression de la fraude dans la vente des boissons à Kouang-Tchéou-Wan, 1904

3. Fonds du Gouvernement général de l'Indochine: Cabinet militaire

印度支那总督府档案：军事办公厅

1929 年 1 月 26 日政令成立军事办公厅，由总督直管，取代原来的军事局，协调民政部门和军事部门之间的关系。

CM 780 Accords franco-japonais sur la défense commune du territoire de Kouang-Tchéou-Wan (17. 5. 1943)

CM 791 (1 & 2) Défense franco-japonaise de Fort-Bayard. Activités japonaises sur le territoire (1942 – 43; 1944 – 45).

CM 825（1－5） Télégrammes de l'ambassade de France à Pékin，du colonel commandant supérieur du Territoire de Kouang-Tchéou-Wan，du consul de France à Shanghai：renseignements sur les opérations militaires，diplomatiques et les mouvements de troupes，décembre 1941-mars 1945.

CM 1053 Rapports politiques mensuels de Kouang-Tchéou-Wan（1934－1935）

CM 606 Surveillance des opérations militaires en Chine et de l'opinion chinoise；menace du Japon sur la Chine；incidents à la frontière de Kouang-Tchéou-Wan.（1. 10. 1941-20. 10. 1942）

4. Fonds du gouvernement général de l'Indochine：Direction des services économiques 印度支那总督府档案：经济服务署

SE 2985 Abandon au budget de Kouang- Tchéou-Wan du droit de statistique commerciale，et réalisation de l'autonomie budgétaire de Kouang-Tchéou-Wan，1939

SE 2988 Remaniement du budget de Kouang-Tchéou-Wan，1939－1941

5. Fonds du Haut Commissariat de France en Indochine 法国驻印度支那高级专员档案

Fonds du Conseiller Politique 政治顾问档案

156 Chine（A）：Politique intérieure；relations avec la France；Kouang-Tchéou-Wan...

220 Population française à l'étranger：Français de Fort-Bayard，1946－1947；occupation de Kouang-Tchéou-Wan par les forces

japonaises, 1945...

Fonds du Conseiller Diplomatique 外交顾问档案

87 Kouang-Tchéou-Wan, Yunnan, Canton, Hong-Kong, Macao, 1946 – 1952

D. Centre n° 1 des archives nationales du Vietnam (hanoi) 越南国家档案馆第一档案中心（河内）

1. Fonds du Gouvernement général de l'Indochine 印度支那总督府档案

6367: Au sujet du personnel de la garde indigène de l'Annam, Laos, Cambodge et Kouang-Tchéou-Wan, 1913 – 1920

8395: Liste des fonctionnaires des divers services civils de l'Indochine ayant séjourné dans les postes malsains et à Kouang-Tchéou-Wan, 1921

6861: Etats nominatifs des fonctionnaires des divers services civils de l'Indochine ayant séjourné dans les postes malsains ou dangereux sur le territoire de Kouang-Tchéou-Wan, 1920 – 1921

661: Consultation à domicile de la commission permanente du conseil de gouvernement sur le remaniement du budget annexe de Kouang-Tchéou-Wan pour l'exercice 1939, 1940

897: Consultation à domicile de la commission permanente du conseil de gouvernement sur la modification de l'arrêté du 20 mai 1935 et sur la réorganisation de la justice à Kouang-Tchéou-Wan, 1943

7230: Au sujet du cadre des commis du territoire de Kouang-Tchéou-Wan, 1901 – 1909

8847: Statistiques de la population de Kouang-Tchéou-Wan, 1920

8854: Rapports politiques des 1er semestre et 2ème trimestre 1915 à

Kouang-Tchéou-Wan, 1915

3341: Au sujet de la création d'une agence de la Banque de l'Indochine et d'une banque commerciale japonaise dans le territoire de Kouang-Tchéou-Wan, 1914 – 1916

3546: Renseignements relatifs au mouvement des navires, des importations et exportations pour 1907, de Kouang-Tchéou-Wan, 1907 – 1908

4022: Inventaire économique de Kouang-Tchéou-Wan au 31 décembre 1918, 1919

4662: Etat des besoins du territoire de Kouang-Tchéou-Wan, 1936

9259: Rapports économiques de Kouang-Tchéou-Wan pour 1911

9260: Rapports économiques de Kouang-Tchéou-Wan pour 1912

9261: Rapports économiques de Kouang-Tchéou-Wan pour 1913

9262: Rapports économiques de Kouang-Tchéou-Wan pour 1914

9263: Rapports économiques de Kouang-Tchéou-Wan pour 1915

9264: Rapports économiques de Kouang-Tchéou-Wan pour 1916

9265: Rapports économiques de Kouang-Tchéou-Wan pour 1917

9266: Rapports économiques de Kouang-Tchéou-Wan pour 1918

9267: Rapports économiques de Kouang-Tchéou-Wan pour 1919

9268: Rapports économiques de Kouang-Tchéou-Wan pour 1920

9269: Rapports économiques de Kouang-Tchéou-Wan pour 1921

9270: Rapports économiques de Kouang-Tchéou-Wan pour 1922

9474: Statistiques commerciales de Kouang-Tchéou-Wan, 1905

9666: Statistiques commerciales, monétaires et de la navigation du territoire de Kouang-Tchéou-Wan en 1912, 1912 – 1913

9667: Statistiques commerciales, monétaires, de navigation et des chemins de fer de Kouang-Tchéou-Wan, 1920

9668: Statistiques commerciales, monétaires et de navigation de Kouang-Tchéou-Wan, 1914 – 1919

9669: Statistiques de la navigation de Kouang-Tchéou-Wan, 1921

9670: Statistiques monétaires, de la navigation et rapport au sujet des statistiques de Kouang-Tchéou-Wan pour 1922; 1922 - 1923

3725: Extrait d'une lettre du consul de France à Canton au sujet de la situation économique à Kouang-Tchéou-Wan, 1920

3738: Cours du change et du sel à Hong Kong et à Canton, 1912 - 1914

10366: Statistiques financières de 1913 à 1922 de Kouang-Tchéou-Wan, 1922

3922: Au sujet du régime douanier de Kouang-Tchéou-Wan, 1900

3126: Surveillance douanière de Kouang-Tchéou-Wan, 1910

2. Fonds de la résidence supérieure du Tonkin **东京高级驻扎官档案**

3126: Surveillance douanière de Kouang-Tchéou-Wan, 1910

8011: Echange d'armes entre l'UCI et Tsam-Hop-Tam (*sic*) à Hoi-t'éou, Kouang-Tchéou-Wan, 1913

13037: Au sujet du régime douanier de Kouang-Tchéou-Wan, 1900 - 1905

13859: Question de l'exploitation sur le territoire de Kouang-Tchéou-Wan des fermes de l'opium, du sel, du poisson salé, du soufre et du salpêtre, 1909

E. Archives militaires: le Service historique de la Marine **军事档案：海军部历史服务处**

相关内容基本上在 BB 系列—综合服务档案，尤其是子系列 BB4—战事档。这些档案按年份分类，有标号可循。

Série BB 2: Correspondance du Ministre; Départ (1790 - 1913)

BB 2 系列 ：部长信函；发出函（1790—1913）

1898 752 - 753: Directions. (Eléments sur Kouang-Tchéou-Wan)

1899 759：Directions.（Historique de l'occupation de Kouang-Tchéou-Wan）

1900 765：Directions.（Notes sur Kouang-Tchéou-Wan）

Série BB 3：Correspondance du Ministre；Départ（1790 – 1913）

BB 3 系列：部长信函；发出函（1790 – 1913）

1899 1107：Nombreux documents sur l'occupation，la délimitation，le problème de la piraterie，etc. Classés par mois

1911 1329：Limitation de Kouang-Tchéou-Wan
Village contesté de *Soua-Boué*

Série BB 4：Campagnes

BB 4 系列：战事

Année 1895 1283：Lettres reçues，division navale de l'Extrême-Orient：contre-amiral de Beaumont

1527：Copie de la correspondance confidentielle du contre-amiral de Beaumont（avril 1895-nov. 1896）

1529：Copie de la correspondance de Beaumont avec le ministre（janv. 1895-oct. 1898）

1530：Copie de la correspondance de Beaumont avec les commandants（juill. 1895-janv. 1899）

Année 1896 1290：Lettres reçues，division navale de l'Extrême-Orient：contre-amiral de Beaumont

Année 1898 1309 – 1310：Lettres reçues，division navale de l'Extrême-Orient（2 vol.）

1531：Copie de la correspondance du contre-amiral de la Bédollière avec le ministre et avec les commandants（janv. 1897-avril 1898）

Année 1899 1320 – 1321：Lettres reçues，division navale de l'Extrême-Orient（2 vol.）

1532: Copie de la correspondance du contre-amiral Courrejolles avec le ministre (oct. 1898-sept. 1899), avec les commandants (fév. 1899-juill. 1900), avec le gouverneur général (fév. 1899-sept. 1900)

Année 1900 1330: Lettres reçues, division navale de l'Extrême-Orient

1533: Copie de la correspondance du contre-amiral Courrejolles avec le ministre (août 1899-sept. 1900), avec les commandants (juill. à sept. 1900), plus la correspondance du contre-amiral Bayle

Papiers provenant de la succession du vice-amiral Philibert

来自菲利贝尔少将遗产的文件

2514: Commandant du croiseur *Descartes* et commandant supérieur à « Quang Chéou Van » (1898 – 1900)

Série G G 2: Papiers provenant de successions

G G 2 系列：来自遗产的文件

104: Fonds Gueydon 104: 盖东（Gueydon）档案

Correspondance officielle. Contient la copie d'une lettre adressée au commandant du *Comète*, le 19. 4. 1895, au sujet d'une mission de reconnaissance dans la baie de Kouang-Tchéou-Wan par le *Lutin* et le *Comète*.

F. Archives de la Société des Missions Etrangères de Paris
巴黎外方传教会档案

Série des comptes-rendus annuels, de 1900 à 1947. 1900—1947 年度报告。

查阅年度报告是想了解中国天主教分区的演变情况。广州湾属于华南传教区，华南传教区经历过多次划分。

1900—1916 年，广州湾属于广东教区，主教座堂在广州。后来广东教区分成两个教区，一个在广州，另一个在汕头。

1922 年，粤西和海南宗座代牧区成立，主教座堂在白雅特。直到 1925 年，主教才听从罗马的命令，迁到北海，不过此时海南也脱离该教区，委托给比布斯二心会（Picpus）的神父。

Série Chine / Canton, boîte K3 (1902 - 1914): contient quelques lettres du père Laurent au père supérieur.

Série Chine / Pakhoi, DG 235 (I) et DG 235 (IV): contient quelques lettres du père Baldit et du père Cellard à Mgr de Guébriand (1931 - 1934)

Série Courrier: Mgr Gauthier, Auguste, n° 2105 (1921 - 1924)

其他传教士或他们的信件都没有保存或目前无法查阅，比如 1936 年到白雅特，直到租借地回归才返国的和为贵神父的信函。

G. Archives de la Banque de l'Indochine
东方汇理银行档案

这部分档案藏于古尔贝瓦的农业信贷银行。须获得授权才能查阅，不是十分方便。我们只能查阅白雅特支行的文件。

Série DSE 9: lettres de l'agence de Fort-Bayard à direction, de 1924 à 1937

Série DSE 36: lettres-bilan de l'agence de Fort-Bayard à direction, du 20/10/1925 au 6/06/1939

Série DSE 35: Rapports-bilan semestriels de l'agence de Fort-Bayard à direction, 1925 – 1933

二、地图和规划图

以下资料来自国家图书馆地图和规划图部，方括号中为资料编号。

Kouang-Tchéou-Wan. Dressée par le Service géographique de l'Indochine au 1/100 000. 2 feuilles en couleurs, 390 × 600, s. l. , 1908.
[Ge. D. 8167]

Kouang-Tchéou-Wan. Carte du Territoire au 1/25 000. Dressée et publiée par le Service géographique de l'Indochine. Feuilles en couleurs, 810 × 580. Hanoi, 1937.
[Ge. CC. 928]

Kouang-Tchéou. Lotissements, 1901. Plan des lotissements de Kouang-Tchéou-Wan au 1/5 000. Approuvé par le Gouverneur général en mai 1901. 1 feuille manuscrite, 900 × 650.
[Ge. C. 18194]

Kouang-Tchéou-Wan. Carte routière de Kouang-Tchéou-Wan et des pays limitrophes au 1/100 000. Fort-Bayard, Service local des Travaux publics, 1 feuille couleurs 890 × 1030, janvier 1933.
[Gc. AA. 2078]

Quang Tchéou. Carte du Territoire levée sous la direction du Cap. Bonnin, au 1/25 000. 12 feuilles couleurs, 740 × 520 . En cartouche, un projet de ville à Pointe Nivet au 1/10 000. Service géographique de l'Indochine, Hanoi, mai 1901. [Ge. CC. 565]

三、照片/图册

现存的广州湾照片/图册不多。我们查阅了地理协会浩如烟海的档案，但收获甚微。几张底片已经陈旧，对研究帮助不大。不过，海外档案中心的殖民地部档案倒是有几张有趣的照片，此外海军部历史服务处也有几张私人照片。除此之外，最好的照片应该是我们无意中从东方汇理银行的档案中查获的。最后，明信片爱好者收集的明信片、专业小书店出售的明信片和网络上流传的明信片均能为我们提供当时广州湾的一些风貌。

Fonds du Ministère des Colonies

殖民地部档案

Agence F. O. M (Indochine) / Photographies

海外法国档案处（印度支那）/ 照片

共两个系列，第二系列有一批广州湾底片：

Carton 10 [31 fi. 10] Sites, géographie physique, artisanat local, travaux publics et voies de communication, réception des autorités françaises...

Iconographie (série géographie): Territoire du Kouang-Tchéou-Wan

图片（地理系列）：广州湾租借地

3 fi 347 à 3 fi 350 Photographies de Tchékam et Fort-Bayard (rues chinoises et port)

3 fi 853 Vue du marché de Tchékam

Fonds du Service historique de la Marine

海军部历史服务处档案

Collection des manuscrits　手稿

MS 210：Album de photos du lieutenant de vaisseau P. A. Ronarc'h, aide de camp du contre-amiral Courrejolles, 1899 – 1900. Contient 35 photos sur Guangzhouwan.

四、出版物

1. 报刊

有两份国家级日报发表过关于法国占领广州湾初期的文章。

Le Petit journal, 1898

Le Temps, 1898 – 1900

另一方面，我们花了大量时间翻阅各类杂志（官方的、学术的等），其中涉及广州湾的文章很多，特别是 1905 年以前。此类文章分量不大，且说法存在相互矛盾之嫌，不过我们还是把最重要的杂志名称和年份罗列出来。

Bulletin économique de l'Indochine（1898 – 1922）

Bulletin du comité de l'Asie française（1901 – 1909）

La revue du Pacifique（1922, 1923, 1928, 1931）

La revue indochinoise（1898 – 1912）

La revue coloniale（sondages de 1898 à 1911, mais aucun article repéré）（查阅了 1898—1911 年刊，但无一文章）

2. 官方出版物

BRENIER, Henri, *Essai d'Atlas statistique de l'Indochine française*,

Hanoi-Haiphong, IDEO, 1914, Ⅷ-256 p.

CHAPUIS, J., "L'assistance médicale dans le Territoire de Kouang-Tchéou-Wan", in *L'Indochine française. Recueil de notices rédigées à l'occasion du Xème congrès de la Far Eastern Association of Tropical Medecine*, Hanoi, Imprimerie Taupin & Cie, 1938, pp. 365-372.

Débats parlementaires. Annales de la Chambre des Députés. Journal officiel, Paris, 1881 -1921.

FOREIGN OFFICE COLLECTION, *The Opium Trade, 1910 - 1941*, Scholarly Resources, Wilmington, Delaware, 6 vol., 1974.

Gouvernement général de l'Indochine, *Annuaire statistique de l'Indochine*, Hanoi, Imp. d'Extrême-Orient, 1913 -1948 (annuel).

Gouvernement général de l'Indochine, *Rapports sur la situation administrative, économique et financière du Territoire de Kouang-Tchéou-Wan durant la période 1929 - 1930 à 1938 - 1939*, Hanoi, Imp. d'Extrême-Orient, 8 vol., 1938.

Gouvernement général de l'Indochine, *Les budgets annexes du Budget général de l'Indochine*, Dir. des Finances, Hanoi, Imp. d'Extrême-Orient, 1930, 39 p., graph. et tableaux. Exposition coloniale internationale de Paris, 1931.

Gouvernement général de l'Indochine, *Budget du Territoire de Kouang-Tchéou-Wan, annexe du Budget général, 1908 -1941*, Publication annuelle à partir de 1908, Hanoï, IDEO.

Gouvernement général de l'Indochine, *Budget général de l'Indochine, 1888, 1898 -1941*, Hanoi, IDEO.

Gouvernement général de l'Indochine, *Budget annexe du Territoire de Kouang-Tchéou-Wan (années 1917, 1922, 1924 - 1944)*, Hanoi-Haiphong, IDEO, 1916.

Gouvernement général de l'Indochine, *Budget annexe du Territoire de Kouang-Tchéou-Wan. Compte administratif. Exercices 1922 - 1927, 1928 - 1932, 1933 -1938, 1942*, Hanoi, IDEO, 1924, in fol, 15 p.

Gouvernement général de l'Indochine, *Territoire de Kouang-Tchéou-Wan, ville de Tché-Kam. Budget de la commune pour les exercices 1930 à 1940*, Hanoi, IDEO, 1930, 69 p.

Gouvernement général de l'indochine, *Le territoire de Kouang-Tchéou-Wan*, Notice de F. Gautret pour l'Exposition Coloniale de Marseille, Hanoï-Haïphong, Ed. Louis Gallois, 1906, 80 p.

Gouvernement général de l'Indochine, *Annuaire général de l'Indochine, (de 1890 à 1950)*, Saigon-Hanoï, IDEO.

Gouvernement général de l'Indochine, *Histoire budgétaire de l'Indochine*, Exposition coloniale internationale de Paris de 1931, Hanoi, 1930, 105 p.

Gouvernement général de l'Indochine, "Statistiques financières indochinoises", *Bulletin Economique de l'Indochine*, 1941, fasc. Ⅳ, 28 p.

Gouvernement général de l'Indochine, *Les budgets locaux en Indochine et leurs caisses de réserve*, Exposition coloniale internationale de Paris, Hanoi, IDEO, 1930, 43 p., graphiques.

Gouvernement général de l'Indochine, *Comptes administratifs du Budget général du Gouvernement Général de l'Indochine*, Hanoi, IDEO, 1899 – 1939; 1942 – 1943.

Gouvernement général de l'Indochine, *Journal officiel de l'Indo-Chine française*, Hanoi, IDEO.

Journal officiel de la République française. Lois et décrets.

3. 关于殖民和国际关系的资料

Anonyme, "La Conférence de Washington: abandon des Territoires à bail", *Revue du Pacifique*, n° 3, mars 1923, pp. 241 – 276.

ARCHIMBAUD, Léon, *La conférence de Washington, 12 novembre 1921 – 6 février 1922*, Paris, Payot, 1923.

DUBOIS, Marcel, TERRIER, Auguste, *Les colonies françaises: un siècle d'expansion coloniale*, Exposition universelle de 1900, Paris, 1902, 1072 p.

DUCHENE, E., LE NEVEU, C.-A., *Le domaine colonial français*, Paris, Ed. de Paris, 1929, 4 vol., 480 p.

FERDINAND-LOPS, S., *Les colonies françaises*, *leur importance*, *leurs ressources*, *leur commerce*, *leur avenir*, Paris, Ed. Malfère, 1931, 219 p.

ROLLAND, L., LAMPUE, P., *Précis de législation coloniale*, Paris, Dalloz, 1931, 457 p.

SARRAUT, Albert, *La mise en valeur des colonies françaises*, Paris, Payot, 1923, 656 p.

4. 关于中国及其与列强关系的资料

Anonyme, "Commerce maritime de Hong Kong en 1900", *Bulletin Economique de l'Indochine*, Gouvernement général de l'Indochine, Saigon, Ménard, n° 39, n^{lle} série, 1901, pp. 761-772.

Anonyme, "Chine, pénétration européenne", *Revue de Paris*, sept.-déc. 1900.

Anonyme, "La colonie allemande de Kiao-tchéou", *Revue indochinoise*, 1er semestre 1910, pp. 315-324.

Anonyme, "Chine: la rétrocession des privilèges étrangers", *Revue du Pacifique*, n° 2, fév. 1931, pp. 95-97.

BARRE, Paul, "La Chine entr'ouverte et sa perfectibilité", *Revue de géographie*, nov.-déc. 1899, janvier et février 1900.

BAULMONT Lieutenant, "Notes d'histoire sur l'île de Haïnan", *Revue indochinoise*, 2e semestre 1906, pp. 1517-1525.

BERESFORD, Charles, *The Break-up of China*, New York, Harper & Brothers, 1899, 509 p.

BONS D'ANTY, Pierre, "La Chine méridionale et centrale, et la pénétration française", *Bulletin du Comité de l'Asie française*, n° 12, mars

1902, pp. 102 – 106.

BRENIER, Henri, *Chambre de commerce de Lyon. Rapport général sur l'origine, les travaux et les conclusions de la mission lyonnaise d'exploration commerciale en Chine*, Lyon, A. Rey, 1897, 67 p.

BRENIER, Henri, "Note sur la production et le commerce de l'opium en Chine", *Bulletin Economique de l'Indochine*, Gouvernement général d'Indochine, Saigon, Ménard, n° 23, nouvelle série, 1903, p. 763.

CAIX, Robert de, "La politique de la France dans la Chine méridionale", *Bulletin du Comité de l'Asie française*, n°1, avril 1901, pp. 13 – 22.

COLDRE, Louis, "Le protectorat français en Chine", *Revue de Paris*, 1er juillet 1899.

CORDIER, Henri, "Les Douanes Impériales Maritimes Chinoises", *Bulletin du Comité de l'Asie française*, mai 1902, pp. 199 – 204.

CORDIER, Henri, *Histoire des relations de la Chine avec les puissances occidentales, 1860 – 1900*, Paris, Alcan, tome 2, 1902.

DUBOIS, Marcel, TERRIER, Auguste, "La pénétration française dans la Chine du Sud", *Bulletin du Comité de l'Asie française*, n° 8, nov. 1901, pp. 341 – 343.

GERARD, Auguste, *Ma mission en Chine, 1894 – 1897*, Paris, Plon Nourrit et Cie, 1918, 329 p.

JACQUET (Capitaine), "Kouang-Si, Kouang-Toung", *Revue des troupes coloniales*, 1904, tome 1, pp. 504 – 533 ; tome 2, pp. 331 – 367.

JACQUET (Capitaine), "Etude sur le Kouang-toung", *Revue indochinoise*, n° 4, 31 août 1904, pp. 223 – 235 et 301 – 312.

LAUNAY, Adrien, *Histoire des Missions de Chine*, Paris, Ed. Lecoffre, 1903, 447 p.

LE GRAUCLAUDE, Henri, "Une date de l'expansion économique française dans la Chine du Sud", *Revue du Pacifique*, n° 3, mars 1933, pp. 148 – 153.

LE GRAUCLAUDE, Henri, "Dans la Chine du Sud: le Kouang-Si s'ouvre à notre influence économique", *Revue du Pacifique*, n° 4, avril 1933, pp. 214 – 218.

MADROLLE, Claudius, "La péninsule du Loui-Tchéou", *Annuaire de géographie*, n° 7, 1898.

MADROLLE, Claudius, *Hïnan et la côte continentale voisine*, Paris, Lie Challamel, 1900, 126 p. et cartes.

MADROLLE, Claudius, *Les premiers voyages français à la Chine. La Compagnie de la Chine (1698 – 1719)*, Paris, Challamel, 1901, 287 p., 5 planches.

MAYBON, Ch. B., FREDET, Jean, *Histoire de la concession française de Shanghai*, Paris, 1929.

MOREUX, René, "Le Territoire de Kiao-tchéou, son présent, son avenir", *Bulletin du Comité de l'Asie française*, n°12, mars 1902, pp. 110 – 112.

PINON, René, "Qui exploitera la Chine ?", *Revue des Deux Mondes*, septembre 1897.

PINON, René, "La Chine et les puissances européennes, 1894 – 1904", *Revue des Deux Mondes*, 1er juillet 1904.

RENAULT, P., "Notes sur la région comprise entre notre possession française de Kouang-Tchéou-Ouan et la vallée du Sy-Kiang, surtout Ou-Tchéou fou", *Bulletin de la Société française des ingénieurs coloniaux*, n° 28, 1903, pp. 103 – 108.

5. 关于印度支那的资料

ABOUT, Pierre-Edmont, *Indochine: Cochinchine, Annam, Tonkin, Laos, Cambodge*, Paris, Ed. Challamel, 1931, 328 p.

BEAU, Paul, *Situation de l'Indo-Chine (1902 – 1907)*, Rapport du Gouverneur général, Saigon, 1908, tome I, 484 p.; tome II, 483 p.

BERNARD, Paul, *Le problème économique indochinois*, Paris, Nouvelles éditions latines, 1934.

BLANCHET, André, *Au pays des Ballila jaunes* (*Relations d'un correspondant de guerre en Indochine*), St Etienne, Ed. Dorian, 1947, 260 p.

BREBION, Antoine, *De l'opium*, Chalon-sur-Saône, Emile Bertrand, 1910, 26 p.

BRENIER, Henri, RUSSIER, Henri, *L'Indochine française*, Paris, Colin, 1911, 357 p.

CROS, L., *L'Indochine française pour tous*, Paris, Albin Michel, 1931, 510 p.

DECOUX, Jean (amiral), *A la barre de l'Indochine. Histoire de mon gouvernement général, 1940 – 1945*, Paris, Plon, 1949, 507 p.

DEJEAN DE LA BATIE, *Le Panama de demain. La politique financière de M. Doumer en Indo-Chine*, extrait de *l'Action française* du 15 janvier 1902, 1902, 2 fasc.

DOUCET, R., *Notre domaine coloniale : les colonies françaises, leur avenir économique, leur mise en valeur*, Paris, 1921, 136 p.

DOUMER, Paul, *L'Indochine française, souvenirs*, Paris, Vuibert et Nony, 1905, 392 p.

DOUMER, Paul, *Situation de l'Indo-Chine, 1897 – 1901*, Rapport du Gouverneur général, Hanoi, Schneider, 1902, 554 p.

DURAND, Louis, *L'oeuvre coloniale de M. Paul Doumer en Indo-Chine*, conférence prononcée à Tarbes le 22 juin 1905 sous les auspices de la Société académique des Hautes Pyrénées, Tarbes, 1905, 50 p.

FAVITSKI, *Le domaine colonial français, tome 1: Vue générale sur l'histoire de la colonisation française. Le régime économique, les principes actuels de l'organisation administrative, la politique coloniale de la France. Tome 3: L'Indochine*, Paris, Ed. du Cygne, 1929 1930, 463 p. et 476 p.

GEOFFRAY, C., *Réglementation des régies indochinoises, tome 1: opium, alcools, sel; tome 2: tabacs, allumettes, huiles minérales...*, Haiphong,

Impr. du Colon français, 2 vol. , 1936.

GODART, Justin, *Rapport de mission en Indochine du 1er janvier au 31 mars 1937*, Paris, L'Harmattan, 1994, 206 p.

GOURDON, H. , *L'Indochine*, Paris, Larousse, 1931, 224 p.

HANOTEAUX, G. , MARTINEAU, A. , *Histoire des colonies françaises et de l'expansion de la France dans le monde, tome 5: l'Indochine*, par E. Chassigneux, Paris, Plon, 1929 – 1934, 6 vol.

MASPERO, Georges (sous la dir.), *Un empire colonial français: l'Indochine*, Paris, Van Ouest, 1930, 2 volumes de 354 p. et 300 p. , plus cartes et planches.

MOREUX, René, *L'Indochine, ses trafics et ses ports*, Paris, Ed. Journal de la Marine Marchande, 1929, 200 p.

MOSSY, L. , *Principes de l'administration générale de l'Indochine*, Saigon, Imp. de l'Union, 1914, 408 p.

PARGOIRE, Léon, *Le problème monétaire en Indochine*, Paris, Larose, 1933, 159 p.

POUVOURVILLE, A. de (*alias* Mat-Gioi), *Chasseurs de pirate!*, Paris, Editions du Monde Moderne, 1928, 360 p.

TALON, V. , *Le régime douanier de l'Indochine*, Paris, Domat-Monchrestien, thèse de droit, 1932, 208 p.

THIOLLIER, Louis, *La grande aventure de la piastre indochinoise*, Saint-Etienne, 1930.

TOUZET, André, *Le régime monétaire indochinois*, Paris, Librairie du Recueil Sirey, 1939, 397 p.

6. 关于广州湾的已出版资料

6.1 租借地和自由港的地位

ALFONSI, Marc, *Les cessions à bail en Chine. Histoire diplomatique et de droit international public*, Paris, Demat-Montchrétien, 1940, 154 p.

CHOW, S. R., "The Legal Nature of Leased Territories", *Social Sciences Quarterly*, Pekin, 1923, vol. 2, n° 1.

COSTES, Maurice, *Des cessions de territoires envisagées dans leur principe et leurs effets relatifs au changement de souveraineté et de nationalité*, thèse de sciences politiques et économiques, Paris, Rivière, 1914, 236 p.

GERARD, Louis, *Des cessions déguisées de territoires en droit international public*, thèse de droit, Nancy, Imprimerie. nancéienne, 1903, 322 p.

E MARIE, Henri, *Les ports francs*, Laval, thèse de droit, Univ. de Caen, 1904, 221 p.

PERRINJAQUET, J., *Les annexions déguisées de territoires*, Paris, A. Pedone, 1909, 55 p.

YANG, Léon (Lieou Fong), *Les Territoires à bail en Chine*, thèse de droit, Paris, Presses Universitaires, 1929, 215 p.

6.2 政治和行政问题

Anonyme, "Création d'un port de guerre à Quang-tchéou-ouane", *Bulletin du Comité de l'Asie française*, n° 18, sept. 1902, p. 407.

Anonyme, "Notice sur le Territoire de Quang-Tchéou", *Revue coloniale*, janvier 1901, pp. 12 – 22.

Anonyme, "Documents parlementaires : la France à Qouang-Tchéou-Wan", *Courrier d'Haiphong*, 9 et 11 janvier 1899.

Anonyme, *La Quinzaine coloniale*, n° du 25 août 1898.

Anonyme, "A Quang-tchéou-wan", *Bulletin du Comité de l'Asie française*, n° 52, juillet 1905, pp. 285 – 286.

BARRE, Paul, "Le Territoire de Kouang-Tchéou", *Revue française de l'Etranger et des Colonies*, tome XXXI, n° 334, oct. 1906, pp. 529-536.

CAIX, Robert de, "La politique française à Kouang-tchéou-ouan", *Bulletin du Comité de l'Asie française*, n° 56, nov. 1905, pp. 425 – 427.

Gouvernement général de l'Indochine, " Situation administrative du Territoire de Kouang-Tchéou-Wan", *Revue indochinoise*, n° 258, 1903.

LAURE, Charles, *Faut-il abandonner Kouang-Tchéou-Wan à la Chine?*, Hanoi, Imp. d'Extrême-Orient, 1923, 36 p.

MADROLLE, Claudius, "L'organisation administrative du Territoire de Kouang-Tchéou-Ouan", *Bulletin du Comité de l'Asie française*, n° 4, juillet 1901, pp. 160 – 162.

Ministère des Colonies, " La réorganisation administrative de Kouang-Tchéou-Wan", *Asie française*, décret du JO, sept. 1911, pp. 422 – 423.

NICOLAS, Pierre, *Notice sur l'Indochine: Cochinchine, Cambodge, Annam, Tonkin, Laos, Kouang-Tchéou-Wan*, publiée à l'occasion de l'Exposition Universelle de 1900, Paris, Alcan-Lévy, 320 p., 5 pl. et 1 carte.

RECOULES Dr., " Notes sur l'occupation de Kouang-Tchéou-Wan", *Archives de médecine navale*, vol. 24, 1900, pp. 444 – 468.

SILVESTRE, J., " La France à Kouang-Tchéou-Ouan", *Annales de Sciences Politiques*, Tome XVII, juillet 1902, pp. 473 – 493.

VALLIERE (Colonel), "A Kouang-Tchéou-Wan", *Nouvelle Revue*, n°1 – 12, 1899, pp. 589 – 604.

VALLIN, R., *Quang Tchéou Wan*, Paris, Ministère des Colonies, 1906.

6.3 经济问题

Anonyme, " Le tramway de Quang-tchéou à Moui-lok", *Bulletin du Comité de l'Asie française*, n° 30, sept. 1903, pp. 389 – 390.

Anonyme, "Situation économique à Kouang-Tchéou-Wan", *Revue maritime*, mars 1913, pp. 15 sq.

Anonyme, " Le régime du sel à Quang-Tchéou-Wan", *Asie française*, mars 1912, p. 122.

Anonyme, " Mouvement commercial à Kouang-Tchéou-Wan en 1906", *Bulletin Economique de l'Indochine*, Gouvernement général de l'Indochine,

Saigon, Ménard, n° 65, nouvelle série, 1907, p. 602.

Anonyme, "Mouvement commercial à Kouang-Tchéou-Wan en 1907", *Bulletin Economique de l'Indochine*, Gouvernement général de l'Indochine, Saigon, Ménard, n° 71, nouvelle série, 1908, p. 245.

Anonyme, "Mouvement commercial à Kouang-Tchéou-Wan en 1912", *Bulletin Economique de l'Indochine*, Gouvernement général de l'Indochine, Saigon, Ménard, n° 105, nouvelle série, 1913, p. 1107.

Anonyme, *Revue du Pacifique*, n° 18, 1935.

Anonyme, "Mouvement commercial à Kouang-Tchéou-Wan en 1914", *Bulletin Economique de l'Indochine*, Gouvernement général de l'Indochine, Saigon, Ménard, n° 114, nouvelle série, 1915, p. 595.

Anonyme, "Développement du port de Kouang-Tchéou-Ouan", *Bulletin du Comité de l'Asie française*, n° 8, nov. 1901, p. 347.

Anonyme, "Ligne française de navigation Quang Tchéou - Macao - Canton", *Bulletin Economique de l'Indochine*, Gouvernement général de l'Indochine, Saigon, Ménard, n° 40, nouvelle série, 1901, pp. 926 – 927.

Anonyme, "La situation économique de Kouang-Tchéou-Ouan", *Bulletin du Comité de l'Asie française*, n° 28, juillet 1903, p. 308.

Anonyme, "Mouvement de la navigation et du commerce extérieur de Kouang-Tchéou-Ouan en 1907", *Bulletin du Comité de l'Asie française*, n°89, août 1908, pp. 336 – 337.

Anonyme, "A propos du budget de Kouang-Tchéou-Wan", *Revue du Pacifique*, n° 3, mars 1923, p. 332.

CAUQUIL (Capitaine), "Le commerce dans l'hinterland de Quang-Tchéou-Wan", *Revue des troupes coloniales*, vol. II, 1904, pp. 136 – 157.

CAUQUIL, L., *Notice sur l'hinterland de Quang-Chéou-Wan*, Hanoi, Impr. Le Bigot frères, 1903, 66 p., cartes.

Chambre de commerce de Kouang-Tchéou-Wan, *Revue décadaire des faits commerciaux de la Chambre de commerce de Kouang-Tchéou-Wan*,

Tchékam, gérant : Tching-Thinh-Mang, Impr. Wang ; 20ème année, n° 1, 10 janv. 1931 ; publication interrompue après le n° 12 du 30 avril 1933 ; reprise le 20 sept. 1933 ; mort après le n° du 20 nov. 1934 (en chinois).

CHOVEAUX, A., "La situation économique du territoire de Kouang-Tchéou-Wan", *Annales de géographie*, Tome XXXIV, Paris, 1925, pp. 74-76.

Gouvernement général de l'Indochine, "Situation économique du Territoire de Kouang-Tchéou-Wan", *Bulletin de l'Agence Economique de l'Indochine*, n° 17 (mai 1929), 23 (nov. 1929), 60 (déc. 1932), 83 (nov. 1934).

LAURE, Charles, "Mouvement commercial à Kouang-Tchéou-Wan en 1911 (1er trimestre)", *Bulletin Economique de l'Indochine*, Gouvernement Général d'Indochine, Saigon, Ménard, n° 90, nouvelle série, 1911, p. 451.

LAURE, Charles, *La voie ferrée du Kouang-Tchéou-Wan*, Hanoi, Imp. France-Indochine, 1923, 16 p., 1 carte.

LAURE, Charles, "Mouvement commercial à Kouang-Tchéou-Wan en 1913 (1er trimestre)", *Bulletin Economique de l'Indochine*, Gouvernement Général d'Indochine, Saigon, Ménard, n°102, nouvelle série, 1913, p. 444.

6.4 其他问题

AGARD, A., "Le Territoire à bail de Kouang-Tchéou-Wan", *Bulletin général de l'Instruction Publique*, n°6, février 1933, pp. 101 – 109, carte.

Anonyme, "Une oeuvre de colonisation française : le territoire de Kouang-Tchéou-Wan", *Revue du Pacifique*, n°4, 1928, pp. 213 – 228.

Anonyme, "Kouang-Tchéou-Wan", *Revue indochinoise*, n°240, 1903.

Anonyme, "Le Territoire de Kouang-Tchéou-Wan", *Dépêche coloniale*, n°des 6, 7, 8, 9 et 10 octobre 1903.

Anonyme, *Dépêche coloniale*, Janvier 1900.

Anonyme, "L'Indochine 1907. La Cochinchine européenne: Quang-

Tchéou-Ouan", *La Dépêche coloniale illustrée*, 15 août 1907, p. 169 sq.

Anonyme, " La population d'Indochine", *Bulletin du Comité de l'Asie française*, n°77, août 1907, p. 315.

Anonyme, " La baie de Kouang-Tchéou ", *Tour du monde*, 30 juillet 1898.

Anonyme, "La baie de Kouang-Tchéou", *Union géographique du Nord de la France*, tome XIX, 1898, pp. 276 –278.

Anonyme, "Le Territoire de Quang-Tchéou-Ouan", *La Dépêche coloniale illustrée*, n°15, 15 août 1907, pp. 179 –180.

Anonyme, " Quang-Tchéou-Wan ", *Revue indochinoise*, n° 99, 10 sept. 1900, pp. 873 –879.

Anonyme, "Quang-Tchéou-Wan", *Revue indochinoise*, 30 juin 1906, p. 983.

BONNINGUE, Alfred, *La France à Kouang-Tchéou-Ouan*, Paris, Berger-Levrault, 1931, 70 p. , croquis, cartes.

BUFFON Dr. , "Notes sur Kouang-Tchéou-Wan", *Archives de médecine navale*, vol. LXXIII, 1900, pp. 280 –292.

BUFFON Dr. , " Renseignements géographiques sommaires sur Kouang-Tchéou-Wan", *La Quinzaine coloniale*, mai 1900.

CAILLARD, Gaston, *Notre domaine colonial, tome VIII : L'Indochine, géographie, histoire et mise en valeur ; Kouang-Tchéou-Wan*, 5ème édition, Paris, Ed. Notre Domaine Colonial, 1929, in 4°, 151 p. , 5 cartes, 40 photos.

CAZAMIAN (Dr.), " Le Territoire de Quang-Tchéou-Wan", *Archives de médecine navale*, vol. LXXXII, 1904, pp. 363-376 et 449 –455.

DARLU, Pierre, " Notes de séjour à Quang-Tchéou-Wan ", *Revue géographique*, n°55, 1905, pp. 371 –375.

DAUFFES, "Notes sur le territoire de Kouang-Tchéou-Wan", *Bulletin Economique de l'Indochine*, Gouvernement général de l'Indochine, Saigon, Ménard, n°13, anc. série, 1899, p. 422.

FAUVEL, A. , "Kouang-Tchéou Ouan", *Société de géographie*, Compte-rendu des séances, mai 1898, pp. 227 –229.

GAFFAREL, Paul, " Le Territoire de Kouang-tchéou ", *La Dépêche coloniale illustrée*, n° 21, 15 nov. 1908, pp. 297 –305, 21 photos.

LEMIRE, C. , *Les cinq pays de l'Indochine française, l'établissement de Kouang-Tchéou, etc.* , Paris, Challamel, 1899, cartes, illustrations.

MADROLLE, Claudius, *Indochine du Nord: Tonkin, Annam, Laos, Yunnan, Kouang-Tchéou-Wan*, Paris, Guides Madrolle Hachette, 3ème éd. , 1932, pp. 2 –4, phot. et cartes.

MADROLLE, Claudius, "Le Kouang-Tchéou -Ouan, sa zone d'action", *Bulletin du Comité de l'Asie française*, n°2, mai 1901, pp. 59-65, plus carte.

MASSIMI (Capitaine), *Le Territoire français de Kouang-Tchéou-Wan*, Hanoi - Haiphong, IDEO, 1923, 32 p.

MAURY, L. , " Kouang-Tchéou-Wan ", *Revue Encyclopédique Larousse*, sous la direction de George Moreau, Paris, Librairie Larousse, 1900, p. 577.

PETIT, Maxime (sous la dir.), *Les colonies françaises. L'Indochine française, Kouang-Tcheou-Wan.* , Paris, Larousse, 1902, tome Ⅱ, pp. 322 –522.

VIALLET, H. , " Note d'ethnographie sur Quang-Tchéou-Wan ", *Archives de médecine navale*, n°LXXV, 1901, pp. 295 –312.

五、专著和文章

1. 工具书

1.1 书目类

BOUDET, Paul, BOURGEOIS, Rémi, *Bibliographie de l'Indochine (1913 –1935)* , Hanoi, IDEO, 4 vol. , Ⅰ: (1913 –1926), 1929, 272 p. et 75 p. , Ⅱ: (1927 –1929), 1932, 240 p. , Ⅲ: (1930), 1933, 196 p. , Ⅵ: (1930 –1935),

1943, 708 p.

CORDIER, Henri, *Bibliotheca indosinica*, Paris, Imprimerie Nationale, 1912 – 1915, tomes 3-4, plus un index établi par A. Roland-Cabatton, 1932.

COTTER, Michael, *Vietnam: a Guide to Reference Sources*, Boston, G. K. Hall and Co, 1977, 272 p.

COULING, Samuel, *Encyclopedia sinica*, Londres, H. Milford, 1917.

COURET, R., *Guide bibliographique sommaire d'histoire militaire et coloniale française*, Paris, Imp. Nationale, 1969, 521 p. (Service historique du ministère des Armées)

DESCOURS-GATIN, Ch., VILLERS, H., *Guide de recherche sur le Vietnam*, Paris, l'Harmattan, 1983, 259 p.

FAVITSKI DE PROBOBYSZ (Ct de), *Répertoire bibliographique de la littérature militaire et coloniale française depuis cent ans*, Paris, s. éd., 1935, 363 p.

MARTINEAU, Alfred, ROUSSIER, TRAMOND, *Bibliographie d'histoire coloniale, 1900 – 1930*, Paris, Ed. Leroux, 1932, 669 p.

UNESCO, *Sources de l'Histoire de l'Asie et de l'Océanie dans les archives et bibliothèques françaises*, Paris-München-New York-London, SAUR, 1981, tome I: Archives, 593 p., tome II: Bibliothèque Nationale, 315 p.

1.2 传记词典

BALTEAU, Jules, BARROUX, Marius, PREVOST, Michel (sous la dir. de), *Dictionnaire de biographie française*, Paris, Le Touzey, 1933 – 1941, 19 fasc., repris en 1946 sous la direction de M. Prevost et J. Roman d'Amat.

BOORMAN, Howard L., HOWARD Richard, C., BOORMAN, Howard L., HOWARD Richard C. *Biographical Dictionary of Republican China*, Columbia University Press, New York, London, 1970, 4 vol. et un index.

BREBION, Antoine, *Dictionnaire de bio-bibliographie générale, ancienne et moderne de l'Indochine française*, publié après la mort de l'auteur par Antoire Cabaton, Annales de l'Académie des Sciences Coloniales, tome 8, Paris, Soc. d'études géographiques, maritimes et coloniales, 1935, 466 p.

MONNERVILLE, Gaston, CHABAN-DELMAS, Jacques (sous la dir. de), *Dictionnaire des parlementaires français, 1889 – 1940*, Paris, PUF, 1968, 8 tomes.

TAILLEMITE, Etienne, *Dictionnaire des marins français*, Paris, Tallandier, nouvelle édition, 2002, 573 p.

YVERT, Benoit (sous la dir. de), *Dictionnaire des ministres, 1789 – 1989*, Paris, Perrin, 1990, 1028 p.

1.3 百科全书，索引

Union Coloniale Française (sous le patronage de), *Répertoire des entreprises coloniales*, suivi de la liste des négociants-commissionnaires, importateurs-exportateurs traitant avec les colonies françaises, Paris, 1910, 160 p.

TROLLIET, P., NGUYEN, A., RACHLINE, M., *Noms propres de géographie, d'histoire et de littérature moderne de la Chine*, (table des concordances), Paris, Imprimerie Nationale, 1968, 182 p.

1.4 图册，地图，地理著作

PELET, Paul, *Atlas des colonies françaises*, Paris, A. Colin, 1902, 27 pl. de cartes et textes explicatifs.

SION, J., *Géographie Universelle, tome 9: Inde, Indochine, Insulinde*, Paris, Colin, 1929, 260 p.

ZHAO Songqiao, *Physical Geography of China*, New York, Chichester, Singapore, John Wiley & Sons, 1986, 209 p.

2. 通史书目

2.1 国际关系和殖民史

BALLANDIER, Georges, « La situation coloniale: approche théorique », *Cahiers internationaux de sociologie*, XI, 1951.

FERRO, Marc (sous la dir.), *Le livre noir du colonialisme. XVIe-XXe siècle: de l'extermination à la repentance*, Paris, Robert Laffon, 2003, 843 p.

GANIAGE, J., *L'expansion coloniale et les rivalités internationales, de 1871 à 1914*, Paris, Centre de documentation universitaire, 1964, 259 p.

GUILLAUME, P., *Le monde colonial, XIXe-XXe siècles*, Paris, A. Colin, 1994, 283 p.

LIAUZU, Claude (sous la dir.), *Colonisation: droit d'inventaire*, Paris, A. Colin, 2004, 352 p.

LOMBARD, Denys (sous la dir. de), *Rêver l'Asie. Exotisme et littérature coloniale aux Indes, en Indochine et en Insulinde*, Paris, EHESS, 1993, 486 p.

MIEGE, Jean-Louis, *Expansion européenne et décolonisation de* 1870 *à nos jours*, Paris, PUF (N^{lle} Clio), 1973, 414 p.

MILZA, Pierre, *Les relations internationales de 1871 à 1914*, 2e éd., Paris, A. Colin, 1995, 167 p.

RENOUVIN, Pierre, *La politique extérieure de Delcassé (1898 – 1905)*, Paris, Tournier & Constans, 1954, 53 p.

RENOUVIN, Pierre, *La question d'Extrême-Orient (1894 – 1905)*, Paris, Tournier & Constans, 1952, 105 p.

2.2 亚洲和中国通史

BERGERE, Marie-Claire, BIANCO Lucien, DOMES Jürgen, *La Chine au XXe siècle, tome 1: d'une révolution à l'autre, 1895 – 1949*, Paris, Fayard, 1989, 398 p.

CHESNEAUX, J., *L'Asie orientale aux XIXe et XXe siècles: Chine, Japon, Sud-Est asiatique*, Paris, PUF (N^{lle} Clio), 1966, 370 p.

CHESNEAUX, J., BASTID, M., *La Chine. Tome 1: Des guerres de l'opium à la guerre franco-chinoise, 1840 – 1885*, Paris, Hatier, 1969, tome 1, 223 p.

CHESNEAUX, J., BASTID, M., BERGERE, M.-C., *La Chine. Tome 2: L'illusoire modernité, 1885 – 1921*, Paris, Hatier, 1972, 224 p.

CHESNEAUX, J., LE BARBIER, F., *La Chine. Tome 3: La marche de la Révolution, 1921 – 1949*, Paris, Hatier, 1975, 224 p.

FAIRBANK, John K., *La grande révolution chinoise, 1800 – 1989*, Paris, Flammarion, 1989, 548 p.

FAIRBANK, John K. (sous la dir. de), *The Cambridge History of China ; vol. 10 et 11: Late Ch'ing, 1800 – 1911 ; vol. 12 et 13: Republican China, 1912 – 1949*, Cambridge, Cambridge University Press, 1978 – 1986.

REISCHAUER, Edwin O., *Histoire du Japon et des Japonais*, Paris, Points Seuil, 1973, 2 vol., 254 p. et 252 p.

WANG, Nora, *L'Asie orientale de 1840 à nos jours*, Paris, Armand Colin, 1993, 408 p.

2.3 法国及其殖民通史

AGERON, Charles-Robert, *L'anticolonialisme en France de 1871 à 1914*, Paris, PUF, 1973, 96 p.

AGERON, Charles-Robert, "Les colonies devant l'opinion publique française (1919 – 1939)", *Revue française d'histoire d'outremer*, n° 286, 1er trim. 1990, pp. 31 – 73.

AZEMA, Jean-Pierre, *De Munich à la Libération, 1938 – 1944*, Paris, Point-Seuil, 1979, 412 p.

BECKER J.-J., BERSTEIN S., *Victoire et frustration, 1914 – 1929*, Paris, Point Seuil, 1990, 455 p.

BLOCH, Marc, *L'Histoire, la Guerre, la Résistance*, Paris, Quarto Gallimard, 2006, 350 p.

BOUCHE, Denise, *Histoire de la France coloniale*, tome 2, Paris, Fayard, 1991, 607 p.

BOUVIER, Jean, GIRAULT, René, THOBIE, Jacques, *L'impérialisme à la française: la France impériale, 1880 – 1914*, Paris, La Découverte, 1986, 326 p.

CADY, John F., *The roots of French Imperialism in Eastern Asia*, New York, Cornell University Press, 1954, 321 p.

DREIFORT, John E., *Myopic Grandeur: the Ambivalence of French Foreign Policy Toward the Far-East, 1919 – 1945*, Kent-London, Kent State University Press, 1992, 334 p.

GANIAGE, J., *L'expansion coloniale de la France sous la Troisième République*, Paris, Payot, 1968.

GIRARDET, René, *L'idée coloniale en France, 1871 – 1962*, Paris, Hachette, 1986, 332 p.

GUILLEN, G., *La politique étrangère de la France*, Paris, Impr. Nationale, 1985.

LAFFEY, John, "Les racines de l'impérialisme français en Extrême-Orient ; à propos des thèses de J. F. Cady", *Revue d'histoire moderne et contemporaine*, avril-juin 1969, tome XVI, pp. 282 – 299.

MARSEILLE, Jacques, *Empire colonial et capitalisme français (années 1880-années 1950). Histoire d'un divorce*, Paris, Le Seuil, nouvelle édition 1989, 458 p.

MASSON, Ph., "La stratégie navale française de 1850 à 1914", *Revue maritime*, 1968.

MAYEUR, Jean-Marie, *Les débuts de la IIIe République, 1871 – 1898*, Paris, Editions du Seuil, 1973, 254 p.

MEMMI, Albert, *Portrait du colonisé*, Paris, Payot, 1973, 179 p.

MERCIER, Fabienne, *Vichy face à Chiang Kai-Shek, histoire diplomatique*, Paris, L'Harmattan, 1995, 335 p.

NOIRIEL, Gérard, *Immigration, antisémitisme et racisme en France (XIXe-XXe siècle), Discours publics, humiliations privées*, Paris, Fayard, 2007, 717 p.

RUSCIO, Alain, *Le credo de l'homme blanc*, Paris, Editions Complexe, 1995, 410 p.

WEBER, Jacques (sous la dir. de), *La France en Chine (1843 – 1943)*, Nantes, Ouest Editions, 1997, 268 p.

WESSELING, H., « Le modèle colonial hollandais dans la théorie coloniale française, 1880 – 1914 », in *RFHOM*, n° 231, 2e trim. 1976, pp. 223 – 255.

3. 中国通史

BASTID, Marianne, "La diplomatie française et la Révolution chinoise de 1911", *Revue d'histoire moderne et contemporaine*, avril-juin 1969, pp. 221 – 245.

BENAJAM, Nathalie, *Un aspect des relations franco-chinoises: l'Indochine et les provinces des deux Guangs, 1895 – 1914*, mémoire de maîtrise, Université Paris Ⅷ, 1996, 140 p. et annexes.

BERGERE, Marie-Claire, "La bourgeoisie chinoise et les problèmes de développement économique, 1917 – 1923", *Revue d'histoire moderne et contemporaine*, avril-juin 1969, tome 16, pp. 246 – 267.

BERGERE, Marie-Claire, *Sun Yat-sen*, Paris, Fayard, 1994, 538 p.

BERGERE, Marie-Claire, *Histoire de Shanghai*, Paris, Fayard, 2002, 520 p.

BIANCO, Lucien, *Les origines de la révolution chinoise, 1915 – 1949*, Paris, Gallimard, rééd., 1987.

BIRN, Donald S., "Open Door Policy at the Washington Conference of 1921 – 1922: the British and French experience", *Comparative Studies in Society and History*, juillet 1970, pp. 297 – 319.

BOUISSOU, Jean-Marie, *Seigneurs de guerre et officiers rouges, 1924 – 1927*, Tours, Mame, 1974, 373 p.

BOUVIER D'YVOIRE, Vincent, *Les concessions françaises en Chine, 1916 – 1929*, mémoire de maîtrise d'histoire, Université Paris I, 3 volumes, 1988.

CHESNEAUX, Jean, *Sun Yat-Sen*, Paris, Club français du Livre, 1959, 261 p.

CH'I Hsi-Sheng, *Warlord Politics in China, 1916 – 1928*, Stanford University Press, 1976.

DINGYAN CHEN, Leslie H., *Chen Jiongming and the Federalist Movement*, Ann Arbor, Michigan, University of Michigan, 1999, 357 p.

ENDACOTT, G. B., *Governement and People in Hong Kong, 1841 – 1962 ; a Constitutional History*, Hong Kong, Hong Kong Univ. Press, 1964, 263 p.

HSIEH, Winston, "Peasant-Bandits in Towns and Cities: the Phenomenon of People's Armies in Kwangtung, 1911 – 1924", Communication à la Conference on Urban Society and Political Development in Modern China, St Croix, Virgin Islands, 28 déc. 1968-3 janv. 1969.

JEANNENEY, J-N, "La Banque industrielle de Chine et la chute des frères Berthelot (1921 – 1923)", *L'argent caché: milieux d'affaires et pouvoirs politiques dans la France du XXe siècle*, Paris, Fayard, 1981, pp. 131 – 191.

JOHNSON, Graham E. et PETERSON, Glen D., *Historical Dictionary of Guangzhou and Guangdong*, London, The Scarecrow Press, 1999, 277 p.

LEE, Robert, *France and the Exploitation of China, 1885 – 1901*, Presse universitaire d'Oxford, 1989, 358 p.

PLAYFAIR, G. M. H., *The Cities and Towns of China, a Geographical Dictionary*, Shanghai, Kelly and Walsh, 1965, 2e édition, 582 p.

RHOADS, Edward J. M., *China's Republican Revolution: the Case of Kwang-tung, 1895 – 1913*, Cambridge, Massachusset, Harvard University Press, 1975, 366 p.

SEYDOUX, Pierre, *Le mandarin blanc. Souvenirs d'un consul en Extrême-Orient, 1886 – 1904*, Paris, Calmann-Lévy, 1990, 379 p.

SKINNER, William G. (sous la dir.), *The City in Late Imperial China*, Stanford California, Stanford University Press, 1977, 820 p.

WAKEMAN, Frederic Jr., *Strangers at the Gate: Social Disorder in South China (1839 – 1961)*, Berkeley-Los Angeles-London, Univ. of California Press, 1974, 276 p.

WELSH, Frank, *A History of Hong Kong*, London, Harper Collins, 1993, 624 p.

4. **法国在印度支那的殖民活动史**

BEZANCON, Pascale, *Une colonisation éducatrice? L'expérience indochinoise: 1860 – 1945.*, Paris, L'Harmattan, 2002, 478 p.

BROCHEUX, Pierre, HEMERY, Daniel, *Indochine, la colonisation ambiguë, 1858 – 1954*, Paris, La Découverte, 1995, 427 p.

BRUGUIERE, Michel, "Le chemin de fer du Yunnan: Paul Doumer et la politique d'intervention française en Chine (1889 – 1902)", *Revue d'histoire diplomatique*, n° 1, 2 et 3, 1963: janvier-mars, pp. 23 – 61; avril-juin, pp. 129 – 162; juillet-septembre, pp. 52 – 278.

CHESNEAUX, Jean, *Contribution à l'histoire de la nation vietnamienne*, Paris, Ed. Sociales, 1955, 324 p.

DEVILLERS, Ph., FISTIE, P., Lê THANH KHÔÏ, *L'Asie du Sud-Est*, Paris, Sirey, tome 2, 1971.

FOREST, Alain, *Le Cambodge et la colonisation française: une colonisation sans heurt*, Paris, L'Harmattan, 1979, 542 p.

FOURNIAU, Ch., TRINH VAN THAO (sous la dir.), *Le contact colonial franco-vietnamien. Le premier demi-siècle (1858 – 1911)*, Aix en Provence, Publications de l'Université de Provence, 1999, 289 p.

FOURNIAU, Charles, *Annam-Tonkin, 1885 – 1896. Lettrés et paysans vietnamiens face à la conquête coloniale*, Paris, L'Harmattan, 1989, 294 p.

FOURNIAU, Charles, "Politique coloniale ou 'politique mondiale': Doumer et le Yunnan", *Mélanges à Jean-Louis Miège*, *Histoires d'Outre-Mer*, tome 1, Publication de l'Université de Provence, 1992, pp. 51 – 72.

FOURNIAU, Charles, "La frontière sino-vietnamienne et le face à face franco-chinois à l'époque de la conquête du Tonkin", *Les frontières du Vietnam. Histoire des frontières de la péninsule indochinoise*, Paris, L'Harmattan, 1989, 268 p., pp. 85 – 103

FOURNIAU, Charles, "L'Indochine coloniale: un pôle des relations internationale en Extrême-Orient", *Etudes indochinoises*, Ⅲ, IHPOM, Aix-en-Provence, 1993, pp. 57 – 69.

FOURNIAU, Charles, Vietnam. Domination coloniale et résistance nationale, 1858 – 1914, Paris, Les Indes savantes, 2002, 845 p.

GANTES, Gilles de, *Coloniaux, gouverneurs et ministres. L'influence des Français du Vietnam sur l'évolution du pays à l'époque coloniale (1902 – 1914)*, thèse d'histoire, Université Paris 7, 1994, 3 volumes, 546 p.

GIACOMETTI, Jean-Dominique, *La question de l'autonomie de l'Indochine et les milieux coloniaux français, 1915 - 1928*, thèse d'histoire, Aix en Provence, *1997*.

GONJO, Yasuo, *Banque coloniale ou banque d'affaire: la Banque de l'Indochine sous la 3e République*, Paris, Imprimerie nationale, *1993*, *429* p.

GOSCHA, C. *Vietnam or Indochina? Constesting Concepts of Space in Vietnamese Nationalism, 1887 – 1954*, Copenhague, NIAS, 1995.

HEDUY, P., *Histoire de l'Indochine*, Paris, Henri Veyrier, 1983, 2 tomes, 165 et 353 p.

HEMERY, Daniel, "En Indochine française, réformisme colonial et nationalisme vietnamien au XXe siècle. Le Sarrautisme et ses avatars", *Etudes indochinoises*, Ⅲ, IHPOM, Aix-en-Provence, 1993, pp. 57 – 69.

ISOART, Paul, "Synthèse", *Etudes indochinoises*, Ⅲ, IHPOM, Aix-en-Provence, 1993, pp. 57 –69.

ISOART, Paul, “La création de l’Union indochinoise”, *Approches-Asie*, n° 11, 1992.

ISOART, Paul (*et alii*), *L’Indochine française, 1940 – 1945*, Paris, PUF, 1982.

JENNINGS, Eric, CANTIER, Jacques, *L’empire colonial sous Vichy*, Paris, Odile Jacob, 2004, 398 p.

JENNINGS, Eric, *Vichy sous les tropiques. La Révolution nationale à Madagascar, en Guadeloupe, en Indochine (1940 –1944)*, Paris, Grasset, 2004, 386 p.

LARCHER, Agathe, “La voie étroite des réformes coloniale et la collaboration franco-annamite (1917 – 192)”, *Revue française d’histoire d’outremer*, n° 309, 4ème trimestre 1995, pp. 387 –419.

MEULEAU, Marc, *Des pionniers en Extrême-Orient. Histoire de la Banque de l’Indochine, (1875 –1975)*, Paris, Fayard, 1990, 646 p.

MEYER, Charles, *La vie quotidienne des Français en Indochine, 1860 –1910*, Paris, Hachette, 1985

MORLAT, Patrice, *La répression coloniale au Vietnam, 1908 – 1940*, Paris, L’Harmattan, 1990, 250 p.

MORLAT, Patrice, *Les affaires politiques de l’Indochine, 1895 –1923 : les grands commis, du savoir au pouvoir*, Paris, L’Harmattan, 1995, 319 p.

MORLAT, Patrice, *Indochine années vingt.* Tome 1: *Le balcon de la France sur le Pacifique*, Paris, Les Indes Savantes, 2001, 610 p. ; Tome 2: *Le rendez-vous manqué, 1918 – 1928*, Paris, Les Indes Savantes, 2006, 553 p.

NIOLLET, Dominique, *L’épopée des douaniers en Indochine, 1874 – 1954*, Paris, Kailash Editions, 1998, 666 p.

RUSSO, Hélène, *L’appareil judiciaire français au Vietnam, 1887 –1914*, mémoire de maîtrise, Université d’Aix-Marseille, 1993.

TABOULET, George, *La geste française en Indochine. Histoire par les textes de la France en Indochine, des origines à 1914*, Paris, Lib. d'Amérique et d'Orient, tome 2, 1956, pp. 429 – 938.

TURPIN, Frédéric, *De Gaulle, les gaullistes et l'Indochine, 1940 – 1956*, Paris, Les Indes savantes, 2005, 666 p.

5. 中国和印度支那的鸦片和盗匪问题史

Anonyme, *Shanghai: opium, jeu, prostitution*, traduit du chinois par Nadine Perront, Ed. Philippe Picquier, Arles, 1992, 189 p.

BILLINGSLEY, Phil, "Bandits, Bosses and Bare Sticks", *Modern China*, n° 7, juillet 1981, pp. 235 – 288.

CHESNEAUX, Jean, *Mouvements populaires et sociétés secrètes en Chine aux XIXe - XXe siècles*, Paris, Maspero, 1970, 492 p.

DESCOURS-GATIN, Chantal, *Quand l'opium finançait la colonisation en Indochine. L'élaboration de la Régie générale de l'opium (1860 – 1914)*, Paris, L'Harmattan, 1992, 292 p.

HOBSBAWM, Eric, *Les bandits*, Montpellier-Paris, Maspero, 1972.

LE FAILLER, Philippe, *Le mouvement international anti-opium et l'Indochine (1906 – 1940)*, thèse d'histoire, Université d'Aix-Marseille I, 1993.

LE FAILLER, Philippe, *Monopole et prohibition de l'opium en Indochine*, Paris, L'Harmattan, 2001, 400 p.

MARTIN, Brian G., *The Shanghai Green Gang. Politics and Organisation Crime, 1919 – 1937*, Berkeley, Univ. of California Press, 1996.

MURRAY, Dian H., *Pirates of the South China Coast, 1790 – 1810*, Stanford California, Stanford Univ. Press, 1987, 243 p.

PERRY, Elizabeth J., "Social Banditry Revisited: the Case of Bai Lang, a Chinese Brigand", *Modern China*, n° 9, juillet 1983, pp. 355 – 382

TROCKI, Carl A., *Opium, Empire and the Global Political Economy. A*

Study of the Opium Trade, 1750 – 1950, Routledge, 1999, 232 p.

WANG, Y. C., "Tu Yueh Sheng (1898 – 1951): essai de biographie politique", *The Journal of Asian Studies*, 26, n° 3, 1967.

6. 关于广州湾的研究（1946 以后）

DI NOLA, Fabrice, "Occupation militaire et organisation administrative du territoire à bail de Kouang-Tchéou-Wan (1898 – 1903)", mémoire de maîtrise, Université d'Aix-Marseille I, 1996.

DIANOUX, H-J. de, "Kouang-Tchéou-Wan, un territoire cédé à bail par la Chine à la France en 1899 à 1945", *Monde et Culture*, Compte-rendu de l'Académie des Sciences d'Outre-Mer, tome 42, n° 3, 1982, pp. 517 – 576.

HERRIOU, Matelot Yann-Firmin, "La participation de la Marine à la prise de possession de Kouang-Tchéou-Wan (avril 1898 – janvier 1900)", *Revue historique des Armées*, décembre 1994, n° 197, pp. 117 – 129.

PILLORGET, René, "Action militaire et contacts de civilisations dans le territoire à bail de Kwang-Tchéou-Wan, 1898—1945", Communication au XXIVe Congrès international d'histoire militaire, Lisbonne, 24 – 29 juillet 1998.

VANNIERE, Antoine, « Guangzhouwan et la question du commerce de l'opium, de 1901 à 1939. Etat de la recherche », *Approche-Asie*, n° 18, Université de Nice-Sophia Antipolis, Pédone, 2003, pp. 85 – 109.

VANNIERE, Antoine, *Le Territoire à bail de Guangzhouwan: une impasse coloniale française en Asie orientale, 1898 – 1946*, DEA d'histoire asiatique, Université Paris Ⅷ, 1997.

VANNIERE, Antoine, *Le territoire à bail de Guangzhouwan: une impasse de la colonisation française en Asie orientale, 1898 – 1946*, thèse d'histoire NR, Université Paris Ⅶ, 2004, 2 tomes, 681 p.

附　　录

附录一

广州湾租借地军事和行政长官名单[①]

军事占领时期（1898.04—1900.01）：

福尔上校，杜居土鲁因舰舰长	1898.04.22—1898.06.29
菲利贝尔上校，笛卡尔舰舰长	1898.06.29—1898.09.07
马尔奇上校，杜居土鲁因舰舰长	1898.09.07—1898.12.25
波尼费上校，舰队参谋长	1898.12.25—1899.12.20
马洛中校，海军陆战队队长	1899.12.20—1900.01.27

民政管理时期（1900.01—1945.03）：

阿尔比（古斯塔夫）	1900.1.30—1905.07.27
高特雷（费尔南）	1905.07.27—1908.08.20
谢斯杰（亨利）	1908.08.20－1908.11.12
杜费雷尼勒（保罗—埃德加尔）	1908.11.17—1910.06.24
沙拉贝勒（皮埃尔）	1910.06.24—1912.01.01（退休）
卡亚尔（加斯东）*	1912.01.08—1915.02
朗热列—贝勒居（皮埃尔）*	1915.02—1915.05
卡尔尼埃（阿尔贝尔）	1915.05—1917.05
维亚拉（费雷德里克）	1917.05—1919.01
克劳泰默（让）*	1919.01—1922.03
布朗夏尔·德·拉布罗斯（保罗）	1922.03－1922.12
克劳泰默（让）	1922.12—1923.04

---

① 名单中带*者为海外法国国家行政学院毕业生。

格斯奈勒（保罗）＊	1923.04—1925.12（退休）
布朗夏尔·德·拉布罗斯（保罗）	1925.12—1926.12
莫瓦希（阿德烈）＊	1926.12—1927.05
拉康布（亚利西斯）（代理）	1927.05—1927.07
李维（路易）＊	1927.07—1929.04（退休）
西尔威斯特（阿希尔）	1929.04—1931.02
布里德（儒勒—约瑟夫）（代理）	1931.02—1932.03
雅布伊（皮埃尔）（代理）	1932.03—1932.12
德拉马尔（保罗）＊	1932.12—1934.06
德·达斯特（莫里斯）＊	1934.06—1936.05
夏布拉尔（卡米耶）	1936.06—1937.05
勒·普勒沃斯（雅克）	1937.05—1941.04
马尔提（路易）	1941.04—1942.03（退休）
德梅克（皮埃尔）＊	1942.03—1943.02.27
罗克（阿德烈）＊（高级驻扎官）	1943.02.27—1945.03.10

附录二

大事年表

年份	法国、中国、国际大事	印度支那	广州湾		
			政治行政方面	经济方面	社会方面
1898	3月6日，德国租借胶州湾。 3月27日，俄罗斯租借亚瑟港和大连。 4月2日，英国租借威海卫。 6月9日，英国租借新界。 6月11日—9月21日，北京“百日维新”。 7月10日，马尔尚军团到达法绍达。	7月31日，印度支那颁布总预算法令，征收间接税。	4月10日，法国租借广州湾。		
1899	11月24日，德尔卡塞在国民议会上阐述自由港政策。	2月1日，高礼睿准将领导远东分舰队。 2月7日，确立鸦片进口、生产和销售的垄断体制。	11月12日，两名法国军官在广州湾被杀。 11月16日，法军对中国人进行镇压，中法签订租借专约。		
1900	2月2日，光绪皇帝批准广州湾租借专约。 3月20日，美国国务卿海约翰宣布对华门户开放政策，尊重中国领土完整。 5月13日，义和团进入北京。 6月21日，北京外国使馆区开始被包围。 8月14日，国际远征军攻入使馆区，慈禧太后出逃。北京遭洗劫。	1月1日，西贡鸦片厂垄断印度支那鸦片的加工。	1月5日，总统颁布政令，广州湾隶属印度支那总督府管辖。 1月27日，广州湾行政组织法颁布。 2月9日，第一任总公使阿尔比上任。	杜美确认关税自由原则适用于广州湾。 鸦片专营制度确立。	

（续上表）

年份	法国、中国、国际大事	印度支那	广州湾		
			政治行政方面	经济方面	社会方面
1902		7月1日，保罗·鲍被任命为印度支那总督，10月15日履职。		7月15日，广州湾颁布鸦片贸易章程。 12月15日，克拉雷—罗贝公司负责研发广州湾铁路。	
1904	2月8日，俄日战争在满洲爆发。				
1905	8月20日，孙逸仙在日本成立同盟会。 9月5日，日俄签订《朴茨茅斯条约》。俄国向日本移交亚瑟港和大连。 12月9日，法国颁布《政教分离法》。				
1906	9月20日，清皇帝颁布禁烟令。				
1908	11月15日，慈禧太后驾崩，溥仪登基。	2月，安南起义爆发。 6月26日，克洛布克维斯基被任命为印度支那总督，9月24日履职。		广州湾铁路谈判失败。	
1909	2月1—26日，上海国际禁烟大会召开。				

（续上表）

年份	法国、中国、国际大事	印度支那	广州湾		
			政治行政方面	经济方面	社会方面
1910			广州湾首府从麻斜迁到白雅特。		
1911	5 月 8 日，中英签订逐步减少印度鸦片输入中国的协议。 10 月 10 日，武昌起义（又称“双十起义”）爆发。 10 月 20 日，印度支那联邦颁布行政组织法令。 10 月至 12 月，中国革命运动进一步发展。 12 月，海牙国际禁烟大会第一次会议召开（至 1912 年 2 月结束）。	6 月 1 日，沙罗被任命为印度支那总督，11 月履职。 7 月 8 日，殖民地部要求印度支那加入 5 月 8 日的中英协议。	7 月 4 日，重组行政、金融和司法。 取消公局预算。		
1912	1 月 1 日，孙逸仙在南京宣布成立中华民国。 1 月 23 日，《海牙禁止鸦片公约》签订。 2 月 12 日，溥仪逊位，帝制在中国寿终正寝。 3 月 10 日，袁世凯取代孙逸仙出任中华民国临时大总统。 8 月，中国同盟会改组为国民党。		1 月 1 日，将地方预算重组为印度支那总预算的附属预算。		

（续上表）

年份	法国、中国、国际大事	印度支那	广州湾		
			政治行政方面	经济方面	社会方面
1913	7月1日—9日，海牙国际禁烟大会第二次会议召开。	3—4月，印度支那出现大规模谋杀和暴动。			
1914	3月1日，香港对鸦片实施专卖。 6月15日—25日，海牙国际禁烟大会第三次会议召开。 8月3日，德国向法国宣战。 9月2日，日本夺取德国在山东的权益。	12月5日，沙罗离职，沃勒诺万被任命为印度支那总督，但他要求调离。		2月27日，实施鸦片专卖。	
1915	5月，日中签订《二十一条》。	1月26日，鲁姆被任命为印度支那总督。	在太平尝试区镇重组。第三季度，成立地方治安部门。		10月9日，成立全权法庭。
1916	6月6日，袁世凯病死。 7月12日，法国通过禁止有毒物质法。	11月7日，沙罗第二次出任印度支那总督，2月履职。 12月27日，实施宗主国7月12日法令，禁止使用毒品。	5月21日，赤坎升格为自治市。		

（续上表）

年份	法国、中国、国际大事	印度支那	广州湾		
			政治行政方面	经济方面	社会方面
1917	8月14日，中国参加协约国，对同盟国作战。 8月27日，孙逸仙在广州成立军政府，反对北京政府。 11月6日，布尔什维克在俄罗斯成功夺权。				
1918	5月，孙逸仙被桂、滇两系军阀赶出广州。				
1919	1月18日，巴黎和会召开。 4月30日，巴黎和会将德国在山东的权益转移给日本。 5月4日，中国爆发五四运动。	5月20日，沙罗返回法国。蒙吉约代理总督职责。 12月10日，莫里斯·龙成为印度支那总督。	第三季度，区镇重组经验推广到坡头和三合窝。		10月9日，确立广州湾土著居民户籍制。 盗匪掀起暴力浪潮（直到1926年）。
1920	10月底，陈炯明的粤军将桂军赶出广州。 11月，孙逸仙重返广州。		租借地分成7个代表区，分别由各区警卫队护卫。		
1921	4月2日，孙逸仙在广州成立共和政府。陈炯明出任广东省省长。 7月，中国共产党在上海成立。 11月12日，华盛顿会议召开。 12月3日，法国代表提出归还广州湾。			10月18日，广州湾鸦片贸易新章程出台，但没有改变鸦片走私的状况。	

（续上表）

年份	法国、中国、国际大事	印度支那	广州湾		
			政治行政方面	经济方面	社会方面
1922	2月，华盛顿会议结束。中国收回山东权益。 4月，孙逸仙解除陈炯明广东省省长和粤军总司令职务。 6月16日，陈炯明政变，孙逸仙离开广州。 12月14日，日本向中国交回胶州湾。	4月15日，莫里斯·龙离职。	9月14日，成立土著咨询委员会。	5月18日，确定广州湾鸦片出让价格。	5月31日，设立联合委员会，负责制定广州湾教育大纲。 9月，重组教育体系，在白雅特成立沙罗中学。
1923	2月21日，孙逸仙重掌广州政府权力。	2月20日，梅尔兰被任命为总督，8月10日履职。			
1924	1月，国民党在广州召开改组大会，第一次国共合作开始。	阮爱国和阮世传（Nguyen Thê Truyen，音译）在法国发表《控诉法国殖民主义》。			8月6日，根据总统令，设立印度支那银行白雅特支行。

（续上表）

年份	法国、中国、国际大事	印度支那	广州湾		
			政治行政方面	经济方面	社会方面
1925	2月11日，日内瓦禁烟协议签订，法国总统于6月26日签署法令予以执行。 3月12日，孙逸仙去世。 5月30日，日本和英国在上海、广州制造屠杀惨案，中国各大城市出现骚动。	6月21日，《青年报》创刊，成为联系年轻革命者和共产主义者的纽带。 4月22日，梅尔兰总督离职。 6月26日，法国政府要求印度支那执行1925年2月日内瓦协议，逐步取消鸦片贸易，但印度支那等到1926年10月22日才颁布法令。 7月，瓦莱纳成为印度支那总督。			2月，白雅特支行开业。 3月5日，重组土著司法体系。
1926	7月，中国北伐战争开始。	春季，青年学生和殖民当局爆发一系列冲突。		4月15日，白雅特和赤坎照明工程实施招投标。	

（续上表）

年份	法国、中国、国际大事	印度支那	广州湾		
			政治行政方面	经济方面	社会方面
1927	4月12日，上海政变。蒋介石屠杀共产党和工会成员。 8月1日，南昌共产党起义（红军诞生）。 12月11日—14日，广州公社（即广州苏维埃政府）宣布成立。	11月，阮太学（Nguyen Thai Hoc）组建越南国民党。	10月25日，广州湾分成三个行政区。		
1928	4月，国民党发起第二次北伐战争。 6月，攻占北京。蒋介石统一中国。 10月10日，南京国民政府成立。	8月23日，巴斯杰被任命为印度支那总督。		4月，“彻底”取消印度生鸦片在广州湾的销售。	
1929	春季，桂系军阀叛乱，爆发蒋桂战争。			7月26日，制定广州湾鸦片贸易新章程，11月9日获总督签署。	
1930	5月31日，法国颁布法令，确定1个印度支那皮阿斯特兑换10法郎的新汇率。 10月1日，英国归还威海卫。	2月7日，越南共产党在香港成立。 2月9日—10日，安沛起义，遭到暴力镇压。 春至秋季，整个印度支那爆发大规模罢工、骚乱、示威。	1月7日—8日，国联调查委员会到达白雅特调查鸦片贸易情况。 11月4日，南京正式提出收回租借地。 11月14日，法国外交部拒绝中方的要求。	1月6日，颁布11月9日鸦片贸易新章程法令。	11月25日，对土著司法体系进行新的重组。

（续上表）

年份	法国、中国、国际大事	印度支那	广州湾		
			政治行政方面	经济方面	社会方面
1931	5月，国民政府内部发生短暂的宁粤分裂。 9月 奉天事变（又称九一八事变）爆发，日本入侵满洲。 1月1日，毛泽东正式成立中华苏维埃共和国政府。 11月9日—27日，曼谷鸦片贸易会议召开。	总督府实施紧缩政策。		1—2月，中国海关在租借地周边设立多处关口。	
1932	3月，伪满洲国成立。		1月19日，巴斯杰到租借地视察。		
1933				11月，50名中国关员增援广州湾周边的关口。	3月10日，改革中式教育，结果改成非免费教育。
1934	10月10日，红军长征开始。	2月27日，罗宾被任命为总督。			5月11日，撤销全权法庭。 10月成立驻扎地法庭。
1935	10月，长征结束，红军到达陕西。 12月9日，北平学生抗议日本侵略，一二·九运动爆发。				5月20日，土著司法体系再次改革。 11月，法国航空公司开通上海—广州—白雅特—河内航线。

（续上表）

年份	法国、中国、国际大事	印度支那	广州湾		
			政治行政方面	经济方面	社会方面
1936	6月，国民党内部发生“两广事变”，很快解决。	8月8日，布雷维被任命为总督（1937年1月14日上任），任前由西尔威斯特任代理总督。			4月21—23日，坡头骚乱，地方治安队枪击群众，致5人死亡。
1937	7月7日，中日战争爆发。 11月底，日本占领上海。 12月至次年2月，日本占领南京，南京大屠杀。				8月30日，改革中式教育，重新由地区预算投入。
1938	10月，武汉和广州沦陷。国民政府迁都重庆。 12月18日，汪精卫变节。				
1939	2月10日，日本占领海南。 9月3日，法国和大不列颠宣布进入战争状态。	8月20日，卡特鲁被任命为总督。			

（续上表）

年份	法国、中国、国际大事	印度支那	广州湾		
			政治行政方面	经济方面	社会方面
1940	3月30日，汪精卫在南京成立与日本人合作的国民政府。	6月20日，卡特鲁向日本妥协，关闭中越边境。 6月25日，卡特鲁被撤职，德古上将被任命为总督（7月20日上任）。 9月22日，法国和日本达成军事协议。	8月，白雅特设立日本管控委员会。 11月21日，德古总督的视察团来访。		
1941	12月7日，日本袭击珍珠港。 12月25日，日军占领香港。	7月29日，《达尔朗—加藤协议》签订，印度支那纳入日本军事体系。			
1942	10月10日，美国和大不列颠提出放弃在华权益。 11月11日，德国入侵法国南部自由区。				

（续上表）

年份	法国、中国、国际大事	印度支那	广州湾		
			政治行政方面	经济方面	社会方面
1943	1月11日，美英为支持重庆政府放弃在华权益。 2月16日，维希宣布放弃法国在华权益和租界（包括上海、天津、汉口和广州）。 6月3日，法国民族解放委员会在阿尔及尔成立。 8月1日，重庆和维希断交。 8月27日，蒋介石部分承认法国民族解放委员会。		2月17日，日军占领租借地，法国行政未受影响。 5月17日，法日就租借地占领方式达成协议。	1月1日，重新实施独立于总预算的地方预算（根据1942年11月17日政令）。	
1944	6月2日，法兰西共和国临时政府成立，取代法国民族解放委员会。 6月6日，盟军在诺曼底登陆。 10月23日，同盟国（包括中国）承认法兰西临时政府。				
1945		3月9日，日本发动“三九政变”，废除法国在越南的统治。	3月10日，法国停止在租借地的行政工作。 8月18日，中法两国代表在重庆签署广州湾回归协议。 12月15日，最后一批法国人返回西贡。		

附录三

广州湾及周边地区地名对照表①

粤语拼音	普通话拼音	繁体字地名
Chec-Cheng	Shicheng	石 城
Hai-t'éou / Hoi-Téou	Haitou	海 頭
Hai-Kang	Haikang	海 康
Hoi-hao / Hoi-how	Haikou	海 口
Kao-Tchéou / Kao-Chou	Gaozhou	高州
Kiung-Chou / Kiung-Tchéou / Kiung-Chow / Ch'iung-Chou	Qiongzhou	瓊 州
Kong-Mui-Po	Jiangmenpo	江 門 坡
Kouang-Tchéou-Wan / Quang-Chéou-Wan / Kwang Chow Wan	guangzhouwan	廣 州 灣
Lei-Tchéou	Leizhou	雷 州
Ma-Tan-Sa-Tin	Mazanshatian	麻 昝 沙 田
Matché / Ma-Ché	Maxie	蔴 斜
Matchiang / Ma-Tchiang / Ma-Chiang	Mazhang	麻 章
Mon-tao / Montao / Mountao	Mentou	門 頭
Moui-Lok / Moui-loc	Meilü	梅 菉
Nam-Ni	Nan'er	南 二
Nam-San / Nam-Sang	Nansan	南 三
Nao-Chao / Nao-Tchao / Nao-Tchéou	Naozhou	硇 洲
Ng-Tchouen / Wu-chouen / Ou-Tch'ouen	Wuchuan	吳 川
Om-Pou / On-Pou	anpu	安 鋪
Pakhoi / Pac-Hoi	Beihai	北 海

① 本书多次提及租借地西南部的地名“志满”，但表中未列，疑表中“石门”为“志满”之误。本表所列“大噗”应为现在的“大埠（或大阜）”，“麻昝沙田”应为现在的“麻登”“沙田”。“圍州”应为广西北海的“涠洲岛”。——译注

（续上表）

粤语拼音	普通话拼音	繁体字地名
Pang-Chin	Fengcun	馮 村
Po-Téou	Potou	坡 頭
Potsi / P'o-Tsi	Puzi	鋪 仔
Sam-Pak / San-Pac	Sanbai	三 柏
San-Ka-Wo	Sanhewo	三 合 窩
Si-Kiang (fleuve)	Xijiang	西 江
Sing-Tchi / Sin-Chi	Xinxu	新 墟
Soui-Kay / Sui-Kay / Souei-Ky / Sui-Hsi	Suixi	遂 溪
Soui-Tong	Shuidong	水 東
Tai-Fu	Daipu	大 墣
Tai-Ping / T'ai-Ping	Taiping	太 平
Tam-Poun	Tanpan	潭 畔
Tam-Soui / Tam-Sui	Danshui	淡 水
Tan-Hai / Tanghai / Tonghai	Donghai	東 海
Ta-Tiaou-Soc	Datiaoshu	大 調 塾
Tchékam / Tchék'om / T'ché-kam	Chikan	赤 坎
Tchi-Moun	Shimen	石 門
Teoman	Tongming	通 明
Téou-Sian / T'éou-San	Tiaoshun	調 順
Tian-Pai	Dianbai	電 白
Tong-San / Tong-Shan	Dongshan	東 山
Tsam-Kong	Zhanjiang	湛 江
Tsu-Man	Xuwen	徐 聞
Vong-Lioc / Wong-Liok	Huanglüe	黃 略
Wang-Po / Wan-Po	Huangpo	黃 坡
Wei-Tchéou	Weizhou	圍 州
Yu-ling	Yulin	鬱 林

附录四

法中互订广州湾租借地条约

（1899 年 11 月 16 日）

Article 1—Le Gouvernement chinois, en raison de son amitié pour la France, a donné à bail pour quatre-vingt-dix-neuf ans, Kouang-Tchéou-Wan au Gouvernement français pour y établir une station navale avec dépôt de charbon, mais il reste entendu que cette location n'affectera pas les droits de souveraineté de la Chine sur les territoires cédés.

Article 2—Le territoire cédé comprendra les eaux et terrains nécessaires à la sécurité, à l'approvisionnement et au développement normal de la station navale et du dépôt de charbon, les terrains et les eaux en dehors de la concession revenant à la Chine.

La concession française comprendra donc:

1—L'île de Tong-hai;

2—L'île de Nao-Tchéou;

La passe qui sépare les îles de Nao-Tchéou et de Tong-hai étant nécessaire à la circulation des navires chinois, les dits navires pourront, à l'avenir, traverser le dit passage de la concession française ou y mouiller à volonté, sans être assujettis à aucun droit.

3—Une bande de terre au Leitchéou ayant pour frontière au sud, la rivière de Tong-Ming, à l'ouest la route mandarine de Leitchéou à Soui-Kay qui passe par Sing-Tchi; au nord, à partir de Tchi-Moun la frontière se dirigera dans le Nord-Est vers Tché-Han, passant entre cette ville et Fou-Kien.

Tché-Kam, Tchi-Moun et Sing-Tchi seront incorporés dans la concession; Hong-lioh, Matchang, Suifou et Foukien resteront sous la juridiction chinoise. Après Tché-Han, la frontière passant entre cette ville qu'elle laisse au sud et Foukien, se dirigera dans l'Est vers la mer, passera au Nord de l'île de

Tiaoshen et se dirigera vers Taolioue, où elle rejoindra la sous-préfecture d'Outchoan. Elle la traversera de l'Ouest à l'Est jusqu'à la rivière d'Outchoan près du fort de l'Ouest; elle suivra le milieu du lit de la rivière et aboutira à la mer. La frontière maritime sera de trois milles marins (c'est à dire dix li chinois) de profondeur.

Les eaux territoriales de trois milles de profondeur formeront la limite maritime qui ira rejoindre la frontière de Soueiky-hsien, laquelle frontière passe par le milieu de la rivière de Tong-Ming ci-dessus désignée. Quand la présente convention aura été signée et les cartes dressées d'un commun accord, les limites définitives seront fixées par des reconnaissances spéciales de fonctionnaires désignés par les deux gouvernements. Les dits fonctionnaires devront procéder sans retard à leur mission afin d'éviter tout froissement possible entre les deux pays.

Article 3—Le territoire sera gouverné et administré pendant les quatre-vingt-dix-neuf ans du bail par la France seule, cela afin d'éviter tout froissement possible entre les deux pays. Les habitants conserveront la jouissance de leurs propriétés; ils pourront continuer à habiter le territoire loué et vaquer à leurs travaux et occupations sous la protection de la France, aussi longtemps qu'ils se montreront respectueux de ses lois et de ses règlements. La France payera un prix équitable aux propriétaires indigènes pour les terrains qu'elle désirera acquérir.

Article 4—La France pourra élever des fortifications, faire tenir garnison à des troupes, ou prendre toute autre mesure défensive dans le territoire loué.

Elle pourra construire des phares, placer des bouées et signaux utiles à la navigation sur le territoire loué, le long des îles et des côtes, et d'une manière générale, prendre toutes les mesures et adopter toutes les dispositions propres à assurer la liberté et la sécurité de la navigation.

Article 5—Les navires de commerce à vapeur de la Chine seront traités dans le territoire loué comme dans les ports ouverts de la Chine.

La France pourra promulguer tous les règlements qu'elle voudra dans l'administration du territoire et du port et notamment percevoir les droits de phare et de tonnage destinés à couvrir les frais de construction et d'entretien des feux, balises et signaux. Ces mesures s'appliquent à Kouang-Tchéou-Wan. Exception est faite pour ce qui est dit à l'article 2 de cette convention des eaux de Nao-Tchéou et de Tonghai.

Article 6—Si des cas d'extradition se présentent, ils seront traités d'après les stipulations des conventions existantes de la France et de la Chine, notamment de celles qui règlent les rapports de voisinage entre la Chine et le Tonkin.

Article 7—Le Gouvernement chinois autorise la France à construire une voie ferrée et une ligne télégraphique terrestre reliant un point de la côte de Kouang-Tchéou-Wan, près de Tché-Han à un point de la côte aux environs d'Ompou. Les terrains qu'il y aura lieu d'acheter seront acquis par les fonctionnaires français avec le concours des mandarins locaux qui veilleront à ce que les propriétaires ne demandent que des prix raisonnables. Les frais de construction et d'exploitation seront à la charge de la France. Les Chinois auront le droit de faire usage de la voie ferrée et de la ligne télégraphique, d'après le tarif général appliqué.

Les mandarins devront veiller, sur leur territoire, à la protection de la voie et du matériel, mais la réparation et l'entretien de cette voie et de ce matériel seront à la charge de la France.

La France pourra également, au point d'aboutissement des lignes vers Ompou, faire toutes les installations nécessaires au service maritime de celle-ci. Le mouillage en eau profonde le plus voisin de ce point d'aboutissement sera réservé aux navires de commerce français.

La présente convention entrera immédiatement en vigueur Elle sera ratifiée dès à présent par l'Empereur de Chine et, lorsqu'elle aura été ratifiée par le Président de la République Française, l'échange de ratifications aura lieu dans le plus bref délai possible.

Fait à Kouang-Tchéou-Wan, le seize Novembre mil huit cent quatre-vingt-dix-neuf, en huit exemplaires, dont quatre en langue française et quatre en langue chinoise.

En cas de contestation, le texte français fera foi.

Le Généralissime des troupes du Kouang-Si et du Kiang-Han, Plénipotentiaire pour la délimitation de Kouang-Tchéou-Wan,
Signé : SOU-YUEN-TCHOUAN.

Le Contre-Amiral, Commandant en Chef, Plénipotentiaire pour la délimitation de Kouang-Tchéou-Wan,
Signé : COURREJOLLES.

NB : Cette Convention fut complétée le 24 Décembre 1899 par un télégramme du ministre de France disant que « les terrains vacants ou domaniaux situés sur le chemin de fer d'Ompou seront donnés et que les mines des préfectures de Lei-Tchéou, Lien-Tchéou et Kao-Tchéou seront concédées à des sociétés franco-chinoises. »

Source : *Documents diplomatiques français, 1899.*

附录五

广州湾隶属印度支那总督府管辖总统令

（1900 年 1 月 5 日）

Le Président de la République française,

Sur le rapport du ministre des Colonies,

Vu le décret du 21 avril 1891, fixant les attributions du gouverneur général de l'Indo-Chine;

Vu la convention, en date du 10 avril 1898, par laquelle le gouvernement chinois a donné à bail pour quatre-vingt-dix-neuf ans la baie de Kouang-Tchéou-Ouan au gouvernement français,

Décrète:

Art. 1—Le gouverneur général de l'Indo-Chine est chargé de l'administration du territoire de Kouang-Tchéou-Ouan où il exerce les pouvoirs qui lui ont été conférés par le décret susvisé du 21 avril 1891.

Art. 2—Le ministre des Colonies est chargé de l'exécution du présent décret.

Fait à Paris, le 5 janvier 1900.

Emile Loubet

Par le Président de la République:

Le ministre des colonies,

Albert Decrais

Source: *Journal officiel de la République française. Lois et décrets.* Numéro du 7 janvier 1900, p. 90.

附录六

广州湾设立土著咨询委员会公使令①
（1922年9月14日）

Remarque : texte non intégral.

Art 1 : « Il est institué dans le territoire de Kouang-Tchéou-Wan un Conseil consultatif indigène. »

Art 2 : « Le rôle de ce conseil est d'éclairer l'administration du Territoire sur les besoins et les desiderata de la population. »

Art 3 : Ce Conseil est constitué :

« par un représentant de la population chinoise de Fort-Bayard et par deux représentants de la population chinoise de Tchékam, élus au scrutin secret par un collège d'électeurs comprenant : les anciens fonctionnaires du Territoire ayant quitté leurs fonctions pour toute raison autre qu'une mesure disciplinaire, les anciens sous-officiers retraités de la Garde indigène, les Notables inscrits au registre de l'imp? t foncier et les patentés des cinq premières classes. »

La liste des électeurs est dressée chaque année dans les deux villes. « Nul ne peut être inscrit sur la susdite liste s'il n'est domicilié à Fort-Bayard ou à Tchékam depuis plus de cinq ans, s'il est agé de moins de 25 ans et s'il a subi une condamnation infamante. »

« (...) par des représentants de la population rurale à raison

---

① 本文件原文残缺不全。——译注

d'un représentant pour la délégation de Nao-Tchéou, deux pour la délégation de Tang-Hai, un pour la délégation de Taiping, un pour les délégations de Potsi et de Tchimoun, deux pour les délégations de Potao et de San-Ka-Wo, ces deux groupes de délégations ne forment chacun qu'une seule circonscription électorale. »

« Ses membres eront élus au scrutin secret par un collège électoral comprenant les kongkocs, les chefs de villages et notables, les anciens fonctionnaires du Territoire ayant quitté leurs fonctions pour toute raison autre qu'une mesure disciplinaire, les anciens sous-officiers retraités de la Garde indigène. »

« Nul ne peut être inscrit s'il n'est domicilié dans la délégation correspondante depuis plus de cinq ans, s'il a moins de 25 ans et s'il a subi une condamnation infamante, s'il a perdu l'exercice de ses droits civiques, s'il a été condamné à plus d'un an de prison, ou s'il a été condamné à moins d'un an de prison pou vol, abus de confiance, escroquerie, concussion ou corruption. »

Art 7: « Les membres du Conseil consultatif indigène sont nommés pour quatre ans. Ils sont indéfiniment rééligibles. »

Art 9: « Sont éligibles tous Chinois nés ou domiciliés, depuis au moins dix ans, dans le Territoire, agés de plus de trente ans et n'ayant subi aucune condamnation pour crimes ou délits de droit commun ou pour crime politique. » (. . .)

Art 11: « Le Conseil consultatif est réuni chaque année en session ordinaire, au plus tard dans la première quinzaine du mois de juillet, sur la convocation de l'Administrateur en chef. (. . .)

Il peut également être convoqué en session extraordinaire. La durée de chaque session ne peut excéder huit jours. »

Art 12: « Le Conseil consultatif est présidé par l'Administrateur en chef ou son délégué. » (. . .)

Art 13: « Le Conseil consultatif est obligatoirement consulté:

—sur le budget des recettes et sur les prévisions de dépenses d'intérêt économique et d'intérêt social;

—sur les changements proposés aux limites des circonscriptions administratives;

—sur les travaux de construction et d'entretien de ports, routes, digues et canaux. » (. . .)

Art 14: « Le Conseil consultatif peut émettre des vœux sur toutes les questions économiques et d'administration générale; mais tous vŒux politiques lui sont interdits. » (. . .)

Art 16: « L'Administrateur en chef peut dissoudre le Conseil consultatif. Mais il doit immédiatement rendre compte au Gouverneur Général des motifs de cette mesure. » (. . .)

Signé: Paul Blanchard de la Brosse, Administrateur en chef du Territoire de Kouang-Tchéou-Wan.

Source : CAOM, GGI, 65337.

附录七

法日共同防御广州湾协议①

（1943 年 5 月 17 日）

Texte non intégral

Art I：But de l'accord

En exécution de l'article 4 de l'accord local signé entre les autorités françaises et japonaises，est signé le présent accord qui a pour but de régler au mieux les problèmes de détail qui pourraient se présenter à l'avenir，et confirme par écrit les différentes ententes verbales déjà réalisées concernant la défense commune.

Art Ⅱ：Mouvement des armées japonaises et françaises et des bateaux français

1/ (...) Les forces armées japonaises qui ont été réduites au minimum dans le territoire de Kouang-Tchéou-Wan pourront être augmentées seulement en cas de circonstances graves. Les troupes pour la défense côtière，les troupes pour le débarquement du matériel ou pour la défense contre les avions，pourront être renforcées，si besoin est.

Toutefois，aucun accroissement des effectifs stationnés dans le territoire à la date de la signature du présent accord ne pourra être effectué sans entente préalable avec l'autorité française.

Néanmoins，en cas d'attaque brusquée du Territoire，les autorités militaires japonaises pourront sans aucune entente préalable faire entrer，stationner，transiter sur le Territoire，toutes les troupes nécessaires aux opérations de guerre. L'Administrateur en Chef sera tenu autant que possible

---

① 本文件原文残缺不全。——译注

au courant de ces mouvements.

2/ Par application de l'article 1 de l'accord local, les autorités françaises assureront spontanément, et dans la limite de leurs moyens, la sécurité du Territoire et s'efforceront de satisfaire au mieux aux demandes japonaises.

3/ Par application du même article, les armées japonaises et françaises et les forces de police française pourront franchir les frontières en cas de nécessité et dans le but de la défense commune, sans délibération préalable, mais devront s'aviser mutuellement et à toute heure.

4/ Les bateaux français pourront faire mouvement après accord avec la Marine japonaise.

Art. Ⅲ: Logement et nourriture

L'autorité française donnera toutes facilités pour le logement et la nourriture des troupes japonaises stationnées sur le Territoire ou y stationnant provisoirement.

Art. Ⅳ: Ports, entrepôts et autres installations militaires

1/ L'autorité française donnera toutes facilités, en vue de la défense commune, pour l'utilisation par l'Armée japonaise, des ports, de l'outillage des ports, entrepôts et de tout établissement pouvant avoir une utilité militaire, ainsi que pour des constructions nouvelles et des terrains nécessaires.

2/ L'Armée japonaise pourra utiliser en vue de la défense commune dans le Territoire de Kouang-Tchéou-Wan tous les champs d'aviation et les plans d'eau pour hydravions (y compris les emplacements convenables pour faire des aérodromes), sous réserve que l'autorité française puisse user des dits terrains et plans d'eau pour ses propres appareils.

3/ L'autorité française donnera toutes facilités pour l'utilisation des aménagements et batiments d'aérodromes.

Art. V: Réquisition du matériel militaire-Recrutement de la Main d'œuvre

1/ L'autorité française satisfera dans la mesure du possible aux demandes que l'Armée japonaise lui présentera concernant la réquisition et l'utilisation du matériel de guerre ainsi que pour le recrutement et l'utilisation de la main d'œuvre.

2/L'autorité française donnera toutes facilités en ce qui concerne l'utilisation des entrepôts par l'Armée japonaise.

L'autorité française apportera son aide à la réparation des voitures japonaises ou tout autre matériel militaire.

Art. VI: Défense contre avions

1/ Par application de l'article I de l'accord local, l'autorité française participera à la défense contre avions par entente étroite avec l'organisme de D. C. A. de l'Armée japonaise.

Cette dernière peut demander à l'autorité française de prendre des mesures de défense. Ces mesures s'appliqueront par priorité à la défense des habitants et des institutions militaires françaises.

2/ Les mesures de défense contre avions seront prises sans délai.

3/ L'ordre d'alerte (y compris le contrôle de l'éclairage) peut être provoqué par les autorités françaises ou japonaises à charge pour l'une ou l'autre de s'avertir mutuellement.

4/ Le contrôle des phares, balises ou autres signaux de navigation sera fait à la demande de l'autorité japonaise.

5/ Les lignes de communications existantes devront être utilisées par priorité pour la défense contre avions et entre les autorités françaises et japonaises responsables de cette défense.

Si les disponibilités en matériel le permettent, de nouvelles lignes pourront être installées par l'autorité française a la demande de l'autorité japonaise.

Art. Ⅶ: Défense côtière

1/ Si l'autorité française aperçoit, se dirigeant vers les côtes du Territoire de Kouang-Tchéou-Wan, des bateaux ou des avions appartenant à des adversaires du Japon, elle devra avertir sans délai l'autorité japonaise et prendre les mesures en son pouvoir pour les repousser.

2/ La défense côtière du Territoire de Kouang-Tchéou-Wan (y compris la pose des mines) doit être faite en accord avec l'autorité japonaise.

3/ Le moment où cette défense entrera en vigueur sera fixé après entente entre les autorités japonaises et françaises.

4/ Si nécessaire, l'autorité japonaise pourra installer des postes de garde aux points importants de la côte, ainsi qu'aux postes de vigie et aux postes de garde français.

Les Officiers pourront se rendre à ces différents postes en tournée d'inspection, ainsi qu'aux phares si c'est nécessaire; l'autorité japonaise en avisera alors l'autorité française qui donnera toutes facilités.

Art. Ⅷ: Circulation et transport

1/ Les autorités françaises satisferont dans la mesure du possible aux demandes que l'Armée japonaise présentera concernant la circulation et le transport dans le cas où les opérations militaires rendraient nécessaires ces demandes.

Toutes les fois qu'elle aura besoin d'utiliser les moyens de transport, l'autorité japonaise adressera une demande spéciale à l'autorité française qui s'efforcera d'y donner satisfaction.

2/ Si les routes ou les ponts sont détruits, le service des Travaux Publics chargé de l'entretien ordinaire devra en effectuer la réparation.

Si nécessaire, les autorités japonaises pourront fournir à ce service de la main d'œuvre pour accélérer la réparation, ainsi que du matériel.

3/ Les autorités japonaises pourront limiter ou interdire toute circulation et transport, sur terre, su mer et en rivière, dans tous les endroits occupés par l'Armée japonaise, et pendant des opérations particulières, dans le cas où des opérations le nécessiteraient et après en avoir avisé les autorités françaises.

Des dérogations aux mesures ci-dessus pourront être apportées pour des nécessités administratives ou de vie des habitants, après accord entre les autorités japonaises et françaises, accord visant les divers cas d'application.

Art. IX: Défense contre l'espionnage

1/ L'autorité française collaborera avec l'autorité japonaise dans sa lutte contre l'espionnage et les entreprises susceptibles de nuite à sa sécurité sur le Territoire.

Les autorités japonaises et françaises échangeront sans retard des renseignements.

2/ L'autorité française prendra toutes mesures nécessaires contre des actes portant préjudice à l'Armée japonaise et commis par des étrangers de quelque nationalité qu'ils soient.

3/ L'autorité française reconnaît toute l'importance du secret dans les opérations de défense commune du Territoire de Kouang-Tchéou-Wan.

En vue de préserver ce secret, les autorités japonaises et françaises pourront placer des agents au contrôle postal et télégraphique et au bureau téléphonique pour surveiller et contrôler les correspondances privées. L'installation et les attributions de ces agents seront réglées par un accord particulier.

Les autorités japonaises et françaises feront le nécessaire pour la surveillance et la recherche des postes radio clandestins portant entrave aux communications officielles et militaires que les forces japonaises militaires et navales entretiennent pour les opérations.

Art. X: Renseignements et propagande

1/ Les autorités françaises et japonaises s'efforceront de rechercher les renseignements intéressant la défense commune et se les communiqueront le plus rapidement possible.

2/ L'autorité française apportera son concours à la propagande ayant pour but la défense commune.

Art. XI: Communications postales, télégraphiques, téléphoniques ou par TSF

1/ L'autorité française suspendra provisoirement les communications privées postales, télégraphiques, téléphoniques ou par TSF:

—d'urgence, si les opérations militaires le nécessitent;

—à la demande de l'autorité japonaise.

2/ Les communications concernant la D. C. A doivent être acheminées par priorité.

3/ En cas de nécessité, l'autorité japonaise pourra indiquer la longueur d'ondes [sic], la puissance, les heures d'émission que les postes autres que les siens pourront employer.

4/ L'autorité française confisquera immédiatement tout appareil de TSF d'émission privé (y compris les appareils d'amateurs) qui fonctionneraient sur le territoire sans autorisation de l'Armée japonaise.

Le nom des propriétaires, les caractéristiques de l'appareil (longueur d'ondes, sphère de communication, puissance, genre d'appareil, emplacement de l'appareil, habilité [sic] du manipulateur) seront communiqués à l'autorité japonaise.

5/ L'autorité française interdira l'emploi de tous les appareils récepteurs de signaux télégraphiques privés sur ondes courtes, non autorisés par l'Armée japonaise et confisquera ces appareils.

6/ Les mesures actuelles concernant la réception des ondes courtes seront appliquées par l'autorité française plus rigoureusement et contrôlées avec davantage de soin.

Art. Ⅶ: Mesures sanitaires

1/ Dans la limite des possibilités, l'autorité française donnera toutes facilités pour traiter et soigner les blessés de l'Armée japonaise.

Les batiments, instruments médicaux, remèdes, à l'exception de ceux qui sont nécessaires aux habitants, pourront être prêtés aux troupes japonaises sur leur demande.

Toutefois, l'Armée japonaise n'a pas l'intention de restreindre les moyens sanitaires mis à la disposition de la population civile.

Art. Ⅷ: Divers

1/ Les unités aériennes japonaises et françaises se communiqueront les marques d'identification de leurs avions.

2/ L'autorité française prêtera à l'Armée japonaise les plans et cartes hydrographiques.

3/ Les articles de détail, énumérés à l'additif joint, sont ceux que les deux autorités ont déjà mis à exécution amicalement après entente verbale, par application de l'accord local du 21 février et à la suite des circonstances postérieures à cet accort et consécutives à la poursuite des opérations.

Fort-Bayard, le 17 mai 1943.

Signé: A. ROQUES, Administrateur en chef du Territoire de Kouang-Tchéou-Wan, et le Général WATARI, Commandant les troupes japonaises de la presqu'île de Loui Tchéou.

Source : CAOM, GGI, CM 780.

附录八

法中交收广州湾租借地专约

（1945 年 8 月 18 日）

Le Gouvernement Provisoire de la République Française et le Gouvernement National de la République de Chine, se référant à l'échange de lettres en date du 13 mars 1945 prévoyant le règlement des questions pendantes entre la France et la Chine dans l'esprit d'amitié qui a toujours existé entre les deux Nations, ont décidé de conclure une Convention à cet effet, et ont désigné pour leurs Plénipotentiaires, à savoir:

Son Excellence Monsieur le Président du Gouvernement Provisoire de la République Française:

Monsieur Jean DARIDAN, Conseiller d'Ambassade, Chargé d'Affaires de France, Son excellence Monsieur le Président du Gouvernement National de la République de Chine:

Son Excellence Monsieur le Docteur KUO-CHENG WU, Vice-Ministre politique des Affaires Etrangères de la République de Chine.

Lesquels, après s'être communiqué leurs pleins pouvoirs respectifs, trouvés en bonne et due forme, ont convenu des articles suivants:

Article 1—La Convention franco-chinoise du 16 novembre 1899 est abrogée et les droits accordés au Gouvernement français par cette Convention prennent fin.

Article 2—Le Gouvernement Français consent à ce que le Territoire à bail de Kouang-Tchéou-Wan tel qu'il est délimité par la Convention franco-chinoise du 16 novembre 1899, revienne sous l'administration et le contrôle chinois, étant entendu que le Gouvernement chinois, en reprenant ce territoire, en assumera les obligations et le passif et assurera la protection de tous droits légitimes.

Article 3—Le Gouvernement français se dessaisira gracieusement en faveur du Gouvernement chinois de tous terrains, batiments, propriétés publiques, installations et établissements situés sur ce territoire et lui appartenant. Il remettra au Gouvernement chinois tous registres, archives, titres de propriété et autres documents qui pourraient être utiles au transfert et à l'administration subséquente du Territoire de Kouang-Tchéou-Wan.

Article 4—1°) Pour parer à toutes les questions relatives aux droits et titres existants de propriétés immobilières possédés par des Sociétés et des ressortissants français dans le Territoire de Kouang-Tchéou-Wan et aux questions qui pourraient surgir de l'abrogation de la Convention franco-chinoise du 16 novembre 1899, le Gouvernement Français et le Gouvernement Chinois conviennent que ces droits et titres existants seront imprescriptibles et ne seront mis en cause sous aucun prétexte, à moins que la preuve ne soit établie par une procédure légalisée régulièrement de leur acquisition frauduleuse ou par des moyens frauduleux et malhonnêtes, étant entendu qu'aucun droit ou titre ne sera invalidé en vertu de changements postérieurs de quelque nature que ce soit dans la procédure originale suivant laquelle ils ont été acquis. Il est également convenu que l'exercice de ces droits ou titres sera soumis aux lois et règlements de la République chinoise sur les taxes, la défense nationale et le droit de domaine éminent; aucun de ces droits ou titres ne pourra être aliéné au profit du Gouvernement ou des ressortissants, y compris les Sociétés, d'un tiers pays quelconque, sans le consentement exprès du Gouvernement de la République Chinoise.

2°) Le Gouvernement Français et le Gouvernement Chinois conviennent également que si le Gouvernement de la République Chinoise désirait remplacer par de nouveaux titres de propriété le titre actuellement existant ou tout autre document probatoire relatif aux propriétés immobilières possédées par des sociétés ou des ressortissants français, le remplacement en sera fait par les autorités chinoises sans frais d'aucune sorte et les nouveaux titres de propriété protègeront les détenteurs de ces titres ou autres documents probatoires et leurs héritiers légaux ou leurs agents en cause sans diminution de leurs droits et intérêts antérieurs y compris le droit d'aliéner.

3°) Le Gouvernement Français et le Gouvernement Chinois conviennent également que les sociétés et ressortissants français ne seront pas obligés ou invités par les autorités chinoises à payer aucun droit pour des transferts de terrains effectués à une époque antérieure à la date à laquelle la présente Convention entrera en vigueur.

Article 5—Le Gouvernement Chinois consent à louer sans frais au Gouvernement Français pour une durée de réquisition renouvelable au grès des parties, l'ancienne résidence de l'Administrateur-en-Chef du Territoire de Kouang-Tchéou-Wan de Fort-Bayard, avec les terrains et annexes qui en dépendent, pour en faire le siège d'un Consulat de France, si le Gouvernement Français en fait la demande, étant entendu qu'au cas où le Gouvernement Français renoncerait à se prévaloir de cette disposition dans le délai d'un an à partir de la conclusion de la présente Convention, le Gouvernement Chinois reprendrait le libre et définitif usage de ce terrain et de ces batiments.

Article 6—Les dispositions de la présente Convention prendront effet immédia tement.

Article 7—La présente Convention sera rédigée en double exemplaire, en français et en chinois, les deux textes faisant également foi.

En foi de quoi, les Plénipotentiaires sus-mentionnés ont signé la présente Convention et y ont apposé leur sceau.

Fait à Chungking, le dix-huitième jour du mois d'août Mil neuf cent quarante cinq correspondant au dix-huitième jour du huitième mois de la trente-quatrième année de la République de Chine.

ANNEXE

Au moment de la signature de la Convention de ce jour sur la rétrocession du Territoire à bail de Kouang-Tchéou-Wan, les Plénipotentiaires ont convenu de l'envoi sur place, quand aura lieu la libération de ce Territoire, d'une Commission mixte franco-chinoise composée d'un membre de l'Ambassade de France en Chine, ayant pour mission de:

1) Assister les autorités locales dans le règlement des questions urgentes relatives au transfert de l'administration.

2) Prendre les mesures nécessaires pour que le rapatriement des ressortissants français civils et militaires soit assuré dans les meilleures conditions.

Signé: Jean DARIDAN et KUO-CHENG WU.

Source: CAOM, HCI, Conspol. 220

附录九

1900—1942 **年广州湾财政收支决算表**（单位：皮阿斯特）

年份	决算		盈余	总预算补贴
	收入	支出	（收入－支出）	
1900	56 599	39 007	17 592	40 000
1901	104 106	72 362	31 744	0
1902	130 628	127 330	3 298	2 400
1903	150 065	145 051	5 014	20 000
1904	196 332	213 894	－17 562	45 000
1905	211 882	202 511	9 371	60 000
1906	192 377	202 862	－10 485	113 000
1907	215 699	219 915	－4 216	113 000
1908	227 873	227 916	－43	113 000
1909	213 766	213 766	0	102 000
1910	233 843	233 843	0	96 000
1911	217 423	217 423	0	76 000
1912	341 010	245 318	95 692	41 107
1913	335 545	287 703	47 842	38 669
1914	317 634	295 195	22 439	97 561
1915	361 592	342 434	19 158	197 473
1916	372 709	313 151	59 558	239 740
1917	431 618	337 138	94 480	330 000
1918	428 984	352 608	76 376	293 000
1919	474 380	357 118	117 262	354 500
1920	502 628	409 802	92 826	405 500
1921	450 054	416 363	33 691	344 000
1922	517 718	486 726	30 992	396 000
1923	533 533	464 292	69 241	400 000
1924	546 936	501 818	45 118	400 000

（续上表）

年份	决算		盈余（收入－支出）	总预算补贴
	收入	支出		
1925	594 258	483 065	111 193	400 000
1926	560 094	542 663	17 431	416 850
1927	870 197	746 117	124 080	565 120
1928	680 276	637 265	43 011	416 850
1929	690 983	665 154	25 829	416 850
1930	719 256	681 719	37 537	400 000
1931	746 064	690 446	55 618	400 000
1932	620 390	568 029	52 361	300 000
1933	490 492	486 710	3 782	142 000
1934	498 359	481 476	16 883	184 500
1935	492 542	432 269	60 273	166 250
1936	534 908	523 049	11 859	209 960
1937	556 572	498 967	57 595	170 730
1938	603 013	533 125	69 888	200 792
1939	892 888	723 890	168 998	210 000
1940	1 027 448	777 647	249 801	166 000
1941	3 283 321	1 881 461	1 401 860	242 000
1942	3 626 202	3 269 653	356 549	0

（来源：数据来自广州湾各类预算表，CAOM，GGI et BNF）

附录十

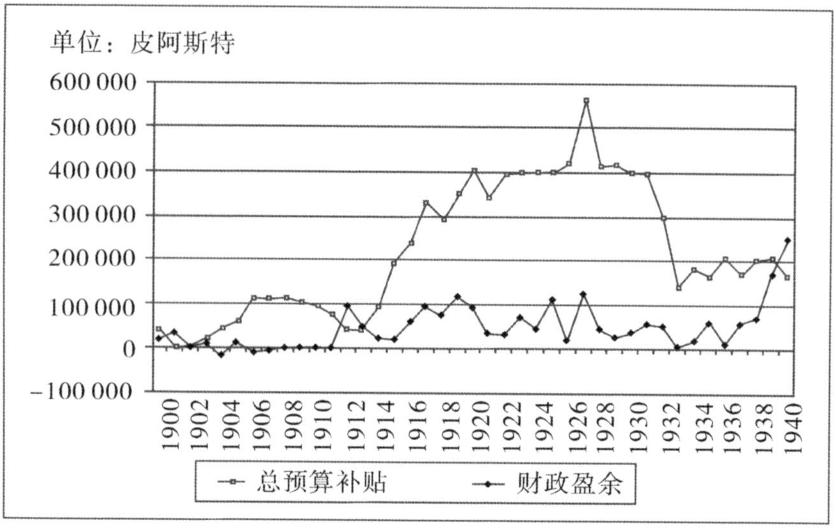

广州湾获印度支那预算补贴及年度财政盈余图（1900—1940）

（来源：数据来自广州湾各类预算表，CAOM，GGI et BNF. 如上图所示，1941年广州湾财政盈余高达 1 400 000 皮阿斯特，已突破此图表的最高单位数量，所以图表只能画到 1940 年止，无法将 1941—1942 年的盈余情况标示出来）

附录十一

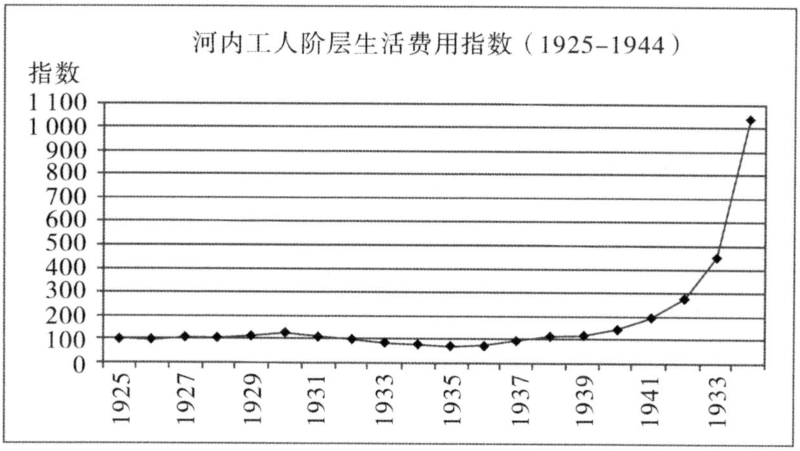

印度支那通货膨胀指数示意图（1925—1944）

（说明：本表指数以 1925 年为基数 100。资料来源：印度支那统计年鉴，1941—1944）

缩略语和货币单位说明

一、本书缩略语

Aff. pol.：政治事务
ANVN：越南国家档案馆
ASOM：海外科学院
BNF：法国国家图书馆
CADN：外交部南特外交档案中心
CAOM：海外档案中心（埃克斯—普罗旺斯）
CM：军事办公厅
Conspol.：政治顾问
DAPC：政治和商务处
DDF：法国外交文件
FM：部长档案
GGI：印度支那总督府
HCI：法国驻印度支那高级专员署
IDEO：远东印刷厂
IHPOM：海外历史研究院（普罗旺斯大学）
IRSEA：东南亚研究院（马赛，普罗旺斯大学）
KTW：广州湾
MAE：外交部
MEP：巴黎外方传教会
SHM：海军部历史服务处

二、货币单位说明

本书货币符号 \$ 代表法属印度支那皮阿斯特，F 代表法国法郎，\$US代表美元，\$HK 代表港元，\$Kt 代表广东银圆。

图表、地图和图片索引

译名对照表

一、人名和集体名

A Piou, Jean 詹阿彪

Adam 亚当

Albi, Gustave 古斯塔夫·阿尔比

Alfonsy, Marc 马克·阿勒丰希

Alger 阿尔及尔

Alliance française 法兰西联盟

Alouette 云雀号

American 美洲人号

Amphitrite 安菲特里忒号

Anglo – French Syndicate 英法辛迪加

Archimbaud, Léon 莱昂·阿尔尚博

Arsène – Henry 阿尔塞纳—亨利

Asiatic Petroleum and Cie 亚洲石油公司

Balfour 贝尔福

Ballandier, Georges 乔治·巴朗迪尔

Banque de l'Indochine 东方汇理银行

Banque Industrielle de Chine 中裕实业银行

Bao Dai 保大

Bapst 巴斯德

Bargues 巴尔格

Bartissol, Edmond 埃德蒙·巴尔提索勒

Baudet, Philippe 菲利普·鲍戴

Baudoin, Paul 保罗·鲍杜安

Bayard 白雅特

Beau, Paul 保罗·鲍

Beaumont (Jean – Olivier de la Bonninière de), vice – amiral 博蒙海军少将

Beauvais 伯威

Béchamp, Dr 贝尚医生

Bel, J. – M. 贝尔

Berque, Augustin 奥古斯丁·贝尔克

Bert, Paul 保罗·贝尔

Berthelot, Philippe 菲利普·贝尔特罗

Besnard (amiral) 贝斯纳海军上将

Bidault, Georges 乔治· 毕多勒

Billy, Robert de 罗伯特·德·比利
Blanchard de la Brosse, Paul 保罗·布朗夏尔·德·拉布罗斯
Boissézon 鲍思颂
Bonnifay (capitaine) 海军上校波尼费
Borel 博雷勒
Borgnis – Desbordes (général) 伯尔尼—德伯尔德将军
Bosc, Jules 儒勒·博斯克
Boudet, Paul 保罗·布戴
Bourdon, Henry 亨利·布尔东
Bourgeois, Léon 莱昂·布尔热瓦
Boutet (capitaine) 布戴舰长
Bouvet de la Touche (lieutenant) 布维·德·拉·杜什中尉
Braga 布拉加
Brand 布朗
Brenier, Henri 亨利·白赉宜
Brévié, Jules 儒勒·布雷维
Briand, Aristide 阿里斯提德·白里安
Brisson, Henri 亨利·布里森
Brocheux, Pierre 皮埃尔·布罗歇
Broni, Edouard 爱德华·布罗尼
Brugère, Dr 布吕热尔博士
Bruguière, Michel 米歇尔·布吕吉耶尔
By Tan – Kia 妃陈仔
By – Poui 妃肥
By – Xa 妃三
C. T. Wang C. T. 王
Caillard, Gaston 加斯东·卡亚尔
Caillaux, Joseph 约瑟夫·卡约
Cambon, Paul 保罗·康邦
Campi 康比
Can Vuong 勤王运动
Catroux (général) 卡特鲁将军
Cazaux 卡佐
Cazenave 卡泽纳夫
Cellard, Père 谢兰神父
Chunxuan, Cen 岑春煊
Cerise, baron 瑟里斯男爵
Chailley, Joseph 约瑟夫·夏约
Chaix 柴克斯
Champestève 尚贝斯代夫
Chanès, Père 伸德辉(沙耐思)神父
Chapuis, J. 夏布益医生
Charles, Jean 让·夏尔
Chausse, Mgr 邵斯主教
Chauvel, Jean 让·肖维勒
Chen Jianxun 陈建勋
Chen Jiongming 陈炯明
Chen Lao Yaidao (voir Chen Jian-sun) 陈老牙刀(见陈建勋)
Chen Mingshu 陈铭枢
Cheng Yi 郑一
Clarac 克拉拉克

Claret – Llobet 克拉雷—罗贝
Claudel, Paul 保罗·高乐待
Clémenceau 克列蒙梭
Clémentel 克莱蒙代勒
Cléopatre 克莱奥帕特尔
Coiffard 顾亚发
Colquhoun 柯乐洪
Comète 彗星号
Comité de l'Afrique française 法国非洲委员会
Comité Français de Libération Nationale（CFLN）法国民族解放委员会
Commission consultative de l'Opium（CCO）鸦片咨询委员会
Compagnie des Trois Prospérités 三鑫公司
Compagnie française de tramways 法国有轨电车公司
Compagnie lyonnaise indochinoise 印度支那里昂公司
Compagnie royale de Chine 皇家中国公司
Conseil de défense de l'Indochine 印度支那防卫委员会
Conseil supérieur de l'Indochine 印度支那高级委员会
Contancin, Père 龚当信神父
Conty 孔蒂
Cornillon, J. 考里伦
Cosme 戈思默
Courbet（amiral）孤拔海军中将
Courrejolles（contre – amiral）高礼睿海军准将
Cruppi 科卢比
Cuong Dê 阮疆柢
Dai Fuchen 戴福臣
Daladier 达拉迪埃
Danrit（capitaine）丹利上尉
D'Argenlieu（amiral）达尚礼海军上将
Daridan 戴立堂
Darlan（amiral）达尔朗海军上将
Daubresse 多布莱斯
De Gaulle, Charles（général）戴高乐将军
De Langlade（commandant）德·朗格拉德司令
Dê Tham 提探
Debaux, Raoul 拉乌尔·德伯
Decoux, Jean（amiral）让·德古海军上将
Decrais, Albert 阿尔贝尔·德克莱
Dejean de la Bâtie, Maurice 莫里斯·德让·德·拉巴迪
Delambre（général）德朗布尔将军
Delcassé, Théophile 泰奥菲尔·德尔卡塞
Deloncle, François 弗朗索瓦·德朗克勒

Demongin 德蒙仁
Deng Ben'en (Tang Poun – Yan) 邓本殷
Depied, Dr 德皮埃博士
Descartes 笛卡尔号
Dianoux, Hugues – Jean de 胡格—让·德·迪阿努
Dimpault 丹伯勒
Division navale de l'Extrême-Orient 远东分舰队
Domec, Pierre – Jean 皮埃尔—让·德梅克
Dongshan 东山
Doumer, Paul 保罗·杜美
Doumergue, Gaston 加斯东·杜美尔格
Dreyfus, Alfred 阿尔弗雷德·德雷福斯
Du Pac de Marsoulis, Maurice 莫里斯·杜·巴克·德·马尔苏里
Du Vivier de Streel, Edmond 埃德蒙·杜·维维叶·德·斯特里勒
Du Yuesheng 杜月笙
Duan Qirui 段祺瑞
Dubail, Henri 亨利·吕班
Duboscq, André 安德烈·杜博斯克
Dubost, Louis 路易·杜波斯
Ducamp 杜康
Duchêne 杜歇纳
Dufrénil, Paul 保罗·杜弗雷尼勒
Dujardin – Beaumetz 杜热尔登—博梅兹
Dupuy, Charles 杜布益
Duval de Sainte Claire 杜瓦勒·德·圣—克莱尔
Duy Tan 越南维新会
Escarra, Jean 让·艾斯卡拉
Esserteau, Dr 艾斯陶
Estoc 长剑号
Etienne, Eugène 欧仁·艾蒂安
Exposition coloniale de Marseille 马赛殖民博览会
Fabry 法布里
Fallières 法列尔
Fang Tong – San 方同山
Favey 法维
Feng Guochang 冯国璋
Ferradini (capitaine) 费拉蒂尼船长
Ferrand, Auguste 范兰神父
Ferry, Jules 茹费里
Fleuriau 弗勒里奥
Fontaine, Lucien 吕西安·枫丹
Fontaney, Père de 洪若翰神父
Foreign Office 外交部（英国）
Fort (capitaine) 福尔上校
Fourniau, Charles 夏尔·弗尔尼奥
François Xavier (圣) 方济各·沙勿略
François, Auguste 方苏雅
Francq, L. 弗兰克

Fuji 富士
Gaimusho 外务省（日本）
Gandon，Armand 阿尔芒·甘东
Garde，Joseph 约瑟夫·卡尔德
Garnier，Albert 阿尔贝尔·卡尔尼埃
Garnier，Francis 安邺
Gauthier，Mgr 俄永垂主教
Gautret，Ferdinand 斐迪南·高特雷
Gautret，Fernand 费尔南·高特雷
Gendrot，Emmanuel 埃马纽埃勒·让德罗
Gigault de la Bédollière（contre – amiral）吉戈特·德·拉·比道里埃尔准将
Gilles 吉勒
Godart，Justin 吉斯坦·戈达尔
Goldshoen（lieutenant – colonel）高尔德肖恩中校
Gong，Prince 恭亲王
Gourlaouen（enseigne de vaisseau）古尔拉旺海军中尉
Gouvernement provisoire de la République française（GPRF）法兰西共和国临时政府
Grall，Dr 格拉勒博士
Graziani 格拉贾尼
Grenard 格勒纳
Gu Weijun（Wellington Koo）顾维钧（威灵顿·顾）
Guangxu（empereur）光绪皇帝
Guébriant，Mgr de 光若翰主教
Guibaut，André 安德烈·季博
Guillain，Antoine 安托万·吉安
Guillaume Ⅱ 纪尧姆二世
Guillemin，Père 明稽章神父
Guillemoto 吉叶莫托
Guillen，Pierre 皮埃尔·吉扬
Guomindang 国民党
H. H. Kong H. H. 孔
Habert 阿贝尔
Hakka 客家
Ham Nghi 咸宜帝
Hanotaux，Gabriel 加布里埃勒·阿诺托
Hardouin，Charles 夏尔·阿尔杜温
Hart，Robert（Sir）罗伯特·赫德爵士
Hay，John 海约翰
Hémery，Daniel 达尼埃尔·埃梅里
Herriou，Yann – Firmin 扬—菲尔曼·埃里乌
Hitler 希特勒
Hitoshito Yima 伊马
Ho Yuen 郝运
Hoàng Hoa Thám（voir Dê Tham）黄花探（参见提探）
Hobsbawm，Eric 埃里克·霍布斯鲍姆
Hoklo 河佬

Homberg, Octave 奥克塔夫·昂贝尔格
Hoskiaer (colonel) 奥斯基亚尔上校
Hou Hong – Hing 胡汉卿
Hu Hanmin 胡汉民
Huang Jinrong 黄金荣
Huang Mingtang 黄明堂
Huang Qiang, Gaston 加斯东·黄强
Huang Xing 黄兴
Hughes, Charles Edward 查尔斯·爱德华·休斯
Hull, Cordell 科德尔·赫尔
Humann (amiral) 于蒙上将
Huyên Diêp (Hoang Tung Mâu) 黄东茂
Jaurès, Jean 让·饶勒斯
Jeanbrau (capitaine) 让布罗上尉
Joffé 越飞
John Jordan (Sir) 约翰·佐敦爵士
Jusserand, Jules 儒勒·儒斯朗
K. C. Wu (voir Wu Guozhen) K. C. 吴(参见吴国桢)
Kahn, Gaston 甘斯东·卡恩
Kammerer 卡梅雷
Kang Youwei 康有为
Kangxi 康熙
Kato 加藤
Kejia 客家
Kératry 凯拉特里
Khan, Otto 奥托·康
Kircher 基尔谢
Klobukowski, Antony 安东尼·克洛布克维斯基
Kong Xiangxi (voir H. H. Kong) 孔祥熙(参见 H. H. 孔)
Konoe (prince) 近卫文麿
Koun (enseigne de vaisseau) 古恩海军中尉
Krautheimer, Félix 菲利克斯·克劳泰默
Kuriya 栗谷
Kwok Tze – Sheung 霍子常
*La Fayette*拉法耶特号
Laï 黎语
Lam A – San (voir Lao Fa – San) 烂阿三(参见老花生)
Lam By – San (voir Lao Fa – San) 烂妃三(参见老花生)
Langellier – Bellevue, Pierre 皮埃尔·朗热列—贝勒居
Lao Fa – San 老花生
Larcher, Agathe 阿伽德·拉尔谢
Laure, Charles 夏尔·劳尔
Laurent, Père 罗凌神父
Laurin 罗兰
Laval, Pierre 皮埃尔·赖伐尔
Le Bon, Gustave 古斯塔夫·勒邦
Le Conte 勒·孔德
Le Failler, Philippe 菲利普·勒·法耶

Le Prévost 勒·普雷沃斯特
Le Taillandier, Père 勒·达扬迪埃神父
Lebas, Père 和为贵神父
Lebrun, Albert 阿尔贝尔·勒布伦
Leclerc (général) 勒克勒尔克将军
Leclère 勒克乐尔
Lecointe 乐古昂德
Léger 雷热
Leïchmann, Père 雷克曼神父
Leiris, Michel 米歇尔·雷利
Lémery 雷莫里
Lencou - Barême 朗古—巴莱姆
Léonardou 莱奥纳尔多
Leong Chak - Sun 梁泰荪
Léopold Ⅱ 莱奥波尔二世
Leroy - Beaulieu, Paul 保罗·勒瓦—勃列
Li Fulong (voir By - Poui) 李福隆（参见妃肥）
Li Hongmao 黎洪茂
Li Hong - Wan 李汉魂
Li Hongzhang 李鸿章
Li Yinxue 李上校
Li Yuanhong 黎元洪
Liang Na'er 梁那二
Liang No - Ni (voir Liang Na'er) 梁那二（参见 Liang Na'er）
Liébert, Gaston (consul) 加斯东·联伯尔领事
Liégeot 列若
Ligue jurée (voir Tongmenhui) 同盟会（参见 Tongmenhui）
Lion 狮子号
Lockroy, Edouard 爱德华·洛克瓦
Long Jiguang 龙济光
Long, Maurice 莫里斯·龙
Loubet, Emile 埃米尔·鲁贝
Lu Rongting 陆荣廷
Lu Tcheung - Wing 吕春荣
Luce, Paul 保罗·鲁斯
Luong Lap Nam (Luong Ngoc Nguyen) 梁立南
Luong Ngoc Can (Cu Can) 梁玉瑾（越南秋瑾）
Lutin 精灵号
Madrolle, Claudius 克洛迪厄斯·马德罗尔
Maginot 玛吉诺
Magunna, Dr 马古纳医生
Malberti 马勒贝尔提
Mandel, Georges 乔治·孟德勒
Marchand, Jean - Baptiste 让—巴普迪斯特·马尔尚
Maréchal, Père 马雷夏勒神父
Margerie 马尔热里
Marot (lieutenant - colonel) 马洛中校
Marquis (capitaine) 马尔奇舰长
Martel 玛德
Martini 马尔提尼
Maruyama 丸山

Masse 马斯
Massigli 马西格里
Massimi（capitaine）马西米舰长
Mat – Gioi（voir Pouvourville）马特—吉奥伊（参见布乌尔维勒）
Matsuoka 松冈洋右
Maugras 莫格拉
Méline, Jules 儒勒·梅林
Merat 梅拉
Merel, Mgr 莫雷勒主教
Messimy 梅西米
Métaireau 美泰洛
Métin, Albert 阿尔贝尔·梅丹
Milliès – Lacroix 米列—拉克瓦
Ming（dynastie des）明朝
Mission lyonnaise d'exploration en Chine 里昂商业考察团
Missions Etrangères de Paris 巴黎外方传教会
Mitani 三谷
Monis 莫尼斯
Montebello 蒙特贝罗
Montguillot 蒙吉约
Morel 莫雷勒
Moretti 莫雷提
Moutet, Marius 马利尤斯·穆戴
Murray, Dian 穆黛安
Mussolini 墨索里尼
Naggiar 那齐雅
Nguyên Ai Quôc（voir Hô Chi Minh）阮爱国（参见胡志明）
Nishihara 西原
Normand 诺尔曼
No – Xa（voir By – Xa）那三（参见妃三）
Ohl 奥勒
Outrey, Ernest 厄内斯特·乌特雷
Pan Peikai（général）潘培楷将军
Pasquier, Pierre 皮埃尔·巴斯杰
Patenôtre 巴德诺
Patti（major）帕蒂少校
Paul – Boncour 保罗—邦古尔
Pechkoff（général）贝志高将军
Pelet, Paul 保罗·贝雷
Pereyra 佩雷拉
Perry, Elizabeth 裴宜理
Pétain, Philippe（maréchal）菲利浦·贝当元帅
Petit 普提
Phan Boi Chau 潘佩珠
Phan Chu Trinh 潘周桢
Phan Tri Phu 潘志富
Phérivong 菲利旺
Philastre 菲拉斯特尔
Phong（général）冯将军
Picard – Destelan 铁士兰
Pichon, Stephen 斯蒂芬·毕盛

Picquié, Albert 阿尔贝尔 · 比克奇
Pietry 皮埃特里
Pigneau de Béhaine, Mgr 百多禄主教
Pignon, Léon 莱昂 · 毕农
Pignon, Louis 路易 · 毕农
Pila, Ulysse 尤里斯 · 比拉
Pillorget, René 勒内 · 皮洛尔热
Ping – Nam（voir By – Poui）炳南（参见妃肥）
Piry 比利
Playfair, G. M. H. 佩福来
Pottier（amiral）鲍狄埃上将
Pouvourville, Albert de 阿尔贝尔 · 德 · 布乌尔维勒
Pressensé, Francis de 弗兰西斯 · 德 · 布雷松塞
Przyluski, Jean 让 · 普祖鲁斯基
Purovet 普罗维
Qing（dynastie）清朝
Quesnel, Paul 保罗 · 格斯奈勒
Rangaux 让国
Ratard, Jules 巨籁达
Rayssac, Mgr 实茂芳主教
Recoules, Dr. 雷古勒医生
Reynaud, Paul 保罗 · 雷诺
Rhodes, Alexandre de 罗历山
Ricci, Matteo 利玛窦
Genouilly, Rigault de 黎峨 · 德 · 热努伊
Rivet, Louis 路易 · 李维
Robin 罗宾
Rocher, Emile 埃米尔 · 罗谢
Roosevelt 罗斯福
Roques 罗克
Roume, Ernest 厄内斯特 · 鲁姆
Rousseau, Armand 阿尔芒 · 卢梭
Ruscio, Alain 阿兰 · 吕西奥
Salabelle, Pierre 皮埃尔 · 沙拉贝勒
Sandianhui 三点会
Sarraut, Albert 阿尔贝尔 · 沙罗
Saussure, Léopold de 莱奥普尔 · 德 · 索绪尔
Sauvalle 索瓦勒
Sek Kok – Sam（voir By – Xa）石合三（参见妃三）
Selve, de 德 · 塞尔夫
Service de renseignements d'Extrême-Orient（SR-EO）远东情报局
Sestier, Henri 亨利 · 谢斯杰
Shang Hing – Piou 陈振彪
Shi Zhaoji（Voir Alfred Sze）施肇基（参见阿尔弗雷德 · 施）
Shigemitsu 重光葵
Shikai, Yuan 袁世凯
Sihanouk 西哈努克
Silvestre, Jules 儒勒 · 西尔维斯特
Sisavang Vong 西萨旺 · 冯
Skinner, William 威廉 · 施坚雅
Société des Missions étrangères de Paris（SMEP）巴黎外方传教会

Société des Nations（SDN）国际联盟（国联）

Société d'études industrielles en Chine 中国工业考察团

Song Jiaoren 宋教仁

Song Ziwen 宋子文

Su Yuanchun（général）苏元春将军

Sumner, Welles 萨姆纳·威尔斯

Sun Mei 孙眉

Surprise 袭击号

T. V. Soong（voir Song Ziwen）T. V. 宋（参见宋子文）

Taittinger, Pierre 皮埃尔·泰亭哲

Tam Sung – Mao 谭松茂

Tan Zhongling 谭钟麟

Tanaïs 塔纳伊斯号

Tandil 唐迪勒

Tang Poun – Yan（voir Deng Ben'en）邓本殷（参见 Deng Ben'en）

Tang Shaoyi 唐绍仪

Tang Tsing – Piou（voir By – Xa）滕振彪（参见妃三）

Tani, Masuynki 谷正之

Tastes 塔斯特

Tcheng Ko – Tcheng 陈家卓

Thalamas 塔拉马斯

Tiersonnier, Louis 路易·提尔索尼埃

Tio – Cap（voir By – Xa）造甲（参见妃三）

Tôjô（amiral）东条大将

Tongmenhui 同盟会

Touzet 杜泽

Trouillot 特鲁约

Truman, Harry 哈里·杜鲁门

Truptil 陶履德

Tsang A – Piou（voir By – Xa）陈阿彪（参见妃三）

Tsang Hoc – Tam（Chen Xuetan）陈学谈

Tsang Ting – Pong（voir By – Xa）陈廷蓬（参见妃三）

Tsin Kiodjon, Dr 秦校忠医生

Tsiu, Vincent 周万森

Tyau, Philipp K. C. 刁作谦

Union coloniale 殖民联盟

Union commerciale française 法国商业联盟

Union commerciale indochinoise 印度支那商业联盟

Vallière（colonel）瓦列尔上校

Vollenhoven, Van 凡·沃勒诺万

Varenne, Alexandre 亚历山大·瓦莱纳

Vauban 沃班号

Vérondart 魏武达

Vertuel 维尔图亚勒

Vialla 维亚拉

Viet Nam Duy Tan Hoi 越南维新会

Viet Nam Quang Phuc Hoi 越南光复会
Viêt – minh 越盟
Viviani, René 勒内·维维安尼
Vo Nguyên Giap 武元甲
Von Ming – Dong（voir Huang Mingtang）黄明堂
Waijiaobu 外交部
Waiwubu 外务部
Wang Chonghui 王宠惠
Wang Jingwei 汪精卫
Wang Zhengting（voir C. T. Wang）王正廷（参见 C. T. 王）
Welles, Sumner 萨姆纳·威尔斯
Wilden 韦礼德
Wu Guozhen 吴国桢
Wu Tingfang 伍廷芳
Yamada（colonel）山田（大佐）
Yamata 山武
Yang, Léon 莱昂·杨
Youxing Cie 游星公司
Yukeng 裕庚
Zhang Fakui（général）张发奎将军
Zhang Xiaolin 张啸林
Zhou Fu 周馥
Zimmermann, Père 吉姆曼神父
Zongli yamen 总理衙门

（说明：斜体字标出者为舰船名）

二、地名

Aléoutiennes 阿留申群岛
Alger 阿尔及尔
Algérie 阿尔及利亚
Allemagne 德国
Along（baie de）下龙湾
Angleterre 英国
Anhui 安徽
Annam 安南
Anpu 安铺
Asie orientale 东亚
Autriche-Hongrie 奥匈帝国
Bac Ninh 北宁
Bac-Ninh 北宁
Bangkok 曼谷
Beihai 北海
Bengale 孟加拉
Berlin 柏林
Bihar 比哈尔
Bizerte 比塞大
Bornéo 婆罗洲

Bou-Kéou-Wan 牛牯湾村

Calcutta 加尔各答

Canton 广州

Cap Saint-Jacques 圣雅克角

Cargodo 巨济岛

Carolines（îles）卡罗琳群岛

Cat Ba（île）吉婆岛

Chaozhou 高州

Chec-Cheng（voir Shicheng）石城（参见 Shicheng）

Chentang 沈塘

Chikan 赤坎

Chine 中国

Cholon 堤岸

Chongqing 重庆

Chungking（voir Chongqing）重庆（参见 Chongqing）

Cochinchine 交趾支那

Congo 刚果

Corée 朝鲜

Daipu 大埠

Dairen 大连

Dalian 大连

Danshui 淡水

Datiaoshu 大调塾村

Doux Guang 两广

Dianbai 电白

Djibouti 吉布提

Donghai 东海岛

Dongsan 东山

Dongxing 东兴

Etats-Unis 美国

Fachoda 法绍达

Fengcun 冯村

Fleuve Rouge 红河

Formose 福尔摩沙（台湾）

France 法国

Fujian 福建

Fuzhou 福州

Gaozhou 高州

Ghazipur 加济布尔

Gibraltar 直布罗陀

Guangdong 广东

Guangxi 广西

Guiji 贵基村

Guilin 桂林

Guizhou 贵州

Guyane 圭亚那

Hadong 河东省

Haikang（voir Leizhou）海康（参见雷州）

Haikou 海口

Hainan 海南

Haiphong 海防

Hai-t'éou（voir Haitou）海头（参见 Haitou）

Haitou 海头

Hambourg 汉堡

Hankou 汉口
Hanoi 河内
Haut-Nil（question du）上尼罗河地区（问题）
Hekou 河口
Henan 河南
Hoi-How（voir Haikou）海口（参见 Haikou）
Hong Kong 香港
Honghai 红海
Huabei 华北
Huanglüe 黄略
Hubei 湖北
Hunan 湖南
Indes 印度
Indochine 印度支那
Indonésie 印度尼西亚
Italie 意大利
Japon 日本
Jehol（voir Rehe）热河（参见 Rehe）
Jiangmenpo 江门坡
Jiangsu 江苏
Jiangxi 江西
Jiaozhou 胶州
Jinan 济南
Jiujiang 九江
Jiulong 九龙
Kao-tchéou（voir Gaozhou）高州（参见 Gaozhou）
Kong-Moui-Po（voir Jiangmenpo）江门坡（参见 Jiangmenpo）
Ko-tiou 个旧
Kowloon（voir Jiulong）九龙（参见 Jiulong）
Kunming 昆明
La Haye 海牙
Lac de la Surprise 惊湖
Langson 谅山
Laokay 老街
Laos 老挝
Le Caire 开罗
Lei-tchéou（voir Leizhou）雷州（参见 Leizhou）
Leizhou 雷州
Liangguang 两广
Liaodong 辽东
Lienzhou 廉州
Londres 伦敦
Longzhou 龙州
Lüshun 旅顺
Macao 澳门
Madagascar 马达加斯加
Malaisie 马来西亚
Malienchen 米稔村
Mandchourie 满洲
Manzhong 文昌
Manzhouguo 满洲国

Maroc 摩洛哥
Marshall（îles）马绍尔群岛
Massif de la Surprise 惊湖周围山区
Matché（voir Maxie）麻斜（参见 Maxie）
Ma-tchiang（voir Mazhiang）麻章（参见 Mazhiang）
Matgiang（voir Mazhang）麻章（参见 Mazhiang）
Maxie 麻斜
Mazhang 麻章
Meïlu 梅菉
Mékong 湄公河
Mengzi 蒙自
Mentou 门头
Mexique 墨西哥
Midway 中途岛
Moncay 芒街
Montao（voir Mentou）门头（参见 Mentou）
Moui-lok（voir Meïlu）梅菉（参见 Meïlu）
Nam-ni（voir Nan'er）南二（参见 Nan'er）
Nam-San（voir Nansan）南三（参见 Nansan）
Nan'er 南二
Nankin 南京
Nansan 南三
Nao-tchéou（voir Naozhou）硇洲（参见 Naozhou）
Naozhou 硇洲
Nouveaux Territoires 新界
Nouvelle-Calédonie 新喀里多尼亚
Ompou（voir Anpu）安铺（参见 Anpu）
Ou-tch'ouan（voir Wuchuan）吴川（参见 Wuchuan）
Pakhoi（voir Beihai）北海（参见 Beihai）
Panama 巴拿马
Paris 巴黎
Pearl Harbor 珍珠港
Pékin 北京
Perse 波斯
Pescadores 澎湖列岛
Philippines 菲律宾
Pointe Nivet 尼维角
Port-Arthur（voir Lüshun）亚瑟港（参见旅顺）
Port-Courbet 孤拔港
Portsmouth 朴茨茅斯
Potao（voir Potou）坡头（参见 Potou）
Potou 坡头
Potsdam 波茨坦
Potsi（voir Puzi）铺仔（参见 Puzi）
Poulo-Condore 昆岛
Puzi 铺仔
Qingdao 青岛
Qiongzhou 琼州

Rajpoutana 拉杰普塔纳
Rehe 热河
Rivière des Perles 珠江
Rome 罗马
Russie 俄国
Saigon 西贡
Saint-Pétersbourg 圣彼得堡
Sam-Pak（voir Sanbai）三柏村（参见 Sanbai）
Samsah（baie de）三沙湾
Sanbai 三柏村
Sanhewo 三合窝
Shandong 山东
Shanghai 上海
Shantou 汕头
Shantou（Swatow）汕头（Swatow）
Shanxi 山西
Shicheng 石城
Shimonoseki（traité de）马关（条约）
Shuidong 水东
Siam 暹罗
Sibérie 西伯利亚
Sichuan 四川
Simao 思茅
Singapour 新加坡
Sontay 山西省（越南）
Soudan 苏丹
Spratley（îles）南沙群岛
Stalingrad 斯大林格勒
Stettin 斯大林
Sui-kai（voir Suixi）遂溪（参见 Suixi）
Suixi 遂溪
Suiyan 绥远
Taiping 太平
Taiwan 台湾
Ta-Tiaou-Soc（voir Datiaoshu）大调塾村（参见 Datiaoshu）
Tchao-Sao 草苏村
Tchefou（voir Zhifu）芝罘（参见 Zhifu）
Tchékam（voir Chikan）赤坎（参见 Chikan）
Teoman 通明港
Thai-Nguyen 太原（越南）
Tianjin 天津
Tiaomen 通明港
Tio-Cap 造甲村
Tokyo 东京（日本）
Tong-hai（voir Donghai）东海岛（参见 Donghai）
Tongming（voir Teoman）通明港（参见 Teoman）
Tonkin 东京（越南）
Tshushima 对马岛
Tuyen-Quang 宣光
Union indochinoise 印度支那联邦
Union soviétique 苏联
Vietnam 越南
Vladivostok 海参崴
Wampo 黄坡

Washington（conférence de）华盛顿（会议）
Weihaiwei 威海卫
Wei-Tchéou（voir Weizhou）涠洲岛（参见 Weizhou）
Weizhou 涠洲
Wong-Lioc（voir Huanglüe）黄略（参见 Huanglüe）
Wuchang 吴川
Wuchuan 吴川
Wuhan 武汉
Wuzhou 梧州
Xiamen 厦门
Xuzhou 徐州
Yangzi 长江
Yen Bay 安沛
Yenthê 安势
Yu Lin Kan（baie de）榆林港（海湾）
Yulin 玉林
Yunnan 云南
Yunnanfu 云南府
Yushui 洋村
Zhanjiang（nom actuel de Guangzhouwan）湛江（广州湾现名）
Zhifu 芝罘

（说明：斜体字标出者为粤语发音的拉丁转写形式）

致　谢

本书是笔者多年的研究成果（从 1995 年到 2004 年完成博士论文答辩）。如同所有个人冒险一样，为了完成此作，我在图书馆和档案室中备受孤独的煎熬，不过这份孤独亦是幸福的。无此阅历者是难以体会到那种打开档案、取出文件的迫切和期待的心情的。这种紧张的愉悦就像打开礼物，期待着里面能够带来无限的惊喜一般！幸好整个研究过程并不孤独，起码我并非孤身独行，相反，身边无数亲朋好友和同事为我提供了无私的帮助和支持，我需在此一一致谢。

首先感谢我的导师——巴黎第七大学荣誉教授诺拉·王女士（Nora Wang）。她治学严谨，严格要求，经常予以点拨迷津。此外，还要感谢历史学家夏尔·弗尔尼奥先生（Charles Fourniau），他是知名的印度支那史研究专家，早就关注我的工作，并提供过无私的帮助，可惜他已在几年前仙逝。

在众多热心人士中间，我要特别感谢埃克斯—普罗旺斯海外档案中心的鲁塞特·瓦谢（Lucette Vachier）女士、河内第一档案中心的武氏明香（Vu Thi Minh Huong）女士、勒内·皮洛尔热（René Pillorget）教授和上海社会科学院的费成康教授。此外，我的同事兼好友沙勿略·鲍莱斯（Xavier Paulès）对广东鸦片烟民的生活做过研究，在我探索广州湾头绪繁多的经济生活时提供过线索和帮助，我也在此向他致以谢意。

在本书中文版付梓之际，要感谢岭南师范学院地方文化研究院王钦峰教授，他组织了本书的翻译和出版工作。本书能在湛江与了解广州湾租借地的中国研究者、史学家和所有读者及其子孙后代见面，对我而言是一种荣幸和成就。1946 年以前法国占领广州湾并不光彩，但起码促成了后来的知识分子会面以及中法之间的真挚友谊。感谢广州中山大学的郭丽娜教授，她充满热诚，严谨细致，保证了本书的翻译质量。

最后，不能忘记感谢一直给我温暖和鼓励的家人：母亲让尼娜（Jeanine）和父亲贝尔纳（Bernard）、爱妻伊萨贝尔（Isabelle），还有孩子们尤里斯（Ulysse）和杜尚（Toussaint）。我要说：衷心感谢你们！

安托万·瓦尼亚尔

2016 年 8 月